suhrkamp taschenbuch
wissenschaft 1231

Was ist der Grund des modernen Gefallens an der äußeren Natur? Worin besteht ihre sinnliche Anziehungskraft für eine Wahrnehmung, die an ihren inneren Sinn nicht länger glaubt? Wie kann ein Bereich zufälliger Gestalten zur hinreißenden Lebensmöglichkeit des Menschen werden? Ist die ästhetische Natur ein Vorbild oder ist sie ein Nachbild der Kunst? Warum ist die Schonung der Natur letztlich ein Schutz der menschlichen Welt?

Martin Seels Abhandlung ist eine ausführliche Erkundung der Möglichkeit ästhetischer Naturwahrnehmung heute; ihr Anliegen ist das einer profanen Apologie des Naturschönen. Dieser Versuch, so wird rasch deutlich, darf sich nicht auf das Thema der Natur beschränken. Eine Ästhetik der Natur, die bloß von der Natur und nicht auch von der Kunst und anderen Bereichen des Ästhetischen handelt, hätte ihren Gegenstand verfehlt. Sie könnte das Besondere ihres Gegenstands nicht hervortreten lassen. Nur im Umriß einer allgemeinen Ästhetik kann sie ihr Thema entfalten. Wenn aber dies gelingt, ist der Kontext der Ästhetik auch schon überschritten. Die ausgeführte Ästhetik der Natur erweist sich als Teil einer allgemeinen Ethik des guten Lebens. In dieser inhaltlichen Verschachtelung liegt die übergreifende These des Buchs. Das Naturschöne, so kann Seel zeigen, ist nur verstanden, wenn in ihm eine exemplarische Lebensmöglichkeit des Menschen anschaulich wird. Darum endet die ästhetische Untersuchung mit dem Anfang einer eudämonistischen Ethik.

Martin Seel ist Professor für Philosophie an der Universität Gießen. Im Suhrkamp Verlag hat er außerdem veröffentlicht: *Die Kunst der Entzweiung. Zum Begriff der ästhetischen Rationalität*, 1985; *Versuch über die Form des Glücks. Studien zur Ethik*, 1995; *Ethisch-ästhetische Studien*, 1996 (stw 1249).

Martin Seel

Eine Ästhetik der Natur

Suhrkamp

Bibliografische Information der Deutschen Nationalbibliothek
Die Deutsche Nationalbibliothek verzeichnet diese Publikation
in der Deutschen Nationalbibliografie;
detaillierte bibliografische Daten sind im Internet über
http://dnb.d-nb.de abrufbar.

suhrkamp taschenbuch wissenschaft 1231
Erste Auflage 1996

Druck: Books on Demand, Norderstedt
Printed in Germany
Umschlag nach Entwürfen von
Willy Fleckhaus und Rolf Staudt
ISBN 978-3-518-28831-3

3 4 5 6 7 8 – 14 13 12 11 10 09

Inhalt

Vorwort

Eine Ästhetik der Natur handelt vom Grund unseres Gefallens an der Natur. Sie beschreibt nicht einfach, warum die äußere Natur den Menschen manchmal gefällt, sie versucht zu sagen, welche Gründe es tatsächlich gibt, vom lebensweltlichen Dasein der Natur angezogen zu sein. Sie erläutert den ästhetischen Wert der Natur für den Menschen. Sie führt damit auch auf besondere Gründe ihrer Achtung und Erhaltung. Das wiedererwachte Interesse an der ästhetischen Theorie der Natur hängt hiermit zusammen; es gilt der Verteidigung eines nicht-instrumentellen Umgangs mit der naturhaften Welt. Zu ihr kann die Ästhetik jedoch nur beitragen, wenn sie das Naturschöne einmal wirklich aus heutiger Erfahrung zur Sprache bringt.

Was ist der Grund des modernen Gefallens an der äußeren Natur? Worin besteht ihre sinnliche Anziehungskraft für eine Wahrnehmung, die an ihren inneren Sinn nicht länger glaubt? Wie kann ein Bereich zufälliger Gestalten zur hinreißenden Lebensmöglichkeit des Menschen werden? Ist die ästhetische Natur ein Vorbild, oder ist sie ein Nachbild der Kunst? Warum ist das Naturschöne ein exemplarischer Ort gelingender Existenz? Warum ist die Schonung der Natur letztlich ein Schutz der menschlichen Welt? – Weil die klassischen, vorwiegend im 18. Jahrhundert formulierten Antworten nicht einfach wiederholt werden können, ist es Zeit, eine neue Antwort zu versuchen.

Die vorliegende Antwort ist der Versuch einer systematischen und normativen Beschreibung der Möglichkeit ästhetischer Naturwahrnehmung heute. Die Geschichte der menschlichen Naturbetrachtung wird darin zwar vorkommen, aber nicht diese Geschichte soll hier geschrieben werden, auch nicht die Geschichte der Theorie dieses Gefallens. Mein Anliegen ist das einer profanen Apologie des Naturschönen. Dieser Versuch muß etwas mehr halten, als er verspricht. Eine Ästhetik der Natur, die bloß von der Natur und nicht auch von der Kunst und anderen Bereichen des Ästhetischen handeln würde, hätte ihren Gegenstand verfehlt. Sie könnte das Besondere ihres Gegenstands nicht hervortreten lassen. Nur im Umriß einer allgemeinen Ästhetik kann sie ihr Thema entfalten.

Wenn das gelingt, ist der Kontext der Ästhetik auch schon überschritten. Die ausgeführte Ästhetik der Natur erweist sich als Teil einer allgemeinen Ethik des guten Lebens. In dieser inhaltlichen Verschachtelung liegt die übergreifende These des Buchs. Das Naturschöne ist nur begriffen, wenn in ihm eine exemplarische Lebensmöglichkeit des Menschen anschaulich wird. Darum endet die ästhetische Untersuchung mit dem Anfang einer eudämonistischen Ethik.

In der Einleitung gebe ich eine knappe Skizze der Verhältnisse, in denen das ästhetische Naturverhältnis und seine philosophische Betrachtung stehen. Die ersten drei Kapitel sind jeweils einer Grundform ästhetisch wahrgenommener Natur gewidmet. Das erste schildert Natur als Raum eines sinnfremden Spiels der Erscheinungen. Das zweite schildert Natur als einen gestaltgebenden Ort unseres Lebens. Das dritte schildert Natur als eine Improvisation auf Werke und Stile der Kunst. Das vierte Kapitel untersucht den Zusammenhang dieser drei Aspekte; im Blick auf das Phänomen der Landschaft entwirft es eine Theorie der Einheit ästhetischer Natur. Die anschließenden beiden Kapitel und das Schlußwort folgen sämtlich einer Methode der Einseitigkeitskorrektur; in einem jeweils erweiterten Horizont decken sie bis dahin unerläuterte Prämissen und unaufgehobene Beschränkungen der naturästhetischen Basiskapitel auf. Das fünfte konfrontiert das Naturschöne mit den Größen der ästhetischen und technischen Kunst. Das sechste entfaltet die ethische Bedeutung der vorangegangenen Analysen und erörtert Natur als moralisches Problem. Das Schlußwort relativiert die ethische Bedeutung der ästhetischen Natur und prüft den Status allgemeiner Aussagen zur Form gelingenden Lebens.

Die ersten fünf Kapitel dieser Arbeit wurden im Wintersemester 1989/1990 von der Philosophischen Fakultät der Universität Konstanz als Habilitationsschrift angenommen. Angela Keppler, Christoph Menke-Eggers, Carlos Pereda und Albrecht Wellmer möchte ich für viele Diskussionen und Hilfen danken. Für kritische Kommentare bin ich Jürgen Habermas und Hans Robert Jauß verpflichtet. Bernd Rucktäschel und Martin Frank haben mich in zahlreichen praktischen Dingen unterstützt. Ohne die Spaziergänge mit Benjamin wäre alles viel umständlicher geworden.

Einleitung: Naturverhältnisse des Menschen

1. Vorbild oder Nachbild?

Erst war die Natur das Vorbild, dann wurde sie zum Nachbild der Kunst. Wollte man die Geschichte des menschlichen Naturverhältnisses in einem Satz schreiben, könnte es dieser Satz sein. Dieser Satz faßt nicht nur eine lange Geschichte der ästhetischen Anschauung zusammen, er benennt eine Grundspannung, die die menschliche Beziehung zur Natur überhaupt prägt. Die »Kunst«, von der dabei die Rede ist, meint nicht allein die Kunst der Künstler, sie schließt alle Arten der technischen Fertigkeit und der institutionellen Regelung menschlicher Praxis mit ein. Diese Kunst konkurriert mit der Natur um die Rolle der maßgebenden Instanz für das Erkennen und Handeln. Auf der einen Seite gilt die Natur als ein Muster unseres Erkennens, unseres Herstellens, unserer Lebensführung; auf der anderen Seite gelten die Hervorbringungen des Menschen als das Muster, dem das Handeln auch gegenüber der Natur zu folgen hat. Der Streit um die Vorbildlichkeit der Natur oder der Kunst handelt von der Natur der Verbindlichkeit menschlicher Orientierungen.

Die Grundpolarität teilt sich in eine Vielfalt weiterer Alternativen, in die sich das Denken über Natur seit der Antike aufgespalten hat. Entweder die Natur ist ein handelndes Subjekt, an dem sich alle menschliche Vernunft ein Beispiel nehmen muß, oder das Beispiel der Vernunft liegt in der Fähigkeit, die Natur zum verfügbaren Objekt allen Tuns zu machen. Entweder müssen wir der Natur das Geheimnis ihrer Gesetze ablauschen, oder wir zwingen sie durch unsere Gesetze zum Geständnis ihrer Konstitution. Entweder folgen die Erfindungen der Künstler den Schöpfungen der Natur, oder die Betrachtung der Natur folgt den Erfindungen der Künstler. Entweder erfüllen sich Freiheit und Glück des einzelnen in der Befreiung seiner inneren Natur oder aber in ihrer Bändigung und Sublimation. Entweder ist der Schutz der Umwelt im Namen eines Rechts der Natur geboten, oder er ist im Namen unseres Interesses an einer bekömmlichen Umwelt empfohlen. Entweder, so scheint es, sind die verbindlichen Formen des Lebens dem Menschen durch die Natur *gegeben*, oder aber sie sind vom Menschen auch gegenüber der Natur *gesetzt*. Entweder, so scheint es, ist die Natur ein Vorbild, oder sie ist ein Nachbild der Kunst.

Wollte man die philosophische Reflexion über Natur mit einem Satz umreißen, könnte es dieser Satz sein. Es versteht sich aber, daß so ein einziger Satz, ob wir ihn nun historisch oder systematisch lesen, den philosophischen Kampf um die Natur bedenklich verkürzt. Zum Beispiel ist es irreführend, die Geschichte des menschlichen Naturverhältnisses geradlinig als Geschichte des Verfalls der normativen Kraft der Natur zu lesen. Der Zweifel an der Vorbildlichkeit der Natur ist schon in der Antike laut geworden, und auch die Neuzeit hat immer wieder die Natur als normative Instanz entdeckt.[1] So sehr die normative Anrufung der Natur durch das Entstehen der experimentellen Naturwissenschaften erschwert worden ist, aus der Welt ist sie nicht. Andererseits hat die Philosophie die genannten (und weitere) Alternativen nicht nur entwickelt, häufig hat sie versucht, die entstandene Spaltung auch wieder zu überwinden. Ein Beispiel ist die aristotelische Vorstellung einer poietischen Natur, in der die Beziehung von Mensch und Natur als ein kooperatives Verhältnis gedacht ist.[2] Nach diesem Modell folgt der Mensch dem Bilden der Natur, indem er ihre Bildungen vervollkommnet und vollendet; Maßstab ist nicht eine kontingent gegebene oder göttlich geschaffene Natur, vielmehr ihr zielgerichtetes Wirken. Diesen und anderen Versuchen, die Oppositionen zwischen Kunst und Natur durch Vermittlung zu mindern, steht die spätere Tendenz entgegen, die alte Opposition in einer aus machtbewußtem Können entspringenden Haltung der Indifferenz verschwinden zu lassen. Dem Selbstverständnis der klassisch-modernen Kultur kann die Verfassung der Natur so gleichgültig werden, daß sie ihre eigenen Erfolgsnormen gar nicht mehr in der Spannung zu naturhaften Verlaufsmustern sieht. Natur wird zum gestaltlosen Material gestaltender Kunst. Dann ist Kunst so sehr zum Vorbild menschlicher Praxis geworden, daß Natur nicht einmal mehr als ihr Nachbild erscheint.[3]

So blind diese Position in vieler Hinsicht ist, sie ist Ausdruck einer geschichtlichen Wahrheit. Der Faden einer globalen Vermittlung

1 Blumenberg (1957); Mittelstraß (1981).
2 Mittelstraß (1981), bes. 44f.
3 Blumenberg (1957), 282; Spaemann (1973), 958f. u. 965.

zwischen menschlicher Praxis und natürlichem Sein ist gerissen. Global wäre eine Vermittlung, der es gelänge, die Verbindung von naturalem und anthropogenem Sein für die unterschiedlichen Bereiche des menschlichen Naturverhältnisses gleichwohl nach einem einzigen Modell zu denken. Der Poiesis-Gedanke in der aristotelischen oder auch der platonisch-christlichen Tradition war ein solches Modell. Die Rückkehr zu solchen Modellen aber ist verwehrt. Seit dem Auftritt der neuzeitlichen Wissenschaft ist keine einheitliche Natur mehr da, die zum Anhaltspunkt einer geschlossenen Theorie des Daseins in und mit Natur werden könnte. Der Gegenstand der mathematischen Physik, der Bio- und Geowissenschaften, einer medizinischen oder psychologischen Therapie, die Natur meines Nutzgartens, die Erscheinung ästhetischer Landschaft – auch wenn diese Naturbegriffe nicht einfach nebeneinander stehen, kein umfassender Begriff ist absehbar, von dem aus die Frage nach dem schlechthin notwendigen und schlechthin günstigen Naturverhältnis allgemein zu beantworten wäre. Diese Frage stellt sich für jeden Bereich der Natur anders. Diese »Bereiche« der Natur wiederum sind nicht anders gegeben als durch die Arten unserer Beziehung auf, unserer Begegnung mit, unserer Unterscheidung von »Natur«. Der allgemeine Begriff der Natur ist eine aus diesen Relationen gewonnene Abstraktion, der selbst kein eigener Bezug auf Natur entspricht. Eine Philosophie »der« Natur könnte nichts anderes als eine Explikation von »Natur« in diesen differenten Verhältnissen sein, in denen Natur als ein Komplement des jeweiligen Selbstverständnisses hervortritt, aus dem der Mensch Phänomenen »der Natur« begegnet.[4] (Daß der theoretischen Physik alles, was ist, Natur ist, ist die produktive Voraussetzung und zugleich objektivistische Einseitigkeit ihres speziellen Begriffs der Natur.) Die theoretische und praktische Überlegung, ob ein bestimmtes Bild der Natur – z. B. ein wissenschaftliches, ein technisches, ein lebensweltliches, ein ästhetisches – die anderen fundieren oder dominieren kann bzw. dominieren oder korrigieren soll, muß sich *unter* den naturkonstitutiven Modellen orientieren, sie kann nicht von einem her argumentieren.

Diese Situation schärft den Blick dafür, daß jedes menschliche Ver-

4 Zur historischen und systematischen Entfaltung des Zusammenhangs von Naturverständnis und Selbstverständnis: Schäfer (1982); Oldemeyer (1983); Lenk (1983); Marquard (1987b).

halten zur Natur durch kulturelle Standards bestimmt ist. Auch die Ansicht, es sei die Natur das Vorbild aller Kunst, ist Standard einer bestimmten Kultur. Die Kriterien unserer Erkenntnis der Natur, auch wo es naturalistische sind, sind keine Kriterien der Natur. Nur unsere Maßstäbe können für uns Maßstab sein: hinter dieses kantische Bewußtsein kann heute niemand zurück. Daraus folgt aber nicht, daß wir jeder Formulierung der oben aufgelisteten Alternativen zur Position der Maßgeblichkeit der Natur zustimmen müßten. Keine der in Erinnerung gerufenen anti-naturalistischen Positionen ist ohne weiteres haltbar. Wer nicht länger an die sinnhafte Vorbildlichkeit der Natur glaubt, muß noch lange nicht glauben, daß Natur nichts weiter als ein Nachbild, ein Schatten, ein Konstrukt des menschlichen Geistes sei. Wo die Natur nicht länger Vorbild der menschlichen Praxis sein kann, dort muß auch die Leistung menschlicher Praxis nicht länger Vorbild des Naturhaften sein. Es wird möglich, Natur weder als Vorbild noch als Nachbild zu denken.

Die Formen unserer Begegnung mit der Natur sind nicht die Formen der Natur. *Innerhalb* unserer Zugangsweisen begegnen wir vielfachen Prozessen und Gestalten der Natur, von denen wir einige als Bedingung allen unseren Daseins erkennen. Der menschliche Zugang zur Natur eröffnet Möglichkeiten der Orientierung an der Natur, die nur geleistet werden kann, weil sie auf etwas stößt, das nicht geleistet ist. Die Natur unterliegt also den Kriterien der kulturellen Praxis nicht einfach, sie unterliegt ihnen im Verein mit dem Widerstand, auf den diese jeweils treffen. (Da wir aber kein einheitliches Interesse an der Natur haben, stoßen wir an ihr auch auf keine eindeutigen Grenzen – weder ihres Widerstands noch unserer Mittel.) Diese Anerkennung der *Differenz* von Natur und menschlicher Leistung ist das genaue Gegenteil jener Haltung der *Indifferenz*, der die Natur als das bloße Material praktischer Verfügung erscheint. Ein derart indifferentes, von jeder orientierenden Spannung zwischen Natur und Kultur entlastetes Verhältnis ist im übrigen illusionär; angesichts der Natur ist Neutralität nicht möglich. Auch die scheinbare Neutralität der technischen Verfügung ist nicht neutral, enthält sie doch selbst einen normativen Begriff von Natur – den ihrer Beherrschung.[5]

5 Dazu Habermas (1970); Spaemann (1973); Mittelstraß (1982); Jonas (1984).

Diese Norm ist keineswegs alternativlos, sie steht in offener oder unterdrückter Konkurrenz zu anderen Beziehungen mit der Natur; die Reichweite ihrer Berechtigung kann sich erneut nicht anders entscheiden als durch die Abwägung gegen andere Normen und Interessen. Die Frage nach dem angemessenen Verhältnis zur Natur wird zur Frage nach dem richtigen Verhältnis zwischen unseren Verhältnissen gegenüber der Natur.

2. *Ästhetische Verhältnisse*

Eines dieser Verhältnisse liegt im ästhetischen Umgang mit der Natur. Das klingt etwas harmloser, als es ist. Wenn nämlich die ästhetische Beziehung zur Natur lediglich eine unter anderen und neben anderen Formen des Gegebenseins von Natur ist, kann das Naturschöne nicht länger als eine besondere Modifikation, ein besonderes Hervortreten *der* menschlichen Stellung in der Natur verstanden werden. So aber wurde es in der Tradition und wird es noch heute vielfach verstanden. Die traditionelle Ästhetik hat die Anschauung der Natur als erinnernde Teilhabe an ihrem eigentlichen Zustand verstanden: als ein Gewahren der kosmischen Ordnung, als Lektüre des göttlichen Buchs der Natur, als Schau der Ideen oder als Begegnung des Subjekts mit seinem übersinnlichen Wesen. Schöne Natur als Repräsentant der wahren Natur, selbst wenn dies eine verlorene, eine scheinhafte, eine noch nicht gefundene ist: auch die moderne Ästhetik der Natur, soweit es sie gibt, hat sich von dieser Vorstellung nie wirklich befreit; sie hat sie lediglich mit negativen, utopischen, irrealistischen Klauseln versehen. Im Grund gibt es bis heute keine moderne Ästhetik der Natur. Friedrich Theodor Vischer hat das entwaffnend zu Protokoll gegeben. Im Banne Hegels stehend, der die Ästhetik der Natur programmatisch – allerdings nur programmatisch – aus seiner Ästhetik des Kunstschönen ausgeschlossen hatte, stellt Vischer in seiner monumentalen »Ästhetik oder Wissenschaft des Schönen« der Behandlung der Kunst gleichwohl ein ausführliches Kapitel über das Naturschöne voran, allerdings unter dem ständigen Vorbehalt, daß »das Schöne wahrhaft nur in der Kunst wirklich sei«, »daß die Naturschönheit bestimmt ist, sich in die Phantasie und Kunst aufzuheben«, daß in der ästhetischen Natur »die Welt als Fundgrube der Schönheit für den Künstler« vor uns liege.[6] In seiner 1866, zwanzig Jahre nach dem ersten Erscheinen der »Ästhetik« verfaßten (wiederum nicht eben wortkargen) »Kritik meiner Ästhetik« geißelt sich der Autor mit Hingabe für diese doch sehr bescheidene Aufwertung der Natur. Es war ein Fehler, sagt Vischer jetzt, das Naturschöne vor dem Kunstschönen zu behandeln, da es doch nichts als ein Nachschein des künstlerischen Produzierens ist. Seine Kritik des Naturkapitels gipfelt in dem Ausruf: »Noch einmal also: der Abschnitt vom Naturschönen muß heraus!«[7]

Wir kennen die Melodie: Entweder kann das Naturschöne Vorbild oder aber es muß Nachbild des Kunstschönen sein. Fast die gesamte Ästhetik ist eine Variation unseres anfänglichen Satzes. Auch wenn dieser Satz grundfalsch ist, auch wenn alles, was ich sagen werde, darauf zielen wird, wenigstens für die Ästhetik zu zeigen, daß er es ist – es steckt eine wichtige Einsicht darin. Die Theorie des Naturschönen kommt ohne den Blick auf und für Kunst nicht aus. Jedoch berechtigt das nicht zu dem Schluß, den das klassisch-moderne Denken in bloßer Umkehrung des traditionellen gezogen hat: daß das Naturschöne, wenn nicht Vorbild, so eben Nachbild des Kunstschönen sei. Genau betrachtet, wird damit die hergebrachte Figur der Repräsentanz nur wiederholt; statt der schönen Natur tritt jetzt die schöne Kunst in die Rolle der ersten Darstellerin einer als höhere Wirklichkeit vorgegebenen oder zur Verwirklichung aufgegebenen Seinsordnung ein. Ganz zu Recht ist die spät- und nachidealistische Ästhetik – gerade im Umschlag von der Naturverherrlichung zur Kunstverherrlichung – als Fortführung der Metaphysik mit anderen Mitteln beschrieben worden. Ganz zu Unrecht aber wird dabei häufig unterstellt, es liege im nachkantischen Wesen der Ästhetik (wie auch der ästhetischen Erfahrung selbst), in der scheinhaft schönen Rettung des eigentlich Unrettbaren zu verharren.

Einer »nachmetaphysischen«[8] Erkundung der Formen ästhetischer Anschauung hält diese Behauptung nicht stand. Weder Kunst noch Natur stehen in unumgänglicher Repräsentanz einer

6 Vischer (1922 f.), I.1, II.9, II.11.
7 Vischer (1922), 227.
8 Vgl. Habermas (1988), bes. 35ff. u. ders. (1984), 505-521; das Programm einer postmetaphysischen Naturästhetik skizziert Jauß (1989), 18ff. u. 153ff.

umfassenden Ordnung der Natur oder des Geistes. Vielmehr stehen ästhetische Natur und ästhetische Kunst seit der Neuzeit in einem Prozeß der Befreiung aus solcher Bindung an ein vorgegebenes Sein. Mehr und mehr werden sie zu »Repräsentanten« ihrer *eigenen* Ordnung, der eines kontingenten oder konstruierten Gefüges, das zu sinnengeleiteten Entdeckungen einlädt, denen keine feste Stelle im Bild der Welt zugewiesen werden kann. Diese viel beschriebene, aber selten ernstgenommene Entwicklung zur Autonomie ästhetischer Wahrnehmung und Produktion ist eine direkte Folge der neuzeitlichen Pluralisierung des Verhältnisses zur Natur. Das ästhetische Vorbild der Natur wankt in dem Augenblick, da der umfassende Begriff der Natur zerbricht. Die Kunst aber konnte diese globale Vorbildrolle niemals besetzen – war doch der Gedanke der künstlerischen Nachahmung der Natur fast von Anbeginn an (seit Aristoteles' Umdeutung der Einwände Platons) eine Erfindung der Kunst zur Stärkung *ihrer* ästhetischen Position gewesen. Sobald die Macht dieser Stütze schwindet, können beide Größen in ein neues, in ein freieres Verhältnis treten. Die Ordnungen der Kunst bilden sich im Kontrast zur Gegenwart ästhetischer Natur, die nun ihrerseits in unaufhebbarem Kontrast zur Konstruktion künstlerischer Werke erfahren werden kann. Von der Vergegenwärtigung des Absoluten entbunden, leben die beiden Grundformen ästhetischer Einheit den Gegensatz ihrer Möglichkeiten aus. Deswegen müssen alle Dimensionen des Naturschönen in jede einigermaßen systematische »Wissenschaft vom Schönen« *hinein*. Das Schicksal der ästhetischen Natur ist mit dem Schicksal der ästhetischen Kunst untrennbar verknüpft, aber es sind *zwei* Schicksale, die so aneinander gebunden sind.

Eine moderne Ästhetik der Natur muß Differenz und Zusammenhang beider Schicksale begreifen. Nicht nur im Namen der Natur, auch im Namen der Kunst. Wir verstehen die Kunst nicht, die neue genausowenig wie die alte, wenn wir nicht die moderne Anschauung der Natur verstehen. Es gibt diese Anschauung. Es gibt sogar ihre Theorie. Sie steht nur nicht in den Werken der Ästhetik. In vielen Werken der neueren Kunst ist sie enthalten. Sie sind der erste Anwalt einer nicht auf das Vorbild der Kunst fixierten Anschauung der Natur. Ich werde also nicht selten die Kunst konsultieren, um über Formen ästhetischer Naturwahrnehmung Auskunft zu erhalten, so wie uns die Betrachtung des Naturschönen im Gegenzug Einblicke in die Konstitution der Kunst gewähren wird. Dabei kommt es darauf an, die Möglichkeiten ästhetischer Naturwahrnehmung so zu beschreiben, daß die Frage nach dem ersten oder zweiten Rang der Natur gegenstandslos wird. Wenn der Verdacht der Nachbildlichkeit entweder der Natur oder der Kunst aus der Welt ist, wird es am Ende sogar möglich sein, ein neues Verständnis der Vorbildlichkeit sowohl der Kunst für die Natur als auch der Natur für die Kunst zu gewinnen.

Der Vorsatz einer Neubeschreibung des Verhältnisses von Natur und Kunst will die eindrucksvolle Geschichte der Naturästhetik keineswegs ignorieren, er möchte ein gerechteres Verständnis dieser Geschichte absehbar werden lassen. Das menschliche Gefallen an der Natur hat im Lauf der Zeit viele Erklärungen gefunden. Drei Grundmodelle sind es, denen sie auf immer neue Weise entsprechen. Das erste versteht die schöne Natur als Ort der beglükkenden Distanz zum tätigen Handeln. Das zweite begreift die schöne Natur als Ort des anschaulichen Gelingens menschlicher Praxis. Dem dritten erscheint die schöne Natur als bilderreicher Spiegel der menschlichen Welt. Im ersten Modell ist die Wahrnehmung des Naturschönen ein Akt der *kontemplativen Abwendung* von den Geschäften des Lebens, im zweiten ein Akt der *korresponsiven Vergegenwärtigung* der eigenen Lebenssituation, im dritten ein Akt der *imaginativen Deutung* des Seins in der Welt. Die Herkunft des ersten Modells liegt im kosmologischen Denken der Antike, insbesondere Platons; sie geht zurück auf das Verständnis der »theoria« als Schau eines harmonischen Naturganzen. Die Herkunft des zweiten Modells liegt in den Vorstellungen einer paradiesischen, dem Bedürfnis des Menschen sinnenfällig entgegenkommenden Natur. »Und Gott der Herr pflanzte einen Garten in Eden gegen Osten hin und setzte den Menschen hinein, den er gemacht hatte. Und Gott der Herr ließ aufwachsen aus der Erde allerlei Bäume, verlockend anzusehen und gut zu essen, und den Baum des Lebens mitten im Garten und den Baum der Erkenntnis des Guten und Bösen.« (1. Mose 1.2) Da schwingt schon eine Ambivalenz der menschennahen Natur mit, über die mancher ihrer heutigen Verehrer gerne hinwegsehen möchte. Die Herkunft des dritten Modells geht auf die antike Vorstellung einer poietischen Natur zurück. Natur steht im Zeichen der Kunst ihres eigenen Schaffens oder der göttlichen Schöpfung. Sobald die Kunst des

Menschen in diese Relation eintritt, beginnt der Nimbus der Vorbildlichkeit der Natur zu schwinden.[9]

Die Herkunft der drei Erklärungen des Gefallens an der Natur ist keine spezifisch ästhetische Herkunft. Es handelt sich um philosophisch-theologische Weltdeutungen, aus denen nach und nach spezielle Deutungen der ästhetischen Weltzuwendung entstanden sind. Wie sie erst langsam eine ausdrücklich ästhetische Bedeutung gewonnen haben, sind sie erst langsam als konkurrierende Deutungen der Ästhetik auseinandergetreten. Vermutlich ließe sich das Heraustreten der ästhetischen aus der metaphysischen Naturerfahrung als ein in Theorie und Praxis vollzogenes Auseinandertreten der drei Erklärungs- bzw. Wahrnehmungsmuster rekonstruieren. Auch wo sie sich voneinander differenziert haben, treten sie freilich nur selten in eindeutiger begrifflicher Abgrenzung hervor. Im Lauf unserer Betrachtungen wird dennoch sichtbar werden, wie sich viele Ästhetiken (der Natur und der Kunst) recht klar danach unterscheiden, welchen der drei ästhetischen Leitbegriffe – »Kontemplation«, »Korrespondenz«, »Imagination« – sie als Grundbegriff wählen: mit der großen Ausnahme Kants, dessen »Kritik der Urteilskraft« bereits alle drei Positionen nebeneinander entwickelt.[10] Noch in der heutigen Diskussion ist es meist so, daß *eine* dieser Erklärungen als einzige oder doch grundlegende Erklärung angeboten und damit einer bestimmten Attraktion ästhetischer Natur der Vorzug gegeben wird. Entsprechend haben sich die sozial verankerten Gepflogenheiten der ästhetischen Wahrnehmung von Natur häufig vor allem an einer ihrer Erscheinungsweisen orientiert. Ob in vorbildlicher oder nachbildlicher Bedeutung: die genuine Attraktion ästhetischer Natur, so schien es lange und scheint es vielen noch heute, muß entweder in der gelungenen Abstinenz vom Leben oder in seiner anschaulichen Konvenienz oder in seiner phantasierenden Brechung liegen.

Sie liegt aber in allen drei Möglichkeiten zugleich. Meine These ist, daß die drei archetypischen Erklärungen unseres Gefallens an der schönen Natur sämtlich im Recht sind. Das heißt aber, daß sie sämtlich im Unrecht sind, wo sie eine Überlegenheit gegenüber den jeweils anderen beanspruchen. Ich möchte zeigen, daß sie ein-

9 Zur Vorgeschichte der ästhetischen Naturerfahrung: Blumenberg (1957); Zimmermann (1982), 125; Guyer (1987); Groh/Groh (1989).

10 Das habe ich in Seel (1990) zu zeigen versucht.

ander gegenseitig weder ersetzen noch überbieten können, weil jede von ihnen einen Grundaspekt unserer ästhetischen Affinität für Natur mehr oder weniger richtig benennt. Die sinnferne, die sinnhafte, die bildhafte Natur – wie die klassische Trias zu interpretieren sein wird –: das sind nicht nur gleichberechtigte Erscheinungsweisen, ein erheblicher Teil ihrer jeweiligen Verlokkung entspringt aus ihrer wechselseitigen Differenz. Jenseits metaphysischer Einbindung erst tritt das Naturschöne in seiner ganzen Vielfältigkeit in Erscheinung – eine Vielfalt, die untrennbar mit der Pluralität der Formen unseres Umgangs mit der Natur verbunden ist. Daß die Natur gerade wegen ihrer Vielfältigkeit und Variabilität ästhetisch bemerkenswert ist, ist seit dem 17. Jahrhundert ein gängiger Topos.[11] Daß zur unbefangenen Begegnung mit dieser Vielfalt ihre mehrfältige Wahrnehmung gehört, ist darüber oft in Vergessenheit geraten. Doch nur wenn die Vielfalt ihrer Erscheinungen aus dieser Mehrfalt unserer Beziehungen gedacht wird, kommt die besondere Einheit der ästhetischen Natur zu Wort, die in der unnachahmlichen Simultaneität ihrer ästhetischen Charaktere begründet ist. Nicht nur die Natur allgemein, auch die ästhetische Natur ist uns als ein Verhältnis von Verhältnissen gegeben.

3. Von welcher Natur handelt die Ästhetik der Natur?

Die Frage ist aber, welche Natur eigentlich der Gegenstand unseres Gefallens an der Natur sein kann. Gegenstand der ästhetischen Naturwahrnehmung ist ja nicht einfach »die Natur«, es ist eine bestimmte Gegebenheit dessen, was wir pauschal »die Natur« nennen. Ihr Gegenstand ist derjenige sinnlich wahrnehmbare Bereich der lebensweltlichen Wirklichkeit des Menschen, der ohne sein beständiges Zutun entstanden ist und entsteht. Damit ist noch nichts über die ästhetische Wahrnehmung dieser Wirklichkeit gesagt, sondern nur, welche Wirklichkeit der Natur es ist, auf die sich die ästhetische Einstellung richtet. Drei Aspekte hebt unsere Bestimmung hervor: erstens die dynamische Eigenmächtigkeit,

11 Vgl. G. Tonelli/C. Hufnagel, Art. Naturschönheit/Kunstschönheit, in: J. Ritter u. K. Gründer (Hg.), Historisches Wörterbuch der Philosophie, Bd. V, Basel-Stuttgart: Schwabe 1984, 623-633.

zweitens die sinnliche Wahrnehmbarkeit, drittens die lebensweltliche Anwesenheit der Natur.

Eigenmächtig ist Natur, soweit ihre veränderlichen Zustände und Hervorbringungen nicht vom Menschen gemacht sind. Ihr Sein ist ein intentionsloses Werden. Natur in diesem Sinn ist alles das, was von allein da ist, weil es von allein entsteht, wobei »von allein« einfach bedeutet, daß es ohne das Zutun des Menschen da ist und entsteht. Es liegt nahe, zu sagen: Natur ist, was von allein, Kultur ist, was durch den Menschen geschieht. Jedoch wäre diese Gegenüberstellung zu hart. Wir müssen die Unterscheidung so abschwächen, daß wir auch das umstandslos als Natur verstehen können, was ohne *beständiges* Zutun des Menschen entsteht und vergeht. Ein Großteil unserer natürlichen Umwelt »geschieht« ja heute durch die pflegende, nutzende, zurichtende, verbrauchende, verwüstende Organisation des Menschen. Trotzdem zählen begradigte Flüsse, Agrarlandschaften, Parks und Gärten und auch der Dunsthimmel über den Städten weiterhin als »Natur«. Der sporadische oder auch kontinuierliche (d. h. regelmäßig wiederholte) Eingriff des Menschen ändert nichts an der Dynamik der naturhaften Phänomene selbst; auch die organisierte Natur wird zu keiner Veranstaltung des Menschen, in der sich nur dann etwas regt, wenn der Mensch etwas bewegt. (Um Aristoteles' berühmtes Beispiel[12] zu variieren: Wenn der Bauer ruht, wächst das Korn weiter, wenn der Tischler rastet, wächst der Tisch kein bißchen, selbst wenn das Holz weiter »arbeitet«. – Auch wenn der Mensch die Dynamik der Natur durch genetische Manipulation *verändert*, kann er sie doch nicht selbst *erzeugen*; so viel er mit dem Werden der Natur machen kann, er kann das Werden der Natur nicht machen.) Auch die technisch kontrollierte und beeinflußte Natur bleibt ein Bereich autonomer Prozessualität. Natur bleibt ein Bereich des Nicht-Gemachten, wie immer sie zum Guten oder Schlechten zurechtgemacht sei. Ihre Objekte sind keine Artefakte, die ihre Form allein durch den Menschen finden, es sind Dinge, die ganz oder teilweise von selber so werden, wie sie gerade sind.

Jedoch ist der Charakter des Eigenmächtigen zu vieldeutig, um diejenige Wirklichkeit zu bestimmen, die Sphäre unseres ästheti-

12 Aristoteles, Phys. B.2, 193a 12-17 u. 193b 8-12, wo es heißt: »Ein Mensch entsteht aus einem Menschen, nicht aber eine Liege aus einer Liege.« (= Aristoteles 1987, 55).

schen Interesses am naturhaften Leben ist. Sobald er etwa im Sinn naturwissenschaftlich beschreibbarer *Gesetzmäßigkeit* verstanden wird, löst sich mit dem Unterschied zwischen Naturobjekten und Artefakten auch der Unterschied zwischen »natürlichen« und »nicht-natürlichen« Lebensbereichen auf. Was *überhaupt* in der gegenständlichen Welt geschieht, ob durch menschliches Tun oder natürliches Werden, wird von dieser Beschreibung umfaßt. Mensch und Natur, Faktum und Artefaktum unterliegen den physikalisch-chemischen Gesetzen »der Natur«, womit jetzt das bezeichnet ist, was durch diese Gesetze erfaßt werden kann. Diese Natur ist methodisch objektivierte Natur. Diese Natur ist für die unbewaffneten Sinne nicht länger wahrnehmbar, sie ist theoretische Konstruktion einer Forschung, die zwar die Grundlagen des menschlichen Lebens, nicht aber die menschliche Lebenswirklichkeit zum Thema hat. Die so objektivierte Natur ist auch weder veränderbar noch zerstörbar – ist sie doch definiert als das, was bei allem, das als Veränderung oder Zerstörung wahrgenommen werden kann, gleichwohl unverändert und unzerstört bleibt: das Gesetz ihrer beobachtbaren Verläufe.

Nur die zerstörbare Natur aber kann auch gefallen. Nicht jedoch weil sie zerstört werden kann oder erst in der Zerstörung ihre Schönheit erschiene, sondern weil nur zerstört – vom Menschen zerstört – werden kann, was eine problematische Qualität seiner erfahrbaren Lebenswelt ist. Zu dieser Natur haben wir nicht ein theoretisch-objektiviertes, sondern ein lebensweltlich-praktisches Verhältnis. Wie immer sich das ästhetische Naturverhältnis zu letzterem verhält, es kann nur aus ihm heraus entstehen, und es ist notwendigerweise auf seine Wirklichkeit bezogen. Nur hier tritt Natur in der sinnlichen Vielfalt naturwüchsiger Gestalten hervor, die sich von allen durchgängig gemachten Formen bemerkenswert unterscheiden. Dieses Naturhafte unterscheidet *sich*, insoweit *wir es* vom Nicht-Naturhaften unterscheiden. Ästhetisch auffällig wird Natur allein da, wo wir ihre bekannten und unbekannten Objekte umgangssprachlich als Natur identifizieren oder wenigstens ansprechen können – als Bäume oder Steine, Tiere oder Pflanzen, Wälder oder Gärten, Gebirge oder Wüsten, als Himmel und Erde, die sich in Form und Farbe, Wuchs und Bewegung in eigenmächtiger Veränderung zeigen. Kandidat der ästhetischen Anerkennung ist Natur, soweit sie tatsächliche oder mögliche, zugängliche oder unzugängliche, vertraute oder fremde Umgebung menschlichen Handelns ist. Die ästhetische Wahrnehmung des ungelenkten Geschehens der Natur setzt ihre sinnliche Nähe und Ferne innerhalb eines lebensweltlichen Verständnisses von und Verhältnisses zur Natur voraus.[13]

Sie setzt es nicht nur voraus, wie das in bestimmter Hinsicht auch für die Sonderpraxis der Wissenschaften gilt, sie bleibt bei ihm stehen, und zwar auch dann, wenn sich ihre Anschauung nicht an die pragmatische Sinnhaftigkeit der natürlichen Phänomene hält. Daß Natur ästhetisch als Teil der Handlungswirklichkeit des Menschen gegeben ist, bedeutet nicht, daß in dieser Anschauung immer die in historischer und sozialer Bedeutung »natürliche« Bedeutung des Naturhaften lebendig sei. Jedoch nur in Kontexten der lebensweltlichen Anwesenheit der Natur kann diese Anschauung vom Naturhaften das »Natürliche« auch abstreifen, kann sie die Fremdheit der Natur gegenüber den Gliederungen des Erkennens und Handelns hervortreten lassen. Keiner hat dies klarer gesehen als Kant. »Blumen«, heißt es in der »Kritik der Urteilskraft«, »sind freie Naturschönheiten. Was eine Blume für ein Ding sein soll, weiß, außer dem Botaniker, schwerlich sonst jemand; und selbst dieser, der daran das Befruchtungsorgan der Pflanze erkennt, nimmt, wenn er darüber durch Geschmack urteilt, auf diesen Naturzweck keine Rücksicht. Es wird also keine Vollkommenheit von irgend einer Art, keine innere Zweckmäßigkeit (. . .) diesem Urteile zum Grunde gelegt.«[14] Zwar ist dies in Abwehr einer teleologischen Deutung des Naturschönen geschrieben, der Befund jedoch läßt sich verallgemeinern. Kant weist jede Vermischung der ästhetischen mit der theoretischen Betrachtung der Natur zurück[15]; ihre Schönheit werde nur zugänglich, wenn die Wahrnehmung statt auf objektivierende Erkenntnis auf verweilende Anschauung ziele. Unter dem Stichwort der »Interesselosigkeit« hat Kant auch die andere Form eines objektivierenden Naturverhältnisses in die

13 Zum Begriff dieser pragmatisch gegenwärtigen »Umweltnatur« vgl. Heidegger (1979), 70f.

14 Kant (1968b), § 16, 310.

15 Für das Argument ist es gleichgültig, ob die betreffende Wissenschaft teleologische Erklärungen bemüht oder nicht; was den Status teleologischer Erklärungen betrifft, ist im übrigen die ebenfalls kantische Einsicht zu beachten, daß ihre Fruchtbarkeit keineswegs erlaubt, auf die teleologische Verfassung der Natur selbst zu schließen; dazu Schäfer (1987), 22ff. u. 34.

Schranken gewiesen, in dem Natur die Bedeutung eines Reichs von Mitteln zur Verwirklichung menschlicher Zwecke gewinnt; die Schönheit der Natur sei nur zugänglich, wenn ihre Gestalten nicht Gegenstand instrumenteller Interessen seien. Die Ästhetisierung der Natur, so wird bei Kant deutlich, kann nicht vom Standpunkt ihrer Objektivierung erfolgen. Die alltäglich-banale Erscheinung der naturhaften Dinge und Räume ist der Boden ihrer oft außeralltäglichen ästhetischen Präsenz. In ästhetischer Einstellung, sagt Kant, das Beispiel der schönen Blume gegen eines aus der Kategorie des Erhabenen tauschend, beurteilen wir »den Anblick des Ozeans nicht so, wie wir, mit allerlei Kenntnissen (die aber nicht in der unmittelbaren Anschauung enthalten sind) bereichert ihn *denken*; etwa als ein weiteres Reich von Wassergeschöpfen, den großen Wasserschatz für die Ausdünstungen, welche die Luft mit Wolken zum Behuf der Länder beschwängern, oder auch als ein Element, das zwar Weltteile voneinander trennt, gleichwohl aber die größte Gemeinschaft unter ihnen möglich macht: denn das gibt lauter teleologische Urteile; sondern man muß den Ozean bloß, wie die Dichter es tun, nach dem, was der Augenschein zeigt, etwa, wenn er in Ruhe betrachtet wird, als einen klaren Wasserspiegel, der bloß vom Himmel begrenzt ist, aber ist er unruhig, wie einen alles verschlingenden drohenden Abgrund, dennoch erhaben finden können.«[16]

Es bietet sich daher an, diejenige Natur, die Gegenstand ästhetischer Wahrnehmung sein kann, im Unterschied zur theoretisch-wissenschaftlich und instrumentell-technisch *objektivierten Natur* kurz als *lebensweltliche Natur* zu bezeichnen. Jedoch wäre das ein wenig zu einfach. Denn erstens sind Objektivierungen aller Art heute ein fester Bestandteil der lebensweltlich erfahrbaren Natur; technisch objektivierte Natur ist ein Teil unserer lebensweltlichen Kultur. Wo die Resultate dieser Objektivierung weiterhin als Natur wahrgenommen werden können – Äcker, Parks, Gartenschauen, Stauseen, Hafenanlagen, Skipisten, usw. –, können sie auch Gegenstand eines wie immer unerfüllten ästhetischen Interesses an der Natur sein. Zweitens konnotiert der Begriff der »lebensweltlichen« Natur den einer in kulturellen Gliederungen »sinnhaften« Natur (im soziologischen Gebrauch des Wortes, der

16 Kant (1968b), 360.

Sinnvolles und Sinnwidriges gleichermaßen umfaßt); es ist aber keineswegs ausgemacht, daß ästhetisch wahrgenommene Natur immer eine Zone kulturell sinnhafter Begebenheiten ist. Wir dürfen mit der Antwort auf die Frage nach der Natur, die *Gegenstand* des ästhetischen Interesses an der Natur ist, nicht schon die Natur dieses *Interesses* präjudizieren, genausowenig wie wir rein begrifflich darüber entscheiden dürfen, ob sich die objektivierende und die ästhetisierende Einstellung im Raum der Natur nicht auch miteinander verbinden können.

Obwohl man die genannte Unterscheidung mit diesen Vorbehalten auch wieder durchgehen lassen könnte, ziehe ich es vor, die entscheidende Differenz anders zu benennen. Ich möchte sagen: nicht die *kanonische*, die *problematische* Natur ist der Schauplatz eines besonderen ästhetischen Interesses. »Kanonisch« nenne ich diejenige Gegebenheit der Natur, um deren beobachtende Beschreibung es den Naturwissenschaften geht. »Problematisch« nenne ich diejenige Gegebenheit der Natur, in der sie aus der Perspektive der Handelnden als Bestandteil ihrer geschichtlichen Lebenswirklichkeit erscheint. Ein instrumentelles Verhältnis zur Natur ist heute innerhalb der problematischen weit verbreitet; durch technische Entwicklung und technischen Eingriff wirkt die kanonische Natur in die problematische hinein. Ebenso ist eine ästhetische Begegnung mit der Fremdheit der Natur nur innerhalb ihrer problematischen Gegenwart möglich; der ästhetische Sinn greift dann die alltäglich-pragmatische Vertrautheit mit den Unsicherheiten der naturhaften Umgebung an. Der Natur als lebensweltlich Handelnde zu begegnen, kann heißen, ihr in einer radikal technischen oder in einer radikal ästhetischen Verfremdung ihrer lebenswirklichen Normalität zu begegnen.

Gewiß ist auch die strenge Naturwissenschaft eine solche Verfremdung, nur ist sie so radikal, daß ihr Effekt nicht länger kontrastiv erfahren werden kann: die Gegenwart problematischer Natur kommt in ihr nicht vor. So sehr die Physik eine Geschichte der Natur zu schreiben weiß, die geschichtliche Realität des Menschen und seines schwierigen Verhältnisses zur äußeren Natur, aus der auch die Geschichte der physikalischen Erkenntnis hervorgegangen ist, tritt in dieser Geschichte nicht ihrerseits auf. Freilich gilt das nicht für alle Wissenschaften, die (auch) den Namen von Naturwissenschaften tragen, nicht z. B. für Medizin und Ökologie.

Auch diese Wissenschaften aber, soweit sie vorwiegend Naturwissenschaften sind, sind dazu eingesetzt, über Bedingungen problematischer Natur mit möglichst kanonischen Mitteln Auskunft zu geben. Über die problematische Natur selbst freilich können sie nur begrenzte Auskunft geben, da dies unter eine Erforschung der geschichtlichen Lebensformen des Menschen fällt, die vorwiegend in der Zuständigkeit der humanwissenschaftlichen Disziplinen steht. In der Zuständigkeit von Wissenschaften zu stehen allerdings ist der problematischen Natur durchaus äußerlich; sie steht vor allen Dingen in der praktischen Zuständigkeit der Menschen, die unter anderem in einer Wirklichkeit leben, die sie als Natur im Unterschied zu der von ihnen errichteten Kultur erleben und verstehen.

Dieser Unterschied ist das Problematische an der »problematischen« Natur. Er ist eine Leistung der Kultur – eine Leistung, in der sie immer wieder auf Grenzen ihrer Leistungsmöglichkeit stößt. Es ist ein Unterschied, der von jener Gattung stets neu geleistet werden muß, deren Natur es – nach Gehlens Wort – ist, Kultur zu haben. Das *Wort* »Natur«, im Sinn der problematischen, ist ein Kontrastwort zu »Kultur«, im Sinn derjenigen Praxis und ihrer Institutionen, der das Problem des Lebens mit der Natur aufgegeben ist. Die *Wirklichkeit* der problematischen Natur hingegen ist ein Phänomen *in* der Wirklichkeit menschlicher Kultur, wie immer sie dort zum Anlaß einer Distanznahme *gegenüber* kulturellen Orientierungen genommen werden mag. Andererseits muß sich jede Kultur als Lebensform *inmitten* einer Wirklichkeit der Natur begreifen, die sie, die Kultur, als eine Dimension ihres Bestehens anerkennen muß. Schwierigkeiten mit der Natur – und ihrer Bestimmung als Natur – zu haben, liegt deshalb in der Natur einer jeden Kultur. Ästhetische Anschauung freilich muß kein Versuch sein, diese Schwierigkeiten bloß zu bewältigen oder gar zu überwinden, sie kann die Form sein, diese Schwierigkeiten zu – feiern.[17]

17 Ein Vorteil des Prädikats »problematisch« wäre auch, daß wir die »innere Natur« zur Handlungsnatur des Menschen hinzuzählen könnten; diese Bedeutungskomponente werde ich jedoch ausblenden. Die innere Natur ist kein ästhetisches Objekt – was nicht ausschließt, sondern im Gegenteil einschließt, daß das ästhetische Interesse an der äußeren eine Folge von »Schwierigkeiten« gerade mit der inneren ist. Zum Verhältnis von ästhetischer- und Triebnatur vgl. Marquard (1987b), 55ff. u. 198ff.

Nicht zufällig ist das neuzeitliche ästhetische Interesse an Natur vorwiegend eines an »freier« Natur gewesen. Die selbstgenügsame Wahrnehmung dieser Freiheit *der* Natur wurde häufig als Wahrnehmung einer besonderen Freiheit *in* der Natur erfahren. Entsprechend ist die Ästhetik der Natur nicht Theorie der problematischen Natur überhaupt, sie ist Theorie der »freien« und wegen dieser »Freiheit« geschätzten und gesuchten Natur. Denn nur in einer mehr oder weniger »freien« Natur kann es schöne Natur geben. Zur Domäne der Ästhetik kann die Bestimmung der Freiheit der Natur allerdings nur werden, wo dieser Begriff weder mit ihrer »Unberührtheit« noch mit ihrer ökologischen »Stabilität« und »Zuträglichkeit« gleichgesetzt wird. Biologische oder in einem weiteren Sinn ökologische Kriterien können die Explikation ästhetischer Wertgesichtspunkte keinesfalls ersetzen. Genausowenig können wir uns mit der negativen Auskunft begnügen, die Natur sei dort frei, wo sie vom Menschen unberührt sei. Im Augenblick ästhetischen Interesses nämlich ist Natur längst schon berührt. Nicht weil die Berührung des Blicks schon die entzaubernde »Berührung« wäre (einmal angenommen, die ästhetische Naturwahrnehmung sei Sache bloß des Auges, was sie nicht ist), sondern weil zur Voraussetzung dieser Berührung ein Zugänglichsein der Natur gehört, das wenn auch nicht den faktischen Eingriff, so doch die Fähigkeit zum gestaltenden Eingriff in die Natur zur historischen Voraussetzung hat. Mit der entdeckenden »Berührung« der Natur durch den Menschen fing der ganze ästhetische Zauber erst an.

»Freie Natur«, mit anderen Worten, ist ein Skalenausdruck, dessen Bedeutung erlischt, sobald er die beiden Enden der Skala berührt. Absolut frei wäre allein die Natur, zu der kein Mensch je die Distanz aufgebracht hätte, die es zur ästhetischen Anschauung braucht. Absolut unfrei wäre allein die Natur, die technisch so zugerichtet wäre, daß kein Mensch länger da wäre, der die lebenswichtige Distanz zur Natur aufbringen könnte. Die vollkommen freie ist wie die vollkommen unfreie Natur eine Natur ohne Menschen, somit keine »problematische« Natur, ein bloßer Grenzfall also, von dem aus das breite Spektrum mehr oder weniger freier bzw. unfreier Naturwirklichkeit zu begreifen ist. In diesem Sinn ist ästhetische Natur immer schon eine vom Menschen beeinflußte Natur, ohne freilich immer ein von ihm zurechtgemachter Raum zu sein – was nur eine weitere graduelle Bestimmung ist. Man denke an Bonsai-Bäume, Blumenrabatten, einen Golfplatz in der Wüste, Weizenfelder, englische Gärten, Regenwälder, Gletscherketten, Mondlandschaften als zunehmend »freiere« Naturausschnitte. Keiner von ihnen ist in seiner vorfindlichen Gestalt permanent zurechtgemacht bzw. durch menschliche Arbeit hergestellt wie der (laut Werbung) »naturbelassene« Schreibtisch, an dem ich meine ganz unnatürliche Arbeit über Natur verfasse. Dennoch würden wir wohl nicht alle diese Ausschnitte als Beispiele »freier« Natur anführen, obwohl es selbst bei der Blumenrabatte und dem Golfplatz als Objekten kontinuierlicher menschlicher Gestaltung erst darauf ankäme, zu sehen, wie frei die Natur in dieser Gestaltung bleibt. Daran zeigt sich: die Rede von freier Natur ist nicht nur graduell, sie ist auch relational, auf Beispiele einer freieren oder weniger freien Natur bezogen. Deswegen auch ist so schnell kein Ende der ästhetischen Naturwahrnehmung – und der Reflexion über diese Wahrnehmung – zu erwarten. Selbst wenn Petrarca oder Goethe das Freie, das wir heute aufsuchen, wenn wir ins Freie gehen, als reichlich unfrei empfunden hätten, es ist das, was wir als vergleichsweise freie Natur kennen. Eine andere Natur haben wir nicht, haben wir doch genug damit zu tun, daß wir sie und die Freiheit zu ihrer Erfahrung noch haben.

4. Naturphilosophie als ethische Theorie

Die Unterscheidung zwischen kanonischer und problematischer Natur enthält eine Unterscheidung zweier Formen von Natur*philosophie*. Die moderne Naturphilosophie ist als Theorie der Naturwissenschaften über weite Strecken eine Philosophie der kanonischen Natur. Sie hat darüber teilweise vergessen lassen, daß Naturphilosophie nicht allein in der Vergangenheit auch praktische Philosophie war, sondern dies auch heute weiterhin sein kann.[18] Trotzdem ist die Arbeitsteilung zwischen theoretischer und ethischer Naturphilosophie sinnvoll. Die wissenschaftstheoretische Frage nach den Bedingungen kanonischer Naturerkennt-

18 Für die Erneuerung einer ethischen Philosophie der Natur plädieren z. B. Mittelstraß (1987), G. Böhme (1987), Spaemann (1987).

nis (und der durch sie möglichen Technik) ist eine andere als die nach dem praktisch richtigen Verhältnis zur problematischen Natur im Zeitalter technischer Naturbeherrschung. Die erste Frage ist aber nur dann als Frage wirklich begriffen, wenn ihr Gegenstand als Teilbereich eines insgesamt problematischen Naturverhältnisses aufgefaßt wird. Insofern muß zwar die Wissenschaftstheorie keine Explikation der lebensweltlichen Präsenz von Natur, wohl aber die Ethik der Natur eine Reflexion auf ihre problematische und kanonische Gegebenheit sein.

Als normative Explikation naturgebundener und naturbezogener Lebensmöglichkeiten des Menschen ist die Philosophie der problematischen Natur Teil einer ethischen Theorie, die insgesamt *keine* Naturphilosophie ist. Sie ist Teil einer »Philosophie der humanen Welt«[19]. So hat Kant es gesehen: Naturphilosophie in pragmatischer Absicht als Besinnung auf die kulturelle Autonomie des Menschen.[20] Naturphilosophie als ethische Theorie, richtig verstanden, ist weder eine Konkurrentin der herkömmlichen praktischen Philosophie noch gar ein Ersatz für sie, sondern ein Moment der Reflexion, die sie seit jeher vollzieht: der Verständigung über die Möglichkeit guten individuellen Lebens und gerechter sozialer Verhältnisse des Lebens. Die ethische Naturphilosophie hat also keineswegs nur das ästhetische Naturverhältnis zum Gegenstand. Natur als Schöpfung, die respektiert oder als Resource, die genutzt werden will, die moralische Behandlung der Tiere z. B. sind weitere Themen. All das wird heute gern unter den Hut eines »ökologischen« Denkens getan, dem die Formulierung einer vernünftigen Einstellung zur äußeren und inneren Natur aufgegeben sei. Das ist jedoch wenig angemessen. Eine pauschale Behandlung verwischt den Eigensinn der genannten Themen und macht es schwer, die jeweiligen Einsichten füreinander produktiv werden zu lassen.[21]

Ich möchte das am Verhältnis von ästhetischer und ökologischer Naturbetrachtung verdeutlichen. Der Begriff des »Ökologischen« – nicht der deskriptive der Biologen, sondern der normative des praktischen Diskurses – hat eine prägnante Bedeutung nur, wenn

19 Kambartel (1989).
20 Kant (1968 b), §§ 82f.; dazu Schäfer (1982), 37ff.
21 Vgl. die differenzierte Behandlung bei: Passmore (1974); Birnbacher (1980b); Leser (1982); Campbell (1987).

er in einem relativ engen Sinn verstanden wird. Ökologische Probleme in diesem engeren Sinn sind solche der Zuträglichkeit der natürlichen Umwelt für das Leben der Menschen, und zwar: der Zuträglichkeit in einem physiologischen Verständnis. Lothar Schäfer hat die »physiologische Natur«, der hierbei die Aufmerksamkeit gilt, einleuchtend als Form eines problematischen Naturverhältnisses charakterisiert. »Die Natur wird damit (. . .) nicht als das Insgesamt des Vorhandenen unter allgemeinen Gesetzen verstanden, sondern im Sinne des Zuträglichen und Abträglichen, des Bekömmlichen und Unbekömmlichen werden die Außendinge wertend auf die Lebenseinheit bezogen. (. . .) Es geht dabei (. . .) vorrangig um Vorstellungen von der Natur und um die Einrichtung von Naturverhältnissen derart, daß wir uns als Organismen in ihr behaupten und gesund leben können.«[22] Diese Einstellung zur Natur ist von einem normativen Begriff der *guten Natur* getragen, der an das leibzentrierte Empfinden der Menschen und vieler anderer Lebewesen gebunden ist, an deren Gedeihen oder Verkümmern die Qualität der Umwelt für das menschliche Gedeihen abgelesen werden kann. Kriterien der *Schönheit* der Natur spielen für diesen Begriff überhaupt keine Rolle. Zwar ist zu vermuten, daß eine physiologisch gute Natur im ganzen schöner sein wird als eine physiologisch schlechte und auch, daß das Bewußtsein schöner Natur wiederum zum physischen Wohlbefinden in der Natur beitragen kann, aber daraus folgt keine Identität beider Bewertungen von Natur. Ökologisch gute Natur muß nicht (insgesamt) schön, ästhetisch schöne Natur muß nicht (insgesamt) gut sein, wie übrigens beide nicht im ökonomischen Sinn (besonders) ergiebig sein müssen. Die Anerkenntnis der Nichtidentität dieser (und weiterer) Bewertungsarten problematischer Natur ist die Voraussetzung der Frage nach einer möglichen Konvergenz der betreffenden Wertungen.

Eine Voraussetzung, die skeptisch stimmt gegenüber allen Idealen einer Vereinigung der in verschiedenen Bedeutungen guten mit der in verschiedenen Bedeutungen schönen Natur. Natur wäre nicht länger Natur, würde sie die menschliche Hoffnung auf Versöhnung mit der Natur erfüllen. Es kennzeichnet die dem Menschen lebensweltlich begegnende Natur, daß die Verbindung der Größen

22 Schäfer (1987), 31.

ihrer Bewertung problematisch bleibt, daß sie nicht zu einer Größe, zu einem Maßstab des Verhaltens gegenüber der Natur zusammengefaßt werden können. Das bedeutet, daß weder Ökologie noch Ökonomie, weder Ästhetik noch Tierethik ein letztes, ein die anderen Kriterien »überstimmendes« Kriterium des richtigen Naturverhältnisses bereitstellen können. Die unterschiedlichen normativen Begriffe problematischer Natur stehen in einem Verhältnis der korrektiven Ergänzung zueinander. Die erste Moral gegenüber der problematischen Natur muß lauten, ihre Beurteilung eine problematische bleiben zu lassen. Es gehört zum Inbegriff einer freien Kultur, daß sie die Grenzen ihrer Verfügung über die eigenen Bedingungen kennt und somit die Unmöglichkeit eines gesicherten Verhältnisses zur umgebenden Natur. »Anerkennung« der Natur durch die Kultur ist Anerkennung der Möglichkeiten, die ihr, der Kultur, aus der Unverfügbarkeit und Unbeständigkeit zentraler Existenzbedingungen entstehen. Eine Kultur, die sich die Natur vollständig angeeignet hätte, hätte sich ihrer Natur enteignet.[23]

Es wird sich zeigen, daß gerade die Ästhetik der Natur zum Protest gegen die Illusionen sei es der Aneignung, sei es der Vereinigung berufen ist, auch wenn sie ihre Mission oft genug im Gegenteil gesehen hat. Ich verstehe die Ästhetik der Natur als Bestandteil einer ethischen Theorie der problematischen Natur und somit als Anfang – als einen unter anderen Anfängen – einer Ethik des guten Lebens. Meine These ist, daß die Theorie der ästhetischen Natur, dieses besondere (ästhetische) Gebiet eines besonderen (naturphilosophischen) Gebiets der Ethik, von exemplarischer Bedeutung sowohl für ästhetische wie für ethische Fragestellungen ist. Sie hat exemplarische Bedeutung für die Ästhetik, da die Dimensionen der ästhetischen Naturwahrnehmung die Grunddimensionen ästhetischer Wahrnehmung überhaupt sind; sie hat exemplarische Bedeutung für die Ethik der Natur, weil die ausführliche Untersuchung *eines* Naturverhältnisses durch den Kontrast zu benachbarten (ökologischen) bis entgegengesetzten (objektivierenden) Verhältnissen ein schärferes Licht auch auf diese Gegebenheiten wirft; sie hat exemplarische Bedeutung für die Ethik im allgemeinen,

23 Einer Ideologie der Aneignung unterliegen Moscovici (1982) und Eder (1988); zur Kritik s. Lenk (1983) u. Mittelstraß (1982).

weil sie in der Gegenwart des Naturschönen nicht nur eine ausgezeichnete Möglichkeit guten Lebens, sondern eine allgemeine – nicht an den Aufenthalt in freier Natur gebundene – Form guten Lebens entdeckt; damit wird sie schließlich zu einer exemplarischen Studie über das Verhältnis von Ästhetik und Ethik – ihre außermoralischen Betrachtungen erweisen sich als wesentlicher Bestandteil einer (weit verstanden) praktischen Philosophie. Die Ästhetik der Natur muß weit über den Rand ihres Themas schauen, um an die Grenze ihres Themas zu gelangen. Diese Grenze ist erst beim Ausblick auf eine Ethik des guten Lebens erreicht.

Der Gang durch die Themen unseres Themas folgt einer Methode der evaluativen Explikation menschlicher Handlungsmöglichkeiten.[24] Sie besteht erstens im Aufzeigen der internen Verfassung und des internen Werts bestimmter – zunächst und vor allem: bestimmter ästhetischer – Situationen, von denen ich annehme, daß es sie so, wie ich sie beschreibe, tatsächlich gibt; sie besteht zweitens in der kritischen Prüfung der Bedeutung, die diese Situationen im Kontext ästhetischen und außerästhetischen Verhaltens haben (nicht selten auf dem Weg einer Konsultation der philosophischen Deutungen, die ihnen zuteil geworden sind); sie besteht drittens in einer sukzessiven Ausweitung der anfänglichen Erläuterungen, die ihnen ihren mehrfachen exemplarischen Stellenwert verleiht. Ich setze ein mit der Beschreibung ausgezeichneter ästhetischer Wahrnehmungsmöglichkeiten (Kap. I-III, mit einer zusätzlichen komparativen Analyse in Kap. V), deren Zusammenhang im Naturschönen ich als eine ausgezeichnete Lebensmöglichkeit beschreibe (Kap. IV), eine Beschreibung, die schließlich ein aufschlußreiches (aber allein unzureichendes) Modell der Struktur gelingender Praxis gibt (Kap. VI u. Schlußwort).

Was die ästhetischen Untersuchungen betrifft, so bediene ich mich phänomenologischer und sprachanalytischer Mittel, allerdings nicht mit gleichem Anteil. So sehr beide Verfahren in der Ästhetik gleich wichtig und gleich berechtigt sind – der phänomenologische Zugang sichert die Nähe zum ästhetischen Wahrnehmungsvorgang, der sprachanalytische die Nähe zum sprachlich vermittelten

24 Sie ist verwandt mit derjenigen einer »extensiven Explikation«, die Taylor (1986) der praktischen Philosophie nahelegt.

(aber nicht immer sprachlichen, geschweige denn sprachlich expliziten) Verständnis, aus dem er erfolgt – so wenig ist ihre jederzeit gleich*mäßige* Anwendung sinnvoll. Am Gegenstand der Natur wird die phänomenologische Darlegung überwiegen, einfach weil die ästhetisch erfahrene Natur aus internen Gründen weit weniger als die Kunst – mit Hegels Ausdruck – ein Gegenstand »denkender Betrachtung« ist.[25] Trotzdem ist es hilfreich, die Sprachform im Auge zu behalten, in der wir den unterschiedlichen Naturerfahrungen Ausdruck geben können. Beide Methoden schließen sich zu einer Hermeneutik der ästhetischen Erfahrung zusammen (einer Erfahrung, die selbst nicht immer eine verstehende ist). Diese Hermeneutik der *ästhetischen* Erfahrung aber, ob sie nun Natur oder Kunst oder anderes zum Gegenstand hat – und ob sie will oder nicht –, ist immer schon mehr als das, nämlich Teil einer Hermeneutik *ethischer* Erfahrung: Teil einer evaluativen Explikation der Möglichkeit gelingenden Lebens.

5. *Zur ästhetischen Terminologie*

Bevor ich mit der Betrachtung der Dimensionen ästhetischer Natur beginne, möchte ich noch einige Bemerkungen zur Sprache dieser Analyse vorausschicken. Eigentlich ist es nur ein Begriff, der einer vorbereitenden Klärung bedarf – der Begriff der *ästhetischen Natur.*

Wenn ich im folgenden ohne weiteren Zusatz von »Natur« oder von »der Natur« spreche, ist in aller Regel die problematische Natur gemeint, deren Wirklichkeit die Voraussetzung ästhetischer Naturwahrnehmung ist. (Wo der Kontext eindeutig ist, werde ich manchmal auch die ästhetische Natur einfach als »Natur« bezeichnen.) »Ästhetische Natur« ist zunächst einmal eine Abkürzung für »ästhetisch *wahrgenommene* Natur«, d. h. für dasjenige Naturverhältnis, das sich aus einer ästhetischen Einstellung zur lebensweltlich erschlossenen und sinnlich wahrnehmbaren Natur ergibt. Wie oben betont, ist diese lebensweltlich-problematische Natur

25 Zur Leistungsfähigkeit des sprachanalytischen Verfahrens vgl. Seel (1985), Kap. III, bes. 177f.

nicht selbst schon ästhetisch konstituierte Natur. Sie ist lediglich der Zugang zur Natur, in dem sich eine ästhetische Einstellung ausbilden, in dem »ästhetische Natur« vorkommen kann.
Nun ist, wenn ich recht habe, die ästhetische Natur gleich mehrfach konstituiert. Das erste Kapitel wird von einer »kontemplativen«, das zweite von einer »korrespondierenden«, das dritte von einer »imaginativen« Natur handeln; auch das sind abkürzende Redeweisen, die sich immer auf Weisen der *Wahrnehmung* problematischer Natur beziehen. Was ästhetische Natur im genaueren und insgesamt ist, wird durch die Analyse dieser Grundformen ihrer ästhetischen Wahrnehmung zu bestimmen sein. Eine solche Bestimmung hat zwei Seiten. Sie muß erläutern, was die ästhetische Wahrnehmung an ihren Gegenständen *sucht*, und sie muß erläutern, was sie an ihren ausgesuchten Gegenständen *findet*. Sie muß einerseits die Art der Zuwendung bestimmen, mit der die ästhetische Auffassung ihren Objekten begegnet und andererseits die Art der Erfüllung, die sie an bestimmten ihrer Objekte findet. Beides gehört untrennbar zusammen. Jeder beliebige Gegenstand, jeder beliebige Ort, jede beliebige Szene der problematischen Natur kann ästhetisch angeschaut werden; nicht alle aber sind ästhetisch interessant und schon gar nicht alle schön. Es ist aber der schöne (oder erhabene) Naturbereich, dem der ästhetische Wahrnehmungs*versuch* letztlich gilt. Den Sinn dieses Versuchs können wir nicht verstehen, wenn wir nicht verstehen, was es heißt, daß er »aufgeht«, daß er sich in der Anschauung des Natur*schönen* erfüllt.
Obwohl ästhetische Natur nicht immer schöne (bzw. erhabene) Natur ist, muß ihre Theorie vorwiegend ihrer Schönheit (einschließlich ihrer Erhabenheit) gelten. Daß Natur als schön oder häßlich, erhaben oder belanglos empfunden wird, ist dabei keineswegs eine Sache der bloßen – subjektiven – Empfindung allein. Ästhetische Natur ist nicht einfach ein Resultat der augenblicklichen Empfindung und Stimmung einzelner Subjekte. Wie in aller ästhetischen Wahrnehmung ist auch vor der Natur eine bestimmte Empfindungsfähigkeit Voraussetzung des ästhetischen Verhältnisses, aber sie allein ist nicht dieses Verhältnis; zu ihm gehört auch das, was das Subjekt vermöge seiner Empfänglichkeit an seinem Gegenstand wahrzunehmen vermag. Das kann aber auch von anderen Subjekten wahrgenommen werden – andernfalls dürfte hier

von Wahrnehmung gar nicht die Rede sein.[26] Die ästhetisch wahrgenommene Natur schaut uns nicht einfach so an, wie wir sie ansehen; je nachdem, wie wir sie anschauen, wahrnehmen, empfinden, ändert sich das, was wir an ihr entdecken, und je nachdem, was wir an ihr entdecken, ändert sich die Art, in der sie uns zu weiterer Anschauung verlockt.[27] Das Ästhetische, ob es Natur oder Kunst oder sonst etwas ist, ist stets dies beides: eine Art der Begegnung mit etwas, in der das Begegnende spezifische Attraktionen entfaltet (oder Enttäuschungen bereitet).

»Das Ästhetische« freilich ist ein Konstrukt. Die Möglichkeiten ästhetischer Wahrnehmung und Herstellung sind so vielfältig, daß flächendeckende Bestimmungen äußerst inhaltsarm sein müssen. Eine wegen ihrer Sparsamkeit brauchbare Bestimmung kann etwa lauten: Ästhetisch ist eine Wahrnehmung, die sich in vollzugsorientierter Aufmerksamkeit an die sinnliche und/oder sinnhafte Präsenz und Prägnanz ihrer Gegenstände hält. Erst spät, erst im fünften Kapitel, erst nachdem ein ganzer Kreis von Betrachtungen durchgangen ist, hat es Sinn, über die Angemessenheit dieser Festlegung Rechenschaft zu geben. Wir können nicht definieren, wir müssen erst sehen und beschreiben, was grundlegende Möglichkeiten ästhetischer Wahrnehmung sind.

Zur Beschreibung dieser Möglichkeiten verwende ich vier verwandte Begriffe. Ich spreche von ästhetischen »Dimensionen«, »Einstellungen«, »Funktionen« und »Attraktionen«. Keiner dieser Begriffe ist für die Ästhetik speziell der Natur reserviert, alle vier leisten gerade hier einen guten Dienst. Den Grund*dimensionen* ästhetischer Praxis, so werde ich sagen, entsprechen Grund*funktionen* ästhetischer Gegenstände. Unter verschiedenen Funktionen werden diese Gegenstände auf bestimmte *Attraktionen* hin wahrgenommen, um deren Anerkennung der Gegenstand gleich-

26 Vgl. Kutschera (1988), Kap. 2.

27 Die Analyse dessen, was eine Betrachtungsweise an ihren Gegenständen sucht und worin sie sich gegebenenfalls erfüllt, muß im übrigen strikt unterschieden werden von allen Angaben darüber, *welche Gegenstände* das Bedürfnis der jeweiligen Betrachtung erfüllen. Die Frage nach ästhetischen *Funktionen* ist keine Frage nach *Kriterien*, an denen sich ihre Erfüllung von Fall zu Fall bemißt (einmal angenommen, es gäbe solche Kriterien). Die philosophische Ästhetik hat es vor allem mit der ersten Frage zu tun, die zweite Frage ist vor allem eine Angelegenheit der ästhetisch Wahrnehmenden selbst.

sam kandidiert. Diese Anziehungskraft bezeichnet das, worum es der jeweiligen Betrachtungsweise geht; attraktiv – schön, erhaben, gelungen – ist der Gegenstand, wenn er die Funktion, unter der er wahrgenommen wird, erfüllt. Eine entsprechende Funktion *gewinnt* ein Objekt, wenn wir es in einer ästhetischen *Einstellung* betrachten; es gewinnt diese Funktion über den Augenblick hinaus, wenn es als eines bewertet wird, das für das ästhetische Wahrgenommenwerden in auffälliger Weise gemacht oder geeignet ist (wie sehr oder wie wenig es unseren Anspruch tatsächlich erfüllen mag). Es erhält dann Titel wie »Kunstwerk«, »Landschaft«, »Schmuck« usw.; ihm kommen eine oder mehrere ästhetische Funktionen zu. So sehr also die Funktionen des Ästhetischen an entsprechende Einstellungen gebunden sind, sie sind nicht notwendig an die *Einnahme* dieser Einstellungen gebunden (auch im geschlossenen Museum hängen Kunstwerke). Im übrigen haben die »Funktionen«, von denen hier die Rede ist, noch nichts mit bestimmten sozialen, politischen oder psychologischen Funktionen ästhetischer Gegenstände zu tun; aufgrund ihrer besonderen Verfassung können ästhetische Objekte allerlei solche Funktionen gewinnen, aber sie müssen es nicht. Ich halte fest: Dimensionen des Ästhetischen sind durch betreffende Einstellungen konstituierte Funktionen von Objekten, in denen ihnen bestimmte Attraktionen zu- oder abgesprochen werden.
Mit diesem handlichen Baukasten ästhetischer Begriffe sind wir für die Reise ins Land der ästhetischen Natur gerüstet. Es ist jetzt klar, daß die Beschreibung der Dimensionen ästhetischer Naturwahrnehmung sich immer auf beides wird richten müssen: auf die Funktionen, unter denen Natur wahrgenommen werden kann, und auf die Attraktionen, die eine so wahrgenommene Natur im glücklichen Fall entbietet. Die drei ersten Kapitel sind jeweils einer dieser Dimensionen gewidmet. Das bedeutet, daß meine Analyse für die Dauer dieser ersten Kapitel eine gewisse Stilisierung vornehmen wird. Bis auf einige vergleichende Betrachtungen am Rande werde ich so tun, als seien die Grundfunktionen ästhetischer Natur unabhängig voneinander gegeben. Die ganze Betrachtung läuft aber schließlich auf die These hinaus, daß dies *nicht* der Fall ist. Diesem Nachweis ist das vierte Kapitel gewidmet, das nach der Einheit des Naturschönen fragt. Dabei wird sich zeigen, daß die radikale Differenzierung der ästhetischen Dimensionen die

Voraussetzung einer angemessenen Theorie ihres naturschönen Zusammenhangs ist. Wie so oft in der Philosophie geht der Weg zum Singular über den Plural.

In vielen Abhandlungen zum Naturschönen wird dieses mit der Gegenwart *landschaftlicher* Natur identifiziert. Das hat eine gewisse Berechtigung, die allerdings nicht voll zum Tragen kommt, wenn ästhetische Naturanschauung mit Landschaftserfahrung umstandslos gleichgesetzt wird. Ich werde daher in den ersten drei Kapiteln keinen systematischen Gebrauch vom Begriff der Landschaft machen; der Ausdruck selbst ist nicht zu vermeiden. Erst im vierten Kapitel werde ich die gesammelten Betrachtungen in eine Theorie ästhetischer Landschaft übersetzen; die Einheit ästhetischer Natur ist ihre Einheit als Landschaft. Alles, was ich bis dahin über Landschaft sage, bleibt vorläufig gesagt. Weil die Natur der Landschaft das Wichtigste ist, was die Ästhetik der Natur zu ergründen hat, muß sie beinah das Letzte sein, worauf es ihr ankommen darf. Aber genug der Begriffe. Lassen wir erst einmal – erst dreimal – die Anschauung sprechen.

I.
Natur als Raum der Kontemplation

1. Das Spiel der Erscheinungen

a) Uninteressierte Aufmerksamkeit

Wenn ich in meinem Zimmer an der Universität Konstanz aus dem Fenster schaue, sehe ich zur Linken die aus Beton, Stahl und Holz errichtete Scheune der Mensa, von einem Wäldchen umgeben, in das sich ein Fußweg verliert; zur Rechten, über dem rostroten Dach der literaturwissenschaftlichen Seminarräume, öffnet sich die Landschaft des Bodensees. Im Mittelpunkt der Ansicht, jenseits der universitären Sportanlagen, liegt die Insel Mainau. Sie ist durch einen leichten, zwar befahrbaren, jedoch nicht für den öffentlichen Verkehr – wohl aber für die zahlenden Besucher – freigegebenen Steg mit dem Festland verbunden; glücklicherweise liegt die Insel weit genug weg, um den touristischen Sommerbetrieb aus meiner Warte verschwinden zu lassen. Ohnehin ist die Hauptattraktion dieser Aussicht weniger die Insel als vielmehr der See, der sie umgibt. Er vor allem ist es, der den Blick in Mußestunden oder Mußeminuten gefangenhält. Ganz ohne eigenes Zutun kommt diese schöne Gefangenschaft freilich nicht zustande – wenngleich das abschweifende Tun in nichts anderem zu bestehen braucht als darin, den See kontemplativ zu betrachten, d. h. ihm mit interesseloser Aufmerksamkeit zu begegnen.
Zum Reiz dieser Betrachtung gehört es entscheidend, daß sich der See nie gleich ist. Nicht nur handelt es sich hier um einen bewegten Gegenstand, dessen Bewegung je nach Windverhältnissen variiert, sofern sie nicht im Gefrieren erstarrt; das Spiel dieser Bewegung und selbst die Spiegelung ihrer Erstarrung erscheint bei jedem Wetter und zu jeder Tageszeit in einem anderen Licht. So etwas wie ideale Wahrnehmungsverhältnisse, wie sie für die Rezeption vieler Kunstwerke angebbar und erforderlich sind, gibt es hier nicht. Das schlechte Wetter tut der Schönheit des Sees keinen Abbruch – jedenfalls nicht in dieser Wahrnehmung; alles, was das Sichdarbieten des Sees belebt, belebt auch die kontemplative Betrachtung. Es ist gerade die jederzeitige und jederzeit unberechenbare Veränder-

lichkeit der Szene, die den Betrachter dazu herausfordert, die Ziellosigkeit seiner Betrachtung durchzuhalten. In kontemplativer Einstellung wird der See weder als ein Symbol für etwas noch als ein Zeichen oder ein Fall von etwas aufgefaßt, er wird nicht als ein so und so beschaffener klassifiziert, wir verfolgen seine Beschaffenheit in der Fülle und im Spiel der Erscheinungen, in denen er sich für die Zeit dieser Anschauung gibt. Wie viele Aspekte der Seelandschaft in dieser Betrachtung auch phänomenal hervortreten mögen – das Tanzen der Lichtreflexe, die Wiederholung des Wellenschlags, die Fächerung der Farben, die Biegung der Uferlinie, die Weitung oder Verengung des Horizonts, keiner dieser Aspekte wird zum Träger einer strukturierenden Sinnbildung am Gesehenen. Die kontemplative Wahrnehmung verweilt bei den Erscheinungen, die ihr Gegenstand aufweist, sie ergeht sich in den Unterscheidungen, die sie ihrem Gegenstand abgewinnt, ohne darüber hinaus auf eine Deutung zu zielen. Ihre Begegnung mit den Phänomenen läßt deren Bedeutung außer acht.

Es ist die sinnfremde phänomenale Individualität eines Gegenstands, auf die es der kontemplativen Wahrnehmung ankommt. Diese Individualität wird sichtbar, sobald von jeder Wichtigkeit und Wertigkeit der Dinge für das Erkennen oder Handeln abgesehen wird; die Dinge erscheinen als sinnfremd, weil ihnen keinerlei Lebensbedeutung beigemessen oder zugemutet wird. Eben darin aber ist die Kontemplation der Versuch, alles am Gegenstand wichtig zu nehmen, auch und gleichermaßen das, was eine theoretische oder pragmatische Beziehung zum Gegenstand als unwichtig ansehen würde. »Hier ist alles nebensächlich und doch zählt alles.«[1] Kontemplation ist relevanzlose, in diesem Sinn rücksichtslose Betrachtung; nur deswegen kann sie auf alles ihr Erscheinende Rücksicht nehmen. Rücksichtslos wiederum kann sie nur sein, wenn sie sich in das, was sich ihr bietet, von einer zufälligen Position aus vertieft. Würde sie ihren Standpunkt als notwendigen oder ausgezeichneten erfahren, wäre es um die Rücksichtslosigkeit der Wahrnehmung schon geschehen. Sowenig ideale Wahrnehmungsbedingungen für die Kontemplation existieren, sowenig gibt es für sie einen idealen Standort der Betrachtung.

1 P. Valéry, Eupalinos oder der Architekt, dt. v. R. M. Rilke, Frankfurt: Suhrkamp 1973.

Diese Betrachtung ist uninteressiert auch darin, daß sie sich für ihren Gegenstand nur im Moment ihrer Aufmerksamkeit interessiert. Fast könnte man sagen, sie interessiere sich nur für ihre Aufmerksamkeit für den Gegenstand – bräuchte es dazu nicht eben den Gegenstand, der für die Weile dieser Aufmerksamkeit als ein schlechthin einzigartiger Gegenstand erscheint. Kein Kieselstein ist einem anderen in Form, Farbe, Musterung gleich: auf solches Ungleichsein legt das kontemplative Bewußtsein den größten Wert. Auch bei ein und demselben Kieselstein kommt es ihm auf das Ungleiche, auf das Einzigartige an, auf das, was nicht von Dauer ist: ob er am Strand liegt oder im Zimmer, und wie er da liegt, ob im Hellen oder Dunklen, mit hervortretender oder verschwimmender Maserung, ob er feucht ist oder trocken, verstaubt oder sandig . . .: das sind die augenblicklichen Zustände, an die es sich hält. Worauf immer dieses Aufmerken sich wendet, das erscheint ihm als schön. Gleich ob es sich um bewegte oder unbewegte, organische oder anorganische Naturobjekte handelt, ihre Schönheit für die kontemplative Auffassung entspringt ihrer veränderlichen Erscheinung in einer bestimmten und für eine bestimmte Zeit. Der in diesem Sinn schöne Naturgegenstand weist jede Sinnzuweisung ab. Er ist, wie er erscheint, und darin ist er schön. Er ist schön, weil – und solange – er für nichts anderes da ist als für die Wahrnehmung dieses Erscheinens. Zu dieser Erfahrung des Schönen gehört, daß es hier nichts zu verstehen gibt.
Obwohl es hier nichts zu verstehen gibt, gibt es für ungewöhnlich sprachbesessene Betrachter viel zu beschreiben. In den unter der titelgebenden Berufung auf den Standpunkt der Dinge (»Le Parti Pris des Choses«) veröffentlichten Dichtungen von Francis Ponge handelt ein Stück »Vom Wasser«. Es beginnt[2]:

Weiter unten als ich, stets weiter unten als ich befindet sich das Wasser. Stets betrachte ich es mit gesenkten Augen. Wie den Boden, wie einen Teil des Bodens, wie eine Verwandlung des Bodens.
Es ist weiß und glänzend, formlos und frisch, passiv und auf ein einziges Laster versessen: die Schwerkraft. Über außergewöhnli-

2 F. Ponge, Im Namen der Dinge, frz. u. dt., übers. v. G. Henninger, Frankfurt: Suhrkamp 1973, 41.

che Mittel verfügt es, um diesem Laster zu frönen: Umfließen, Durchdringen, Aushöhlen, Durchsickern.
Auch in ihm selbst wirkt dieses Laster: unablässig sackt es zusammen, entwindet sich augenblicks jeder Form, strebt nur nach Erniedrigung, legt sich flach auf den Boden, fast ein Kadaver, wie die Mönche bestimmter Orden. Stets weiter unten: dies scheint sein Wahlspruch zu sein: das Gegenteil von excelsior.

Man muß diesen Text, der sich noch länger fortspinnt, richtig lesen. Diese Poesie der Kontemplation klassifiziert ihren Gegenstand nicht, sie legt ihn nicht auf eine der Bestimmungen fest, mit der sie ihn verfolgt, sie umspielt ihn mit wechselnden Bestimmungen, angetrieben von der Lust, ihn durch immer neue Worte hindurch immer neu zu sehen. Ihre Unruhe, ihr Rhythmus entspringt dem Verlangen, stets den Wandlungen ihres Gegenstands auf der Spur zu bleiben; ihre Ruhe, ihre Ungerührtheit entspringt der Haltung, auf kein Ergebnis dieser Tätigkeit aus zu sein. Der resultierende Text ist ein Bild dieser Tätigkeit, nicht etwa eine Wiedergabe von Erkenntnissen, die in ihrem Verlauf gewonnen würden. Darin gleicht sich das Verfahren des Dichters der einfachen kontemplativen Anschauung an.
Die gewöhnliche Kontemplation ist sprachlich wenig artikuliert. Sie darf es gar nicht sein, wenn sie mit dem phänomenalen Geschehen ihrer Gegenstände in Kontakt bleiben will. Zwar ist dieses Geschehen ein höchst *artikuliertes*, ein *Artikulations*geschehen aber ist es gerade nicht. So viele Zustände und Gliederungen die kontemplative Betrachtung auch an ihren Gegenständen aufspürt, sie sieht von jeder bleibenden Ordnung ihrer Eindrücke ab, geht über sie hinweg, verwirft alle Fixierung in Wort oder Bild oder Klang. Ihr geht es um das artikulierende Spiel, um das veränderliche Sichbieten der Phänomene, nicht um ein Sprachspiel der Artikulation. Ein Autor wie Ponge ist in einer anderen Lage. Ihm kann es um das erste nur gehen, indem es ihm auch um das zweite geht. Seine Texte leben von der Spannung, die daraus entspringt. Die Hingabe an die Dinge schlägt um in eine Hingabe an die Sprache, in der sich das Erscheinen der Dinge tausendfach bricht. Die mimetische Parteinahme verwandelt sich in die poetische Verdinglichung des für die Dinge gefundenen Worts.
Ponges Texte enthalten noch einen zweiten Gestus, in dem sie sich

von der Haltung der unmittelbaren Kontemplation unterscheiden. Es ist ein Gestus der Definition. Wie immer kreisend und ziellos ihre Beschreibungen ausfallen, wie immer sie, im krassen Gegensatz zu jeder theoretischen Definition, sich selbst genügen, sie sind Versuche einer poetisch verallgemeinernden Gegenstands*bestimmung*. Ponge spricht von *dem* Wasser, wie er andernorts von *der* Orange, *dem* Kieselstein, *dem* Kiefernwald spricht. Wenn ich dagegen den See kontempliere, betrachte ich *diesen* See, von *diesem* Blickpunkt aus, in *diesem* Licht, bei *dieser* Wellenbewegung, *diesem* Wasserstand usw. Nicht anders stellt sich die direkte, die nichtkünstlerische Kontemplation zu jedem ihrer Objekte. Sie nimmt ihren Gegenstand stets als individuelles Objekt zu einer bestimmten Zeit und in einer ganz bestimmten Erscheinung: die Blume im Stadium ihres Aufblühens oder Verblühens, der vor Regen triefende Baum, die Berge, die im gelblichen Dunst liegen, der soeben frisch geschnittene Rasen, die Katze, die geduckt auf ihre Beute lauert. Die kontemplative Naturbetrachtung begreift nichts, sie nimmt alles, wie es gerade ist. In dieses Gerade-so-sein ist sie vertieft, nur dies nimmt sie auf. Nichts weiteres, nichts – Allgemeines. Sie ist in einer Weise auf das Besondere fixiert, wie keine Literatur, keine Dichtung, überhaupt keine Kunst es sein kann.
Trotzdem hat gerade die moderne Kunst mit hoher Intensität auf die Provokation der kontemplativen Erfahrung reagiert. Ponge erhebt die reine Dingkontemplation ausdrücklich zum Kriterium seiner Arbeit: »Immer wieder zurückkommen auf das Objekt selbst, auf das Rohe an ihm, auf das, was es *unterscheidet*: unterscheidet vor allem von dem, was ich (bis zu diesem Moment) schon über es geschrieben habe.«[3] Dabei entsteht eine Paradoxie, die für die Theorie der ästhetischen Kontemplation höchst aufschlußreich ist. Jede gelingende Darstellung dessen, was die Kontemplation *sieht*, verwandelt sich in eine Darstellung des kontemplativen *Sehens*. Denn was wir kontemplativ sehen, ist der Möglichkeit der Darstellung prinzipiell entzogen.

3 F. Ponge, Böschungen der Loire, in: Das Notizbuch vom Kiefernwald / La Mounine, dt. v. P. Handke, Frankfurt: Suhrkamp 1982, 7.

b) Variation mit Caeiro

Das ist das heimliche Thema der modernen Dichtung der Kontemplation. In der Produktion des pseudonymen Alberto Caeiro hat Fernando Pessoa die Dialektik aller künstlerischen Parteinahme für die Kontemplation entfaltet. »Was wir wahrnehmen von den Dingen, sind nur die Dinge. / Warum sollten wir ein Ding sehen, wenn noch ein andres vorhanden wäre? / Warum sollten uns Sehen und Hören täuschen, / wenn Sehen und Hören Sehen und Hören sind?«[4] In diesen Zeilen spricht Caeiro das Programm seines Schreibens aus. Das erste Gebot heißt: unbedingtes Vertrauen in die Sinne. Sinnestäuschungen kann es im Universum der Kontemplation nicht geben, weil alle Dinge nichts sind als das, wie sie gerade erscheinen. Für den Dichter entsteht daraus die Schwierigkeit, daß er im Namen ihrer anschaulichen Besonderheit nur ganz allgemein von den Dingen sprechen darf; da alles an ihnen wichtig ist, darf nichts Einzelnes als das Wichtige hervorgehoben werden. Caeiros Sprache verbannt die schmückenden Adjektive. Die Begriffe verbannen kann sie nicht – und doch muß sie alles tun, um das Gesagte nicht in Begriffen zu bannen. »Eine Reihe von Bäumen dort am fernen Hang. / Aber was ist eine Reihe von Bäumen? Es gibt nur Bäume. / Reihe und die Mehrzahl Bäume sind keine Dinge, sind bloße Namen.«[5] Die Feier eines rein kontemplativen Bewußtseins muß letztlich zu tautologischen Formeln greifen, die allein das noch benennen, was sie nicht weiter benennen können. »Der Wind erzählt nur vom Winde.«[6] Selbst in dieser Wendung wittert der Autor sofort eine Gefahr für seine dichterische Mission; darum fügt er hinzu: »Was du ihn sagen hörtest, war Lüge, / und diese Lüge, sie steckt in dir.« Caeiro will die Sprachbilder der Menschen und ihrer Dichter beiseite schieben, entleeren, ihnen den Sinn entwenden, der sich vor das stellt, was sich der reinen Aufmerksamkeit bietet (Caeiro ist nicht naiv; er ist naiv aus Reflexion). Seine Verse wollen zugänglich machen, was keinen Sinn hat und eben darum vernommen werden muß. »Im Grunde bin ich

4 A. Caeiro, Der Hüter der Herden, Nr. XXIV, in: F. Pessoa, Alberto Caeiro: Dichtungen / Ricardo Reis: Oden, port. u. dt., übers. v. G. R. Lind, Zürich: Ammann 1986, 51.

5 Ebd., XLV, 75.

6 Ebd., X, 39.

nur dies: ein Dolmetscher der Natur / weil es Menschen gibt, die ihre Sprache nicht fassen / weil ihre Sprache keine ist.«[7] Das ist die Quadratur des Kreises, die der kontemplativen Dichtung aufgegeben ist: ihrer Anschauung Sprache zu leihen, ohne ihren Objekten den Anschein sprachlicher Artikuliertheit zu geben. Nur unlösbare Aufgaben lohnen den Versuch einer poetischen Lösung. Eine ist die[8]:

Der Mond durch die hohen Zweige schimmernd,
sagen die Dichter alle, sei mehr
als der Mond durch die hohen Zweige schimmernd.

Mir aber, der sich nicht vorstellen kann,
was der Mond durch die hohen Zweige schimmernd
anders sein könne
als der Mond durch die hohen Zweige schimmernd,
ist er wirklich nicht mehr
als der Mond durch die hohen Zweige schimmernd.

Ich habe das Problem kontemplativer Lyrik kurz kommentiert, weil sich hierin eine Schwierigkeit spiegelt, die sich der philosophischen Abhandlung über das Naturschöne auf andere Weise stellt. Naturschönheit ist nicht zitierbar. Das gilt nicht nur für die kontemplative, es gilt für jede der Attraktionen ästhetischer Natur; bei der kontemplativen tritt dieser Umstand nur besonders kraß zutage. Pessoa/Caeiro reagieren darauf mit einer Schreibweise, die gar nicht die Natur in ihrer Schönheit selbst, sondern allein die Einstellung der Empfänglichkeit für diese Schönheit zum Ausdruck bringt. Das Ergebnis ist ein dementierender Gesang. Alles, was über die schöne Natur gesagt werden kann, muß zurückgenommen werden, um das unverfälschte Lob ihrer deutungslosen Wahrnehmung erklingen zu lassen.
Im Unterschied zur kontemplativen Natur läßt sich ein kontemplatives Naturgedicht sehr gut zitieren. Mit Zitaten aus Dichtung und Literatur wie auch mit Verweisen auf andere Formen der Kunst wird meine Beschreibung der Attraktionen ästhetischer

7 Ebd. XXXI, 61.
8 Ebd., XXXV, 65.

Natur immer wieder arbeiten. Gegenüber dem bloßen Aufzählen der Naturaspekte, die Gegenstand unseres Gefallens werden können, hat dieser Rückgriff den unschätzbaren Vorzug, uns nicht nur diesen oder jenen Reichtum der Natur, sondern zugleich die Komplexität der *Beziehung* auf Natur vor Augen zu führen, kraft derer sich dieser Reichtum auftut. In diesem Vorteil der doppelten Anschaulichkeit – wie ihn Ponge und Caeiro gewährt haben – liegt andererseits eine große Gefahr. Was wir da vor uns haben, ist nicht schöne Natur, es ist schöne Kunst. Zwar spricht sie von der Natur, aber es ist zuerst dieses ihr Sprechen, wofür sie steht, und erst dann die Natur, von der sie spricht. Wo immer die Kunst der Natur ansichtig wird, was sie als Kunst präsentiert, ist immer eine Reaktion auf, eine Sicht der Natur. Wenn wir hingegen die Natur kontemplativ wahrnehmen, begegnen wir nicht unserer (oder sonst einer) Einstellung zur Natur, wir nehmen die Natur im Spiel ihrer Erscheinungen wahr, und nichts weiter.

Für die Bedürfnisse einer Ästhetik der Natur kann also gerade die beste Kunst ein schlechtes Beispiel geben. Trotzdem wäre ein Verzicht auf Beispiele aus der Kunst eine allzu traurige Konsequenz. Er wäre auch voreilig; denn es kommt auf den Gebrauch an, den man von Beispielen macht. Wir dürfen die künstlerischen Exempel, die ich weiterhin heranziehen werde, nur nicht kurzschlüssig als Beispiele unmittelbarer Naturerfahrung verstehen. Ich schlage vor, die Beispiele aus Literatur und Kunst immer auch als *Hinweise* auf eine Naturerfahrung aufzufassen, die nicht in den angesprochenen Werken enthalten ist, die also nicht in *ihrer* Wahrnehmung vollzogen werden kann. Um sie als Beispiele nicht nur für unser Naturverhältnis, sondern auch für die unmittelbare Attraktion der Natur in diesem Verhältnis zu gebrauchen, müssen wir versuchen, gleichsam »durch sie hindurch« zu lesen oder zu sehen: etwa so, wie sich eine primitive Nachahmungstheorie den Sinn von Kunstwerken denkt. (Wir müssen so tun, als ob die Kunst ein Fenster zur Wirklichkeit des Lebens wäre, irgendwie ein »besseres« Fenster als das vor meiner Aussicht zum See – wo sie doch in Wirklichkeit etwas viel besseres, nämlich ein Schaufenster eigener und fremder Erfahrung von Wirklichkeit ist.) Kurzum, wir müssen die Ehre der Kunst gehörig verletzen, um ihren illustrativen Wert ausschöpfen zu können. Es wird später genug Gelegenheit sein, diese Ehre wiederherzustellen. Vorerst möchte ich die Leser bitten, selbst von der dementierenden Lyrik der Kontemplation gelegentlich einen dementierenden, über ihren Kunstcharakter hinwegsehenden Gebrauch zu machen.

So groß ist die Gefahr der Verwechslung von Kunst und Natur ja auch wieder nicht. Ob ich ein Poem über das Wasser oder über den Mond lese oder Wasser und Mond betrachte, ist grundverschieden. Wie der Text über Wasser oder Mond dazu anregen kann, sich vorzustellen, sich auszumalen, sich zu erinnern, wie es ist, sich der Betrachtung von Wasser und Mond zu überlassen, so hält die Lektüre des Texts doch zugleich die Verschiedenheit beider Wahrnehmungen fest. Im Bewußtsein dieser Verschiedenheit ist das Heranziehen von Gedichten kein Verrat an der Natur, im Gegenteil, es verrät etwas über das ästhetische Verhältnis zu ihr. Den Text lese ich, den Mond schaue ich an. Das Gedicht will verstanden werden, der Mond nicht. Das Gedicht mag alles mögliche, im Extrem das eigene Wort dementieren, der Mond gibt Dementis nicht aus. Der Mond ist kein Zeichen, er ist Ding-in-Erscheinung, das weder zu verstehen noch mißzuverstehen ist. Der Mond ist ohne Sinn. So läßt die kontemplative Betrachtung ihn scheinen. Das Glück der ästhetischen Kontemplation liegt im Ausbleiben der Sinnerwartung, in der Erleichterung vom Sinn.

Dieses Glück ist ganz anderer Art als jenes, das die Schau der antiken theoria mit sich bringt, aus deren Tradition die ästhetische Kontemplation hervorgewachsen ist. Theoria, das ist Erkenntnisübung in ihrer höchsten Form: Erfassen des Einen und Ewigen, des Wesens, dessen, was zeitlos besteht, der bleibenden Formen des Seins. In dieser Hinsicht ist die ästhetische Kontemplation das genaue Gegenteil der theoretischen Schau. Sie ist nicht zeitloses, sie ist ganz zeitliches Sehen. Nicht auf das Sein, auf das Erscheinen kommt es hier an. Der erste und einzige Grundsatz lautet: »Der einzige innere Sinn der Dinge / ist, daß sie keinen inneren Sinn besitzen.«[9]

9 Pessoa (1986), V, 23. – Auf den Unterschied zwischen theoretischer und ästhetischer Kontemplation komme ich unten zurück.

Wenn ich den See durch das geschlossene Fenster meines Büros betrachte, ist er Gegenstand meines kontemplierenden Auges. Wenn ich das Fenster öffne, haben Gehör und Geruchssinn Gelegenheit, den Blick nach draußen wahrnehmend zu begleiten. Wenn ich die Augen schließe, kann sich meine Aufmerksamkeit allein von ihnen leiten lassen. Wenn ich mein Zimmer verlasse und mich hinunter zum See begebe, steht die Landschaft der unbeteiligten Aufnahme durch die Summe meiner Sinne offen. Mein empfindender Leib wird zum Subjekt der kontemplativen Erfahrung des aus See, Licht, Luft, Geräusch, Kiesel, Insel, Siedlung, Schiffsverkehr, Markierungen, Abfall, Badenden, Uferweg und Horizontstreifen gebildeten Raums. Die auf isolierte Sinne (des Auges, der Hand) beschränkbare Dingwahrnehmung erweitert sich zur synästhetischen Wahrnehmung der Momentaneität eines Raums. Der Sinn für die phänomenale Schönheit der Dinge verwandelt sich in das erhabene Bewußtsein einer Welt ohne Sinn.

Die Stufen der Preisgabe der Position des sicher in seinem Zimmer gefangenen Betrachters bezeichnen die Schritte, in denen die anfängliche Analyse erweitert und verbessert werden muß. Ich werde erstens die Sinnlichkeit, zweitens die Dingbezogenheit, drittens die Wertigkeit der kontemplativen Naturwahrnehmung einer genaueren Betrachtung unterziehen. Wie immer es mit der praktischen Wahrheit der Pascalschen Diagnose steht, das Elend der Menschen komme daher, daß sie nicht auf ihrem Zimmer bleiben könnten, das Elend vieler Theorien der Kontemplation rührt daher, daß ihre Verfechter nur zu gern auf dem Zimmer geblieben sind.

a) Die natürliche Lebendigkeit als schöne

»Ich habe keine Philosophie, ich habe Sinne«, heißt es einmal bei Caeiro.[10] Entsprechend habe ich die kontemplative Betrachtung als eine sinnenselige Wahrnehmung beschrieben, die der sprachlichen Unterscheidung und Deutung zwar mächtig ist, es aber auf

10 Pessoa (1986), II, 15.

solche nicht anlegt. So sehr ist diese Anschauung ein sinnliches Wahrnehmen, daß die Begriffe »Kontemplation« und »Betrachtung« genaugenommen irreführend sind. Die kontemplative Tätigkeit nämlich ist gar nicht ausschließlich und auch nicht notwendigerweise vorrangig an die optische Phänomenwahrnehmung gebunden. Sie kann sich ebenso in vorrangig oder ausschließlich akustischen oder haptischen Wahrnehmungen abspielen – man denke nur an Windgeräusch und Wellenklang, an die Baumrinde, die zum Betasten verleitet oder an »die lieblichen Temperaturdifferenzen der Teile eines menschlichen Körpers«, die Wittgenstein notierenswert fand.[11] Selbst der Geruchssinn, im Extremfall sogar der Geschmackssinn, kann in die Kontemplation miteinbezogen sein. Zur Erscheinung der Blumen gehört ihr Duft, wer ans Meer fährt, will nicht nur, daß ihm die Gewohnheit des Hörens und Sehens vergehe, er will den Geruch atmen, er will Sand und Salz schmecken.

Dennoch stehen nicht alle Sinne dem kontemplativen Gebrauch gleich nahe.[12] So kann der Geschmackssinn niemals allein die kontemplative Wahrnehmung tragen. Sand und Salz zu schmecken wäre widerwärtig, sähen, hörten, atmeten wir nicht das Meer, wodurch wir fähig werden, auch mit den Lippen die Gegenwart des Meeres zu schmecken. In besonderen Fällen kann der Geschmackssinn die Kontemplation begleiten, meist nimmt er an ihr überhaupt nicht teil. (Ein Glas Wein kontemplieren ist etwas anderes als den Wein kosten oder genießen.) Das Schmecken ist weder neutral gegenüber dem, was es schmeckt, noch hat es ihm gegenüber Distanz. Es ist ein unmittelbar wertender Sinn, dem es versagt ist, alles Gekostete gleichermaßen auszukosten. Das Schmekken hat keinen Spielraum gegenüber dem, was es schmeckt; ihm ist alles zugleich präsent, es kann nur in schwachem Maß den Aspekt seiner Wahrnehmung wechseln. Ähnlich das Riechen. Es hat zwar eine größere Reichweite, wegen seiner Passivität aber kaum eine größere Distanz und sicher keine größere Neutralität; es ist ebenfalls ein gebundener Sinn. Anders der Tastsinn. Er ist ein gerichteter Sinn, viel stärker als die anderen beiden kann er seine Objekte intentional auswählen und erkunden, somit hat er Spielraum und

11 L. Wittgenstein, Vermischte Bemerkungen, Frankfurt: Suhrkamp 1977, 29.

12 Im folgenden orientiere ich mich an H. Jonas, Der Adel des Sehens, in: ders., Organismus und Freiheit. Ansätze zu einer philosophischen Biologie, Göttingen: Vandenhoek 1973, 198-225.

auch eine gewisse Neutralität gegenüber dem, was er fühlt. Wohl nur am geliebten Körper jedoch sind alle Temperaturdifferenzen »lieblich«, und nicht immer ist es ganz ein zielloses Wahrnehmen, dem sich die fühlende Hand hierbei überläßt. Voraussetzung der dem Tasten gegebenen Selektionsfreiheit ist die berührende Nähe zum Gegenstand, die seiner Neutralität enge Grenzen zieht. Weil das Tasten distanzlos und doch gerichtet ist, nimmt es das Gegebene nicht (wie Schmecken und Riechen) simultan, sondern sukzessiv wahr, oder genauer: es kann simultane Gegebenheiten allein sukzessiv erfassen. Trotz dieser Begrenzung ist das Tasten bereits ein kontemplativer Sinn: an bestimmten Gegenständen (wie einer Baumrinde) kann es die Hand sein, die eine kontemplative Wahrnehmung nicht nur leitet, sondern alleine trägt. Auch das Hören kann selbständiges Organ der kontemplativen Erfahrung sein. Mit Riechen und Schmecken teilt es die simultane Empfänglichkeit für Gleichzeitiges, wie das Riechen ist es ein passiver Sinn, der dem, was es wahrnimmt, alternativlos ausgeliefert ist. Trotzdem ist das Hören zu hoher Wertdistanz fähig; zum einen, weil Geräusch und Klang nur bei extremen Werten als körperliche Affektion erfahren werden, zum anderen, weil das Hören zu einer stark differenzierenden Wahrnehmung fähig ist. Nicht die wahrgenommenen Eindrücke zwar kann das Gehör distanzieren, als räumlicher Sinn aber kann es innerhalb des Gehörten einen weiten Spielraum wechselnder Aufmerksamkeit gewinnen. So sehr das Hören ans Gehörte gebunden ist, so wenig ist es ein strikt gebundener Sinn. Nur dort aber, wo wir – und nur in dem Maße, in dem wir – zur *gerichteten* Wahrnehmung fähig sind, sind wir fähig zum *ungerichteten Gebrauch* dieser Fähigkeit, d. h. zur Kontemplation.

Es ist jetzt klar, worin der kontemplative »Adel des Sehens« liegt. Das Sehen ist der Sinn, der alle kontemplativen Wahrnehmungstugenden vereinigen kann. Distanz, Neutralität, Simultaneität und Sukzession: jede dieser Bedingungen kommt der Wahrnehmung des Auges in hohem Maße zu.[13] Und nur ihr kommen sie alle zu. Das Auge kann simultan Gegebenes simultan rezipieren und doch Blickpunkt und Wahrnehmungsfeld sukzessiv variieren; diese Beweglichkeit gründet in einer Distanz zum Gesehenen, die zugleich Bedingung der möglichen Neutralität seines Sehens ist. Die opti-

13 Jonas (1973), bes. 199.

sche Wahrnehmung ist am wenigsten von allen Sinnen involviert in das, was sie wahrnimmt. Auch hat sie die größte Reichweite, sie kann am differenziertesten in der Umgebung operieren, deren räumliche Gegenwart sie zusammen mit den anderen Sinnen bildet. Es ist daher ganz natürlich, wie es schon im Namen liegt, das Sehen als den Anführer oder Anstifter des kontemplativen Tätigseins zu denken. Trotzdem dürfen wir das reine Sehen nur als Anstifter und Anführer der Kontemplation denken, nicht etwa als ihr einziges Organ. Die Mehrzahl der anderen Sinne, am ehesten das Hören, aber auch Getast und selbst Geruch (nicht dagegen der Geschmack) können die kontemplative Wahrnehmung nicht nur begleiten, sie können in bestimmten Grenzen ohne die Führung des Sehens kontemplativ tätig sein.[14] Wegen der trotz aller Einschränkung gegebenen Primusrolle des Sehens halte ich es andererseits für legitim, für die ästhetische Kontemplation weiterhin die Termini »Anschauung« und »Betrachtung« zu gebrauchen, auch da, wo ihre Wahrnehmung keine bloß betrachtende ist.

Caeiros oben zitierte Parole könnte nun nahelegen, die Anschauung der Kontemplation als »rein sinnliche« Wahrnehmung zu definieren. Jedoch wäre das unzutreffend. Es gibt Vollzüge des »reinen«, d. h. ganz auf es konzentrierten Schmeckens, Riechens oder Tastens, die überhaupt nicht oder nicht ausschließlich kontemplative, d. h. in der beschriebenen Weise uninteressierte Wahrnehmungen sind. Es gibt viele Formen sinnlichen Genießens, die mit Kontemplation gar nichts und nicht wenige, die mit ihr nur am Rande zu tun haben. Lediglich beim Hören und deutlicher noch beim Sehen ist es so, daß das reine, nur auf den Vollzug der Wahrnehmung konzentrierte Empfinden auch ein kontemplatives Verweilen ist. Die reine fällt hier deswegen mit der kontemplativen Sinnlichkeit zusammen, weil es sich bei ihr um *ungebundene* sinnliche Wahrnehmung handelt. Nichts anderes aber ist das Kriterium kontemplativer Aufmerksamkeit: von anderen Interessen, Werten, Leidenschaften *freie, vollzugsorientierte sinnliche Wahrnehmung* zu sein. Mit den genannten Einschränkungen können auch die anderen Sinne in diesen Gebrauch treten; sie tun es jedoch

14 So unterscheidet bereits Platon in einer Erörterung der »ungemischten« sinnlichen Lust: Phileb., 51f.

nicht schon, wenn wir uns *rein* auf sie konzentrieren, sie tun es nur, wenn wir sie – gleichsam gegen ihre organische Neigung – *ungerichtet* wahrnehmen lassen. Statt ungerichtet kann man aber auch sagen: interesselos. Also können wir Kontemplation auch einfach als *interesselose sinnliche Wahrnehmung* definieren.[15]

Daran zeigt sich schon: Sowenig die Kontemplation insgesamt eine Leistung der reinen Sinnlichkeit ist, sowenig ist sie eine elementare oder primitive Leistung des Bewußtseins. Ihr radikaler Sinn für das Besondere beruht auf einem eigenartigen Vermögen zur Abstraktion: zur Abstraktion von den Absichten und Affekten, die die Aufmerksamkeit in aller nicht kontemplativen Wahrnehmung lenken. Sie ist eine höchst voraussetzungsvolle Wahrnehmung. Sie setzt den synästhetisch gebildeten Zeitraum vielfältiger Lebensinteressen und Sinnzusammenhänge voraus, in dem alles Gegebene eine sprachlich individuierte Gegenständlichkeit erhält.[16] Sie behält das Resultat dieser Individuierung bei, löst es aber aus allen funktionalen Bestimmungen heraus. Die Kontemplation spricht alle Dinge nur mit ihrem einfachsten Namen an und überläßt ihnen die Antwort ihrer unaussprechlichen Erscheinung. Das paradoxe Abstraktionsvermögen dieser Wahrnehmung hat Heidegger in seiner Abhandlung über den »Ursprung des Kunstwerks« beschrieben: »Alles, was sich an Auffassung und Aussage über das Ding zwischen das Ding und uns stellen möchte, muß zuvor beseitigt werden. Erst dann überlassen wir uns dem unverstellten Anwesen des Dinges. (. . .) In dem, was der Gesicht-, Gehör- und Tastsinn beibringen, in den Empfindungen des Farbigen, Tönenden, Rauhen, Harten rücken uns die Dinge, ganz wörtlich genommen, auf den Leib. Das Ding ist das aisteton, das in den Sinnen der Sinnlichkeit durch die Empfindungen Vernehmbare.«[17] Die interesselose sinnliche Wahrnehmung setzt von der pragmatischen Vertrautheit oder Fremdheit, von der sprachlichen

15 Trotz vieler Berührungspunkte ist Kants Begriff der Interesselosigkeit ein anderer; er ist nicht allein über freies sinnliches Tätigsein, sondern außerdem über das Gefallen an »reinen« Formen und Gestalten definiert. Vgl. Kant (1968 b), §§ 5, 12, 14; zum Stellenwert des Kontemplationsbegriffs im Ganzen der »Kritik der Urteilskraft« s. Seel (1990).

16 Kleine Kinder und Tiere sind nicht kontemplativ tätig; sie kennen die selbstvergessen gebannte Wahrnehmung, nicht aber die freie Aufmerksamkeit der Kontemplation.

17 Heidegger (1980), 10; vgl. Jonas (1973), 224 f.

Ansprechbarkeit und Befragbarkeit der Dinge aus ein – um das zu »beseitigen«, als was das Handeln und das Erkennen sie nimmt. Deswegen auch ist die freie Natur der vorzügliche Bereich der Begegnung mit einem »être brut«, einem rohen Sein, das kraft reiner Aufmerksamkeit inmitten der ausgelegten Situationen des Daseins ein unterbrechendes Dasein erhält.[18] Dem Spezialisten kann diese Konzentration zum Arbeitsethos werden. »Meine Arbeit sei die einer ständigen Berichtigung meines Ausdrucks (ohne den *a-priori*-Vorsatz von der Form dieses Ausdrucks) zugunsten des rohen Objekts. Indem ich ›an‹ der Loire schreibe, an einer Böschung dieses Flusses, sollte ich also meinen Blick, meinen Geist, unablässig darin eintauchen; jedesmal, wenn er über einem Ausdruck *trocken* geworden sein wird, ihn neu in das Wasser des Flusses eintauchen.«[19]

Hegel hat in dieser unsteten Rohigkeit den großen Mangel des Naturschönen gesehen. Unter der Überschrift »Die natürliche Lebendigkeit als schöne« beschreibt er die ästhetische Naturwahrnehmung als bloße Vorstufe der Begegnung mit den Werken der schönen Kunst. »Im Natürlichen kann sich die Seele *als solche* nicht erkennbar machen.« Die »willkürlichen« und »zufälligen« Erscheinungen der Natur sind keine Formulierung, kein Ausdruck der Seele, ihre Gestaltungen bieten daher keine Möglichkeit der differenziert verstehenden Betrachtung. Der ästhetischen Zuwendung »bleibt deshalb nichts übrig, als daß der Gegenstand für den *Sinn* überhaupt vorhanden sei, und als die echte Betrachtungsweise des Schönen in der Natur erhalten wir dadurch eine *sinnvolle* Anschauung der Naturgebilde. ›Sinn‹ nämlich ist dies wunderbare Wort, welches selber in zwei entgegengesetzten Bedeutungen gebraucht wird. Einmal bezeichnet es die Organe der unmittelbaren Auffassung, das andere Mal heißen wir Sinn: die Bedeutung, den Gedanken, das Allgemeine der Sache. Und so bezieht sich der Sinn einerseits auf das unmittelbar Äußerliche der Existenz, andererseits auf das innere Wesen derselben. Eine sinnvolle Betrachtung nun *scheidet* die beiden Seiten nicht etwa, sondern in der einen Richtung enthält sie auch die entgegengesetzte und faßt im sinnlichen unmittelbaren Anschauen zugleich das

18 Merlau-Ponty (1986), 60f.
19 Ponge (1982), 7.

Wesen und den Begriff auf. Da sie aber eben diese Bestimmungen in noch ungetrennter Einheit in sich trägt, so bringt sie den Begriff nicht als solchen ins Bewußtsein, sondern bleibt bei der Ahnung desselben stehen.«[20]

Es gibt aber eine sinnvolle Betrachtung, der es gelingt, diese beiden Seiten, die freie sinnliche Anschauung und das begreifende Verstehen, für die Dauer ihres Vollzugs zu scheiden. Das ist die ästhetische Kontemplation. Ihr Sinn, ihre Intensität liegt in der Konzentration auf das, wie sich etwas den ungebundenen »Organen der unmittelbaren Anschauung« bietet. Hegel, für den die ästhetische Naturerfahrung nur eine Vorform der Kunsterfahrung war, konnte den Eigensinn der kontemplativen Naturwahrnehmung nicht erkennen; er konnte nicht erkennen, daß es eine voll entwikkelte Form ästhetischen Bewußtseins ist, auf die ahnende und andenkende Aspiration zum Allgemeinen auch verzichten zu können. Die sinnenselige Anschauung der »freie(n) Lebendigkeit der Natur«[21] ist keinerlei Vorform, sie ist eine Hochform ästhetischen Bewußtseins. Sie ist ein intelligenter Gebrauch der intelligenten, in komplexe Handlungsschemata, sprachliche Unterscheidungen, geschichtliche Traditionen tief verwachsenen Sinne. Sie ist ihr – dementierender Gebrauch. Auf der Stufe des entfalteten Geistes, im Angesicht einer Natur, die sie nicht zum Derivat des Geistes verklärt, überläßt sie sich dem Eigensinn der Sinne. Kontemplation ist die ästhetische Praxis einer Scheidung der Sinne vom Sinn.

Unter dem Eindruck dieser Beobachtung drängt sich eine weitere Festlegung auf. Die Kontemplation kann zwar nicht als rein sinnliche, dafür aber als rein ästhetische Wahrnehmung verstanden werden. Jedoch lauert in dieser Terminologie eine große Gefahr. Es wäre ganz unzulässig, in dieser Reinheit das in normativer Bedeutung Primäre oder Eigentliche zu sehen. Dem Begriff der reinen ästhetischen Wahrnehmung nämlich kommt lediglich ein *logischer* Primat gegenüber den anderen Grundbegriffen ästhetischer Wahrnehmung zu, auf die wir noch stoßen werden.[22] Es folgt daraus

20 Hegel (1970), I. 173.

21 Hegel (1970), III. 60.

22 Dieser logische Primat ist auch kein genetischer; er tritt erst hervor, nachdem Kontemplation, Korrespondenz und Imagination als unterschiedliche Modi des Ästhetischen *auseinandergetreten* sind; s. unten Kap. II. 3. b u. V. 2. c-d.

nicht, daß der *Tätigkeit* der Kontemplation irgendein Vorrang zuzusprechen wäre. Nicht weil sie die erste ist, auf der alle anderen basieren, nicht weil sie die eigentliche ist, der gegenüber die anderen nur Ersatzfunktionen wären: weil sie die reine ist, von der sich die anderen begrifflich um so besser abheben lassen, nur deswegen wird die Kontemplation hier als die »erste« Dimension der ästhetischen Naturwahrnehmung behandelt.[23]

b) Ding und Raum

Die bisherige Analyse hat sich vorwiegend am Modell der Kontemplation von Dingen orientiert, getreu dem anderen bei Caeiro gelesenen Motto: »Was wir wahrnehmen von den Dingen, sind nur die Dinge.« Diese Betrachtung greift eines oder einige unter allen Dingen mehr oder weniger willkürlich heraus und hält sich an die Besonderheit seiner augenblicklichen Erscheinung. Nicht die Hand, das Auge wird dieses Herausgreifen in den meisten Fällen besorgen; es bleibt an See, Kiesel, Baum, Mond usw. als seinen gerade bevorzugten Gegenständen haften. Es scheint aber nur so, als könnte das Beispiel des Sehens allein einen *vollständigen* Begriff der Kontemplation geben. Tatsächlich kann es nur einen hinreichenden Begriff der *Ding*kontemplation geben. Solange der See, solange die ganze Landschaft des Sees hinter dem geschlossenen Fenster nur für das Auge da ist, behält auch sie einen Dingstatus bei; sie bleibt als abgegrenzte Ansicht *vor* der Wahrnehmung liegen. Der Augenblick des Hinzutretens der anderen Sinne – wenn das Fenster geöffnet, wenn der See aufgesucht wird, wenn wir unter dem Baum im Mondlicht stehen – korrigiert dieses Bild. Unter Anleitung oder Führung des Auges beginnen die anderen Sinne *den Raum ihrer Tätigkeit* kontemplativ zu erkunden. Wenn Ponge von der »Erniedrigung« des Wassers spricht, das »stets weiter unten« ist als sein Betrachter, so ist damit vor aller metaphorischen Personalisierung das Raumverhältnis gekennzeichnet, in dem sich die Betrachtung des Wassers abspielt, ein Verhältnis, das vom be-

23 In vorwiegend kunsttheoretischem Zusammenhang dagegen vertritt Rüdiger Bubner einen auch inhaltlichen Primat der kontemplativen ästhetischen Erfahrung; vgl. Bubner (1989), bes. 52ff. u. 99ff.; eine Ästhetik der Kontemplation im Anschluß an Valéry entwirft Blumenberg (1964).

sonderen Gegenstand dieser Betrachtung nicht wegzudenken ist; in dem zitierten Textstück spricht Ponge von nichts anderem als der irritierenden Raumform des Wassers. Wenn Caeiro den Mond »durch die *hohen* Zweige« schimmern sieht, so schwingt im betrachteten Raum auch der Raum der Betrachtung leise mit. Was wir bisher wie selbstverständlich als Dingkontemplation angesehen haben, war gar nicht immer die Vergegenwärtigung von Dingen allein, oft galt sie dem Erscheinen der Dinge im Raum ihres Vernommenwerdens.

Das rein dingbezogene Sehen, mit anderen Worten, nimmt außer der initialen Abstraktion der kontemplativen Einstellung, ihrem Hinweggehen über alles Interesse selbst am Erkennen, noch eine zweite Abstraktion vor. Sie besteht darin, daß wir in der Wahrnehmung die Freiheit des Blicks limitieren – wir sehen über den Raum hinweg, in dem wir uns *zusammen* mit dem gesehenen Ding befinden. Diese Abblendung gelingt nur durch ein Abschatten der anderen Sinne; nur dann tritt der Raum gleichsam in das Ding zurück. (Allein im Sehen können wir so radikal »zum Gegenstand« abstrahieren; das Dingbewußtsein unserer tastenden Hand erkundet immer unsere Beziehung zum Gegenstand mit, das Ohr reagiert ohnehin nicht auf Dinge, sondern auf ungenau lokalisierte Ereignisse im Raum.) Sobald wir die Isolation des optischen Bewußtseins aufgeben, verwandelt sich unsere Wahrnehmung in die Erfahrung von Dingen-im-Raum, von Dingen, die ihre Bewegtheit für die Anschauung aus ihrer und unserer Stellung im Raum erhalten. Von der rein optischen Dingbetrachtung her gesehen fungieren die anderen Sinne als Leitkörper einer Empfindung des Raums. Daß uns die Dinge in der Kontemplation »auf den Leib rücken«, wie Heidegger formuliert, besagt nichts anderes. Erst in der *Raumkontemplation* entfaltet sich das kontemplative ästhetische Bewußtsein in vollem Umfang. Hier richtet sich die Aufmerksamkeit nicht mehr vorrangig auf das Gewordensein eines – vom Auge – herausgegriffenen Objekts, sie öffnet sich für das Geschehen des den eigenen Leib umfassenden Raums. Hier wird der sinnfremde Augenblick der Dinge zu dem eines sinnbezugslosen Seins unter den Dingen.

»Die Wolken ziehen an einem Himmel, welcher im Aufschauen so hoch wird, daß sich über den Köpfen und Baumwipfeln spürbar ein Raum wölbt. Das Blau zwischen den Wolken beschreibt

Schlangenlinien und scheint unten nicht nur im Wasser, sondern auch in den Halmspitzen und sogar der dunklen Torferde wider.«[24]
Peter Handkes Erzählung »Die Abwesenheit«, die in märchenhaftem Ton von einer Wallfahrt ins Reich der Kontemplation berichtet, bleibt immer wieder in der Anschauung körperlich spürbarer Raumzustände stehen. »Gänzlich ausgestorben jedoch wirkt das Land in seinem leeren Himmel, unter dem mit längerem Hinsehen die Bäume, selbst die gesunden, die Gestalt von Ruinen annehmen; für einen Augenblick kann es sein, als sei dieser Himmel sogar das Lebensfeindliche hier, so sehr, daß der eine winzige Vogel, kaum fingerkuppengroß, der jetzt aus dem Gestrüpp in die Höhe schießt, auf der Stelle, angstquiekend, kopfüber, zurück in sein Obdach taucht. Aus solchem Himmel scheinen auch, in einer Urzeit, welche hierzulande noch andauert, die zahllosen, groteskförmigen, beinfarbenen, oft häuserhohen Felsklötze geprasselt, die Prärie bis hinten zu ihrer Grenzlinie erfüllend, die kahlen Wälder sprenkelnd, und streckenweise wie Megalithreihen geradeaus laufend, ein in jedem Augenblick wiederholbarer Himmelsteinschlag.«[25]
Der Raum, der hier zur Sprache kommt, ist keine Szene, die von außen betrachtet werden könnte. Es ist ein Raum, der sich um den Standpunkt der Betrachter bildet, so, daß diese ihren Standpunkt geradezu als einen vom Raum betroffenen Ort erfahren.[26] Gewiß: als kontemplativ Wahrnehmende sind sie »unbetroffen betroffen«: sie sind nicht *im* Raum von etwas betroffen, auf das sie handelnd oder überlegend reagieren müßten, sie sind betroffen *von* dem Raum, in dem sie sich in freier Zeit finden. Es sind die großen Gegenstände: Himmel, Meer, Gebirge, Felsmassen, die nicht als Ding überschaut und umgriffen werden können, in deren Bezirk eine Vielzahl von Dingen und Wesen sich hervorhebt und regt, es ist der ganze Umraum der Wahrnehmenden, auf den sich die kontemplative Abwendung hier richtet. Diesem Raumerleben kommen alle die Grundcharaktere der kontemplativen Dingwahrnehmung zu. Auch hier gibt es nichts zu verstehen, auch hier sind

24 P. Handke, Die Abwesenheit, Frankfurt: Suhrkamp 1987, 94.
25 Ebd., 129f.
26 Paul Klees 1922 entstandenes Bild »Betroffener Ort« (Kunstmuseum Bern) könnte in diesem Sinn als raumkontemplative Komposition aufgefaßt werden.

Distanz, Neutralität, Simultaneität und Sukzession die Formbedingungen der interesselosen Aufmerksamkeit. Auch hier hält sich die Wahrnehmung ganz an das Ereignis des Erscheinens der Dinge, nicht bloß im Raum, sondern diesmal vor allem: *als* eines Raums.

Aber was kommt hinzu: die Selbsterfahrung des Leibes, die Rückwendung der wahrnehmenden Sinne auf ihr prozessives Verzeichnen. Wenn der Leib, wie Merleau-Ponty sagt, »ein für alle anderen Gegenstände empfindlicher Gegenstand« ist, so bringt ihn das Freisein für die kontemplative Raumwahrnehmung in eine Lage, sich als diesen »empfindenden Gegenstand« selbst zu erfahren.[27] Was ich im kontemplativen Raum erfahre, ist nicht nur die Augenblicklichkeit, in der sich mir alles bietet, es ist auch meine eigene leibliche Empfänglichkeit, die es bedingt, daß mir dies alles in der vielfachen Hinsicht der Sinne gewahr werden kann. Der empfindende Leib meldet sich dabei gleichsam unter den vielfachen Orientierungen und Vollzügen, in die er ansonsten verwoben ist und die, um es zu wiederholen, unumgängliche Voraussetzung der kontemplativen Wahrnehmung sind. In dem Moment, wo sich mein Achthaben auf das Spiel der Erscheinungen von der dingzentrierten zur raumoffenen Anschauung wandelt, erfahre ich mich als Subjekt und *Teil* dieses Spiels. Deswegen ist das kontemplative Raumbewußtsein auch nicht einfach das des im eigenen Leib zentrierten Raums, es ist zugleich das Bewußtsein einer suspendierten Zentrierung – ich erfahre meinen Leib als anwesend in einem Raum, der weder auf meine Wahrnehmung hin organisiert ist noch durch meine Wahrnehmung auf etwas hin organisiert wird. Mein Leib ist nurmehr Zentrale der Sinne, nicht mehr Zentrum des mir zugänglichen Sinns. Selbstwahrnehmung des sinnlich tätigen Leibs und dezentrierte Raumwahrnehmung sind eins. Das ist keine »sinnvolle Anschauung«, wie Hegel es möchte, es ist *Anschauung der Sinne.*[28]

Dieses Sinnenbewußtsein ist alles andere als ein selbstsüchtiges, es ist ein raumsüchtiges und als solches immer ein dingsüchtiges Bewußtsein. Die Stunde der Kontemplation ist keine der reinen oder

27 Merleau-Ponty (1966), 276.

28 Diese kontemplative Autonomie sinnlichen Bewußtseins kommt in Rudolf zur Lippes Abhandlung über das »Sinnenbewußtsein« (zur Lippe 1987) merkwürdigerweise nicht vor.

wahren Empfindung, in der nur mehr noch Eindrücke erfahren würden, die nicht mehr als Eindrücke von etwas erfahren werden könnten.[29] Das heißt aber: Der kontemplative Anschauungsraum ist keineswegs *aller* Koordination ledig, nicht einfach ohne alle Ordnung. Er kennt die Ordnung des Vorn und des Hinten, des Oben und Unten, des Nah und des Fern, des Großen und des Kleinen, des Hellen und des Dunklen, des Hier und des Da, des Jetzt und des Dann. Nur hat sich diese leibzentrierte *Raumgliederung* hier von jeder bleibenden *Sinngliederung* gelöst. Nicht länger ist der wahrgenommene Raum ein Handlungsraum, nicht länger ist er ein affektiver Raum. Ebensowenig aber ist es ein geometrischer, in seinen Lokalisierungen leib*un*gebundener Raum, der in theoretischer Anschauung von außen durchmustert würde. Der kontemplative Raum ist weder der sinnhaft »gestimmte« noch der konstruktiv »mathematisierte« Raum. In der Terminologie Elisabeth Strökers, der ich mich hier bediene, eröffnet sich in der unbeschränkten Kontemplation eine extreme Modifikation des »gelebten« Raums.[30] Der kontemplative Raum, so könnte man sagen, ist die *Minusform des gelebten Raums.* Worin wir uns in dieser Anschauung finden, das ist eben der Raum, den wir ansonsten als Spielraum unseres Handelns kennen, nur jetzt ohne die Bedeutung, die er für dieses Handeln hat. Sobald es auf nichts im Raum mehr ankommt, wird der lebensweltliche Raum, wie relativ vertraut oder unvertraut er auch sei, zu einem unvertrauten Raum, der sich in einer unermeßlichen Fülle des Erscheinenden zugleich in einer unüberbietbaren Leere an orientierenden Gestalten zeigt. Das ist ja die Sensation der kontemplativen Erfahrung: den Dingen des Lebens ohne die Interessen in diesem Leben zu begegnen. Wären es nicht die Dinge und Räume des Lebens, die da plötzlich

29 Dieser extremen, nicht länger auf ästhetische Gegenwärtigung, sondern über alles Anschauen hinaus auf mystische Einsicht zielende »Kontemplation« geht Manfred Sommer in seiner Mach-Studie »Evidenz im Augenblick. Eine Phänomenologie der reinen Empfindung« (Frankfurt: Suhrkamp 1987) nach.

30 Ströker (1965); was Ströker S. 93ff. unter dem Terminus »Anschauungsraum« beschreibt, ist trotz gemeinsamer Züge – auch dieser Anschauungsraum ist ein »Grenzfall gelebter Räumlichkeit« (202) – nicht der Anschauungsraum der ästhetischen Kontemplation, da es sich erstens um einen Raum gegenständlicher Erkenntnis, zweitens um einen »Vornraum« und somit drittens primär um einen angeschauten Raum handelt.

ohne Bedeutung erscheinen, so wäre da keine Sensation, keine Verwunderung, kein Erschrecken. Die Raumkontemplation fände sich in gar keiner Welt wieder. Statt dessen vollzieht sie sich in der befristeten Grenzsituation einer Welt ohne Sinn.

c) Schöne und erhabene Kontemplation

Die kontemplative Raumerfahrung ist eine Urform erhabener Erfahrung. Vergessen wir für eine Weile die Theorien, die seit dem 18. Jahrhundert über das Erhabene im Umlauf sind, in denen vom köstlichen Schrecken, vom angenehmen Grauen, vom sinnlich erscheinenden Übersinnlichen oder von der Bestürzung über die Unfaßlichkeit des Weltganzen die Rede ist.[31] Für die Kontemplation kommen wir mit sparsameren Mitteln aus. Was von der Ästhetik des Erhabenen als affektives Zurückgeworfensein auf den eigenen (unbetroffen betroffenen) Standpunkt, bei Kant auf das eigene Vernunftvermögen als der Quelle aller Sinngebung beschrieben worden ist, ist zunächst einfach dies: daß die eigene leibgebundene Wahrnehmungstätigkeit zum Fluchtpunkt der Erfahrung der räumlichen Umgebung wird. Man könnte geradezu von umgekehrter Raumerfahrung sprechen. Diese verwandelt den Raum. Er wird selbst zum Geschehen, zu einem Ereignis, das nicht eingeordnet werden kann. Der Standort der Wahrnehmung wird zur beliebigen Stelle, zum bodenlosen Ort. Daraus resultiert die Krise des wahrnehmenden Bewußtseins, von der die Theorie des Erhabenen spricht; der affektlose Raum erzeugt den erhabenen Affekt. Der Schwindel, der zum erhabenen Bewußtsein in allen Deutungen gehört, hat seine Ursache in einer plötzlichen Vakanz der Welt. In ihr gründet die Ambivalenz dieser Erfahrung. Der Bestürzung über die Bedeutungs-Leere entspricht ein Jubel über die Bedeutungs-Freiheit. In der erhabenen Irritation sind wir so frei, die Welt – einmalige Zustände der Welt – außerhalb unserer zweckgerichteten und deutungsbeladenen Sicht der Dinge zu sehen.

31 Vgl. Zelle (1987), Woźniakowski (1987), Pries (1989). In jüngster Zeit hat J. F. Lyotard das Konzept des Erhabenen (im Rückgriff auf Burke und Kant) zu erneuern versucht; s. Lyotard (1984) und meinen Kommentar in Seel (1989c).

Diese formale Bestimmung des Erhabenen als kontemplativer Raumerfahrung macht keinerlei Annahmen über die bevorzugten Gegenstände dieser Erfahrung. Das ist der wichtigste Unterschied zu den hergebrachten Theorien.[32] Die erhabene Kontemplation, so zeigt sich, ist an bestimmte Weltregionen sowenig wie an besondere Monumente der Natur gebunden. Zur erhabenen Erfahrung braucht es weder die Wildnis noch die Weite der Prärie, weder Wirbelwinde noch Berggewalten, weder Eiswüsten noch tosende Meere, keine Erdbeben, Vulkanausbrüche, Feuersbrünste, Schiffsunglücke, keine Tiger, die Prinzessinnen reißen, keine Rennwagen, die im Wald zerschellen[33] und keine Spaziergänge im Weltraum, die ja auch schon wieder aus der Mode sind. Liegestuhl und Nordbalkon genügen. Wie ihr Abkömmling, die Dingkontemplation, ist die Raumkontemplation eine Gleichmacherin unter den Dingen: wo ein offener Raum, ein halbwegs freier Himmel ist, kann sie ihr rücksichtsloses Tun entfalten. Der Zeit der Kontemplation sind durch äußere Gegebenheiten keine Grenzen gesetzt.

Jedenfalls dann nicht, wenn die äußeren Umstände genügend Zeit *zur* kontemplativen Abschweifung lassen. Die entscheidende Zäsur ist dann eine innere Grenze: diejenige zwischen lokaler und totaler Kontemplation. Die Dingkontemplation bleibt auf lokale Anschauungen begrenzt; sie nimmt etwas innerhalb des sinnhaften lebensweltlichen Raums in sinnfremder Erscheinung wahr. Die Raumkontemplation dagegen totalisiert ihre deutungslose Aufmerksamkeit; ihr stellt sich der lebensweltliche Raum im ganzen als ein sinnfremdes Geschehen dar. Die ästhetische Sensation ist hier nicht etwas Befremdliches *in* der weitgehend selbstverständlich gegliederten Welt, es ist die Auflösung, der Wegfall einer bedeutsamen Gliederung *der* erscheinenden Welt. Entsprechend ist die Wahrnehmung hier nicht nur auf Befremdliches bezogen, sie schließt ein befremdliches Bewußtsein auch des eige-

32 Vgl. bes. Burke (1980), 91 ff.

33 In einer Reportage über Niki Lauda hat Peter Handke den Anbetern des Dramatisch-Erhabenen den ebenbürtigen Extremismus unspektakulärer Kontemplationsakte entgegengehalten: »Manche freilich finden es lebensechter, aus dem Fenster zu schauen – auf die Dauer auch gefährlicher.« P. Handke, Das Öl des Weltmeisters, in: ders., Das Ende des Flanierens, Frankfurt: Suhrkamp 1980, 80.

nen Wahrnehmungsvermögens mit ein. Deswegen ist das so Wahrgenommene nicht im engeren Sinn *schön*, wie die Objekte einer lediglich dingkontemplativen Wahrnehmung es sind, deren isolierte Betrachtung nicht unbedingt auf das eigene Betrachtenkönnen zurückgewendet ist. Dafür kann diese sich in ihren Gegenstand »versenken«, sich in seiner Betrachtung »verlieren«, wie das dem entgrenzten Raumbewußtsein nicht gegeben ist. In der dingkontemplativen Betrachtung bleiben wir mit unserer Umgebung einig, es behält hier alles seinen sicheren Ort. Das ist die Voraussetzung der sinnlichen Versenkung ins einzelne Ding. Eben dies besagt der spezifisch (im engen Sinn verstandene) kontemplative Gebrauch des Wortes »schön«; er hält fest, daß wir die Einrichtung der Welt gleichwohl, trotz des Absehens von jedem Orientierungsbedürfnis, in einem – wie es bei Kant heißt – Zustand der »Angemessenheit« zu unserem Orientierungsvermögen empfinden.[34] Die Wahrnehmung dieses im engeren Sinn Schönen zerreißt nicht den Zusammenhang der gelebten Welt; sie reißt lediglich in diesem Zusammenhang eine Möglichkeit inkommensurabler Betrachtung auf. Anders die Wahrnehmung der Totalität eines Raums der freien Natur; hier hebt sich das Gewebe der Bedeutsamkeit im ganzen hinweg. Was freilich niemanden daran hindern wird zu sagen, der Augenblick sei von überwältigender Schönheit. Wer gebraucht schon inmitten erhabener Natur das Kunstwort »erhaben«.

Die Verwendbarkeit des Prädikats »schön« für das Schöne wie für das Erhabene ist ein Indiz für die Gradualität des Unterschieds zwischen den beiden Modi der kontemplativen Naturwahrnehmung. Wie die Dingwahrnehmung langsam in Raumwahrnehmung übergehen kann, so kann sich die Raumwahrnehmung langsam zur Dingwahrnehmung mildern. Solche Zwischenzustände dürften der Normalfall sein; meist spielt sich die Kontemplation irgendwo zwischen den Polen der reinen Versenkung und der ekstatischen Erschütterung ab. – Doppeldeutig wie die (einmal eng, exklusive, einmal weit, inklusive des Erhabenen, gefaßte) Rede vom Schönen könnte auch die Rede einerseits von der schönen und erhabenen Kontemplation, andererseits von der Kontemplation *des* Schönen bzw. Erhabenen erscheinen. Jedoch sind dies nur

34 Kant (1968b), 330 (B 77) u. 359 (B 118).

sprachliche Kehrseiten ein und derselben Sache. Alle Kontemplation gilt Erscheinungen des Schönen oder Erhabenen – Attraktionen freilich, die es ohne kontemplative Einstellung nicht gibt. Daher ist es ebenso legitim, von schöner und erhabener Kontemplation zu sprechen. Alle Kontemplation ist Kontemplation des Schönen oder des Erhabenen, von Gegebenheiten und Gegenwarten also, die allein demjenigen Sinn für die Phänomene entspringen, für den sie keinen Sinn haben.

3. *Kontemplatives Bewußtsein*

Ästhetische Kontemplation, ob Ding- oder Raumkontemplation, ist interesselose sinnliche Wahrnehmung der Welt. In dieser Bestimmung ist von Natur nicht die Rede – aus gutem Grund. »Ästhetische Kontemplation, ob Ding- oder Raumkontemplation, ist interesselose sinnliche Wahrnehmung der *Natur*«: dieser Satz wäre falsch. So sehr sich die Analyse der ästhetischen Kontemplation an Beispielen aus der Natur orientiert hat, so sehr liegt es in der Konsequenz unserer Besprechung der Beispiele, daß diese Wahrnehmung auch an nicht-natürlichen Gegebenheiten vollzogen werden kann. Damit sieht es so aus, als würde die Ästhetik der Natur schon nach wenigen Seiten ihren besonderen Gegenstand aus den Augen verlieren.

Dieser Irritation möchte ich jetzt nachgehen. Erst wenn wir uns klargemacht haben, daß es *nicht* Natur sein muß, können wir uns klarmachen, warum es *auch* Natur sein muß, an die sich das kontemplative Bewußtsein hält. Erst dann wird deutlich, warum die ästhetische Natur das beste aller Beispiele für die Verfassung des kontemplativen Bewußtseins ist.

a) Es muß nicht Natur sein

Nach allem, was gesagt wurde, liegt es auf der Hand, daß die kontemplative Aufmerksamkeit keineswegs an die Wahrnehmung natürlicher Objekte in der freien Natur gebunden ist. Sie ist überhaupt nicht an die Wahrnehmung natürlicher Objekte und Umgebungen gebunden. Jeder Gegenstand, ob natürlich oder künstlich, ist geeignet, Objekt der kontemplativen Wahrnehmung zu sein. Jede Umgebung, jeder Raum, ob in der freien Natur oder in den eigenen vier Wänden, ist der kontemplativen Vergegenwärtigung offen – es geht auch ohne Balkon und freien Himmel. Der Lärm eines Preßlufthammers, die Tektonik einer Plastiktüte, die Unordnung eines überquellenden Aschenbechers, das Geschehen in einem Schlachthof, einem Fußballstadion, auf einer städtischen Kreuzung, der Raum einer Kirche oder Bahnhofshalle, der schreiende Klang und die staubwarme Luft und das flackernde Licht und das eckige Schütteln im Dunkel einer U-Bahn-Fahrt –: schlechthin alles ist kontemplativ erfahrbar, sofern nur die Wahrnehmenden zu diesen Objekten und in diesen Umgebungen die entsprechende Distanz aufbringen können und aufbringen wollen. Ihre Sinne dürfen nicht durch extreme Reizwerte (übermäßiges Licht, übermäßiger Lärm, Gestank, Ekelerregendes, körperliche Bedrängnis, anhaltender Schmerz) bedroht oder überwältigt sein; ihr Interesse darf nicht von Erkenntnis- und Handlungsintentionen dominiert, auch nicht durch Gespräche oder Wunschphantasien absorbiert sein: dann kann alles und jedes zum Auslöser und Anlaß der kontemplativen Empfänglichkeit werden.

In »sinnfremder phänomenaler Individualität« gegeben zu sein, ist kein Privileg der Natur, einfach weil wir die unpersönliche sinnliche Anschauung auch künstlichen Dingen und Räumen zukommen lassen können. Was dem Kieselstein recht ist, den ich am See aufgelesen habe, ist dem Porzellantiger billig, mit dem ich meine Briefe beschwere. Obwohl es sich hier um ein Serienprodukt handelt, ist auch es der täglichen Veränderung von Licht, Staub, Stellung, platzender Lasur und blätternder Farbe unterworfen. Wenn mein Blick wie von selbst an ihm hängenbleibt, studiere ich nicht die Machart taiwanesischer Nippesproduktion für den westlichen Markt, ich gucke dieses Tigerding an, wie es da in blöder Bedeutungslosigkeit sitzt. Genauso muß mein nach draußen abschweifendes Auge nicht in der Betrachtung des schimmernden Sees verweilen, es kann sich auch in das künstliche Farbfeld des roten Dachs der vor mir liegenden Seminarräume vertiefen. Ich kann mich umdrehen, hinunterbeugen, auf die Fliesen des verfleckten Teppichbodens blicken und noch immer der reinen Anschauung zugewandt sein. Das kontemplativ Wahrgenommene muß weder reine Natur noch sonstwie rein sein, es muß sich nur in reiner Hinwendung anschauen lassen.

Rücksichtslos verfährt die kontemplative Wahrnehmung nicht nur im Hinblick auf das, was ihr Gegenstand *ist*, sie verfährt genauso mit dem, was ihr Gegenstand *wird*. Der an das Zufällige hingegebenen Wahrnehmung entspricht die zufällige, durch keinen zwingenden Grund gestützte Auswahl ihrer Gegenstände und Augenblicke. Deswegen haben sich die souveränen Dichter der Kontemplation nie strikt an die Natur gehalten. Ponge hat der Zigarette, der Seife, der Tür einen definitorischen Chorus gewidmet. Im futuristischen Frühwerk des Ingenieurs Alvaro de Campos, einem weiteren alter ego des Dichters Pessoa, werden in einer alles einebnenden Feier der Erhabenheit moderner Zeiten außer »Fabriken und Laboratorien und Varietés und Luna-Parks« auch »Panzerkreuzer und Brücken und Schwimmdocks« und selbst »Kanonen, Maschinengewehre, Unterseeboote und Flugzeuge« geadelt.[35] Solcher umfassenden Willkür stellt William Carlos Williams nicht allein den berühmten roten Handkarren entgegen, sondern auch den Nachweis, daß neben Dingen und Räumen auch die Menschen der interesselosen Beobachtung würdig sind. Jede flüchtige Straßenszene kann den Augenblick der Kontemplation erfordern; unter dem absichtlich übergewichtigen Titel »Proletarian Portrait« hat Williams lakonisch notiert[36]:

Eine große junge barhäuptige Frau
in einer Schürze

Mit glatt zurückgekämmtem Haar steht sie
auf der Straße

Einen bestrumpften Fuß mit der Zehenspitze
auf dem Bürgersteig

Ihren Schuh in der Hand. Gespannt
blickt sie hinein

35 F. Pessoa, Alvaro de Campos, Poesias – Gedichte, port. u. dt., übers. v. G. R. Lind, Zürich: Ammann 1981, 13.

36 Williams (1983), 13 (übers. v. Ch. Koller).

Sie zieht die eingelegte Zeitung heraus
um den Nagel zu finden

An dem sie sich weh getan hatte

Das Nicht-Natürliche kann sich so sehr der kontemplativen Auffassung anbieten, daß jeder Unterschied zur Kontemplation der Natur zu schwinden scheint. Literatur und Malerei kennen zahllose Ansichten, in denen das Natürliche und das Künstliche *eine* Situation der Anschauung bilden – man denke nur an das Genre der nature morte, an Stilleben, auf denen das erlegte Wild neben Glas und Schale liegt, an Cézannes Interieurs mit den in Luft und Farbe reifenden Äpfeln oder an Rolf Dieter Brinkmanns Gedicht auf einen toten Skunk auf heißem Asphalt.[37] Ich wähle erneut ein Beispiel aus Handkes narrativem Traktat über das kontemplative Leben:
»Es ist tiefe Nacht. Auf dem Flugfeld erlöschen die Lichter. Die Figuren einer umspringenden Fußgängerampel, wo niemand mehr geht, sind schief. Aus dem dunklen Erdgeschoßfenster dringt ein Sprechen, das mit einem lauten, deutlichen Wort anhebt und gleich wieder unverständlich wird, eine Stimme im Schlaf. Mitten in der Stadt, auf den Plätzen, sind fast nur noch Tierlaute zu hören: das Loskreischen von Katzen, das Brüllen eines Rinds, weit weg, in einem Schlachthof, das Gellen eines Pfaus in einem Zoo. Die Fernseher in einem Schaufenster zeigen alle ihr Testbild. An einem der Unfallorte des Sonntags ist weißlicher Sand über das Blut gestreut, das an einer Stelle noch sichtbar wird, ein kreisrunder, klumpiger, stockschwarzer Fleck, als sei genau da des Verunglückten Herz ausgeronnen. Straßenlicht fällt von außen in ein Café, wo in der Düsternis, scharf umrissen, die Stühle auf dem Tisch stehen. (. . .) Ein Ausschnitt des Himmels mit dem Halbmond in der Form einer Apothekerschale, bereit für das Kügelchen eines einzigen Sterns. Ein einheitliches Grollen erfüllt den Raum, so als seien die Maschinen der Stadt nicht ganz abgestellt, bereit, sofort wieder anzuspringen.«[38]

37 R. D. Brinkmann, Ein Skunk, in: ders. Westwärts 1 & 2, Reinbek: Rowohlt 1975, 37f.
38 Handke (1987), 36f.

b) Natur als Medium und Paradigma der Kontemplation

Wenn die letzten Beobachtungen zutreffen, worin besteht dann eigentlich das Besondere der kontemplativ wahrgenommenen Natur? Besteht es überhaupt? Sind wir nicht zu dem Schluß gezwungen, es seien Naturgegenstand und Naturumgebung für das kontemplative Bewußtsein ein Anlaß wie jeder mögliche andere auch? Es scheint fast, als stünde die egalitäre Praxis der Kontemplation mit dem Vorhaben einer Ästhetik der Natur in unauflöslichem Konflikt.

Die Auflösung ist einfach. Das Eigentümliche der kontemplativ wahrgenommenen Natur besteht grundsätzlich darin, daß hier eine kontemplative Betrachtung weitaus näher liegt als bei Gegenständen, die zur Erfüllung einer ganz bestimmten Funktion in die Welt getreten, d. h. hergestellt oder zurechtgemacht sind. Der Naturgegenstand in der freien Natur konfrontiert die, die ihn eigens wahrnehmen, weitaus unmittelbarer mit seiner reinen Phänomenalität als diejenigen (mehr oder weniger künstlichen, also kontinuierlich zurechtgemachten oder erarbeiteten) Objekte, bei denen wir erst von den ihnen zugewiesenen oder zuweisbaren Funktionen *absehen* müssen, um für ihre einmalige individuelle Erscheinung empfänglich zu werden. Im Unterschied hierzu muß alles künstliche Gerät und Areal aus kontemplativer Warte *gegen* den Gebrauch in Wahrnehmung genommen werden, für den es ersonnen und eingerichtet ist. Zwar steht die Natur, die wir heute kennen, meist ebenfalls im vielfachen Gebrauch des Menschen. Sie ist seinen Bedürfnissen dienlich oder soll es doch sein und ist darum einer veranstaltenden Tätigkeit unterworfen. Selbst die veranstaltete Natur aber ist nie ganz Veranstaltung. Auch die Natur von Äckern, Wiesen und Wäldern, Parks und Gärten behält häufig entscheidenden Charakter, in ihrer *eigenen Gestalt* zu erscheinen: in der Gestalt derjenigen Wirklichkeit, die keine festen Gestaltungen kennt, deren Erscheinung nicht nur einer zyklischen, sondern darüber hinaus einer täglichen, einer augenblicklichen, einer unvorhersehbaren Veränderung unterworfen ist.[39] »Wir sind gewohnt, mit Gestalten zu rechnen, – und die Landschaft hat keine Gestalt,

39 Auch der beste Wetterbericht sagt bloß das kommende Wetter, nie die Welt im kommenden Wetter vorher.

wir sind gewohnt, aus Bewegungen auf Willensakte zu schließen, und die Landschaft will nicht, wenn sie sich bewegt«, heißt es in Rilkes Abhandlung über die Worpsweder Maler.[40] Noch das einzelne Naturphänomen hat an dieser Unbestimmtheit teil. Selbst das nützlichste Naturprodukt erscheint nie im Zeichen seiner menschlichen Bestimmung allein; mag es agrikulturelles oder agrarindustrielles Erzeugnis sein, es bleibt doch Gewächs und Geschöpf, das, begleitet von der Tätigkeit des Menschen, absichtslos am Werden ist. Erst recht lebt diejenige Natur in funktional ungreifbaren Formen, in der wir kein Erzeugnis sehen. Mehr als jeder andere Gegenstand kommt uns der Naturgegenstand in der freien Natur, der zu nichts Bestimmtem da ist, dabei entgegen, ihn so wahrzunehmen, als sei er für nichts anderes da, als in seinem momentanen Dasein zur Erscheinung zu kommen.

Schopenhauer, mit dem wir die Klingen gleich noch werden kreuzen müssen, hat die hervorragende kontemplative Eignung der Natur plastisch beschrieben. Die kontemplative Einstellung, so heißt es im dritten Buch von »Die Welt als Wille und Vorstellung«, werde »erleichtert und von außen befördert (. . .) durch entgegenkommende Objekte, durch die zu ihrem Anschauen einladende, ja sich aufdringende Fülle der schönen Natur. Ihr gelingt es, so oft sie mit einem Male unserm Blick sich aufthut, fast immer, uns, wenn auch nur auf Augenblicke, der Subjektivität, dem Sklavendienste des Willens zu entreißen und in den Zustand des reinen Erkennens zu versetzen. Darum wird auch der von Leidenschaften, oder Noth und Sorge Gequälte durch einen einzigen freien Blick in die Natur so plötzlich erquickt, erheitert und aufgerichtet: der Sturm der Leidenschaften, der Drang des Wunsches und der Furcht und alle Quaal des Wollens sind dann sogleich auf wundervolle Art beschwichtigt.«[41]

Schärfer tritt das von Schopenhauer geschilderte »Entgegenkommen« der Natur hervor, wenn wir uns wieder an der Raumkontemplation orientieren. Der künstliche Raum, sei es ein Haus, ein Platz, eine Stadt, eine Fabrikanlage, ist immer schon auf die Tätigkeiten hin konzipiert und von ihnen geprägt, die in ihm vollzogen werden. Um ihn streng kontemplativ erfahren zu können, müssen

40 Rilke (1910), 3.
41 Schopenhauer (1977), I. 254.

sich die Betrachter dieser vorgegebenen Koordination erst entziehen, in die sie als Benutzer und Bewohner längst eingeplant sind. Der Naturraum dagegen ist ein wesentlich unkoordinierter, ein nicht auf Betrachtung und Inbesitznahme hin organisierter Raum; von französischen Gärten und Trimmdichpfaden abgesehen, bleibt selbst die unter freiem Himmel kultivierte Natur ein vergleichsweise offenes Areal, in dem keine besondere Stelle, kein besonderer Verlauf des Aufenthalts und der Anschauung vorgeformt ist.[42] So graduell und minimal dieser Unterschied auch häufig ist, er ist ganz unausweichlich. Mein schlauchartiges, zum See hin geöffnetes Zimmer in der Universität *sieht vor,* daß ich am Fenster sitze. Wenn ich dagegen am See, im Wald, im Gebirge, in der Wüste stehe, ist da kein ausgezeichneter Ort, an dem ich vorgesehen, der auf meine Anschauung hin entworfen wäre. Diesen Räumen, um es paradox zu sagen, ist nichts eingeschrieben als das Bewußtsein ihrer erhabenen Kontemplation. Gar nichts ist ihnen eingeschrieben. Was immer da vorzufinden ist, wir finden uns in ihnen am zufälligen Schwerpunkt unseres Leibes vor. Die freie und erst recht die wilde oder wüste Natur wird zu einem Raum, »wo die Orientierung ihrer Gegenstände auf unseren Leib hin außer Proportion gerät«.[43] Am Anfang des neuzeitlichen Naturbewußtseins steht die Erfahrung dieser Disproportionalität. Es ist die Erfahrung des Daseins in einem Kosmos ohne sinnhafte Ordnung. »Bedenke ich die kurze Dauer meines Lebens, aufgezehrt von der Ewigkeit vorher und nachher; bedenke ich das bißchen Raum, den ich einnehme, und selbst den, den ich sehe, verschlungen von der unendlichen Weite der Räume, von denen ich nichts weiß und die von mir nichts wissen, dann erschaudere ich und staune, daß ich hier und nicht dort bin; keinen Grund gibt es, weshalb ich grade hier und nicht dort bin, weshalb jetzt und nicht dann. Wer hat

42 Es ist das Prinzip der französischen Gärten, aus der Natur einen künstlichen Raum zu machen, in dem nicht nur der Blick des Betrachters, sondern auch eine strenge Hierarchie von Blicken (und schloßbewohnenden Betrachtern) festgelegt ist. Selbst dadurch aber wird die Natur nicht restlos dem Künstlichen assimiliert: sie erweist sich als Ort einer paradoxen Erfahrung, die in der Vereinigung zugleich den Gegensatz beider Seiten – der Natur und einer sozialen wie ästhetischen Kunst – zum Gegenstand hat.

43 Smuda (1986 b), 51; die Absicht, auch den reinen Naturraum wieder auf den wahrnehmenden Leib hin veranstalten zu wollen, macht den ästhetischen Widersinn der »view points« z. B. in den nordamerikanischen Wüsten aus.

mich hier eingesetzt? Durch wessen Anordnung und Verfügung ist mir dieser Ort und diese Stunde bestimmt worden? Memoria hospitis unius diei praetereuntis.«[44]

Im Kontext einer negativ theologischen Besinnung wird der kosmische Raum von Pascal als ein leerer, ein vakanter, ein vorsehungsfreier Raum erfahren. Ohne den spekulativen Rahmen ist das fast eine Beschreibung des Standpunkts der modernen ästhetischen Kontemplation. Wie keine Wirklichkeit sonst kommt die Natur dieser Erfahrung entgegen, nirgends liegt die kontemplative Einstellung so nahe wie hier. Dies nicht nur im kosmischen Großen, dies noch im unscheinbarsten Kleinen. »Die einzelne Naturlebendigkeit (. . .) ist *vergänglich, schwindend* und in ihrem Aussehen *veränderlich*, während das Kunstwerk sich erhält, wenn auch nicht die bloße Dauer, sondern das Herausgehobensein geistiger Beseelung seinen wahrhaftigen Vorzug der natürlichen Wirklichkeit gegenüber ausmacht.«[45] Wo Hegel, wie an dieser Stelle, den Rang der ästhetischen Natur leugnet, hebt er wider Willen ein entscheidendes Wahrzeichen ihrer durch keine Kunst ersetzbaren Dignität hervor: durch ihre lebendige Veränderlichkeit herausgehoben zu sein aus der dauernden Merkwelt des beseelenden Geistes. In dieser Verfassung ist die Natur einerseits das erste *Medium* der kontemplativen Praxis und eine unvergleichliche Schule der Kontemplation. In dieser Verfassung ist die Natur andererseits das unersetzliche *Paradigma* jeder angemessenen Theorie der Kontemplation. Die Grundzüge der ästhetischen Kontemplation lassen sich im Blick auf Natur hinreichend entfalten. Denn das ist das allgemeine Charakteristikum der ästhetischen Kontemplation: sie sieht ab von allem, was kulturelle Intention an ihren Gegenständen und Umgebungen ist; *sie sieht Natur* – die Lebendigkeit, das Momentane, Vergängliche, Veränderliche, das sinnfrei Werdende und sinnfrei Gewordene – *in allem, was sie empfindet und sieht.*

44 Pascal (1972), 114f. (Nr. 205). Das lateinische Sprichwort ist der Weisheit Salomos V.15 entnommen; in Botho Strauß' Übersetzung (in: ders., Diese Erinnerung an einen, der nur einen Tag zu Gast war. Gedicht, München: Hanser 1985, 77) lautet der vollständige Satz: »Denn die Hoffnung des Gottlosen ist wie Staub, vom Winde zerstreut, und wie feiner Schnee, vom Sturm getrieben, und wie Rauch, vom Winde verweht, und *wie man einen vergißt, der nur einen Tag lang Gast gewesen ist.*«

45 Hegel (1970), I.49 (meine Hervorhebung).

Die Analyse der kontemplativen Naturwahrnehmung könnte abgeschlossen erscheinen, wäre da nicht ein Verdacht der willkürlichen, ja dogmatischen Behandlung. Die bisherige Ausführung zeichnet einen bestimmten Gebrauch des Wortes »Kontemplation« vor anderen aus. Selbst wenn die Beschreibung plausibel wäre, die begriffliche Auszeichnung könnte trotzdem irreführend sein. Von »Kontemplation« ist in vielen Zusammenhängen ganz anders die Rede. Ein kurzer Blick in einige dieser Zusammenhänge macht deutlich, warum von ästhetischer Kontemplation so und nicht anders die Rede sein mußte.

a) Ästhetische vs. theoretische Kontemplation

Die ästhetische Kontemplation, wie ich sie beschrieben habe, ist eine ganz profane Angelegenheit. Sie hat die Verbindung zur sakralen Feier oder Andacht abgebrochen und ist zum Fest der ungebundenen Sinne geworden. Sie darf also nicht mit der platonischen, aristotelischen, augustinischen, thomistischen, physikotheologischen oder schopenhauerianischen Kontemplation verwechselt werden, die sich auf unterschiedlichen Wegen darin erfüllt, der göttlichen (oder gottverlassenen) Ordnung der Welt durch theoretische Versenkung teilhaftig zu werden. Ziel dieser theoretischen Kontemplation ist Erkenntnis: der Ideen, der Allmacht Gottes, des Wesens der Dinge, des Seins im ganzen. Diese Erkenntnis kann – wie in der frühen antiken und der physikotheologischen Vorstellung – durch die sinnliche Betrachtung der Natur angeregt sein, ebenso aber kann sie – wie bei Augustinus und teilweise bei Platon – als rein geistige Schau des Absoluten verstanden werden, die eines sinnlichen Ausgangspunkts nicht länger bedarf.[46] In jedem Fall gilt dieses innewerdende Anschauen dem Erfassen nicht nur eines, sondern des Sinns – der Schöpfung, des Seins, der Welt schlechthin. In der aristotelischen Auslegung ist Kontemplation theoría tou kósmou, ist anschauliche Betrachtung der göttlichen Weltordnung, ist, wie Heidegger übersetzt, »hüten-

46 S. Rausch (1982), Pochat (1973), Teil II, Groh/Groh (1989).

des Schauen der Wahrheit«.[47] Die Übung, das Ziel dieser Kontemplation ist ein nicht nur oder nicht mehr diskursives Verstehen des Einen und Ganzen.

Die ästhetische Kontemplation ist in der Tradition mit dieser intellektuellen Anschauung vielfach gleichgesetzt worden. Genauer: Was ästhetische Kontemplation ist, wurde nach dem Modell der theoretischen verstanden; sie erschien als theoretische Kontemplation mit sinnlicher Vollzugsform oder Vollzugsbasis. Nach dem Modell der theoretischen wurde auch die ästhetische Kontemplation als *hermeneutische* Erfahrung konzipiert. Gerade die ästhetische Natur wurde nicht einfach als vielfältige sinnliche Erscheinung, sondern als Erscheinung eines übersinnlichen Sinns gesehen. In Hegels Begriff der sinnvollen Naturanschauung schwingt diese Deutung weiterhin mit. Jedoch ist die Ehe zwischen beiden Formen der Kontemplation alles andere als unausweichlich. Was beiden gemeinsam ist, ist die Voraussetzung der Distanz zum tätigen Handeln. Theoretische und ästhetische Kontemplation wenden sich vom tätigen Handeln und seinen partikularen Zwecksetzungen ab. Sofort aber können ihre Wege sich trennen. Unter säkularisierten Bedingungen kann sich die ästhetische Kontemplation gerade im Absehen vom Sinn und der Ordnung der Welt – und selbst von der *Frage* nach bleibendem Sinn und bleibender Ordnung – erfüllen. Wie sich die Philosophie von der sakralen Handlung und schließlich von der Theologie gelöst hat, so löst sich die rein ästhetische Anschauung im Sog der neuzeitlichen Naturerfahrung aus ihrer Bindung an die Theorie. Die ästhetische Distanz hält seitdem Distanz noch zur theoretischen Distanz.

Daß beides getrennt werden kann, ist ein historisches Resultat. In einer bestimmten Bedeutung ist diese Trennung irreversibel. Nachdem einmal so getrennt worden ist, kann auch künftig so getrennt werden. Trotzdem könnte man den profanen ästhetischen Kontemplationsbegriff unserer Analyse lediglich für eine Grenzbestimmung halten.[48] Jemand könnte zugestehen, daß es

47 Heidegger (1954), 53; dazu Ritter (1977).

48 Als Grenzbestimmung tritt die anti-theoretische Kontemplation bereits bei Platon auf, wo die Philosophen, »die schaulustig sind nach der Wahrheit«, denen gegenübergestellt werden, die es bei der bloßen ästhetischen Kontemplation belassen: »Die Hörbegierigen und Schaulustigen (. . .) lieben doch die schönen Töne und Farben und Gestalten und alles, was aus derglei-

dieses völlig abstinente Wahrnehmen gebe und doch Wert darauf legen, daß Wesen und Sinn ästhetischer Kontemplation eigentlich in ihrer Einheit mit einer theoretisch-andächtigen Betrachtung liege. Erst ein Begriff der Kontemplation, der aus dieser Einheit gedacht sei, sei ihr vollständiger Begriff – der unsrige dagegen betreffe nur einen marginalen Aspekt. Ich halte das Gegenteil für richtig. Allein die profane Auslegung vermag einen notwendigen und hinreichenden Begriff der genuin *ästhetischen* Kontemplation zu geben. Sobald die Möglichkeit der Kontemplation nach ihrer ästhetischen Seite kompromißlos erschlossen ist, ergibt sich eine Kluft zur theoretischen Schau, zur Kontemplation als verstehender Erfahrung. Entweder es geht der Kontemplation (primär oder ausschließlich) um freie sinnliche oder es geht ihr (primär oder ausschließlich) um freie übersinnliche Betrachtung. Nachdem diese Differenz einmal Erfahrung der Menschen geworden ist, kommt auf Dauer keine Theorie an ihrer Anerkennung vorbei.

Es wäre naiv, das bloß für eine begriffliche Frage zu halten. Sie hängt eng mit der normativen Frage nach dem ästhetischen, existentiellen und ethischen Wert der Möglichkeit rein ästhetischer Kontemplation zusammen. Wie jede Profanierung und Entzweiung läßt sich auch die Loslösung der ästhetischen aus allen Bindungen an die theoretische Kontemplation sowohl als Gewinn – als Befreiung – wie als Verlust – als Entfremdung – verbuchen. Vor diesem Hintergrund enthält meine Beschränkung auf einen engen Begriff der Kontemplation ein normatives Votum – für die Reinheit der ästhetischen Kontemplation, gegen ihre Integration ins erkennende und besinnliche Verstehen. Eine vollständige Begründung der impliziten Norm dieses Kapitels allerdings kann dieses Kapitel nicht bieten. Es werden weitere Gründe hinzukommen müssen, die erst aus dem Vergleich und der Interpretation aller drei naturästhetischen Attraktionen formuliert werden können. Glücklicherweise aber läßt sich ein Gutteil der normativen Gewichtungen auch wiederum an der Leistungsfähigkeit der entsprechenden begrifflichen Unterscheidungen prüfen. Und hier spricht alles für einen möglichst sparsamen Begriff der Kontemplation,

chen gearbeitet ist, die Natur des Schönen selbst aber ist ihre Seele unfähig zu sehen und zu lieben.« Rep. V, 475 e u. 476b (= Platon 1971, 451 u. 453).

der beides erlaubt: sowohl die strikt *ästhetische* wie eine um theoretische, religiöse und mystische Komponenten *angereicherte* Kontemplation zu beschreiben. Die karge Bestimmung der ästhetischen Kontemplation als interesseloser sinnlicher Aufmerksamkeit umfaßt den wesentlichen Kern aller Kontemplation, sofern sie den Namen einer ästhetischen überhaupt verdient. Deswegen erscheint es berechtigt, hier von *der* ästhetischen Kontemplation zu sprechen. Das schließt andererseits nicht aus, daß die Praxis z. B. der ästhetisch-kontemplativen Naturwahrnehmung weitere Elemente enthält oder lediglich als Vorstufe einer andersartigen – theoretischen, religiösen, mystischen – Hinwendung fungiert.[49] Es ist also angebracht, die Unterscheidung zwischen theoretischer und ästhetischer Kontemplation als polar-konträre Differenz zu interpretieren, so daß die ästhetische als diejenige verstanden werden kann, der es ausschließlich oder primär um freie sinnliche Aufmerksamkeit geht. Es wäre übertrieben, die ästhetische Kontemplation pauschal als anti-theoretisch, anti-religiös oder anti-mystisch zu beschreiben. Aber sie kann all dies *nicht* sein.

Die vorangegangenen Analysen haben insgeheim darüber berichtet, was der ästhetischen Erfahrung der Natur entgeht, wenn sie die kulturelle Distanz und phänomenale Nähe der rückhaltlosen ästhetischen Kontemplation verweigert. Ein weiterer Teil meines normativen Arguments ist die Kritik an Autoren, die es für ganz selbstverständlich halten, daß alle Kontemplation eine oder die »eigentlich metaphysische Tätigkeit« sei.[50] Ich möchte die Auffassung der unauflöslichen Einheit theoretischer und ästhetischer Kontemplation als *Metaphysik* der Kontemplation bezeichnen. Das ist nun nicht eine, das ist *die* philosophische Theorie der Kontemplation.[51] Ihre Plausibilität aber ist bedroht, seit Petrarca im

49 Zur theoretischen Kontemplation treten mystische Aspekte hinzu, wenn das Ganze des Seins oder der Schöpfung nicht nur andächtig *verstanden*, sondern (zudem) als Einssein mit Gott oder dem Ganzen ekstatisch *erlebt* wird. Unter religiöser Kontemplation verstehe ich eines von beiden oder beides zugleich.

50 So Nietzsches im Vorwort zur »Geburt der Tragödie« formulierte Zuspitzung der Schopenhauerschen Ästhetik; vgl. Schopenhauer (1977), I. 332.

51 Noch für Merleau-Ponty ist diese Einheit ganz selbstverständlich, vgl. ders. (1966), 372f.; für eine Wiederbelebung der metaphysischen Kontemplation plädiert G. Böhme (1985), 208ff.

Jahr 1336 auf dem Gipfel des Mont Ventoux, bevor er sich erschrocken eines Höheren besinnt, Augenblicke einer »transzendenzunwilligen« sinnlichen Anschauung erlebt.[52]

b) Welche Metaphysik haben die Bäume?

Die Spannung zwischen ästhetischer und metaphysischer – theoretischer und/oder mystischer – Kontemplation lebt noch im Werk vieler unserer literarischen Kronzeugen fort. Allein die Gedichte des Amerikaners William Carlos Williams sprechen ganz selbstverständlich die Sprache einer profanen sinnlichen Anschauung; dies ist keine Anschauung mehr, die sich aus der metaphysischen Bindung befreit, dies ist eine, die frei davon ist. Auch Ponge bestreitet, daß es sich bei der Methode seines Schreibens »um Kontemplation im eigentlichen Sinn« (d. h. hier: im traditionellen, im metaphysischen Sinn) handelt.[53] Immerhin sieht er sich in Kommentaren zu seinem Werk beständig zu solcher Zurückweisung genötigt. »Ich bin kein Mystiker!«, ruft er aus. »Nicht die Einheit suche ich, sondern die Vielfalt. Bernard Groethuysen hat das gut gesehen, als er mir sagte: Ihr Werk könnte eher *De varietate rerum* als *De natura rerum* heißen.«[54] Bei Pessoa/Caeiro dagegen rückt die Zwiesprache mit der Tradition ins Zentrum der lyrischen Rede selbst; sie ist eine der Techniken, mit denen der Dichter den Standpunkt der Kontemplation unter Verzicht auf alles Beschreiben umschreibt. »Das Geheimnis der Dinge? Weiß ich, was Geheimnis ist! / Das einzige Geheimnis bleibt, daß da jemand ist, der ans Geheimnis denken möchte.«[55] An anderer Stelle: »Ich las heute fast zwei Seiten / im Buch eines mystischen Dichters / und lachte wie einer, der viel geweint hat. / Die mystischen Dichter sind kranke Denker / und die Denker sind Narren.«[56] Listig räumt Caeiro ein: »Wenn ihr mich für einen Mystiker haltet, nun gut, so bin ich es. / Ich bin ein Mystiker, aber nur mit dem Leibe.«[57] Spöt-

52 So die treffende Formulierung bei Groh/Groh (1989).
53 Ponge (1964), 38.
54 Ebd., 37.
55 Pessoa (1986), V, 21; »Geheimnis« steht für das portugiesische »mistério«.
56 Ebd., XXVIII, 57.
57 Ebd., XXX, 59.

tisch fragt er zurück: »Metaphysik? Welche Metaphysik haben die Bäume?«[58]

Und doch beginnt dasselbe Gedicht mit dem Satz: »Auch im Nichtdenken steckt genug Metaphysik.« Die Leugnung der Metaphysik erfolgt im Namen einer Leerform des Geleugneten. Was bleibt, ist das Paradox einer Metaphysik ohne metaphysischen Sinn. »Die Welt ward nicht geschaffen, damit wir über sie nachdenken sollten / (denken heißt augenkrank sein), / sondern damit wir sie anschaun und mit ihr einig sind.«[59] Mit der Welt einig sein: von aller übersinnlichen Mission behält Caeiros negative Metaphysik der Kontemplation nur diese ethische Position zurück. Sich mit der Welt grundlos einig fühlen, das bleibt als ein absoluter, alle anderen Wertungen überbietender Gehalt der kontemplativen Erfahrung übrig. »Mein Leben ist nur ein einziges Gebet, eine einzige Messe, / Kommunion mit Augen und Ohren.«[60] Für dieses Festhalten an einer minimalen Metaphysik zahlt Caeiro allerdings einen deutlichen ästhetischen Preis. Die Dimension des Erhabenen bleibt seiner Lyrik weitgehend verschlossen. Zusammen mit der Furcht vor der Krankheit des Denkens läßt die Sucht nach dem Einssein mit allem eine unbefangene Öffnung des kontemplativen Raums nicht zu. Die kontemplativ-erhabene Entzweiung von Subjekt und Welt kommt in Caeiros idyllisch bereinigtem Kosmos nicht vor.

Zu dieser poetischen Beschränkung gesellt sich eine propagandistische Botschaft.[61] Die geschrumpfte Metaphysik verbindet Caeiro mit einer *Ideologie* der Kontemplation. Ideologie (unnötiges falsches Bewußtsein) der Kontemplation, so möchte ich sagen, liegt immer da vor, wo einzig die kontemplative Wahrnehmung als die ästhetisch angemessene oder stärker noch: wo einzig ein kontemplativ-naturnahes Leben als das richtige Leben gilt. Penetrant klingt das so: »Dies ist die einzige Pflicht auf Erden: / ein Wandel in Klarheit / und ohne Grübeln.«[62] Aber auch wo der Autor nicht

58 Ebd., V, 22.
59 Ebd., II, 15.
60 Ebd., V, 23.
61 Der ästhetische Mangel ist wohlgemerkt einer des spätgeborenen Bukolikers Caeiro, nicht hingegen seines Erfinders Pessoa, der über ganz andere Tonlagen verfügt; vgl. z. B. die hocherhabene »Meeres-Ode« des Alvaro de Campos, in: Pessoa (1987), 29-83.
62 Pessoa (1986), XXXII, 63.

derart katechetisch wird, schwingt in seinen Versen oft ein Werben für das kontemplative als des alleinseligmachenden Daseins mit. Auch Handkes »Abwesenheit« ist davon nicht frei. Jedoch bringt seine Prosa am Ende zustande, was Caeiros Dichtung versagt ist: dem mystischen Augenblick eine weiträumige und gebrochene, beinah komisch-erhabene Schwingung zu geben. Der wunderbare letzte Satz der Erzählung schließlich könnte als Motto auch einer profanen Apologie der kontemplativen Wahrnehmung gelten: »Für eine kleine Weile saßen wir da und ließen uns einfach sehen.«[63]

Zwar kann Ideologie der Kontemplation auch ohne Metaphysik und diese ohne Ideologie auftreten, die Autoren der Philosophie aber haben ihren Standpunkt in der Regel mit einer bestimmten Metaphysik *und* Ideologie verbunden. Deutlich wird das vor allem im Sprechen über die erhabene Natur, insbesondere über die Erscheinung des Himmels nach der kopernikanisch-galileischen Wende. Pascal schreibt: »Das ewige Schweigen dieser unendlichen Räume macht mich schaudern.«[64] Und doch sieht er gerade hierin einen Hinweis auf die Macht Gottes. Kant spricht von derselben Erfahrung, aber er kehrt ihre Moral um, er kehrt sie nach innen: Der neuzeitliche Himmel wird zum negativen Zeichen für die Macht der menschlichen Vernunft. »Zwei Dinge erfüllen das Gemüt mit immer neuer und zunehmender Bewunderung und Ehrfurcht, je öfter und anhaltender sich das Nachdenken damit beschäftigt: Der bestirnte Himmel über mir und das moralische Gesetz in mir.«[65] Dieser Satz aus dem »Beschluß« der »Kritik der praktischen Vernunft« ist schon die Theorie der erhabenen Natur, die Kant in der »Kritik der Urteilskraft« zur ausdrücklich ästhetischen Theorie ausführen wird.[66] Das erhabene Bewußtsein ist von der Gleichursprünglichkeit und dem spiegelbildlichen Verhältnis dieser beiden »Dinge« geprägt: »ich sehe sie vor mir und verknüpfe sie unmittelbar mit dem Bewußtsein meiner Existenz.« »Der erste Anblick einer zahllosen Weltenmenge vernichtet gleichsam meine Wichtigkeit, als eines tierischen Geschöpfs, das die Materie, daraus es ward, dem

63 Handke (1987), 225.
64 Pascal (1972), 115 (Nr. 106).
65 Kant (1968 a), 300 (A 288).
66 Kant (1968 b), bes. 360 (B 118); vgl. meinen Kommentar in Seel (1990 a).

Planeten (einem bloßen Punkt im Weltall) wieder zurückgeben muß, nachdem es kurze Zeit (man weiß nicht wie) mit Lebenskraft versehen gewesen. Der zweite erhebt dagegen meinen Wert, als einer Intelligenz, unendlich, durch meine Persönlichkeit, in welcher das moralische Gesetz mir ein von der Tierheit und selbst von der ganzen Sinnenwelt unabhängiges Leben offenbart.«[67] Nicht nur wiederholt Kant die alte Pascal-Erfahrung mit anderen Worten, er wiederholt auch Pascals Form der Verarbeitung dieser Erfahrung. Pascal und Kant geben der Sinnferne der kontemplativ erscheinenden Natur eine spekulative Deutung. Das Firmament erweist sich in seiner Fremdheit als Schöpfung Gottes, es erweist sich in seiner Erhabenheit als Merkmal der gedoppelten Existenz des Menschen. Gerade in seiner sinnenfälligen Sinnlosigkeit wird es zum Beweis eines übersinnlichen Sinns. Metaphysik und Moral der Kontemplation sind für beide Autoren eins. Demütige Hinwendung zu Gott, unbedingte Achtung vor dem moralischen Gesetz: das kontemplative Bewußtsein wird als Grundstein und Höhepunkt eines schlechthin richtigen Bewußtseins gedacht.

Noch bei Nietzsche ist das nicht anders. Auch er behält die Form der Pascal-Erfahrung mit anderem Inhalt bei. Ihm ist der Himmel gerade darin anrufenswert, daß er nicht auf eine übernatürliche und zeitlose Ordnung verweist. »Oh Himmel über mir, du Reiner! Hoher! Das ist mir nun deine Reinheit, dass es keine ewige Vernunft-Spinne und -Spinnennetze giebt: – dass du mir ein Tanzboden bist für göttliche Zufälle, dass du mir ein Göttertisch bist für göttliche Würfel und Würfelspieler!«[68] Nietzsche steigert die mit Pascal und Kant gegebene Anerkennung der faktischen Kontingenz der Natur zur evaluativen *Affirmation* dieser Kontingenz. So wichtig dieser Schritt für die Selbsterkenntnis der ästhetischen Kontemplation auch ist, formal bleibt alles beim Alten. Auch Nietzsche läßt die Begegnung mit der kontingenten Sphäre des Himmels erstens in eine Aussage über das Sein und zweitens in eine unkonditionierte ethische Folgerung münden. Daß der Himmel die Anschauung eines sinnfreien Seins, ja der Sinnfreiheit des Seins eröffne, ist ebenso spekulativ wie die gegenteilige Versiche-

67 Ebd., (A 289).
68 Nietzsche (1980c), 209f.

rung, die scheinbare Sinnlosigkeit verweise auf höhere Vernunft und verborgenen Sinn. Nietzsche ersetzt nur das gerichtete Sein der göttlichen Vernunft durch das unschuldige Walten des göttlichen Spiels. Entsprechend verhält es sich mit der Empfehlung, angesichts der Reinheit des Himmels endlich vom Ideal einer an Glaube und Gesetz orientierten Lebensführung Abstand zu nehmen. Hier wie dort wird die kontemplative Erfahrung zum Beweis für oder wider die Macht und Herrlichkeit der göttlichen oder menschlichen Vernunft.

Wie naheliegend diese Verbindung innerhalb der kontemplativen Praxis gestern wie heute noch sein mag, gedanklich – im Zusammenhang einer *Analyse* der Kontemplation – ist das ein illegitimer Schritt. Es ist ein Schritt von der anerkannten oder bejahten zur geleugneten Kontingenz. Pascal, Kant und Nietzsche ziehen aus der Erfahrung der Kontemplation eine Lehre, von der sie behaupten, daß in ihr der eigentliche *Gehalt* dieser Erfahrung ausgesprochen sei. So sehr jede dieser Lehren die anderen umstürzt und verneint, sie alle stimmen darin überein, daß es zum Wesen der Kontemplation gehöre, einen solchen Gehalt zu haben. Die Anschauung des Kontingenten wird als Offenbarung eines Unvergänglichen gedeutet. Wie aber, wenn der Anhaltspunkt der ästhetischen Kontemplation einfach in der sinnlich-selbstgenügsamen Anschauung des vergänglich Erscheinenden liegt? Dann muß der ästhetische Reiz des Kontingenten nicht in einer Überwindung der Kontingenz bestehen. Dann kann es für die Praxis der Kontemplation nicht länger eine absolute, sondern allein noch eine differentielle Begründung geben. Die reine, die ästhetische Kontemplation erhält ihren Wert dann letztlich aus ihrem Stellenwert als *einer unter anderen* Vollzügen ästhetischer Wahrnehmung und deren jeweils begrenzter Bedeutung für ein bewußtes Leben. Bevor ich mit der Erkundung dieser irdischen Sehenswürdigkeiten fortfahre, möchte ich rasch das gröbste philosophische Hindernis beiseite räumen, das einem angemessenen Verständnis im Wege steht.

c) Kehraus mit Schopenhauer

Nicht Pascal, nicht Kant, nicht Nietzsche, Schopenhauer ist der exemplarische neuzeitliche Theoretiker der Kontemplation. Er steht historisch und sachlich genau zwischen Kants Selbstbehauptung der Vernunft und Nietzsches Metaphysik des spielenden Willens. Er ist im Unterschied zu Schelling, der ihm als Interpret des anschauenden Bewußtseins nichts nachsteht, mit einiger Verzögerung zwar, dafür mit um so größerer Wirkung nicht nur als Metaphysiker und Ideologe, sondern geradezu als Propagandist der ästhetischen Kontemplation einflußreich gewesen. Er hat viel zum Fortleben der theoretischen Kontemplation getan, indem er sie unter dem Namen der ästhetischen Anschauung neu eingekleidet hat. Er hat bewirkt, daß ästhetisches Bewußtsein bis weit in dieses Jahrhundert nicht nur mit kontemplativen Bewußtsein überhaupt, sondern gerade mit jenem gleichgesetzt wurde, das der theoretischen Anschauung einen letzten Unterschlupf gewährt. Wenn es gelingen soll, die Analyse der ästhetischen Kontemplation von der Fixierung auf die theoretische zu befreien, ist es Schopenhauers Deutung, die zurückgewiesen werden muß. Dazu genügt es, zwei Kernstellen für sich selbst und gegen ihren Autor sprechen zu lassen. Die erste trägt den Grundgedanken dieser Ästhetik vor:

Wenn man, schreibt Schopenhauer, »die ganze Macht seines Geistes der Anschauung hingiebt, sich ganz in diese versenkt und das ganze Bewußtseyn ausfüllen läßt durch die ruhige Kontemplation des gerade gegenwärtigen natürlichen Gegenstandes, sei es eine Landschaft, ein Baum, ein Fels, ein Gebäude oder was auch immer; indem man, nach einer sinnvollen Deutschen Redensart, sich gänzlich in diesen Gegenstand *verliert*, d. h. eben sein Individuum, seinen Willen, vergißt und nur noch als reines Subjekt, als klarer Spiegel des Objekts bestehen bleibt; so, daß es ist, als ob der Gegenstand allein dawäre, ohne Jemanden, der ihn wahrnimmt, und man also nicht mehr den Anschauenden von der Anschauung trennen kann, sondern Beide Eines geworden sind, indem das ganze Bewußtseyn von einem einzigen anschaulichen Bilde gänzlich gefüllt und eingenommen ist; wenn also solchermaßen das Objekt aus aller Relation zum Willen getreten ist: dann ist, was also erkannt wird, nicht mehr das einzelne Ding als solches; sondern es ist die *Idee*, die ewige Form, die unmittelbare Objektivität des Willens auf dieser Stufe: und eben dadurch ist zugleich der in dieser Anschauung Begriffene nicht mehr Individuum: denn das Individuum hat sich eben in solche Anschauung verloren: sondern er ist *reines*, willenloses, schmerzloses, zeitloses *Subjekt der Erkenntniß.*«[69]

Es ist nicht nötig, die eigentümliche Erkenntnistheorie zu erörtern, auf der Schopenhauers Beschreibung beruht; wir müssen nur das beachten, was er vor diesem Hintergrund als Struktur ausdrücklich der *ästhetischen* Kontemplation präsentiert.[70] Nach Schopenhauer ist deren Wahrnehmung zeitlos und raumlos, leiblos und statisch, sinnenfern und sinnhaft; ihr Ziel ist bildliche Erkenntnis.[71] Was immer damit beschrieben sei, es handelt sich um das genaue Gegenteil ästhetischer Kontemplation. Denn diese ist radikal zeitlich, wenigstens latent räumlich, sie ist leibbezogen und prozessual, sinnennah und sinnfern, ohne Erkenntnis und unbildlich allemal. »Die Platonische Idee: das Objekt der Kunst« ist der dritte Teil von »Die Welt als Wille und Vorstellung« überschrieben, der Schopenhauers Ästhetik enthält; die Orientierung an Platon hält die Empfänglichkeit der Kontemplation, von der doch gehandelt werden soll, wie in einem Gehäuse aus Milchglas gefangen, in das nur Schatten und Schemen der phänomenalen Wirklichkeit dringen. Von Platon ist die entscheidende These der Bildlichkeit der kontemplativen Wahrnehmung übernommen; diese soll sich nicht auf die Momentaneität des ihr Gegebenen, sie soll sich auf das überzeitliche Urbild, auf die »Idee« ihrer Gegenstände richten, soll in diesen das »Nachbild« ihrer Idee erkennen.[72] Auf diese Nachbilder also ist die ästhetische Kontemplation bei Schopenhauer aus; die hat ihre Reinheit ausgerechnet darin, nicht auf die konkrete Erscheinung ihrer Gegenstände zu gehen; sie ist nicht

69 Schopenhauer (1977), I. 232.

70 Vgl. ebd., I.266 u. 267.

71 »Das reine Subjekt der Erkenntniß und sein Korrelat, die Idee, sind aus allen jenen Formen des Satzes vom Grunde herausgetreten: die Zeit, der Ort, das Individuum, welches erkennt, und das Individuum, welches erkannt wird, haben für sie keine Bedeutung.« Ebd., I.233; alle Einschränkungen, Differenzierungen, die Schopenhauer im weiteren anfügt, ergeben sich nur aus der Überlegung, inwieweit und auf welchen Wegen es dem Menschen möglich sei, tatsächlich reines Subjekt der Erkenntnis zu werden.

72 Ebd., I.221.

reine ästhetische Anschauung in der oben erläuterten Bedeutung, sie ist das radikale Absehen von solcher Anschauung mit dem Ziel der Erkenntnis eines Reinen, das nur von einem intuitiven Verstand, aber von keinem menschlichen Sinn je wahrgenommen werden kann. Schopenhauer macht die Reinheit der Anschauung statt zum *Verfahren* zum *Inhalt* der Kontemplation: nicht die reine Betrachtung der Dinge, die Betrachtung ihres reinen »Bildes« ist das, worum es ihm geht.

Wer das kontemplative Bewußtsein als Bildbewußtsein faßt, muß auch ihren leibumgreifenden und leibbezogenen Raum eliminieren. Nurmehr ein weltloses »Weltauge« kann den Standort der Kontemplation bezeichnen, ein bloßes, aus der Bindung an die anderen Sinne herausgeschnittenes (also ganz metaphorisches) Auge, das nicht als eines unter vielen einen unter vielen möglichen Blickpunkten einnimmt, das vielmehr als »das eine Weltauge« *den* Blick auf *die* Idee seiner Objekte wirft.[73] Nicht nur die Objekte unter dem kontemplativen Blick, auch dieser Blick selbst ist von aller Kontingenz gereinigt. Am Gipfel ihrer metaphysischen Überhöhung legt Schopenhauer alle Kontemplation auf einen Gottesgesichtspunkt fest. Der arme Gott aber. Freude wird er an seiner Schöpfung nicht haben. Er weiß gar nicht von ihr, er tappt ganz im Dunkeln. Alles, was er sieht und vernimmt, sind immer nur die eigenen Pläne, ist die Idee seiner Schöpfung; die Schöpfung selbst, ihre Wirklichkeit, ihr Leben, kann er nicht wahrnehmen, da ist er ganz auf jenen Bericht der Sterblichen angewiesen, in dem es gutgläubig heißt, daß er sah, daß es gut war. Er selbst kennt den Unterschied nicht, er weiß nicht, was Erde und Himmel, Licht und Finsternis, das Wasser und das Feste, das Gras und das Kraut von ihrer bloßen Idee unterscheidet. Wer nur »sub specie aeternitatis«[74] sehen, hören, fühlen, riechen und schmecken kann, kann rein gar nichts sehen, hören, fühlen, riechen und schmecken. Für die Sukzession und Simultaneität der Sinne hat er überhaupt keinen Sinn. Das »klare Weltauge«[75] – man versuche sich das Weltohr oder die Weltnase vorzustellen – ist frei selbst vom freien Gebrauch der vielfach gebundenen Sinne. Strenggenommen ist Schopenhauers Ästhetik ästhetisch blind.

73 Ebd., I.254.
74 Ebd., 232; zur theologischen Vorgeschichte dieses Motivs vgl. Rentsch (1987).
75 Ebd., 240.

Kein Lob der Kontemplation ist möglich ohne ein Lob des Leibes – das ist die Einsicht, die dem Sokrates in Paul Valérys Dialog über die Architektur erst im Reich der Schatten zuteil wird. »Alles das klingt seltsam an diesem Ort. Nun, da wir des Körpers beraubt sind, müssen wir uns offenbar beklagen und jenes Leben, das wir verlassen haben, mit demselben neidischen Auge betrachten, mit dem wir früher hinübersahen nach dem Garten der seligen Schatten.« Phaidros stimmt zu: »Diese Anlagen sind voll von unseligen Ewigen.«[76] Nur den Unseligen, heißt das, ist die Seligkeit der Kontemplation, überhaupt der ästhetischen Erfahrung, gegeben. Aus ästhetischen Gründen ist die Seele des Phaidros süchtig danach, die im Tod vollbrachte Überwindung des Willens rückgängig zu machen. »Ich glaube jeden Augenblick, daß ich im Begriff bin zu leiden. (. . .) Ja, ich werde wieder lebendig, und ich sehe die vergänglichen Himmel wieder! Das Schönste, was es gibt, kommt nicht vor in der Ewigkeit.«[77] Francis Ponge teilt den Zweifel am Sinn einer Überwindung des Willens, die den Menschen des Sinns für das Vergängliche beraubt. »Ohne Zweifel bin ich nicht sehr intelligent: jedenfalls sind Ideen nicht meine Stärke. Ich bin immer von ihnen enttäuscht worden«, notiert er.[78] Sogar von »Widerwillen« und »Ekelgefühl« gegenüber den Ideen ist bei ihm die Rede – ganz natürliche Einstellung bei jemandem, dessen Beruf es ist, den Dingen der Welt gegenüber nicht die sogenannte »natürliche«, sondern eine dezidiert kontemplative ästhetische Einstellung zu haben. Bei Schopenhauer kommt diese nicht vor. Das Ergebnis ist eine grandiose begriffliche Verunstaltung der Möglichkeit ästhetischer Kontemplation. Ausgeschlossen, unter Zensur gestellt bleibt alles, was sich nicht in das nach Platon und Spinoza zurechtgeschusterte Modell der theoretischen Schau einfügen will. Schopenhauer läßt das theoretische Ansich auf ganzer Linie über das ästhetische Füruns obsiegen. Freilich: Wer so gründlich daneben liegt, hat doch das Wesentliche erfaßt – wie im übrigen nicht Schopenhauer ästhetisch blind ist und auch vieles nicht, was er über ästhetische Gegenstände schreibt, nur die Grundbegriffe seiner Ästhetik, die sind es. Auf dem Höhepunkt ihrer Metaphysik und Ideologie steht Schopenhauer doch an der Grenze zur Profanierung der Kon-

76 Valéry (1973), 93.
77 Ebd., 71.
78 Ponge (1986), 189, vgl. 213.

templation, weil fast nur die Vorzeichen geändert werden müssen, um eine einleuchtende Analyse des grundlegenden, des nicht-theoretischen, nicht-metaphysischen, nicht-hermeneutischen und nicht-ideologischen Sinns ästhetischer Kontemplation zu erhalten:

»Wann die Wolken ziehn, sind die Figuren, welche sie bilden, ihnen nicht wesentlich, sind für sie gleichgültig: aber daß sie elastischer Dunst, vom Stoß des Windes zusammengepreßt, weggetrieben, ausgedehnt, zerrissen werden; dies ist ihre Natur, ist das Wesen der Kräfte, die sich in ihnen objektivieren, ist die Idee: nur für den individuellen Beobachter sind die jedesmaligen Figuren. – Dem Bach, der über Steine abwärts rollt, sind die Strudel, Wellen, Schaumgebilde, die er sehn läßt, gleichgültig und unwesentlich: daß er der Schwere folgt, sich als unelastische, gänzlich verschiebbare, formlose, durchsichtige Flüssigkeit verhält; dies ist sein Wesen, dies ist, wenn *anschaulich erkannt*, die Idee: nur für uns, solange wir als Individuen erkennen, sind jene Gebilde.«[79]

5. *Das kontemplative Urteil*

Die reine kontemplative Wahrnehmung gilt nicht der übersinnlichen, sie gilt der sinnlichen Welt. Darin liegt ihre Intelligenz: in der vielfach gedeuteten Welt nicht den Weg zur Deutung, zu den Ideen, zum Ganzen zu gehen, das Angeschaute auf nichts zu beziehen außer auf die Anschauung selbst. Nur diese Umkehrung der Schopenhauerschen Erklärung macht verständlich, warum wir für die Zeit dieser kontemplativen Abwesenheit »gleichsam in eine andere Welt getreten« sind.[80] Es ist nicht die wahre, die objektive, die scheinlose Welt, die sich da öffnet, genausowenig aber eine fiktive oder illusionäre; es ist eine Welt, in der auf einmal all das beachtenswert wird, was sonst nicht beachtenswert ist. Wir verlassen die pragmatische und jede sonstige werthafte (auch jede sonstige ästhetische!) Gliederung der Welt: nicht um einer neuen, einer eigentlichen Gliederung willen, sondern im Versuch, Ding und

79 Schopenhauer (1977), I. 235 f.; vgl. zum Kontrast die eingehende und wohlwollende Interpretation bei Pothast (1982), 33-126.
80 Schopenhauer (1977), I. 254.

Raum unserer Umgebung ohne solche Gliederung zu sehen. Genaugenommen verlassen wir nicht einmal unsere Gliederung der Welt, die ja eben unsere ist, die wir also gar nicht verlassen können, jedenfalls nicht durch bloßes Ignorieren und bloßen Entscheid; wir verlassen nur unseren Verlaß auf sie, wir lassen unser Festhalten an ihr sein. Nur in der Hingabe an die Kontingenz des Erscheinenden sind jene »Oasen der Leere« zugänglich, von denen Handke in der Sprache der Mystiker spricht.[81] Diese Positivierung des Kontingenten muß das Zufällige weder leugnen noch transzendieren noch eine Lehre aus ihm ziehen. Der Grundsinn der ästhetischen Kontemplation ist dieser rein formale Sinn: in der unausweichlichen Bindung an sinnhafte Ordnungen gleichwohl eine Zeitlang Abstand von solcher Bindung zu gewinnen. Das ist der einzige Sinn, den die Welt ohne Sinn für die Durchreisenden hat.

Wir verstehen jetzt besser, warum der kontemplativen Schönheit fast immer ein Element des Erhabenen mindestens beigemischt ist. Ob eher schön oder erhaben, das im Modus der Kontemplation Wahrgenommene erscheint uns darin schön, daß es uns über alle Sinnerwartung erhaben sein läßt. Was es mit diesem (in umfassender Bedeutung verstandenen) Schönsein auf sich hat, wird zusätzlich an der Art des Urteils deutlich, mit dem auf es hingewiesen wird. Das kontemplative ästhetische Urteil ist ein durchaus exzentrisches ästhetisches Urteil. Es ist das einzige ästhetische Urteil, bei dem das Schöne weder dem Häßlichen noch dem Mißlungenen noch dem Geschmacklosen gegenübersteht. Was immer der kontemplativen Betrachtung unterliegt, erweist sich als schön. Das ist nur die Kehrseite des Umstands, daß mit dem entsprechenden Urteil nicht eine bestimmte Eigenschaft (oder eine Konstellation von Eigenschaften) des jeweiligen Gegenstands ausgezeichnet wird, sondern allein die Tätigkeit seiner kontemplativen Betrachtung. Wir heben den Wert hervor, den Objekte und Umgebungen für die kontemplative Betrachtung haben – und damit vor allem den Wert einer Betrachtung, in der alle Dinge und Räume den Wert der sinnfernen Schönheit gewinnen. Deswegen sind diese Urteile auch immer richtig. Sobald wir nämlich die Einstellung einnehmen, die zu ihrer Beurteilung nö-

81 Handke (1987), 82.

tig ist, haben wir ihre Wahrheit schon unterschrieben: wir nehmen alles so wahr, daß noch das (ansonsten) Häßliche und Belanglose als schön erscheint.[82]

Etwas komplexer wird die Sache, wenn wir zunächst die Differenz zwischen dem (nun wieder im engeren Sinn verstandenen) Schönen *oder* Erhabenen in die Struktur der kontemplativen ästhetischen Beurteilung eintragen. Das Objekt der kontemplativen Dinganschauung ist schön, die Situation der kontemplativen Raumanschauung ist erhaben. Noch zwei anderen Unterschieden sind wir begegnet, die für den Vollzug der kontemplativen Wahrnehmung kennzeichnend sind und denen weitere Modifikationen ihres Urteils entsprechen. Erneut handelt es sich um polare Gegensätze, aus denen sich eine Skala möglicher Differenzen ergibt. Der eine Gegensatz ist der zwischen natürlichen und künstlichen Dingen oder Räumen. Natürlichen Gegebenheiten, so hatten wir gesehen, eignet oft eine stärkere kontemplative Attraktion als künstlichen Objekten und Arealen. Eine nochmalige Steigerung dieses Gegensatzes liegt in der dritten Opposition zwischen kultureller (kulturell deutlich geprägter) und wilder (im starken Sinn »freier«) Natur. Das Naturobjekt in der freien Natur und erst recht der Raum der freien Natur stellen mehr als alle anderen Gelegenheiten eine Aufforderung zur Kontemplation dar. Hier fällt es endgültig schwer, das kontemplative Urteil nicht zu steigern, also den Schluß zu vermeiden, die freie Natur sei schöner und erhabener als viele künstliche Gebilde und Gefilde. Hier fällt es endgültig schwer, nicht doch zu den klassischen Beispielen erhabener Natur zurückzukehren und das tosende Meer, die unendliche Prärie, das ewige Eis als Gipfel aller kontemplativen Erfahrung zu feiern. Je mehr Natur, je freier die Natur, so drängt es sich auf, desto größer die kontemplative Attraktion. Allein – wir dürfen die Pferde der Naturbegeisterung nicht durchgehen lassen. So sehr die Natur das erste Medium der kontemplativen Hingabe ist, daraus folgt kein

82 »Ein Herz für die Dinge haben«, wie in diesem Zusammenhang gern gesagt wird, ist genau dies: ein Herz – und die Freiheit – für ihre kontemplative Wahrnehmung haben. Dabei ist es aber nicht eigentlich das *kontemplativ Wahrgenommene*, was »um seiner selbst willen« wahrgenommen wird, vielmehr ist die *kontemplative Wahrnehmung* der Dinge – *unsere* Wahrnehmung *ihrer* einmaligen Erscheinung – dasjenige, was um seiner selbst willen vollzogen wird. – Ähnlich Birnbacher (1980b), 130ff. u. Wolf (1987), 167; vgl. dagegen Spaemann/Löw (1981), 289ff.

absoluter Primat der freien Natur. Es gibt Dinge, es gibt Werke, die in bestimmten Hinsichten kontemplativer sind als jeder Kieselstein; es gibt Kulturlandschaften, es gibt Städte, in denen die erhabene Ortlosigkeit der reinen Raumbetrachtung ebenso stark erfahren werden kann wie draußen im wirklichen Dschungel. Wir werden noch sehen: Das kontemplative Privileg der Natur ist kein Privileg einzig der freien Natur allein.

Dennoch: Es führt kein Weg daran vorbei, daß auch die kontemplative Wertung ihre Steigerungsformen hat, daß auch sie, so sehr sie nur Gutes und kein Schlechtes kennt, doch einen weiten Spielraum des mehr oder weniger Guten (sprich: Schönen und Erhabenen) kennt. Wie aber paßt das mit der These zusammen, daß das kontemplative Urteil weder ein konträres noch ein komparatives Urteil sei? Schopenhauer hat hier die richtige Antwort gegeben. Sobald etwas kontemplativ wahrgenommen wird, sagt er, »so ist auch jedes Ding schön. (...) Schöner aber ist Eines als das Andere dadurch, daß es jene rein objektive Betrachtung erleichtert, ihr entgegenkommt, ja gleichsam dazu zwingt, wo wir es dann sehr schön nennen.«[83] *In* der kontemplativen Einstellung, einerseits, ist alles gleich schön: das ist der egalitäre Sinn ihrer Wertungen. Zur *Einnahme* der kontemplativen Einstellung, andererseits, verlokken uns die unterschiedlichen Gegenstände und Gelegenheiten in sehr unterschiedlichem Maß: das ist der elitäre und selektive Sinn des kontemplativen Urteils. Was, wie Schopenhauer sagt, aus kontemplativer Warte »sehr schön« ist, ist erstens schön (oder erhaben) wie alles andere auch und zweitens schön (oder erhaben) wie nur weniges sonst: nämlich ungewöhnlich entgegenkommender oder herausfordernder *Anlaß* der kontemplativen Betrachtung. Daß der kontemplativen Wahrnehmung zwar alles schön oder erhaben, aber doch einiges schöner und erhabener ist als anderes, läßt sich somit ohne Paradoxie denken.

Daß ich es oben im sechsten Stock mit meinem Seeblick besser habe als die Linguisten unten im ersten, die auf nichts als ein Stück Rasen starren, oder daß der Teppich unter mir etwas weniger attraktiv ist als droben der bestirnte Himmel, muß auch dem egalitären Verstand der Kontemplation zugänglich sein. Auch die Behauptung, das schlechte Wetter könne der Schönheit des Sees

83 Schopenhauer (1977), I.268.

nichts anhaben, erweist sich jetzt als ein wenig übertrieben; in Eis und Schnee, im farbendunklen Herbstlicht ist er doch auch wieder schöner als sonst. Schöner als der Teppich ist er immer. Der See gehört nicht zu den Dingen, deren Schönheit man im Lauf der Tage und Jahre vergißt. Sie ist unübersehbar, sie »meldet« sich stets von neuem. Der Teppich dagegen erweckt meine Aufmerksamkeit nicht, ich muß sie an ihm erwecken. Dabei spüre ich die Konzentration, die mich das kostet und die mir der See wie umsonst gewährt. Der Teppich fasziniert mich bloß wie alles andere im kontemplativen Universum auch.

Trotz seiner egalitären Grundbedeutung ist also das kontemplative Urteil alles andere als tautologisch. Nicht nur bewertet es den *Anlaß* zur jeweiligen Betrachtung komparativ; es hat überdies die wichtige kontrastive Funktion, die Perspektive der kontemplativen Betrachtung im Kontext anderer möglicher Betrachtungsweisen hervorzuheben. Die egalitäre Bedeutung betrifft das, was *in* der kontemplativen Perspektive erscheint; die komparative Bedeutung das, was *für* sie besonders herausfordernd ist; beide Aspekte gehen zusammen in dem dritten, der die Perspektive der kontemplativen Wahrnehmung *selbst* hervorhebt. Wenn ich in kontemplativer Bedeutung sage »Dies ist schön«, so hebe ich nicht nur das Spiel der Erscheinungen am Gegenstand und den Grad der Verlockung hervor, der von ihm ausgeht; ich sage, daß dies der richtige Augenblick zur *Einnahme* der kontemplativen Einstellung ist. Diese Aussage bezieht sich nicht nur positiv auf das Schöne, das in der Kontemplation zugänglich ist, sie bezieht sich abgrenzend auf andere Modi des Schönen, die statt dessen wahrgenommen und negativ auf die guten, wichtigen, dringlichen, unumgänglichen Handlungen, die unterdessen getan werden könnten und müßten. »Das kann warten.« Diesen praktischen Sinn hat das kontemplative ästhetische Urteil allemal. Es empfiehlt, alle weitere Praxis – für einen Augenblick wenigstens – ruhen zu lassen und sich der rein ästhetischen Anschauung zu überlassen.

Welchen Grund kann es für dieses manchmal ganz naheliegende, manchmal ganz extreme Ansinnen geben? Die innerkontemplative Evidenz der Schönheit reicht hierfür nicht aus, da es jetzt um den Vorzug der kontemplativen Einstellung vor anderen Einstellungen geht, die ebenfalls mit internen Valenzen aufwarten können. Der Grund ist offenbar, daß es trotz aller sonstigen Dringlichkeiten und Bedrängnisse gut und sogar lebenswichtig ist, die eigene Praxis zugunsten kontemplativer Abwesenheit nicht nur im Prinzip unterbrechen zu können, sondern immer wieder tatsächlich zu unterbrechen. Daß es hier und jetzt geschehen soll, dafür gibt es keinen Grund außer der Verlockung des Augenblicks selbst; der Vorschlag, den das kontemplative Urteil macht, stützt sich dabei auf die stillschweigende Annahme eines allgemeinen Werts der interesselosen Aufmerksamkeit im Leben der Menschen. Wenn das so ist, scheint jedoch unsere gesamte Betrachtung in einen heillosen Widerspruch zu geraten. War doch zu Anfang davon die Rede, die *Unterbrechung* aller Lebenswichtigkeit sei das Prinzip der ästhetischen Kontemplation! Wie kann sich die kontemplative Wertung jetzt selbst auf solche Wichtigkeit berufen? – Sie kann es deshalb, weil sie sich nicht intern, unter Hinweis auf die Bedeutung ihrer Objekte, sondern allein extern, unter Hinweis auf die Bedeutung ihrer Perspektive, auf ihre Relevanz für die Lebensführung beruft. Diese Relevanz wird das VI. Kapitel noch genauer bestimmen. Wie immer diese Bestimmung ausfallen mag, das Wichtige an der Kontemplation bleibt, daß sie während ihrer Betrachtung von aller Wichtigkeit abzusehen versucht. Die »Rücksichtslosigkeit« der kontemplativen Einstellung, den Versuch des Absehens von aller Relevanz, erklärt das kontemplative Urteil für höchst relevant; die Wichtigkeit dieser relevanzlosen Wahrnehmung ist es, die alle Theorien der Kontemplation zu erklären und zu begründen versuchen. Darin liegt so wenig ein Widerspruch, daß selbst eine Leidenschaft für die leidenschaftslose kontemplative Betrachtung – wie wir sie von Francis Ponge, von Pessoas Caeiro und von Handkes Helden kennen – kein paradoxes Verhältnis ist. Wäre die Kontemplation selbst etwas Gleichgültiges, gäbe es nicht das Glück ihrer Anschauung, jene seltsame und der Philosophie so schwer begreifliche sinnliche Lust, die alles, nur nicht Ewigkeit will.

II.
Natur als korrespondierender Ort

1. Der Widerschein des Lebens

a) Die schöne Gegend

Daß es schön ist, am Schreibtisch den See zu Füßen zu haben, ist keine Sache meiner Leidenschaft für die leidenschaftslose Betrachtung allein. Es ist ebenso ein Ausdruck meiner Teilnahme an den Dingen des Lebens. Der See ist das Zentrum einer anmutigen Gegend, die sich abhebt von anderen Gegenden, die es weit weniger sind. Vielleicht wäre es noch schöner, in eine menschenleere Ebene unter weithin gestaffelten Himmelsformationen zu schauen oder noch imposanter, wäre die Universität so gelegen, daß ich den Seeblick mit Mainau gegen einen mit Alpenpanorama eintauschen könnte. Jedenfalls wäre es sehr viel weniger schön, über einem schütteren Kiefernwald, einer Kiesgrube, einer Baustoffhandlung, einer Autobahn oder einem Schlachthof zu sitzen. Diese Umgebungen wären mir bestenfalls gleichgültig, schlimmstenfalls müßte ich gegen ihren feindlichen Einfluß leben. Das Daliegen des Sees aber nehme ich als eine Intensivierung aller meiner Tätigkeiten wahr. Uninteressiert ist diese Wahrnehmung nicht. Was meinen Blick auf die um den See gebildete Landschaft zu einer so wohltuenden Lage macht – und entsprechend: was meinen Blick auf einen Schlachthof zu einem ungewöhnlich trostlosen Ausblick machen würde –, geht über den Verstand der reinen Kontemplation. Meinem zweiten Blick ist die Seelandschaft nicht lediglich ein Raum der Anschauung, sie ist ihm ein Ort des Lebens.

Dieser Blick sieht anders und er sieht anderes als der kontemplative. Im Sommer labt er sich an der Kühle der Seefläche, im Winter wärmt er sich am Dampf des Nebels, er findet Beruhigung an der mediterranen Sanftheit der Lage, in bedrängter Situation versichert er sich rasch der unwiderleglichen Weite der Welt, er sorgt sich um das Wetter für die abendlichen Unternehmungen, er bleibt in Erinnerung und Vorfreude an bestimmten Orten haften – am jenseitigen Ufer, am Strand, auf dem Balkon der Mensa, auf dem

Rasen des Fußballplatzes –, er führt die Anschauung der übrigen Sinne in einen aus bedeutsamen Episoden gebildeten Raum. Eine auf diese Art als schön erfahrene Gegend kommt nicht allein ihrer Betrachtung, sie kommt denen entgegen, die sie betrachten: sie kommt ihrer Existenzweise entgegen. Das Wort »schön« hat hier mit der ästhetischen eine existentielle Bedeutung. In dieser Bedeutung des Wortes schön ist die Natur, weil sie Widerschein eines guten Lebens ist. Schön ist diese Gegend, weil sie mit meinen Lebensinteressen zuvorkommend korrespondiert.

Diese Korrespondenz ist mehr als ein bloßes Gutsein. Ein gutes Klima, eine günstige Verkehrslage, weiches Wasser, viele Touristen, Bodenschätze, geringe Verseuchung – all das, so gut es auch ist, so sehr es den Interessen (einiger oder aller) Bewohner entgegenkommt, macht noch keinen Landstrich schön. Schöne Korrespondenz vielmehr ist das Anschaulichsein des existentiellen Gutseins der in dieser Natur möglichen Formen des Lebens. Ich *weiß* nicht nur, daß das Leben am Bodensee mir guttut und günstig ist (wenn ich an den Föhn, die Mietpreise oder das hiesige Theater denke, habe ich durchaus meine Zweifel), ich *erlebe* die Landschaft als Gegenwart aussichtsreicher, die sonstigen Nachteile überbietender Existenzweisen. Sie in korresponsiver Hinsicht schön finden heißt, sie als Ausdruck und Teil der durch sie eröffneten Möglichkeit guten Lebens erfahren. Sinnenfällige Korrespondenz mit dem eigenen Leben zu sein: das ist die zweite Attraktion der ästhetischen Natur.

Dieses Sinnenfällige ist immer höchst sinnfällig. Auch an der korrespondierenden Natur schätzen wir die absichtslose Lebendigkeit, Veränderlichkeit, ihr Nie-sich-ganz-gleich-sein; aber wir schätzen sie als Gestaltung einer bleibenden, ausdruckhaften, vielfach mit Bedeutung besetzten Formation. Die schöne Gegend ist kein raumerfüllendes Spiel der Erscheinungen, sie ist ein weltoffenes Zuspiel zur eigenen Form des Lebens. Dieses Schöne möchten wir nicht allein – sehen, da möchten wir immer oder immer wieder – sein.

Am 8. März 1917 schreibt Rosa Luxemburg aus dem Gefängnis an Hans Diefenbach:

»Ach, Hänschen, wenn doch der Winter schon zu Ende wäre. Mich zermalmt dieses Wetter, ich kann jetzt keine Härte vertragen, weder von Menschen noch von der Natur. Jedes Jahr um diese Zeit pflegte ich schon meine Reisevorbereitungen zu machen, denn am 7. oder 10. April war ich schon stets am Genfer See. Jetzt habe ich ihn drei Jahre nicht gesehen. O dieser blaue, traumhaft schöne Genfer See. Wissen Sie noch, welche Überraschung man erlebt, wenn man nach der öden Strecke Bern-Lausanne nach einem letzten furchtbar langen Tunnel plötzlich über der großen blauen Tafel des Sees schwebt? Jedesmal flattert mir das Herz auf wie ein Falter. Und dann die herrliche Strecke von Lausanne nach Clarens, mit den winzigen Statiönchen alle 20 Minuten, tief unten am Wasser ein Häuflein kleiner Häuser um ein weißes Kirchlein gruppiert, der ruhig singende Ausruf des Kondukteurs, dann fängt die Stationsglocke ihr Gebimmel an – je dreimal hintereinander und wieder dreimal und wieder –, der Zug setzt sich langsam in Bewegung, aber die Glocke bimmelt immer noch so hell und so heiter. Und der blaue Wasserspiegel ändert immerzu seine Fläche zum Bahngeleise, bald steht er aufwärts schräg, bald abfallend, und darauf kriechen wie unten ins Wasser gefallene Maikäfer die kleinen Dampfer, eine lange Schleppe weißen Schaums nach sich ziehend. Und das jenseitge Ufer – die weiße, schroffe Bergwand unten meist in blauem Duft verhüllt, so daß nur die oberen Schneepartien so unwirklich im Himmel schweben. Und über allem der blendende, mächtige Dent du Midi. Herrgott, wann werde ich wieder den April dort verleben! Wie Balsam gießt sich dort die Luft und Ruhe und Heiterkeit jedesmal in meine Seele.«[1]

Der Anschauungswert, den diese Landschaft für Rosa Luxemburg hat, ist mit ihrem existentiellen Wert nicht nur verbunden, er ist dieser Wert. Das ästhetische Gefallen am Genfer See ist ein Zeugnis der existentiellen Identifikation mit den durch ihn und um ihn gebildeten Orten; die schöne Gegend erscheint als integraler Bestandteil des guten Lebens in ihr. Luxemburgs sehnsüchtiger Voraus-Erinnerung stellt sich dieser Zusammenhang sogar noch enger dar: es ist, als ob die Schönheit der Landschaft einen glücklichen Aufenthalt *garantieren* könne. Das kann natürlich auch die schönste Gegend nicht; trotzdem ist das ungeschmälerte Erleben solcher Schönheit nicht nur ein glückhafter Moment (das ist die kontemplative Versenkung auch), es ist ein Glück der *Anschauung* des von

1 Luxemburg (1984), 188.

der Umgegend eröffneten und von ihr – jedenfalls in diesem Augenblick – auch gewährten Glücks.

In dieser Anschauung lassen sich vier Komponenten unterscheiden, die an der existentiellen Naturerfahrung stets gemeinsam beteiligt sind: die *physiognomische*, die *klimatische*, die *historische* und die *stimmungshafte* Korrespondenz. Luxemburg entwirft den Grundzug der Physiognomie ihrer Landschaft – die schräge, schroffe, mächtige Bergwelt hoch über der Tafel des Sees; sie sieht die Szene in einer ganz bestimmten Witterung: dominiert von den je dreimal hervorgehobenen Klimafarben Blau und Weiß, die auch das Miteinander von Milde und Kälte bezeichnen (die »Härte« der Menschen und der Natur ist aus dieser Welt nicht einfach verbannt – sie ist zur Idylle gemildert); sie ruft ihrem Briefpartner ins Gedächtnis, welchen Platz diese Gegend in ihrer Lebensgeschichte hat – sie ist nicht nur eine aus dem Gefängnis heraus erinnerte Landschaft, sie ist ein Ort vielfacher Erinnerungen an die vorangegangenen Aufenthalte mit ihren Gewohnheiten und Ritualen; all das dient der Evokation der Stimmung, in die sich Luxemburg von dieser Umgebung versetzt fühlt – Balsam der Seele, Ruhe und Heiterkeit, Luft, in der das Herz »aufflattert wie ein Falter«. Dieser vierte Aspekt hat einen besonderen Status. Er bezieht sich nicht wie die beiden ersten auf Formen der Umgebung selbst, nicht wie der dritte auf die Spur der eigenen Geschichte in ihr, er bezieht sich auf das emotionale Bewußtsein der Gegenwart dieser Komponenten. Dieses Gestimmtsein wird von der Schreiberin als eine *Wirkung* der Umgebung geschildert; ihre *Empfänglichkeit* für solche Wirkung prägt wiederum den Grad dieser Wirkung. Dieses wechselseitige Sichbestimmen ist typisch für die korresponsive Naturwahrnehmung. Die schöne Naturgegend ist nicht nur – wie alle Lebenswelt – ein affektiver, ein »gestimmter Raum«,[2] sie wird in der ästhetischen Anschauung lustvoll als ein solcher erfahren. Wir erfahren die Gegend als eine, die beglückend *mit uns* korrespondiert, weil alle ihre Komponenten steigernd *miteinander* korrespondieren.

Schließlich sind da noch die Siedlungen, das Kirchlein, die Stationchen mit dem Gebimmel der Schaffner, die all dem eingefügt sind, die sich klein und niedlich machen vor der Herrlichkeit der Natur.

2 Ströker (1965), 22-54.

Freilich ist das keine neue Komponente, es ist eine Variante der dritten, der historischen Korrespondenz; diese betrifft nicht nur die individuelle, sie betrifft ebenso die kollektive Menschengeschichte dieser Landschaft. Die Welt des Genfer Sees ist eine Kulturlandschaft, die sich in Luxemburgs Augen in Übereinstimmung mit der Eigenart der Natur befindet, in der sie entstanden ist. Die ästhetisch erfahrene Einheit dieser Landschaft ist also nicht nur eine der Betrachterin mit der Natur, sie ist auch eine von Natur und Zivilisation. Aus der Einheit dieser Komponenten gewinnt die Gegend am See ihren unverwechselbaren Charakter. So sehr dieser Charakter mit dem jeweiligen Wetter seinen Ausdruck, mit der jeweiligen Stimmung seine Wirkung, in der jeweiligen Situation seine Präsenz verändern kann, er gehört dieser Landschaft zu, er bleibt ihr über Jahre und Jahreszeiten hin erhalten. Nur deshalb kann er dauerhaft zerstört oder zumindest beeinträchtigt werden (man fahre heute an den Genfer See). Es ist gerade die unverwechselbare Einheit ausdrucksvoller Erscheinungen, es ist der in all seiner naturhaften Lebendigkeit beständige Charakter einer angesichts des Schroffen und Harten doch wunderbar schützenden Gegend, was Rosa Luxemburg in ihrem Brief süchtig beschreibt.

b) Das abweisende Terrain

Jedoch ist die korrespondierende Natur nicht immer eine schöne Natur. Sie kann das Gegenteil sein. Ihre ästhetische Einheit kann in ihrem beklemmenden Charakter liegen. – Eine andere Bahnfahrt führt ins österreichische Gebirge:
»Ich bin mit dem Zug gefahren, mit dem Halbfünfuhrzug. Durch Felswände. Links und rechts war es schwarz. Mich fröstelte, als ich einstieg. Dann wurde mir langsam warm. Dazu die Stimmen von Arbeitern und Arbeiterinnen, die aus der Nachtschicht heimkehrten. Ihnen galt sofort meine Sympathie. Frauen und Männer, jung und alt, aber gleichgestimmt, vom Kopf bis über die Brüste und über die Hoden bis zu den Füßen übernächtigt. Die Männer mit grauen Kappen, die Frauen mit roten Kopftüchern. Ihre Beine haben sie mit Lodenfetzen eingewickelt, das ist die einzige Möglichkeit, der Kälte einen Strich durch die Rechnung zu machen. Ich wußte gleich, daß es sich um eine Schneeschauflergruppe handelt,

die in Sulzau zugestiegen war. Es war wie in einem Kuhbauch so warm: die Luft so, als pumpte sie sich selber fortwährend unter ungeheuren Herzmuskelstößen aus den Menschenkörpern wieder in dieselben Menschenkörper hinein.«[3] Der Innenraum der ersten Situation, in der sich der erzählende Medizinstudent in Thomas Bernhards Roman »Frost« befindet, ist schon ein Widerschein der Gegend draußen, in die die Reise führt. Der Zielort Weng, so muß er feststellen, »ist der düsterste Ort, den ich jemals gesehen habe.«[4] »Diese Landschaft«, so beschreibt es der dort lebende Maler Strauch, »wird, sooft ich sie anschaue, immer häßlicher. Sie ist häßlich und droht und ist voller böser Erinnungspartikel, eine den Menschen zerzausende Landschaft. Mit ihren Finsternissen, mit ihren Wildrudeln, mit ihrem zusammengerotteten Unheil unten, wo die Arbeiterschaft gehetzt wird. Unablässige bösartige Hohlwege, da Risse, Flecke, zerraufte Gebüsche, zerborstene Baumstämme. Alles feindliche Haltung. Und rücksichtslos. Außerdem ist hier alles vom Zellulosegestank geschwängert. Die Vögel schwirren im Sommer völlig hilflos in alle Richtungen, dazu kommt noch die Finsternis des Gesteins: man glaubt immer, man erstickt. Die Kälte ist nirgends so groß, die Hitze nirgends so unerträglich.«[5]

Auch hier kann man sagen: Der Anschauungswert, den diese Gegend hat, ist mit einem existentiellen Wert nicht nur verbunden, er ist dieser Wert. Nur ist das jetzt kein positiver, sondern ein ganz negativer Wert. Daß Natur überhaupt *häßlich* sein kann, liegt in diesem Verhältnis: daß man ihr schon ansieht, daß in ihr kein gutes Leben ist – oder jedenfalls, daß in ihr alles gute Leben *gegen* ihre Gewalt ermöglicht, ihr abgerungen ist. Diese Natur zeigt die Form eines von Einschränkung, Not, Einsamkeit, Leere, Verzweiflung, Sinnlosigkeit bedrohten Lebens. Alle vier korrespondenzbildenden Komponenten sind auch bei Bernhard gegenwärtig: die Physiognomie zerborstener und zerraufter Gestalten in ausgesprochen feindlicher Haltung; das Klima lichttötender Wälder und Schluchten in extremer Kälte wie Hitze und dazu noch verpesteter Luft; eine aus bösen Erinnerungen, steter Ausbeutung und baldigem Unheil geschriebene Geschichte; menschliche (und tierische)

3 Thomas Bernhard, Frost, Frankfurt: Suhrkamp, 1972, 8.
4 Ebd., 10.
5 Ebd., 191.

Gestimmtheit als zerzausende, erstickende, unerträgliche, verstörende Wirkung der Natur. So willkommen und einladend die von Luxemburg wachgerufene Gegend des Genfer Sees, so erschreckend und abweisend das von Bernhard imaginierte Terrain: an Dichte der Korrespondenz, an Einheit des Charakters steht dieses jener um nichts nach.

Trotzdem sind die beiden Situationen nicht völlig symmetrisch. Das tritt gerade dann hervor, wenn man die Symmetrie formuliert. Die schöne Korrespondenz schafft eine Situation der Identifikation mit der Natur, die häßliche dagegen fordert die Abwehr der in ihr lebenden Menschen heraus. Die positiv korrespondierende Natur, so läßt sich sagen, ist *einschließende*, die negativ korrespondierende dagegen ist *ausschließende* Natur. Darin tritt die Grenze der Parallelität hervor. Denn nur die Einheit der schönen Natur fügt sich in der Wahrnehmung zu einem Ganzen, in dem das Subjekt sich aufgehoben, von dem es sich getragen fühlt. Luxemburg: »Im Kopf keinen einzigen Gedanken, aber im ganzen Körper das einzige Gefühl: Herrgott, wie schön ist die Welt und das Leben!«[6] Die Einheit der häßlichen Natur dagegen wird als feindliches, unzugängliches Außen erfahren, das sich keinesfalls zu einem Ganzen fügt, von dem der Wahrnehmende befreiend und versöhnend umfangen würde. Der Maler Strauch: »Manchmal dreht einem die Natur den Hals um, *die Natur ohne Einfachheit*, man sieht dann: diese unendliche Kompliziertheit der fürchterlichen Natur.«[7]

Häßliche Natur ist anschauliche Inkongruenz zwischen Welt und menschlichem Leben; normalerweise gibt es kein starkes ästhetisches Motiv, in dieser Anschauung zu verweilen. Bei der schönen Korrespondenz ist das ganz anders: ihre Wahrnehmung hat Selbstzweckcharakter, sie ist nicht allein Anschauung, sie ist in der Anschauung Vollzug und im anschauenden Vollzug Steigerung des Werts einer willkommenen Form des Lebens. Deswegen ist die Wahrnehmung und das Aufsuchen korresponsiv schöner Natur eine ganz alltägliche, die konzentrierte Begegnung mit der häßlichen aber eine recht seltene und durchaus künstliche Sache. Die moderne entmythisierte Welt ist auch eine Welt der ästhetischen Verdrängung der negativen Macht der Natur; sie sucht sich das

6 Luxemburg (1984), 189.
7 Bernhard (1972), 190.

Schöne heraus, ohne das Häßliche wahrhaben zu wollen. Nicht das Häßliche und Beklemmende der *Natur* jedenfalls – nur noch die verhäßlichende *Behandlung* der Natur durch den Menschen. Das Motiv der ästhetischen Wahrnehmung des Negativen freilich ist hier ein eindeutig praktisches – das der Rettung einer erträglichen und möglichst einer schönen Natur. Die Berechtigung dieses Motivs aber wird nicht im geringsten geschmälert, wenn man sich von der Illusion befreit, die Natur als Ort des Lebens könne einzig durch den Menschen häßlich werden. Vor allem die Künstler sind es gewesen, die es entgegen solcher Verblendung in der Anschauung einer nicht mehr schönen Natur ausgehalten haben.
»Für einen Augenblick kann es sein, als sei dieser Himmel sogar das Lebensfeindliche hier, so sehr, daß der eine winzige Vogel, kaum fingerkuppengroß, der jetzt aus dem Gestrüpp in die Höhe schießt, auf der Stelle, angstquiekend, kopfüber, zurück in sein Obdach taucht.«[8] Bernhards hilflose Vögel im Gedächtnis, liest sich dieser Satz aus Handkes »Abwesenheit« schon anders; durch den Kosmos der kontemplativen Natur schwirren Augenblicke der Korrespondenz – und nicht nur der schönen. Viel bedrohlichere Korrespondenzzonen sind Max Ernsts in den zwanziger Jahren gemalte kleinen und großen Wälder – Orte eines leblosen, der menschlichen Existenz gegenüber aggressiv indifferenten Lebens. Erst recht ist in den beiden »La ville entière« betitelten Bildern,[9] die eine monumentale, unter giftleuchtendem Mond aufgebahrte Ruinenstätte zeigen, eine lüstern geifernde Vegetation am Werk, die sich anstellt, alles Menschenwerk, ob gut oder schlecht, genußvoll zu verschlingen. Das ist schon ein Szenenaufbau für jene Horrorfilme, in denen fressende Pflanzen, Spinnen oder Kröten sich in blindem Drang (oder aus Rache für die Hybris des Menschen) alleszerstörend aus einer zuvor freundlichen Natur erheben. Anders jene sprachlichen Bilder, in denen negative Korrespondenzen die ästhetisch schöne oder pragmatisch bewältigte Natur verdunkeln. Rilkes Zyklus über die prekäre Pracht der Parke schließt mit den Zeilen: »Mit dir weiter rückt ein Bündel Mücken, / so als würde hinter deinem Rücken / alles gleich vernichtet und verwischt.«[10] Am Schluß des Romans »Das Herz der

8 Handke (1987), 129.
9 Ich beziehe mich auf dasjenige im Kunsthaus Zürich.
10 Rilke (1975), 129.

Finsternis« von Joseph Conrad geht die nüchterne Beobachtung über in die Wahrnehmung einer absolut fremden Natur. »›Wir haben den Beginn der Ebbe verpaßt‹, sagte der Direktor plötzlich. Ich hob den Kopf. Die Flußmündung war von einer schwarzen Wolkenwand verhängt, und die ruhige Wasserstraße, die bis an die äußersten Grenzen der Erde führt, strömte düster unter einem bewölkten Himmel dahin – schien hineinzuführen ins Herz einer unermeßlichen Finsternis.«[11]

2. Der gestaltende Raum

Mein zweiter Blick aus dem Fenster, mein zweiter Gang an den See führt mich in einen sinnhaften Raum, der aus bedeutsamen Episoden und Gestalten einen einheitlichen Charakter gewinnt. Nicht anders die Urlaubsreise der Rosa Luxemburg – nicht anders die Dienstreise, die der Famulus in Bernhards Roman unternimmt. Der sinn*hafte* Naturraum muß nicht der eines sinn*vollen*, er kann ebenso der eines sinn*losen* Lebens sein. Korrespondierende Natur, soweit bisher besprochen, ist Landschaft der Anschauung des eigenen Daseins. Nochmals möchte ich betonen, daß dies nur *eine* der ästhetischen Bedeutungen des Begriffs der »Landschaft« ist. Auch die mit Handke verdeutlichte kontemplative Raumerfahrung ist eine Weise des Bewußtseins von Landschaft. Auch die Bildkraft der Natur, von der im nächsten Kapitel die Rede sein wird, ist ein genuines Phänomen ihrer landschaftlichen Wahrnehmung. Wie in der Einleitung zu Protokoll gegeben, wird sich ein angemessener Begriff der ästhetischen Natur als Landschaft erst (im vierten Kapitel) aus dem Zusammenhang der drei Formen der Naturwahrnehmung ergeben. Bis dahin behält alle Rede von »Landschaft« einen vorbereitenden Sinn. Aus diesem Grund ziehe ich den Terminus »Gegend« als Leitwort für den korrespondierenden Naturraum vor. Die »Landschaft« dieses Kapitels ist stets die existentiell ausdruckhafte Gegend der Natur.

Wir müssen versuchen, das noch besser zu verstehen: was das Wort »Ausdruck« hier bedeutet, wie sich dieser Ausdrucksraum

11 Joseph Conrad, Herz der Finsternis, übers. v. F. Lorch, Zürich: Diogenes 1977.

zu den in ihm anwesenden Menschen und Dingen verhält und schließlich: ob auch die zweite Dimension ästhetischer Natur einen Unterschied zwischen dem Schönen und dem Erhabenen kennt.

a) Dieses Antönen an Seele und Gemüt

Der Raum der existentiellen ästhetischen Naturerfahrung ist ganz anders verfaßt als der Raum der ästhetischen Kontemplation. Die kontemplative Betrachtung sieht ab von aller sinnhaften Ordnung des Lebens; die existentielle Naturerfahrung dagegen nimmt ihre Umgebung als lebensweltlichen Ereignisraum wahr. Die ästhetische Distanz ist bei der korresponsiven Wahrnehmung keine Affektdistanz wie im Fall der Kontemplation, sie ist ein affektives Angezogensein oder Abgestoßensein, Einbezogensein oder Ausgeschlossensein durch die naturgegebene Situation. Allerdings ist affektive Färbung bestimmter Lebenslagen allein noch keine Korrespondenz. Diese ist erst da gegeben, wo äußere Lebensumstände zum nicht-privaten *Ausdruck* gestimmter Existenzweisen werden. Auch *ist* der korrespondierende Raum nicht allein sinnhaft artikuliert, er *zeigt sich* in sinnhafter Artikulation; er ist *gestaltender Ausdruck* der menschlichen Situation in und mit der Natur.
Zum Verständnis dieses Ausdrucks genügt ein zweiter Blick auf die physiognomische Korrespondenz. Wir haben oben gesehen, daß keiner der vier unterschiedenen Aspekte der (physiognomischen, klimatischen, historischen und stimmungshaften) Korrespondenz ohne den anderen ist; der physiognomische aber ist dadurch ausgezeichnet, das in ihm das Zusammenspiel dieser Komponenten in besonderem Maß augenscheinlich wird. Insofern gibt es auch in der Korrespondenzwahrnehmung eine Auszeichnung des Sehens. Jedoch kann das Auge hier nur sehen, was das leiblich empfindende und seelisch betroffene Subjekt schon im Gesamt seiner Auffassung spürt. Die Souveränität des dingkontemplativen Gesichtssinns ist hier nirgends gegeben. Das wird sofort klar, wenn man sich bewußt macht, daß auch ein Grundzug des kontemplativen Sehens als physiognomisches Sehen beschrieben werden kann: im betrachtenden Absehen von aller Lebensbedeutung tritt, wie gesagt wird, die »reine Physiognomie« der

Dinge und Wesen hervor. Diese kontemplative Physiognomie ist aber gerade nicht beredt, sie ist ausdruckslos, in ihr tritt der Gegenstand in ein »stummes« Gegenwärtigsein. Sie tritt hervor, wenn wir die Wirklichkeit ohne anthropomorphe Schematisierungen sehen; man könnte hier von naturalistischen Physiognomien sprechen. Die korresponsive Physiognomiewahrnehmung dagegen *ist* anthropomorph, sie schreibt ihren Gegenständen ein expressives Beredtsein zu, der ein sinnbezogenes Erleben dieser Gegenstände entspricht. Hier sind, wie Elisabeth Ströker unter Hinweis auf Goethe sagt, »die sinnlichen Gestalten zugleich Sinngestalten.«[12]

Am Beispiel der Farbe, an dem Goethe die mögliche Identität sinnlicher und »sittlicher« (d. h. lebensbedeutsamer) Wahrnehmung demonstriert, wird deutlich, daß der korrespondenztragende Ausdruck nicht immer ein im engeren Sinn physiognomischer sein muß. Ausdruckhafte Physiognomie im engeren Sinn ist Ähnlichkeit zu menschlicher Miene, Gebärde, Haltung und Gestalt; die »Grazie« eines Baumes, der »geduckte« Felsen, die »deprimiert« dahinvegetierenden Blumen, das »Heulen« des Windes, das »fröhliche« Zwitschern der Vögel gehören in diese Gruppe. Ausdruckhafte Physiognomie im weiteren Sinn ist die Sinngestalt von Objekten, wie sie sich aus einem Vorliegen expressiver Eigenschaften *jeder Art* ergibt; die komponentiellen Charaktere der »Heiterkeit« einer Landschaft, der (existentiell verstandenen) »Finsternis« eines Waldes, der »zerrissenen« Bergwelt, aber auch der Grundcharakter von Farben als »regsam, lebhaft, strebend« oder »unruhig, weich und sehnend«, fallen unter diesen Begriff.[13] Wenn Rosa Luxemburg die von der »blauen Tafel« des Sees dominierte Farbe der Frühlingslandschaft betrachtet, so ist es nicht ihre rein momentane Tönung, aber auch nicht ihr allgemeiner Grundton als Farbe, woran sie sich labt; es ist die Anmutungsqualität dieses Blaus, die es im Ensemble dieser Landschaft gewinnt, in der es zur Leitfarbe wird. Es ist nicht nur ein »ruhiges« Blau, es ist ein Blau der »Heiterkeit und Ruhe«, es »hat« diese Ruhe – und es »strahlt sie aus.« Natürlich wäre dieses Blau auch eine vorzügliche Gelegenheit zur

12 Ströker (1965), 26; vgl. Goethe, Zur Farbenlehre, Sechste Abteilung: Sinnlich-sittliche Wirkung der Farbe, in: ders. (1966), I.494ff.

13 Goethe (1966), I.495 und 497; zu den Phänomenen nichtmenschlichen expressiven Ausdrucks s. Kutschera (1988), 19ff. u. 65ff.

Kontemplation; aber dann würde es zu keiner Ausdrucksfeststellung und erst recht zu keiner Identifikation mit dem Ort der Anschauung kommen. »Die besonderen Situationen des Objektiven«, sagt Hegel, diese Identifikation beschreibend, bringen »Stimmungen in das Gemüt herein, welche den Stimmungen der Natur entsprechen. In diese Lebendigkeit, in dieses Antönen an Seele und Gemüt kann der Mensch sich einleben und so auch in der Natur innig sein.«[14]

Was Hegel »Stimmungen der Natur« nennt, ist der Zusammenhang von Ausdrucksqualitäten, in dem sie einen einheitlichen Charakter findet. Dieser Charakter ist eine bewegte und bewegende Einheit. Bewegt ist diese, weil jede, auch jede bleibende Gestalt der Natur in stets veränderlichem Gewand erscheint; bewegend ist sie, weil ihre Bewegung den menschlichen Aufenthalt in ihrem Umkreis prägt. Die Einheit der korresponsiven Natur ist nicht die eines Bildes, das nur von einem Außenstandpunkt wahrgenommen werden kann und von dem man sich durch den einfachen Wechsel des Blickpunktes abwenden könnte. Die korresponsive Präsenz der Natur umfaßt die Anwesenden. Naturkorrespondenz ist Korrespondenz inmitten der Natur. Darum ist sie auch nicht in erster Linie eine »Metapher der Seele« und ihrer Stimmungen – das sind z. B. Landschaftsgemälde auch; ihre Wahrnehmung gilt nicht raumgewordenen Bildern, sie gilt der Spürbarkeit situationsbildender Atmosphären. War der kontemplative Raum ohne Atmosphäre, ist der korresponsive fast ganz Atmosphäre.[15]

Fast ganz – einen wichtigen Unterschied müssen wir beachten. Eine Gegend kann verschiedene Atmosphären haben, die gleichwohl Erscheinungen ihres einheitlichen Charakters sind. *Charakter* einer landschaftlichen Gegend möchte ich diejenige existentiell ausdruckhafte Beschaffenheit nennen, die sie über eine längere Zeit hin behält; dieser Charakter ist weder an ein bestimmtes Wetter (nur an das charakteristische Klima) noch an individuelle Erlebnisepisoden, wohl aber an die sichtbare Zivilisationsgeschichte des jeweiligen Raums gebunden. *Atmosphäre* einer landschaftlichen Gegend dagegen möchte ich die Korrespondenzqualität ak-

14 Hegel (1970), III.60.

15 Zum Begriff des Atmosphärischen s. G. Böhme (1985), Kap. 13.; berechtigten Einspruch gegen die pure Visualisierung der Landschaft erhebt Waldenfels (1986).

tueller Lebenssituationen in ihrer Umgebung nennen; diese ist von momentanen Erscheinungen und individuellen Dispositionen vielfach geprägt. Wenn ich vorwiegend die Atmosphäre einer Gegend erlebe, nehme ich vor allem meine augenblickliche Situation in dieser Gegend wahr. Wenn ich dagegen vorwiegend den Charakter einer Landschaft wahrnehme (wie er sich in der jeweiligen Atmosphäre gibt), nehme ich vor allem die von dieser Landschaft anschaulich eröffnete Form möglichen Lebens wahr; beredt ist die Gegend dann als Gestalt *eines* in ihr möglichen Lebens, nicht so sehr als Gestalt *meines* tatsächlichen Aufenthalts in ihr. Obwohl die Wahrnehmung der Natur als eines sinnhaft artikulierten Raums immer eine atmosphärische Wahrnehmung ist, ist ihr Ausdruck nicht immer an eine bestimmte Atmosphäre gebunden.[16]

In Luxemburgs Schilderung fallen diese beiden Aspekte ununterscheidbar zusammen; so ist es in unserem Erleben häufig. Man kann sich aber leicht klarmachen, daß es nicht immer so ist. In der korresponsiv schönsten Landschaft kann es mir miserabel ergehen, ohne daß sie deswegen an Schönheit verlöre. Mein Bewußtsein dieser Schönheit allerdings wird sich verändern – ich empfinde sie als schmerzlich schön. Ich merke, daß ich den Sinn für dieses Schöne verloren habe; so wird mir das Schöne zum Indikator meines trostlosen Zustands; es steigert meine Verzweiflung noch. Schön ist die Landschaft dann nicht als Ausdruck meiner Stimmung, sie ist es im Glanz eines Lebens, von dem ich ausgeschlossen bin. Die Gegend wirkt abweisend wie sonst nur das widrigste Terrain: *als* schöne (als eine, um deren Schönheit ich weiß) erscheint sie mir häßlich. (Das größte Unglück ist das inmitten des Schönen.) Dieselbe Paradoxie stellt sich ein, wenn es mir in häßlicher Umgebung ganz blendend geht – ich bin dem erstickenden Einfluß der Umstände enthoben, in ihrer Häßlichkeit werden sie mir zum Spiegel meines unzerstörbaren Glücks. (Wer rundum glücklich ist, braucht das existentiell Schöne nicht.) In beiden Fällen tritt ein Effekt der Irrealisierung ein; die Korrespondenz ist da, aber sie ist in ihrer Wirkung verkehrt. Eine ganz andere Irrealisie-

16 Daß – und wie – die Atmosphäre eines Landschaftsgartens mit dem »Charakter« ihrer naturhaften »Gegend« abgestimmt werden muß, beschreibt Hirschfeld (1973), Bd. I.186ff. u. Bd. IV.38ff; eine ähnliche Unterscheidung trifft Carus (1955), 56f.; vgl. Simmel (1957), 149ff.

rung tritt ein, wenn ich zwar nicht wahrnehme, aber doch weiß, daß die schön korrespondierende Natur nicht länger eine anmutige Gegend, sondern ein strahlenverseuchter Erdstrich ist. Auch hier ist das Schöne weiterhin und doch schmerzlich schön. Die Korrespondenz ist weiterhin da, sie kann auch weiterhin wirksam sein, nur ist das Schöne schrecklich und seine Wirkung tödlich geworden.[17] Daraus folgt wiederum nicht, daß die gute, weil zuträgliche Natur die eigentlich schöne sei. Auch in der Dimension der Korrespondenz kann weder das Schöne auf das Gute noch das Gute auf das Schöne zurückgeführt werden. Es genügt nicht, Ort eines wenigstens gesunden Lebens zu *sein*, die schön korrespondierende Natur muß sich als Ort eines anziehenden Lebens *zeigen*. Deswegen ist selbst die verseuchte Wiese noch – schreiend – schön, deshalb kann Heine aus Polen schreiben: »Vom Äußeren des Landes wüßte ich Ihnen nicht viel Reizendes mitzuteilen. Hier sind nirgends pikante Felsengruppen, romantische Wasserfälle, Nachtigallen-Gehölze usw.; hier gibt es nur weite Flächen von Ackerland, das meistens gut ist und dicke, mürrische Fichtenwälder.«[18]

Dies alles zeigt, daß die Korrespondenznatur von Landschaften kein bloßes Produkt unserer Stimmungen ist. Vielmehr ist das Gestimmtsein ein Organ unserer Empfänglichkeit für die korrespondierende Beredtheit der Natur – und ist es noch dann, wenn unsere Stimmung nicht in Übereinstimmung mit dem ästhetischen Charakter der Landschaft ist. Die Einheit des – durch verschiedene Atmosphären sich hindurchhaltenden – Charakters einer Landschaft ist weder durch den Charakter unserer Stimmung gegeben noch flößt sie uns Stimmungen unvermeidlich ein. Sie ist Einheit der physiognomischen, klimatischen und historischen Korrespondenz mit besonderem *Einfluß* auf das affektive Befinden der Menschen. Nur denen andererseits, die sich davon bewegen lassen können, ist die ausdruckhafte Beredtheit der Natur überhaupt zugänglich. Wer aber könnte das nicht; denn wovon die Natur hier »spricht«, was in ihr Gestalt wird, ist etwas, was die Menschen von *ihrer* Natur aus bewegt: das äußere Erscheinen der Aussichten ihres Entwurfs, ihrer Idee vom Leben. Nur wer solche Entwürfe hat,

17 Zur ökologischen Differenz v. schöner und guter Natur vgl. G. Böhme (1989), 38-55 u. Hard (1985), 48f.

18 H. Heine, Über Polen, in: ders. (1969), 71.

kann die Natur als positive oder negative, überraschende oder erschreckende *Antwort* auf Möglichkeiten der eigenen Existenz erfahren.

Erneut haben wir Gelegenheit, Schopenhauer vom Kopf auf die Füße zu stellen. Gerade da nämlich, wo der Wille zum Leben das ästhetische Verhältnis zur Natur bestimmt, ausgerechnet da ist das Gefallen am Schönen gleichbedeutend mit dem intuitiven Erfassen einer Idee. Ja doch: schöne Korrespondenz ist sinnliches Sichzeigen der Idee, in einer durchaus kunstfremden, weil ausgesprochen lebenspraktischen Bedeutung, die bei Schiller ganz zentral und auch bei Hegel am Rande noch mitgedacht ist.[19] Freilich handelt es sich im Vergleich mit Schopenhauer und Hegel um eine einigermaßen ramponierte Idee. Es ist bloß unsere Idee, es sind bloß die biographisch und geschichtlich wandelbaren Entwürfe der Menschen, wie am besten zu leben sei; und es ist immer eine unter möglichen anderen Konzeptionen guten Lebens, denen die Realität einer schönen Natur anschaulich entspricht. Zur profanen Natur dieser herabgestuften Ideen gehört auch, daß man über ihre Qualität geteilter Meinung sein kann – und folglich über die Qualität der als Lichtung oder Trübung solcher Ideen erscheinenden Natur. Heine zum Beispiel könnte Unrecht haben (wie sein ostentativ flinker Gebrauch der allerüblichsten seinerzeitigen Naturnormen selbst durchblicken läßt) – vielleicht sind die polnischen Felder gerade in Abwesenheit allen klischeeromantischen Zierrats schön. Eine solche Zurückweisung oder Relativierung des romantischen Naturideals wäre immer auch eine – und nicht irgendeine – des romantischen Lebensideals selbst. Gegebensein und Qualität der Korrespondenz sind also nur so objektiv und begründbar wie evaluative Konzeptionen vom guten Leben es sind. Nicht subjektive Stimmung und Lage, intersubjektive – oder um intersubjektive Anerkennung werbende – Konzeptionen des Guten bilden den Wertgesichtspunkt der korresponsiven Erfahrung:[20] Konzeptionen, von denen wir, obwohl es die unseren sind, viel weniger und manchmal so gut wie gar nichts wüßten, wäre da nicht die

19 Vgl. Hegel (1970), I.80ff. u. 91, mit Bezug auf Schiller: »Das Schöne ist also als die Ineinsbildung des Vernünftigen und Sinnlichen und diese Ineinsbildung als das wahrhaft Wirkliche angesprochen.«

20 Zum Status – auch der Intersubjektivität – solcher Konzeptionen s. Seel (1991c).

Natur der ästhetischen Korrespondenz, die uns zeigt, welche Idee vom Leben wir haben oder doch haben könnten.

b) Ding und Raum

Anders als die kontemplative Schönheit von Ding und Raum ist die korrespondierende Schönheit oder Häßlichkeit einer Gegend etwas, was auch dann da, auch dann wirksam ist, wenn es nicht eigens wahrgenommen wird. Die positive oder negative Korrespondenzgestalt der Natur gehört zu ihrer Konstitution als eines sinnhaften lebensweltlichen Raums; sie kommt ihm – im Kontext jeweiliger Lebenskonzeptionen – objektiv zu. Ich habe deswegen stillschweigend zwischen einerseits der »korrespondierenden« Natur und andererseits ihrer dezidiert »korresponsiven« – d. h. bewußt korrespondenzorientierten – Wahrnehmung unterschieden. Nur wegen unserer Fähigkeit zu dieser Wahrnehmung gibt es diese Natur, aber sie besteht unabhängig von deren bewußtem Gebrauch. »Naturkorrespondenz« ist Gegenwart der Natur als lebenswirksam gestaltender Raum.
Bislang habe ich diese Gegenwart wie selbstverständlich als ein Phänomen räumlicher und nicht nur dinglicher Gegebenheit behandelt. Ihre Attraktion oder Retraktion war die landschaftlicher Gegenden und Orte. Allerdings spielt die Ausdrucksgestalt einzelner Dinge und Formationen dabei eine unübersehbare Rolle; der physiognomische Aspekt, so kann man sagen, nimmt die Stelle einer »Dingkorrespondenz« ein, die den Charakter des Raums ganz wesentlich trägt. Das Fazit liegt nahe: Raumkorrespondenz schließt Dingkorrespondenz ein, Dingkorrespondenz kann sich nur als Element von Raumkorrespondenz entfalten.
So richtig das ist, ganz selbstverständlich ist es nicht. Auch das einzelne Naturding innerhalb und außerhalb der freien Natur kann als ein korrespondierendes Objekt angesehen werden, scheinbar ohne Rücksicht auf die Gegend oder Umgebung, in der es sich findet. Gerade diese Isolation aber ist nicht möglich. Der häßlichsten Gegend kann eine Pinie oder Pappel widerstehen, im düstersten Büro eine vollblühende Rose leuchten – beider Erscheinen jedoch wird den Raum entweder adeln oder in seiner Häßlichkeit hervorspringen lassen. Neutral zum Raum ist Dingkorre-

spondenz nie. Denn das einzelne Ding ist hier weder bloße Erscheinung noch selbstgenügsames Zeichen, es ist eine Gestalt im Raum, die zugleich bedeutsame Figur des Raums ist. Es ist der durch seine wirkende Gestalt zwar nicht im ganzen charakterisierte, jedoch mehr oder weniger beiläufig *akzentuierte* Raum, deretwegen ein einzelner Gegenstand als schön oder häßlich erscheint. Die Zimmerpalme (ein »zweifarbiger Drachenbaum«), die ich neben meinem Schreibtisch stehen habe, verleiht dem Büro, das ansonsten dem anästhetischen Möblierungsstandard der Universität entspricht, etwas vom Charakter ihres stachliglässigen Wuchses. Dieser Ausdruck wird von dem Bäumchen nicht im Sinn eines Symbols verkörpert, es gibt ihn im Sinn einer Geste an den Raum und seinen Benutzer ab. Schön sind korrespondierende Naturgegenstände in nicht-naturhafter Umgebung gemäß ihres Beitrags zur Gefälligkeit der Lebenssituationen in Anwesenheit dieser Objekte.[21] Wie bei der existentiellen Qualität von Landschaften betrifft dieses Gefallen (oder Mißfallen) an einzelnen Naturobjekten nicht ein Schönes (oder Störendes), wie es *in* einer beliebigen Situation erscheint, sie betrifft die Schönheit (oder Häßlichkeit) der Situation *mit* diesen Objekten.

Den ästhetischen Wert der alltäglichen Anwesenheit der Natur hat Bertholt Brecht in einer seiner »Geschichten vom Herrn Keuner« mit listigen Worten verteidigt. »Herr K. und die Natur« ist das Stück überschrieben:

Befragt über sein Verhältnis zur Natur, sagte Herr K.: »Ich würde gern mitunter aus dem Hause tretend ein paar Bäume sehen. Besonders da sie durch ihr der Tages- und Jahreszeit entsprechendes Andersaussehen einen so besonderen Grad von Realität erreichen. Auch verwirrt es uns in den Städten mit der Zeit, immer nur Gebrauchsgegenstände zu sehen, Häuser und Bahnen, die unbewohnt leer, unbenutzt sinnlos wären. Unsere eigentümliche Gesellschaftsordnung läßt uns ja auch den Menschen zu solchen Gebrauchsgegenständen zählen, und da haben Bäume wenigstens für mich, der ich kein Schreiner bin, etwas beruhigend Selbständiges,

21 Der Hang zur Zimmerpflanze ist der zur Gestaltung des eigenen Raums durch einen (oft aufwendigen) Verzicht auf die eigene Gestaltung des Raums.

von mir Absehendes, und ich hoffe sogar, sie haben selbst für die Schreiner einiges an sich, was nicht verwertet werden kann.«

»Warum fahren Sie, wenn Sie Bäume sehen wollen, nicht einfach manchmal ins Freie?« fragte man ihn. Herr Keuner antwortete erstaunt: »Ich habe gesagt, ich möchte sie sehen *aus dem Hause tretend.*« (Herr K. sagte auch: »Es ist nötig für uns, von der Natur einen sparsamen Gebrauch zu machen. Ohne Arbeit in der Natur weilend, gerät man leicht in einen krankhaften Zustand, etwas wie Fieber befällt einen.«)[22]

Aus der letzten Bemerkung des Herrn Keuner geht hervor, daß ihm eine rein kontemplative Einstellung zur Natur durchaus suspekt ist; sie läßt den Betrachter, wie er meint, leicht »in einen krankhaften Zustand« verfallen. Die Natur als sinnferner Raum *außerhalb* der alltäglichen Bindungen liegt ihm weit weniger am Herzen als jene, die einen zweckfreien Akzent *innerhalb* des pragmatischen Lebenszusammenhangs der Menschen setzt. Wie der größte Apologet der ästhetischen Kontemplation schätzt Keuner an der Natur das stete »Andersaussehen« und das beruhigende »Absehen« von den Zielen der Menschen; aber er empfiehlt ein ganz anderes Verhältnis zu dieser Qualität. Es soll dies kein exklusiver, es soll ein inklusiver Umgang sein; er soll nicht zur Abwendung von den irdischen oder alltäglichen Belangen führen, er soll Form einer veränderten Hinwendung zu den Dingen des Lebens sein. Doch meint dieser integrative ästhetische Umgang kein bruchloses Aufgehen der Natur in den Zwecksetzungen des alltäglichen Lebens; er versteht die Natur als ein Stück abweichender Gestaltung dieser Praxis, als eine beharrliche Erinnerung an ihre nicht zweckgerichteten Vollzüge und Formen. Es gehört zu dieser Attraktion der ästhetischen Natur, eine absichtslos zuvorkommende Gegend, ein absichtslos sinngebender Akzent des menschlichen Daseins zu sein. Die in dieser Hinsicht schöne Natur ist mindestens eine Zugabe, im Extremfall die Offenbarung, die häßliche mindestens eine Beeinträchtigung, im Extremfall die Vernichtung einer freien und sinnvollen Gestaltung des Lebens.

22 B. Brecht, Geschichten vom Herrn Keuner, in: Brecht (1967), 381 f.

Aber es gibt ein Drittes. Natur korrespondiert mehr oder weniger schön oder häßlich – oder aber erhaben. Bei Keuner, diesem marxistischen Sokrates, ist diese dritte Möglichkeit genausowenig vorgesehen wie beim Helden Platons, dem überschwengliche Naturbegeisterung so suspekt ist wie seinem dialektischen Epigonen. »Dies verzeih mir schon, o Bester. Ich bin eben lernbegierig, und Felder und Bäume wollen mich nichts lehren, wohl aber die Menschen in der Stadt.«[23] Trotzdem ist Sokrates für den Zusammenhang einer ebenso angenehmen wie anmutigen Gegend gerne empfänglich. »Bei der Here! dies ist ein schöner Aufenthalt. Denn die Platane selbst ist prächtig belaubt und hoch, und des Gesträuches Höhe und Umschattung gar schön, und so steht es in voller Blüte, daß es den Ort mit Wohlgeruch erfüllt. Und unter der Platane fließt die lieblichste Quelle des kühlsten Wassers, wenn man seinen Füßen trauen darf. Auch scheint hier nach den Statuen und Figuren ein Heiligtum einiger Nymphen und des Acheloos zu sein. Und wenn du das suchst, auch die Luft weht hier vollkommen und süß und säuselt sommerlich und lieblich in den Chor der Zikaden. Unter allem am herrlichsten aber ist das Gras am sanften Abhang in solcher Fülle, daß man hingestreckt das Haupt gemächlich kann ruhen lassen. Kurz, du hast vortrefflich den Führer gemacht, lieber Phaidros.«[24] Wie im Luxemburg-Beispiel hat dieser Ort einen »einschließenden« Charakter; er präsentiert sich als sinnhaftes Ganzes, als ein Kosmos im kleinen. Im Unterschied zur sentimentalen Identifikation der Luxemburg allerdings beschreibt Sokrates den idyllischen Ort mit unüberhörbarer Ironie (»wenn man seinen Füßen trauen darf«); er ist ihm zu schön, um wahr zu sein. Es ist

23 Phaidros, 230d (=Platon 1983, 15). Brechts Geschichte kann als eine mehrfach verdrehte (wenngleich kaum intendierte) Kontrafaktur der Rahmenerzählung des »Phaidros« gelesen werden, wo Sokrates unter dem betörenden Einfluß der vielstimmigen außerstädtischen Natur, in der ihn Phaidros an einen besonders lauschigen – die Rede des Sokrates, wie dieser beklagt, zu »Dithyramben« verleitenden – Ort geführt hat, eine enthusiastische Theorie allerdings der *theoretischen* und *naturabgewandten* Kontemplation entwirft. Vgl. 229af., 238cf., 241ef., 258eff.; zur geschichtlichen Deutung der Brecht-Anekdote s. Blumenberg (1957), bes. 270; zu Keuners verräterischer Abneigung gegen Sokrates vgl. Brecht (1967), 392.

24 Phaidros, 230bf.

ein nicht recht geheurer, ein berauschender Ort, ein Ort geradezu des heimlichen Kampfes zwischen der tödlichen Betörung der Sirenen (deren Vater der Flußgott Acheloos ist) und dem inspirierenden, zur philosophisch gutartigen »mania« anstachelnden Chor der Zikaden.[25] Sokrates' lobpreisende Übereinstimmung mit der Natur steht insgeheim im Zeichen einer prinzipiellen Nicht-Übereinstimmung mit ihrer sinnlichen Gestalt: trotz aller irdischen Herrlichkeit bleibt sie eine ambivalente Vorstufe jenes »überhimmlischen Ortes«, an dem sich die Götter allein von der »Beschauung des Wahren« ernähren.[26]

Die erhabene Situation, in der gerade die Nicht-Übereinstimmung des Menschen mit der anschaulichen Natur zum Grund ihrer ästhetischen Bejahung würde, ist bei Platon nicht vorgesehen. Kein irdischer, kein himmlischer, nur der »farblose, gestaltlose, stofflose« überhimmlische Ort ist ihm der erhabene Ort. Zu diesem (im Sinn unseres Begriffs der Natur) völlig naturfernen Ort wendet die theoretische Kontemplation sich hin; für erhabene Korrespondenz mit der Natur ist da kein Platz. Auf deren Spur geraten wir, wenn wir an Formen korrespondierender Natur denken, die nicht schön, aber doch nicht – oder doch nicht einfach – häßlich sind. Selbst der völlig lebensfeindlichen Umgebung der Ortschaft Weng kann der Erzähler in »Frost« einen Augenblick der Bewunderung nicht versagen: »Es ist eine Landschaft, die, weil von solcher Häßlichkeit, Charakter hat, mehr als schöne Landschaften, die keinen Charakter haben.«[27] Wie ein Schatten des finsteren Weng, in dem selbst die Vögel weder aus noch ein wissen, liegt über dem Zufluchtsort, an dem die beiden Schwestern in Stifters »Hochwald« keine Ruhe vor den Verwüstungen des Krieges finden: »Seltsam und beklemmend mußte es ihnen freilich sein, wenn sie die ersten Tage aufwachten und die Morgenröte ihre frühesten Lichtströme hereingoß, über lauter Wald und lauter Wald – erbrausend von der Musik des Morgens, darunter nicht ein Ton, wie wir sie von Kindheit an gewohnt sind unter Menschenwohnungen zu hören, sondern ein Getue und Geprange, ein Rufen, ein Heischen, ein Erzählen und Jauchzen – und darein oft plötzlich von dem nächsten Tannenaste wie ein gesprochenes Wort herabfallend, daß man er-

25 Vgl. Rausch (1982), 140f.
26 Phaidros, 247cff.
27 Bernhard (1972), 10f.

schrocken hinsah, aber nur ein fremdartiger Vogel schritt auf seinem Aste, mit dem Kopfe blödsinnig nickend wie zum Einverständnisse mit den Hinaufschauenden.«[28] Aus diesem Naturraum spricht weder eine schöne Bestätigung noch die häßliche Verneinung der Existenz seiner Bewohnerinnen, aus ihm spricht, in seiner Sinnlichkeit ruht die Lockung in ein anderes Leben. Die erhabene Natur, die Stifter hier beschreibt, ist Ausdruck und Gegenwart eines Daseins, das die bisherige Existenz irritierend übersteigt.[29]

Ein Virtuose dieser Erhabenheit ist Rilke. Die Natur einer Nordseeinsel erscheint ihm wie ein stetes Widerwort gegen die Lebensform der dort beheimateten Menschen: »Die nächste Flut verwischt den Weg im Watt, / und alles wird auf allen Seiten gleich; / die kleine Insel draußen aber hat / die Augen zu; verwirrend kreist der Deich / um ihre Wohner.«[30] Diese Natur steht in Korrespondenz mit einer dem Betrachter inkommensurablen Form des Lebens. Im Unterschied zu einer häßlichen Natur, die in der Verneinung noch Bestätigung der eigenen Idee vom Leben ist, ist die Erfahrung erhabener Natur eine sicht- und fühlbare Infragestellung – oder sogar: Außerkraftsetzung – dieses Entwurfs. Im Zustand erhabener Korrespondenz gewinnt die Natur die Bedeutung einer Lebenssphäre, der die eigene Lebensführung noch nicht und vielleicht niemals zu entsprechen vermag – und vielleicht besser nicht zu entsprechen versucht. Der Augenblick in dieser Natur ist einer der ebenso bedrohlichen wie begeisternden Selbstüberschreitung. Auch diesmal erweist sich die erhabene Natur als eine vakante Natur – aber diese Vakanz hat nun einen praktischen Sinn. Sie ist Offenheit der Natur für einen noch nicht gegebenen Lebensentwurf. Sie ist nicht gestaltende Zugabe zur eigenen Einrichtung im Leben, sie ist gestaltenreiche Zumutung einer erst noch zu findenden Form des Lebens. Erhabene Korrespondenz ist *ungeheure Schönheit* der Natur.

Kant hat den Grund der Bejahung der erhabenen Nicht-Übereinstimmung von Mensch und Natur ganz ähnlich in einer Rückbesinnung des Menschen auf sein praktisches Sinn*vermögen* gese-

28 A. Stifter, Hochwald, in: ders. (1968), 263.

29 Den Zustand dieses Erhabenen hat Burke (1980, 98) schön getroffen, wo er sagt: »Eine klare Idee ist also nur ein anderer Name für eine kleine Idee.«

30 R. M. Rilke, Die Insel, in: ders. (1975), 64.

hen. Die »Unlust«, die wir angesichts der unfaßlichen Macht der Natur empfinden, wird demnach ästhetisch umgesetzt in die Lust an der Fähigkeit, aus eigenem praktischen Entwurf zu leben. Für Kant freilich steht dieser Entwurf unwiderruflich fest: es ist der – in der intelligiblen Natur des Menschen vorgefaßte – Entwurf einer moralisch vollkommenen Ordnung der Welt. Mit dieser Deutung grenzt Kant die Reichweite der erhabenen Erschütterung allzusehr ein. Sie betrifft nur das sinnliche Vermögen, nicht aber das vernünftige Selbst des Menschen. In dem »Gefühl, daß wir reine selbständige Vernunft haben«[31] erfährt es sich als transzendentales Subjekt und somit als Wesen, das, obwohl von einer unermeßlichen Natur sinnlich berührt, doch in seiner innersten Möglichkeit vollkommen unberührt bleibt. Kants Ästhetik ist über das Erhabene doch immer – erhaben. Ein angemessener Begriff des existentiell Erhabenen muß demgegenüber in Rechnung stellen, daß die Subjekte dieser Erfahrung im Herzen ihres Daseins erschütterbar sind. Erst dann wird die ambivalente Lust an Zuständen verständlich, die das menschliche Sinnvermögen zugleich herausfordern und überfordern. Diese Lust kann gerade die *Fragilität* unserer Lebensentwürfe betreffen. An einer Natur, die ihnen auf betörende oder überwältigende Weise nicht entspricht, wird manifest, daß es die unseren, daß es revidierbare, daß es mit dem brüchigen Siegel der Freiheit versehene Entwürfe sind. Die erhabene Fremdheit der Natur erscheint im Zeichen der Freiheit, mit diesem Fremden eine neue Übereinstimmung zu suchen oder es als Grenze der eigenen Lebensmöglichkeit bestehen zu lassen.

Im Extremfall erscheint die inkommensurable Natur als Ausdruck eines Seins in kosmischer Fremde, zu dem weder das behütetste und noch das bewußteste Leben eine Entsprechung zu finden vermag. Die Pascal-Erfahrung hat hier eine korresponsive Kehrseite. Vom Ufer der schönen Übereinstimmung mit der Natur führt Stifter den Leser in fünf Sätzen durch eine erhabene Nacht der Indifferenz zur anderen Seite schöner Entsprechungen zurück. »Und als die Harfe längst schwieg, das schöne Haupt schon auf dem Kissen ruhte – horchte noch die Nacht; der senkrecht stehende Vollmond hing lange Strahlen in die Fichtenzweige und säumte das Wasser mit stummen Blitzen – indessen ging die Wucht und Wölbung der

31 Kant (1968b), 346 (B 99).

Erde, unempfunden und ungehört von ihren Bewohnern, stürmend dem Osten zu – der Mond wurde gegen Westen geschleudert, die alten Sterne mit, neue zogen im Osten auf – und so immer fort, bis endlich mitten unter ihnen am Waldrande ein blasser, milchiger Lichtstreifen aufblühte – ein frisches Lüftchen an die Wipfel stieß – und der erste Morgenschrei aus der Kehle eines Vogels drang!«[32]

3. *Korrespondenzbewußtsein*

Ästhetische Korrespondenz, ob eines Raums oder eines Dings im Raum, ist gestaltender Ausdruck willkommener oder unwillkommener, kommensurabler oder inkommensurabler Lebensmöglichkeiten des Menschen. In dieser Bestimmung ist von Natur keine Rede – aus gutem Grund. Es muß nicht Natur sein, die den ästhetischen Korrespondenzraum bildet oder dominiert. Wie bei der Analyse der Kontemplation liegt es in der Konsequenz auch der Beispiele korrespondierender Natur, daß es ebenso künstliche Objekte und Umgebungen sein können, die als ästhetischer Widerschein des Lebens wahrgenommen werden. Wir müssen uns klarmachen, daß Korrespondenz und Korrespondenzbewußtsein naturunabhängig sein können, um zu verstehen, warum sie besser auch naturbezogen sind.

a) Es muß nicht Natur sein

Ich habe die positive Naturkorrespondenz als willkommene Zugabe oder Zumutung im Hinblick auf die Gestaltung des eigenen Lebens beschrieben. Wir können uns aber ohne weiteres gestaltende Zugaben und Zumutungen denken, die ganz woanders herkommen. Wenn jemand überraschend ein schönes Haus erbt, mag ihm das eine höchst willkommene Gabe sein; wenn der Jemand zeitlebens in Wiesloch wohnte und das Haus ein Penthouse in Manhattan ist, mag das durchaus eine aufwühlende Zumutung für seine Lebensweise sein – von Natur ist beides nicht. Von Natur ist

32 Stifter (1968), 270f.

höchstens der Zeitpunkt des Erbes; dem Haus, wie schön oder grandios es auch sei, eignet nicht die erleichternde und überraschende Sinnhaftigkeit kontingenter Erscheinungen. Trotzdem kann es mit dem Leben seines Bewohners mehr oder weniger gut korrespondieren; wenn er es schön findet, wird es ihm Bestandteil und Ausdruck *seiner* neu (und gerne) gewonnenen Lebensmöglichkeit sein, wenn es wirklich schön ist, wird es gestaltender Ausdruck *einer* (auch für andere) anziehenden Existenzmöglichkeit sein. Auch die Gestaltung meines Büros, wäre es schön, wäre von dieser Art, ebenso die Architektur der Stadt, in der ich wohne, die in Gesichtern und Handlungen sich zeigende Lebendigkeit eines Fests, an dem ich teilnehme, die gelungene Zeremonie einer Hochzeit oder Beerdigung, die Eleganz oder Schlichtheit der Leute, mit denen ich zu tun habe, die Aufmachung meines Lieblingsrestaurants, das neue Auto des Nachbarn, mein kunstvoll »naturbelassener« Schreibtisch bis hin zum Design meiner Kaffeemaschine – immer handelt es sich um anschauliche Objekte und Handlungen, die dann als schön empfunden werden, wenn sie sich als Akzent, Form oder Gegenwart guten Lebens zeigen. Der gestaltende Ausdruck, der korrespondenzintensiven Gegenständen oder Begebenheiten angehört, ist kein Ausdruck der Kunst im Unterschied zum Ereignis des Lebens, er ist Ausdruck als Ereignis des in seiner Nähe möglichen oder stattfindenden Lebens.[33] Dieser Ausdruck ist anschauliche interne Gestalt der Praxis, deren Teil er schon ist oder noch werden soll.

Die schön korrespondierende Natur ist nur eine Form des korresponsiv Schönen – Entsprechendes gilt für das Häßliche und Erhabene. Der *gewordenen* Korrespondenz der Natur steht die intentionale, oft mit hohem künstlichen (und manchmal künstlerischem) Aufwand, teils auf lange Dauer, teils für saisonale Moden *angefertigte* Korrespondenz entgegen. Auf diese treffen alle die Komponenten zu, die wir am Beispiel der schön korrespondierenden Natur unterschieden haben; auch diese Korrespondenz betrifft immer einen Raum, auch sie ist nicht primär als Form einer gegebenen Existenz*wirklichkeit*, sondern als anschauliches Gegebensein einer (aktuellen oder potentiellen, ver-

33 Vgl. hierzu R. Bubner, Ästhetisierung der Lebenswelt, in: ders. (1989), 143-156 u. F. Kambartel, Zur Philosophie der Kunst, in: ders. (1989), 103-114.

stellten oder unverstellten) Existenz*möglichkeit* zu verstehen. Auch hier muß das Schöne von dem unterschieden werden, was ich einfach mag, was mich einfach gut stimmt, was einfach gut für mich ist. So sehr ich das Gefühl eines vollen Bankkontos schätze, so gut mich die Erinnerung daran stimmt, so stark es meine Umstände bessert, so sehr mir der wöchentliche Kontoauszug all das vor Augen führt, ästhetische Korrespondenz ist da keine; das Konto ist ein angenehmes Faktum, aber kein anschaulicher Raum meines Lebens. Durchaus aber kann ich mein Geld darauf verwenden, meinen Wohlstand mir und anderen sinnlich Gestalt werden zu lassen. Es gibt Behausungen, die ein einziger Kontoauszug sind.

Von außen betrachtet, kann es sich manchmal so ansehen. Wir dürfen jedoch nicht diese Außenbetrachtung zur Grundlage der Analyse der Korrespondenzwahrnehmung machen. Von außen, mit fremdem Blick betrachtet, sieht z. B. jede Wohnung wie ein einziger Korrespondenzzusammenhang aus – sie wird dem objektivierenden, bei Benjamin und Bourdieu geschulten Betrachter zum Ausdruck des Lebensstils ihrer Bewohner, darin ihrer sozialen Lage, darin der Physiognomie des Zeitalters, dem sie angehören oder angehört haben. Für die Bewohner stellt es sich ganz anders dar. Da gibt es Dinge und Räume, die mit der eigenen Lebensweise mehr oder weniger schön oder häßlich – und viele, die mit ihr gar nicht in Beziehung stehen. Der Wasserverdunster an der Heizung, den ich unter Fenster und Seeblick ständig vor Augen habe, ist ohne jedes korresponsive Leben, ebenso der Salzstreuer, der seinerzeit ein liebes Geschenk war und jetzt bloß noch ein praktischer Salzstreuer ist. Zum Bewußtsein korresponsiver Schönheit reicht es im übrigen aus, daß da etwas ist, das für eine Erscheinung von existentiell Gutem *gehalten* wird; es muß nicht existentiell, mit Rücksicht auf die eigene Lebensführung oder moralisch, mit Rücksicht auf die der anderen *wirklich* etwas Gutes sein, damit es gefallen kann. Das Korrespondenzgefallen kann mit Lebenslügen aller Art leben – solange sie nicht durchschaut sind. Sobald ich die kostbare Einrichtung meiner Wohnung als überladen, angeberisch, neureich oder sündhaft erkenne, ist es mit der schönen Entsprechung vorüber. Wohin ich blicke, sehe ich den häßlichen Widerschein meines verfehlten Lebens. Hier erfährt das Schöne nicht lediglich eine schmerzliche Irrealisierung (wie bei der verseuchten

Wiese) oder eine beklemmende Steigerung (angesichts meiner verzweifelten Lage in schönster landschaftlicher Umgebung), hier schlägt es ins Gegenteil um. Was schön war, weil es Dasein des Guten schien, ist häßlich geworden, weil es sich als Gestalt des Schlechten erwies.

Selbst im Fall glücklichen Korrespondenzbewußtseins ist das als gut-weil-schön und schön-weil-gut Erscheinende nicht immer Teil der alltäglichen Wirklichkeit. Auch das können wir als existentiell schön erfahren, was noch nicht oder nicht unmittelbar Gestalt unseres eigenen Lebenskreises ist – und selbst das, was niemals zu ihm gehören wird. Ich kann eine Stadt oder eine Landschaft korresponsiv herrlich finden, auch wenn ich nie in ihr leben werde, ja selbst dann, wenn ich dort nie auch nur gewesen bin. Das korresponsive Leben kann auch ein imaginiertes Leben sein, was nur dann zur Illusion werden muß, wenn es dies ausschließlich oder vorwiegend wird. Man muß hier gar nicht an Piranesis Kerkerphantasien oder an die »Unsichtbaren Städte« Calvinos denken – auch Modezeitschriften und Versandhauskataloge sind Partituren eines zunächst und zumeist nur vorgestellten Lebens. Nicht immer ist deren Lektüre ein Vergnügen; einen modernen, von ästhetischer Aufklärung vielfach behelligten Möglichkeitsmenschen kann die eigene Vorstellungskraft in fatale Verwirrungen stoßen.

»Als er (...) sein Haus bestellte, wie es die Bibel nennt, machte er eine Erfahrung, auf die er eigentlich nur gewartet hatte. Er hatte sich in die angenehme Lage versetzt, sein verwahrlostes kleines Besitztum nach Belieben vom Ei an neu herrichten zu müssen. Von der stilreinen Rekonstruktion bis zur vollkommenen Rücksichtslosigkeit standen ihm dafür alle Grundsätze zur Verfügung, und ebenso boten sich seinem Geist alle Stile, von den Assyrern bis zum Kubismus an. Was sollte er wählen? Der moderne Mensch wird in der Klinik geboren und stirbt in der Klinik: also soll er wie in einer Klinik wohnen! – Diese Forderung hatte soeben ein führender Baukünstler aufgestellt, und ein anderer Reformer der Inneneinrichtung verlangte verschiebbare Wände der Wohnungen, mit der Begründung, daß der Mensch dem Menschen zusammenlebend vertrauen lernen müsse und nicht sich separatistisch abschließen dürfe. Es hatte damals gerade eine neue Zeit begonnen (denn das tut sie jeden Augenblick), und eine neue Zeit braucht einen neuen Stil. Zu Ulrichs Glück besaß das Schloßhäuschen, so wie er es vorfand, bereits drei Stile übereinander, so daß man wirklich nicht alles damit vornehmen konnte, was verlangt wurde; dennoch fühlte er sich von der Verantwortung, sich ein Haus einrichten zu dürfen, gewaltig aufgerüttelt, und die Drohung ›Sage mir, wie du wohnst, und ich sage dir, wer du bist‹, die er wiederholt in Kunstzeitschriften gelesen hatte, schwebte über seinem Haupt.«[34]

b) Natur als Gestalt und Korrektiv des Lebens

Was das Besondere der naturhaften gegenüber der artifiziellen Korrespondenzschönheit ist, ist schnell gesagt: es besteht im Sinnbeitrag von Formationen und Formen, die nicht aus einem Sinn oder wegen eines Sinns konzipiert worden sind. Sie sind überhaupt nicht konzipiert worden. Wie immer sie vom Menschen geprägt und zurechtgemacht sei, die spezifische Attraktion der korresponsiven Natur rührt daher, daß die konkrete, individuell gewordene, individuell gewachsene, individuell sich regende und jederzeit variable Gestalt ihrer Erscheinungen nicht gemacht ist. Sie hat keinen Sinn, wir entdecken sinnhafte Formen an ihr. Ihr ästhetischer Sinn ist kein Erzeugnis, er ist ein Ereignis, das die konstitutive Absichtslosigkeit ihrer Bildungen zur Voraussetzung hat. Die existentielle Erfahrung der ästhetischen Natur ist immer Erfahrung einer Grenze der Konzipierbarkeit der naturgebundenen menschlichen Praxis. Wo die Natur häßlich erscheint, wird diese Grenze als Behinderung der menschlichen Entfaltung erfahren. Wo nicht, wird sie als Bedingung dieser Entfaltung genossen. Unter diesem Aspekt willkommen ist die Natur als das geheuer oder selbst: als das ungeheuer vielsagende Fremde.

Es liegt im Zustand der sinnhaften Anwesenheit der Natur, ein Stück Gegenerfahrung zur Sphäre des kulturellen Sinns zu sein. Zur Sphäre *sonstigen* kulturellen Sinns, versteht sich, da ja auch der der Natur abgewonnene Lebenssinn ein kultureller ist. Das Moment des Gegensinnigen ist in Luxemburgs Brief angesprochen,

34 R. Musil, Der Mann ohne Eigenschaften, Hamburg: Rowohlt 1952, 19f.

wenn sie von der Härte der Natur und des Menschen spricht, die sie nicht länger ertragen könne, es ist bei Brecht evident und liegt im erhabenen Bruch mit der Kontinuität des vertrauten Sinns ohnehin auf der Hand. Die kulturelle Aufmerksamkeit für die korresponsive Artikulation der Natur entstammt einem menschlichen Bedürfnis nach Sinnzusammenhängen, die weder das Ergebnis instrumentaler und funktionaler Ausrichtung noch einer feststehenden Interpretation des Daseins sind. Dieses Interesse verlangt nach Orten einer ungebundenen Anschauung des eigenen Lebens. Ein solcher Ort ist die korrespondierende Natur. Daß auch der dort gefundene Ausdruck wirklichen und möglichen Lebens sich genau besehen einem »Machen«, einer Leistung des menschlichen Wahrnehmungs- und Vorstellungsvermögens verdankt, ist zwar richtig, trifft aber das Entscheidende nicht. Denn dieses »Machen« ist ein Finden, das durch kein Erfinden, kein Herstellen, ersetzt werden kann. Nicht auf »stilvolle«, auf stil*lose* Korrespondenzen ist es aus. Das ist es, was die existentielle Schönheit oder Erhabenheit der Natur eine einzigartige Form der ästhetischen Korrespondenz sein läßt. Sie ist formende Variation und Überschreitung der lebensgestaltenden Kulturformen des Menschen. Aus der existentiellen Naturanschauung ergeht ein ästhetischer Imperativ an alle Formen der artifiziellen Gestaltung des Lebens: als Erzeugnisse stets auch Ereignisse zu sein. Zugleich ergeht aus ihr ein Imperativ an die Form existentieller Lebensentwürfe selbst: die Sinngestalten der Welt nicht nur nach dem eigenen Entwurf, ebenso den eigenen Entwurf am Sinngeschehen der Welt zu bemessen. In ihrer zweiten Dimension ist die ästhetische Natur Gestalt und Korrektiv geschichtlich entworfenen Lebens.

Naturkorrespondenz ist also nicht nur eine mit »problematischer« Natur, sie ist ihrer Natur nach problematisch, sie steht in unentschiedenen und veränderlichen Möglichkeiten der Gestaltung des Lebens. Das Problem dieser Korrespondenz ist schlechterdings unausweichlich. Im Unterschied zu den anderen ästhetischen Einstellungen gehört dieses ästhetische Naturverhältnis der alltäglichen Einstellung zur Natur selbst an. Zwar wird immer wieder behauptet, denen, die ihr Leben in einem Arbeitsverhältnis mit der Natur verbringen – Bauern, Jägern, Sammlern, Holzarbeitern, selbst dem Brechtschen Schreiner – stünde eine ästhetische Einstellung zur Natur gewissermaßen von Berufs oder

Bedarfs wegen ganz fern.[35] Das mag für die *anderen* ästhetischen Natureinstellungen so sein. Was das existentielle Verhältnis betrifft, spricht alles für die gegenteilige Vermutung. Kein Angehöriger einer entwickelten menschlichen Kultur ist der Natur so eng verbunden, daß er sie nicht wenigstens korresponsiv wahrnehmen könnte, ja müßte. Unkontemplativ kann man leben, unkorresponsiv dagegen nicht.[36] Somit ist die korresponsive Einstellung zur Natur unter allen die *naheliegendste* unserer ästhetischen Einstellungen zur Natur – oder war es jedenfalls lange Zeit, bevor das Medienzeitalter die kunstbezogene Naturwahrnehmung, von der das nächste Kapitel handeln wird, zur »natürlichsten« hat werden lassen.

4. *Metaphysik und Ideologie der Korrespondenz*

Die Korrespondenz mit Natur, so wie hier beschrieben, ist aus mythischen, magischen und animistischen Zusammenhängen herausgetreten und zur anschaulichen Gegenwart geschichtlicher Lebensmöglichkeiten geworden. Wie der ästhetische Begriff der Kontemplation bedarf derjenige der Korrespondenz einer zusätzlichen Erläuterung, die das Gesagte gegen ein abweichendes Verständnis verteidigt. Diesmal haben wir es mit einer doppelten Frontstellung zu tun. Den einen ist die Beschreibung der wirkenden Gestalten der Natur viel zu profan, den anderen ist sie noch lange nicht profan genug. Beide Gegenpositionen aber verfehlen den Grundsachverhalt ästhetischer Korrespondenz. – Wie bisher werde ich mich mit gelegentlichem Seitenblick auf die häßliche und die erhabene an der schönen Naturkorrespondenz orientieren.

35 Z. B. Adorno (1973), 102, Ritter (1974); differenziertere Betrachtungen bei Simmel (1957) u. Groh/Groh (1989).

36 Auch nicht in allein künstlichen Korrespondenzen; vom Scheitern dieses Versuchs handelt J. K. Huysmans so dekadenter wie dekadenzkritischer Roman »Au Rebours«.

a) Sein oder Schein?

Die Gestaltungen der Natur korrespondieren der Gestaltung des menschlichen Lebens: die Frage ist, wie diese Korrespondenzgleichung gelesen werden soll. Wer sie strikt von links liest, dem erscheint die Natur als sprachliche oder sprachähnliche Ordnung, die in der ästhetischen Wahrnehmung verstanden sein will. Wer sie strikt von rechts liest, dem ist die ästhetische Beredtheit der Natur lediglich eine Fiktion, die dem Sinnbedürfnis des Menschen entspringt. Beide Lesarten läßt die Grundformel zu: schöne Natur entweder als offenbares teleologisches *Sein* oder aber als willkürlich erzeugter *Schein*. Keine von beiden halte ich für plausibel. Die Schönheit der korrespondierenden Natur ist weder Ausdruck eines teleologischen Seins noch eines illusionistischen Scheins, sie ist *werthaftes Sein*.

Daß die ästhetische Korrespondenz der Natur kein Schein ist, können wir uns durch die Erinnerung an die Art ihres Ausdrucks leicht klarmachen. Die »Heiterkeit« einer Seelandschaft ist kein Charakter, der ihr vom willkürlichen Spiel unserer Phantasie eingegeben wäre und erst recht nicht etwas, das nur wahrgenommen werden könnte, wenn wir uns vorstellten, die Landschaft sei ein Subjekt, das nun gerade heiter gestimmt ist. Den mächtigen und schroffen »Dent du Midi« (eigentlich ein Plural: »*Dents* du Midi«) sieht Rosa Luxemburg nicht wie jemanden, der mächtig und schroff ist, sie nimmt ihn als mächtiges und schroffes Massiv wahr, das der Landschaft den Charakter des Heiteren-angesichts-des-Schroffen verleiht. Trotzdem können einzelne Naturgegenstände so wahrgenommen werden, als ob sie »Charaktere« im engeren, personalen Sinn wären. Aber diese Wahrnehmung ist nur eine unter anderen Formen der Korrespondenz und keine, die konstitutiv für sie wäre. Ihr Gegebensein ist nicht an die Fiktion einer kommunikativen Beziehung zur Natur gebunden.[37] Zwar reden wir oft

37 Zumal für die korresponsive Wahrnehmung von Tieren, vieler Tierarten jedenfalls, scheint das eine sehr starke Behauptung. Zweierlei aber ist zu beachten. Erstens bestreite ich nicht, daß die personalisierende Wahrnehmung von Tieren eine ebenso übliche wie naheliegende Form dieser Wahrnehmung ist; sie ist nur, wie ich meine, auch im Verhältnis zu Tieren für ein korresponsives Bewußtsein nicht notwendig. Zweitens, und wichtiger, ist das kommunikative Verhältnis zu Tieren nicht notwendigerweise eine *Fiktion*. Wir können mit Tieren in einer ganz unmetaphorischen (allerdings der

so, daß wir sagen, es sei die Landschaft, die Luxemburgs Bedürfnissen labend »entgegenkomme«; genaugenommen aber verhält es sich so, daß Luxemburg die Gegend am Genfer See als eine wahrnimmt, die ihren Bedürfnissen anschaulich gemäß ist. Das gilt auch dann, wenn das betreffende Bedürfnis erst von dieser Gegend »geweckt« worden ist: es hat sich in der Begegnung mit ihr entwickelt. Was wir im Wahrnehmen von Ausdruckscharakteren dieser Art erfahren und was wir mit expressivem und atmosphärischem Vokabular beschreiben, sind nicht Absichten oder Stimmungen der Natur, ist auch nicht der Schein solcher Absichten und Stimmungen, es ist unsere eigene affektiv erschlossene Lebens- und Erlebensmöglichkeit in und mit der Natur. Wir sehen die Natur nicht *als ob* sie expressive Qualitäten habe, wir sehen sie *als* eine, die solche Qualitäten hat. Wir sehen die Natur in ihrer Bedeutung für *unser* sinnlich-seelisches Sein.[38]

Dieses Wahrnehmen-als ist weder das Resultat einer Deutung noch eines Verstehens der Natur. Mein Sinn für die Heiterkeit der Seelandschaft ist nicht Vorstufe oder Ergebnis einer Interpretation der Natur, etwas, was sich als Resultat einer »denkenden Betrachtung« einstellen würde, es entspringt der Fähigkeit eines artikulierenden Empfindens und Entdeckens. Soweit dabei überhaupt von einem Verstehen die Rede sein kann, ist es nicht die Natur, die hier verstanden wird, es ist meine Situation in und mit der Natur, die in ein anschauendes Verstehen rückt. Da ist keine Sprache, keine Aktion der Natur, die es zu verstehen gelte (weil sie uns etwas zu verstehen gäbe). Daß die Natur uns sinnhaft entgegen-»kommt«, heißt einfach, daß sie uns »entgegen«, daß sie uns günstig ist. Diese Natur *ist* artikuliert, aber nicht *sie* artikuliert. Der korresponsive Ausdruck der Natur ist nichtintentionaler, nichtsprachlicher Ausdruck.

Im Schritt von der ausdruckhaften zur eigensprachlichen Natur geschieht der Übergang von der Analytik zu einer *Metaphysik* der

zwischenmenschlichen Verständigung gegenüber abkünftigen) Bedeutung kommunizieren – freilich nur mit denen, die mit uns leben. Auch dieses Verstehen also ist kein direktes Verstehen »der Natur«, sondern, wie ich gleich sagen werde, eine besondere Art des Verstehens der menschlichen Situation *mit* der Natur. Um Wittgensteins Satz abzuwandeln: Wenn wir mit dem Löwen leben könnten, verstünden wir ihn auch.

38 Ähnlich Kutschera (1988), 65f. u. Tormey (1971).

Korrespondenz. Deren Grundannahme ist, daß die Natur *selbst*, für sich genommen, als ein sinn- und zeichenhafter Korrespondenzzusammenhang aufzufassen sei, also einen inneren, einen absoluten Sinn besitze. Die mittelalterliche Lektüre der Natur als des zweiten Buchs Gottes und Jakob Böhmes mystische Theologie der »signatura rerum« sind die bekanntesten Versionen. In späteren Versuchen lebt diese Vorstellung weiter. Hamann, Friedrich Schlegel und Novalis haben ihr einen neuen Sinn gegeben, Schelling hat aus ihr den Gedanken eines poetischen Subjekts der Natur gewonnen, Schopenhauer stellt sie in den Dienst seiner Theorie der Kontemplation, gegenwärtige, um eine neue Ethik der Natur bemühte Autoren haben sich von ihr beeindrucken lassen.[39] Über alle Unterschiede hinweg kommt hier etwas zum Vorschein, was man metaphysische Solidarität nennen könnte – die Metaphysik der Korrespondenz und die der Kontemplation bedienen sich derselben Figur. Offenbarung soll es sein, was die Natur dem Menschen anziehend macht. Und zwar: Offenbarung einer irreversiblen sinnhaften Ordnung (oder Richtung, Potenz) der Natur, die zwar vom Menschen mißachtet und vielleicht zerstört werden kann, die aber selbst keiner Wandlung unterliegt. Ästhetische Korrespondenz verliert in diesem Modell ihren problematischen und geschichtlichen Sinn; alles, was hier problematisch ist, ist das Erkennen und Anerkennen der sinnhaften Natur, nicht ihr sinnhafter Ausdruck selbst. Naturkorrespondenz wäre demnach sinnlicher Kontakt zu zeitlosem Sinn. Wenn jedoch unsere Beobachtungen richtig waren, trifft es nicht zu, daß sich die Erfahrung sinnhaft artikulierter Natur notwendigerweise als ein Verstehen vollzieht. Die Erklärung der schönen Beredtheit der Natur für den Menschen braucht nicht die Annahme einer zeitlosen eigenen Sprache der Natur.[40] Nicht einmal die eines notwendigen Scheins solcher Sprache. In-

39 Meyer-Abich (1986), 97ff., 128ff., 265; H. Böhme (1988), 38-66; G. Böhme (1989), 52ff. u. 121-138; zur Lippe (1988), 55ff.; v. a. Spaemann (1980) u. ders. (1987), bes. 157ff., wo das teleologische ausdrücklich mit einem semiotischen Sein der Natur zusammengedacht wird: die Rede *über* Naturgegenstände ist nach Spaemann nur möglich als Artikulation der intentionalen Artikulation dieser *Gegenstände*, nicht etwa nur ihrer für uns gegebenen Artikuliertheit. – Zur Geschichte des Topos vom Buch der Natur s. Blumenberg (1981).

40 Zum Dilemma der – romantischen oder nachromantischen – Restitution absoluter Naturkorrespondenz s. a. Marquard (1987b), 179ff.

teressanterweise war es ja die Zurückweisung der Annahme eines Sinn-*Scheins* der Natur, die uns zur Zurückweisung der Metaphysik ihres Sinn-*Seins* geführt hat. Darum muß die These vom Scheincharakter der korrespondierenden Naturschönheit als eine falsche Zurückweisung der These ihres Sprachcharakters eingeschätzt werden. Sie teilt selbst noch die Prämissen der von ihr verworfenen Position. Sie nimmt an, daß die korrespondierende Natur wenn eben nicht als Sein, so doch als Schein eines sprachlichen Gegenübers aufgefaßt werde. Sie hält an der Idee der Natur als einer eigenbedeutsamen Ordnung fest, sie streicht nur den Glauben an die Realität dieser Ordnung. Sie übernimmt die Konstruktion, sie verneint die ontologische Deutung. Die allgemeine Theorie des Korrespondenzscheins ist negative Metaphysik der schönen Natur.[41]

Obwohl der korresponsive Ausdruck der Natur nicht als Schein wahrgenommen werden muß und auch nicht generell so wahrgenommen wird, *kann* er doch andererseits als solcher wahrgenommen werden, ohne daß dafür sinnliche oder übersinnliche Täuschung verantwortlich wären. Darauf bezieht sich Wittgensteins Notiz: »Wenn Menschen eine Blume oder ein Tier häßlich finden, so stehen sie immer unter dem Eindruck, es seien Kunstprodukte. ›Es schaut so aus, wie ...‹, heißt es dann. Das wirft ein Licht auf die Bedeutung der Worte häßlich und schön.«[42] Die Betonung liegt auf dem Wort »häßlich«; nur dann, meint Wittgenstein, wird Natur als ausgesprochen unschön empfunden, wenn sie aussieht wie ein mißgestaltetes menschliches (insbesondere künstlerisches) Produkt. Zwar ist Wittgensteins Bemerkung durchaus voreilig; die Natur kann auch auf andere Weise häßlich sein; und genausogut kann sie schön erscheinen, weil sie wie ein *wohlgestaltetes* menschliches Produkt aussieht. Trotzdem ist hier eine wichtige Dimension der korresponsiven Naturerfahrung gesehen. Es gibt Edeltannen, die aussehen, als wären sie aus Plastik, Bäume, die aussehen wie Vogelscheuchen, Steine, die aussehen, als wären sie vom Menschen geformt und geschliffen, Blätter, deren symmetrische Äderung wie am Reißbrett entworfen scheint. Hier ist das Sehen-als

41 Die Auffassung des irreversiblen Scheincharakters aller (naturhaften oder artifiziellen) ästhetischen Korrespondenz vertritt z. B. Bubner (1989), 126f., 134, 150.

42 Wittgenstein (1977), 29.

tatsächlich ein Sehen-als-ob. Zu unserem Vergnügen oder Mißbehagen überrascht uns hier die Natur, weil sie aussieht wie ein künstliches Produkt: sie gefällt oder mißfällt im Schein einer teleologischen Ordnung.

Kants Formel hierfür ist »Zweckmäßigkeit ohne Zweck«.[43] Natur ist schön, sagt Kant, wenn sie erscheint, als ob sie zweckhaft organisiert wäre, obwohl sie es nicht ist. Kant argumentiert insofern traditionell, als er Naturschönheit als Anwesenheit teleologischer Gestalten deutet; sein revolutionärer Schritt jedoch war, diese Anwesenheit nicht nur als schönen Schein, sondern als etwas zu deuten, das schön ist, *weil* es Schein ist. Allerdings war es für Kant noch selbstverständlich, daß die Natur in solchem Teleologie-Schein als *schön* erscheint. So ist es aber nicht länger, sobald das Teleologische, das da am Scheinen ist, nicht unbedingt im Licht einer übernatürlichen Ordnung, sondern ebensogut als Schatten menschlichen Wirkens aufgefaßt werden kann. Dann wird auch der Teleologie-Schein schöner *oder häßlicher* Schein. Als schön nämlich erscheint der teleologische Schein nur dann, wenn das, was aussieht, als wäre es von Gott oder vom Menschen gemacht, auch aussieht, als wäre es für ihn, als wäre es über alles bloß Nützliche hinaus zugunsten seines Wohlbefindens und Wohlgefallens gemacht. Die schattige Lichtung erscheint uns »wie geschaffen« nicht nur als Ort zum Ausruhen, sondern als Ort der Ruhe. Sie ist schön, weil sie nicht nur *nach* einem intentionalen Entwurf, sondern wie für den Menschen, d. h. nach einem guten – menschlichen oder göttlichen – Entwurf geschaffen scheint. Wenn aber der Plan, aus dem die Natur geboren scheint, kein guter Plan war, wird sie häßlich, wird sie wie gegen den Menschen gemacht erscheinen. Jedoch: daß die Natur im Reichtum konvenienter oder abweisender Gestalten erscheint, daß sie auf diese Weise zu Gunsten oder zu Ungunsten des Menschen *ist*, muß keineswegs so erfahren werden, als sei sie zu seinen Gunsten *geschaffen.* Selbst dann, wenn Naturgegenden, wie heute vielfach der Fall, nach menschlichem Plan geschaffen *sind*, erscheint ihre Schönheit oft weniger in der sichtbaren Reproduktion dieses Plans als vielmehr in seinem Zurücktreten oder Verschwinden. Wenn aber der Plan oder seine Ausführung schlecht war, erscheint er als Plan – und dies ohne allen

43 Zu weiteren Bedeutungen dieser Formel s. Seel (1990).

fingierenden Schein. Wenn etwas an der These vom *unumgänglichen* Scheincharakter heutiger Naturwahrnehmung ist, so dies: daß Natur, um als Raum lebendiger Korrespondenzen wirken zu können, so scheinen muß, als sei da *kein* Plan, *kein* ordnender Geist, *kein* städtisches oder staatliches Amt am Werk gewesen und weiterhin am Werk. Das werthafte Sein der Natur, so wäre demnach zu sagen, ist das Produkt ihres anti-teleologischen Scheins. Wie wir später (im 3. Abschnitt des IV. Kapitels) noch sehen werden, ist das nicht vollkommen verkehrt. Dennoch ist auch diese These überzogen. Erstens wäre es absurd anzunehmen, jedes vom Menschen in Gang gesetzte Aussehen heutiger Natur sei – auch nur annähernd – einem rationalen Plan entsprungen. Zweitens, selbst wo die Natur tatsächlich eine auf Korrespondenzen hin gemachte ist, sind ihre Korrespondenzen noch lange nicht gemacht. Es ist ja nicht so, daß die gelungen kultivierte Natur – von Parks, Uferanlagen oder Feldern z. B. – scheint, als wäre sie nicht kultiviert, schön ist sie, weil sie trotz und in dieser Kultivierung aus nicht verfügten Formen lebt. Drittens ist Korrespondenzerfahrung auch und gerade da möglich, in Hochgebirgen, Wüsten, Steppen, im Dschungel, auf Meeren, wo sich ihre Formationen keiner menschlichen Gestaltung verdanken. Folglich ist es unzulässig, den Begriff der Naturkorrespondenz an diesen Anti-Schein zu binden, da er genauso wie der teleologische keine konstitutive Bedingung ihres Gegebenseins ist. Außerdem dürfen wir die erhabene Korrespondenz nicht vergessen. So sehr es für die im engeren Sinn schöne Natur zutrifft, daß sie Elemente des teleologischen oder auch anti-teleologischen Scheins enthalten kann, die erhabene ist stets ein Durchbrechen jeglichen Scheins. Den teleologischen Schein durchbricht sie, indem sie sich inkommensurabel zu menschlicher und göttlicher Ordnung verhält.[44] Den anti-teleologischen Schein durchbricht sie – deswegen. Wo sich Natur in (noch) unbekannter Bedeutung aus dem anthropomorphen Leben ihrer Bedeutungen erhebt, da *ist* sie – da ist kein Platz für den Schein, sie *wäre* – Natur.

44 Die klassische Interpretation ist natürlich, daß sich Natur als Zeichen der göttlichen inkommensurabel zur menschlichen Ordnung verhält.

b) Wo Milch und Honig so real wie symbolisch fließen

Auch diesmal ist das begriffliche Argument der *Unnötigkeit* der Annahme eines semiotischen und teleologischen Seins der Natur ebenso wie das der *Abkünftigkeit* ihres Scheincharakters zugleich ein normatives Argument. Die Erfahrung der korrespondierenden Natur, so meine ich, ist um vieles reicher, wenn sie nicht von der positiven Metaphysik des Seins oder der negativen des Scheins angeleitet ist, wenn ihre sinnhafte Artikulation als nichtmenschliche Gestalt menschlicher Praxis anerkannt wird. Wie im vorigen Kapitel werde ich das normative Argument auch hier noch nicht vollständig ausführen können; wie dort stütze ich mich zunächst auf die deskriptive Annahme, daß die in Rede stehenden Phänomene mit den hier entwickelten Begriffen besser als üblich beschrieben werden können. Nur ein profaner, jenseits positiver wie negativer Metaphysik gehaltener Begriff der Korrespondenz, so nehme ich an, kann als Grundbegriff aller ästhetischen Korrespondenzerfahrung dienen. Alle nicht oder nicht nur profanen Formen der korresponsiven Naturwahrnehmung stellen sich so gesehen als Sonderformen einer Erfahrung dar, die im strikten Sinn beides: *ästhetische* und *Korrespondenz*erfahrung ist.

Auffallend an den metaphysischen Theorien ist gerade, daß sie sich einem solchen strikten Begriff der Korrespondenz verweigern. Sie lassen den Unterschied zwischen ästhetischer Korrespondenz und theoretischer Kontemplation verschwimmen. Insoweit herrscht die erwähnte »metaphysische Solidarität«. Im Rahmen starker Korrespondenztheorien freilich hat dieses Verschwimmenlassen eine besondere, gegen den Ansatz dezidiert kontemplativer Theorien gerichtete Pointe. Alle Kontemplation wird ihnen zum Sonderfall der Korrespondenzwahrnehmung. Korrespondenz wird zur primären, gleichsam werktäglichen Gegenwart dessen, was am Sonntag der Kontemplation in reiner und unbedrängter Schau zugänglich ist. Die lebensweltliche Beredtheit der Natur wird als das alltäglich-situative Gegenwärtigsein jenes inneren Sinns gedeutet, den die elitäre Praxis der Kontemplation in situationsloser Schau isoliert. Die Auffassung, daß es anders nicht sein kann, werde ich *Ideologie der Korrespondenz* nennen. Daß solche Ideologie keine Angelegenheit versunkener Epochen ist (deren Entlarvung als »Ideologie« einigermaßen töricht wäre), möchte ich im Blick auf einen Autor in Erinnerung rufen, der wie kaum ein anderer in diesem Jahrhundert für die Weigerung steht, die Naturphilosophie der Philosophie der Naturwissenschaften zu überlassen. Ernst Blochs Abhandlung über das »Prinzip Hoffnung«, aus dem ich einige Schlüsselpassagen herausgreife, steht aber für eine noch viel stärkere Intuition – daß die Hoffnung auf eine vernünftige Gesellschaft gleichbedeutend ist mit der auf eine vernünftige Natur.

Interessant ist Bloch zunächst deshalb, weil seine Ästhetik der Natur die beiden feindlichen Standpunkte der positiven und der negativen Metaphysik der Korrespondenz zu *einem* philosophischen Entwurf verbindet. Nichts anderes ist der Grundgedanke der Ästhetik des »Vorscheins«: die schöne Natur ist weder das Sein noch der Schein einer sinnhaften Wirklichkeit, sie ist Vorschein ihres künftigen sinnvollen Seins. Bloch führt diese These am Beispiel des Kunstschönen ein; da das Kunstwerk den Vorscheincharakter alles Wirklichen aufleuchten läßt, ist ein direkter Bezug zur Theorie der »ästhetisch qualitativ erfaßbaren« Natur[45] gegeben. »Die Dichtung hat kraft ihres Bildcharakters die Symbolgegend des real Möglichen deutlicher erfaßt als die bisherige Philosophie, aber die Philosophie nimmt diese Gegend mit der Strenge des Begriffs und dem Ernst der Zusammenhänge auf. Beide aber, realistische Dichtung wie Philosophie, eröffnen: die Welt ist selber voller Realchiffren und Realsymbole, voller ›signatura rerum‹ im Sinn zentral bedeutungshaltiger Dinge. Sie weisen in dieser ihrer Bedeutsamkeit ganz realiter auf ihre Tendenz und Latenz von ›Sinn‹, von einem den Menschen und seine Angelegenheit möglicherweise einst ganz empfangenden.«[46] Für Bloch ist die schöne Natur nicht eine Gegend allein, die der menschlichen »Angelegenheit« gestaltend entgegenkommt, sie ist Zeichen dafür, daß der Prozeß der Welt auf eine Wirklichkeit zielt, in der die Menschen mit ihren Bedürfnissen und Entwürfen versöhnend »empfangen« würden. Die Qualitäten des Naturschönen sind demnach »einzig Chiffren eines noch realutopischen Inhalts«.[47] Schöne Natur ist Offenbarkeit einer *gemeinsamen* teleologischen Richtung, einer komplementären »Zielperspektive«[48] in menschlicher Geschichte und naturhafter

45 Bloch (1959), 1588.
46 Ebd., 277.
47 Ebd., 1569.
48 Ebd.

Welt. »Das unter dem höchsten Gut Gedachte, das früher Gott hieß, dann Reich Gottes, und schließlich das Reich der Freiheit ist, macht nicht nur das Zweckideal der menschlichen Geschichte aus, sondern auch das metaphysische Latenzproblem der Natur.«[49]
Die ausladende und auch differenzierende Durchführung, mit der Bloch sein abenteuerliches Programm versieht, ist an der folgenden Sequenz gut ablesbar. »Anima mea, diese Geburt und Zuflucht des seiner bewußten Existierens, lebt auch am Herd des Objekts; auch dort ist ihr Unendliches mit dem Endlichen zusammen. Wo es auf solche Art von Selbstbegegnung zugeht, hört das Sich-selbst-in-Existenz-Verstehen auf, Innerlichkeit zu bleiben, und die Außenwelt hört auf, gegen unsere dämmernde Wertangelegenheit unfreundlich, unwirtlich, unvermittelbar zu erscheinen. Ist im Inneren ein Universum auch, gar das einzige, worin der Mensch zu Hause sein könnte, so ist im Universum auch ein Inneres, und diese Korrelationsbegriffe (Innen-Außen, Subjekt-Objekt) verlieren bereits in der erfaßten metaphysischen Schwebung, nicht erst in der mystischen Blitz- oder Augenblickserfahrung, ihren distanzierten Sinn. Die Sprache des Sich-selbst-in-Existenz-Verstehens, im Hinblick auf den verlorenen oder neu geahnten Grundwert, ist in der moralischen wie ästhetischen, wie religiösen Selbstberührung, Selbsterforschung allemal lyrisch: aber es ist Lyrik über die Ränder der Subjektivität hinaus, ist Existenzerhaltung, Existenzformung mit einer Landschaft. Es ist diese äußere Landschaft selber, in der das Existieren über sich Aussagen findet, in der es Tauglichkeit zu Chiffren des gesuchten letzten Sinns und Wert finden mag.«[50]
»Sich-selbst-in-Existenz-Verstehen«, »Existenzformung mit einer Landschaft«, auch die Wendung von der »Aussage«, die wir in der landschaftlichen Natur über unser Existieren finden: das sind prägnante Bestimmungen der ästhetischen Korrespondenz zur Natur, von der Bloch im vorletzten Kapitel seines opus magnum spricht. Jedoch – es soll der »letzte Sinn« sein, der da ausgesprochen wird, die »Latenz der Natur« soll es sein, die sich in gleichnishaften »Realsymbolen«, in »objektiv-utopischen Archetypen« meldet, die alle die Chiffre »eines Summum Bonum an der Spitze« haben, de-

49 Ebd., 1566.
50 Ebd., 1580f.

ren Verständnis »das Amt einer neuen, einer materialen Zeichenlehre« wäre, der es darauf ankäme, »mit dem Menschen als Schlüssel, Natur – humanistisch zu dechiffrieren«, trotz der Schwierigkeit, daß die zu deutenden Dingsymbole »sich selber« – »und nicht etwa nur für die menschliche Erfassung« – »noch verhüllt« sind, aber immerhin: »Fingerzeige sind in Naturschönheit, Naturerhabenheit, Naturmythologie (...): und alle diese Zeugen und Zeichen konvergieren ebenfalls in Richtung auf eine *Endfigur.*«[51] Wenn das schon reichlich ein Kramladen letzter Angebote ist, das Entscheidende führt er nicht: die lebendige Gegenwart existentiell beredter Natur. Die Gegenwart des Naturschönen wird von Bloch planmäßig umgedeutet zum ontologischen Versprechen der Natur auf eine Zukunft, in der ihr Ausdruck nicht länger in der Resonanz mit zerbrechlichen Lebensentwürfen bestünde, sondern in der unverlierbaren Entsprechung zur gelungenen menschlichen Formung der Welt. Der Autor hat die richtigen Bestimmungen in der Hand, aber er läßt sie in der Hoffnung auf Höheres fallen, und mit sicherem – fast möchte man, in Erinnerung an Schopenhauer[52], sagen: philosophischem – Gang tritt er die Funken aus, in denen das Feuer alles Naturschönen glimmt: die gegen jede Erwartung einer »Endfigur« widerständige Zeitgestalt der problematischen Natur. Das Naturschöne darf nicht sein, was es ist, es ist verdammt zu scheinen, was es niemals sein kann: endgültig schön.

»Das Ziel aller höheren Religionen war ein Land, wo Milch und Honig so real wie symbolisch fließen; das Ziel des inhaltlichen Atheismus, der nach den Religionen übrigbleibt, ist genau das gleiche.«[53] So real wie symbolisch: wieder ist das eine bündige Wendung. Aber Bloch denkt dabei nicht an eine Natur, die Gestalt und Ausdruck *einer* Lebensvorstellung ist, er versteht diese Korrespondenz als Hinweis auf eine erlöste Welt, in der die Natur Gestalt und Ausdruck *des* vollkommenen menschlichen Lebens

51 Alle Zitate ebd., 1591 f.

52 Schopenhauer ist Bloch ein ziemlicher Greuel (vgl. ebd., 945 f. u. 1581 f.); trotzdem herrscht metaphysische Solidarität zwischen ihnen über den konkurrierenden Ansatz hinweg. Ist bei Schopenhauer die ewige Schönheit immer schon da, so wird sie bei Bloch immer erst noch. Integriert Schopenhauer Elemente der Korrespondenz in die Theorie der Kontemplation, so bleibt die echte Kontemplation bei Bloch dem utopischen Sonntag des Lebens in einem »situationslosen Garten« (ebd., 1582) vorbehalten.

53 Ebd., 1550.

wäre. Im Grunde ist dies das Programm der globalen Remythisierung der Welt. Kaum anders könnte sie geschehen als durch realen wie symbolischen – Zwang.[54] Es ist schwer zu sehen, wie eine Natur, die zur Instanz dieser einen feststehenden Form des Lebens würde, allgemein als schön erfahren werden könnte. Sie wäre weder willkommen fremd und noch überraschend beredt, sie wäre das immer gleiche öde Mal der »absoluten Wahrheit«.[55] Trostloses Eden! Für dieses »Ithaka«[56] hätte Odysseus die Geliebte niemals verlassen. Strenggenommen ist Blochs Utopie der umfassend schönen die Vision einer umfassend häßlichen Natur. Ihr versöhntes Dasein schlösse das schwankende Dasein der Sterblichen aus. Dieses »Morgenland«[57] Natur läge in transsylvanischer Nacht. Nur Untote fänden da Heimat.

c) Die Natur ist kein Garten

Aber vielleicht dürfen wir Bloch so streng gar nicht auffassen. Vielleicht will Blochs Ideal einer »Allianz«[58] mit der Natur nur besagen, daß die schön korrespondierende Natur ein unverzicht-

54 Korrespondenz, die nicht unterbrochen werden kann, ist mythische Gewalt. Allerdings ist solches »Pathos des Singulars« nur eine Form mythischer Wirkung und mythischer Rede. In Sokrates' auf diverse Mythen anspielendem Lob des lauschigen Fleckchens ist von einer determinierenden Allmacht der personifizierten Natur nichts zu spüren. Das mythologische Vokabular ist hier schon das lebendige, prägnante, variable, schmückende und verspielte *expressive* Vokabular nachmetaphysischer Naturerfahrung. Soweit die mythologische Auslegung und Anrede der Natur »polymythisch« und im Ethos des Plurals spricht, ist sie weitgehend ein Medium ästhetischer Entdeckung der menschlichen Lebensform Natur. Arbeit an *diesem* Mythos ist ein guter Teil der erinnernden und erfindenden Arbeit an einer Sprache – nicht der *Natur*, sondern – der beziehungsreichen *Wahrnehmung* korresponsiver Natur. – Zwischen »monomythischer« und »polymythischer« Welt unterscheidet Marquard (1981), 97ff.; vom (monomythischen) »Pathos des Singulars« spricht Schnädelbach (1989), 23; daß mythisches Erzählen in der Funktion der Distanzierung mythischer Gewalt stehen kann, legt Blumenberg (1971), daß die Arbeit am Mythos darum nicht abzuschließen ist, legt Blumenberg (1979) dar.

55 Ebd., (1959), 277.

56 Ebd., 1593.

57 Ebd., 1601.

58 Ebd., 813.

bares Modell für die Gestaltung der menschlichen Lebensverhältnisse im ganzen ist; vielleicht ist es nur konsequent, an der Qualität des Naturverhältnisses die Qualität gesellschaftlicher Verhältnisse zu messen. Dann muß freilich auch das Umgekehrte gelten: daß sich die Qualität des Naturverhältnisses an der Qualität des in ihm gegebenen gesellschaftlichen Verhältnisses bemißt. Natur und Gesellschaft unterliegen dann einem gemeinsamen Maßstab: inwieweit sie dem Menschen – mit dem Schlußwort aus »Prinzip Hoffnung« – eine »Heimat« des guten Lebens eröffnen. In diesem Sinn plädieren Gernot und Hartmut Böhme heute in gebremster Anknüpfung an Bloch für eine »ökologische Naturästhetik«, die »künftig unter dem Ideal einer Natur als Garten zu einer Humanisierung der Natur beitragen« soll.[59] Warum nicht die schöne Natur als heimatliche und die erhabene als Ahnung einer heimatlichen verstehen? Warum nicht das ästhetische Naturverhältnis, das ja immer ein kulturelles und gesellschaftliches ist, auch als kulturelle und gesellschaftliche Aufgabe begreifen – als Aufgabe einer humanen *Gestaltung* der Natur, die sich zum Ziel setzt, »Natur als Natur« hervorzubringen, »damit sie um so deutlicher von sich her auf den Menschen zukäme«?[60] Warum also nicht die metaphysische Teleologie der Natur in eine soziale (und politische) Zielsetzung verwandeln und sagen: Sinn der ästhetischen Natur kann nur der menschliche sein, in ihr einen Raum des realen und symbolischen Wohlseins zu erhalten oder überhaupt zu gewinnen?[61]

Das ist alles sehr vernünftig – aber es hat seinen ästhetischen Preis. Zum einen ist diese Position auf der Basis einer Ideologie der Korrespondenz formuliert. Das korresponsive Naturverhältnis wird zum einzig wahren Naturverhältnis stilisiert.[62] Zweitens kann nur die schöne, nicht aber die erhabene Korrespondenz die Norm einer »ästhetischen Einrichtung der Erde«[63] sein: auch der (englische) Garten- oder Landschaftskünstler, der nach dem Vorbild der Malerei »erhabene« Ansichten und Orte komponiert, schafft ge-

59 G. Böhme (1989), 95; vgl. ders. (1984c) u. H. Böhme (1988), 33ff., 45f., 55ff.
60 G. Böhme (1989), 94.
61 Vgl. G. Böhme (1984c) u. H. Böhme (1988), 29ff.
62 Ausdrücklich bei G. Böhme (1989), 92ff.; vgl. ders. (1985), 192-207.
63 H. Böhme (1988), 32.

mäß unserer Definition doch nur *schöne* Korrespondenzen – die so gehegte Natur wird Ausdruck einer »wilden« *Konzeption* von Natur, also das Gegenteil einer wirklich erhabenen Naturgegend sein.[64] Drittens droht das Programm einer ästhetischen Humanisierung der Natur die Differenz zwischen artifiziellen und naturwüchsigen Sinngestalten zu verwischen. Zwar betonen Hartmut und Gernot Böhme, daß es gerade darauf ankomme, eine naturwüchsige, eine natura naturans zu erarbeiten, sie machen es zur Idee ihres Gartens, daß die Natur dort Natur sein kann; aber natürlich gehört es zur Idee der humanisierten Natur, daß die Natur nurmehr in bestimmten Formen Natur sein darf: gemäß den Lebensbedürfnissen des Menschen schön-und-gut soll sie sein, nicht häßlich, nicht erhaben – oder erhaben höchstens als Vorschein einer neuen Übereinstimmung mit ihr. Ihre Hoffnung ruht auf der Wiederbelebung der ökologischen Hoffnung des jungen Marx, der über die Zukunft des Menschen in einer nicht entfremdeten Wirklichkeit schreibt: »Erst hier ist ihm sein *natürliches* Dasein sein *menschliches* Dasein und die Natur für ihn zum Menschen geworden. Also die *Gesellschaft* ist die vollendete Wesenseinheit des Menschen mit der Natur, die wahre Resurrektion der Natur, der durchgeführte Naturalismus des Menschen und der durchgeführte Humanismus der Natur.«[65]

Wie gesagt, das ist alles sehr vernünftig – nur ist die ästhetische und soziale Norm der harmonischen Korrespondenz zwischen Mensch und Natur hoffnungslos partial; sie verliert ihre ganze Plausibilität, wo diese Partialität verkannt wird. Die Norm kann nur lauten: daß es *immer auch* harmonische und vom Menschen zur Harmonie der schönen Korrespondenz eingerichtete Natur geben sollte. Ohne diese Einschränkung wird die »ökologische Naturästhetik« zum Programm einer doppelten Sterilisierung des Naturschönen.[66] Das Schöne, dem nicht der Kontrast zum Häßlichen und wenigstens ein Keim des Erhabenen innewohnt, ist nur halb so schön; erst recht wäre eine Natur, wäre sie nach menschlichen, wie immer an der Natur aufgefundenen Normen der Schön-

64 Zu dieser und anderen Paradoxien des englischen Gartens vgl. Gebauer (1983).

65 Marx (1974), 538.

66 Mehr noch: des *korrespondierenden* Naturschönen – ganz zu schweigen von den beiden anderen Dimensionen.

heit gestaltet, nur noch der Wintergarten einer in sich selbst verliebten Kultur. Würde die Natur vollends zum Garten des Menschlichen, sie wäre es nicht mehr. Das Argument, das an dieser Stelle immer auf den Plan tritt: daß die Natur dieser Erde ja längst eine Kulturlandschaft sei, ein einziger, allerdings kläglich angelegter, achtlos gepflegter, verantwortungslos genutzter Garten, daß also dem Menschen gar nichts anderes übrig bleibe, als die verbliebene Natur wie einen Garten zu hegen – dieses Argument verfängt in keiner Weise. Nicht weil die Rede vom Garten der Natur ein biblischer Euphemismus ist, sondern weil eine starke oder schwache kulturelle Berührung der Natur *seit jeher* Voraussetzung allen ästhetischen Naturverhältnisses ist. Daß die Prägung durch den Menschen immer stärker wird, *mildert* nun aber nicht die ästhetische Differenz der Natur, sie *verstärkt* sie gerade; je stärker die Natur von menschlichen Eingriffen durchwachsen oder aus ihnen hervorgegangen ist, desto wichtiger wird das, was an ihr Natur und nicht Veranstaltung ist. Es wäre fatal, diese Differenz, wo sie noch spürbar ist, durch die generelle Norm einer Veranstaltung der Natur nach menschlichem Bilde – auch das menschliche Bild der freien Natur ist ein menschliches Bild! – zu verkleinern oder zu tilgen. Die Norm der Naturerhaltung darf nicht nur die der schönen Zusammenstimmung mit dem menschlichen Dasein sein. Man kann nicht einerseits die Anerkennung des Fremden der Natur und andererseits eine totale Ästhetik des Gartens predigen.[67]

Wenn Natur, das sogenannte Andere der Vernunft, zur neuen Heimat einer besänftigten Vernunft werden soll, so ist das nur eine neue Überanstrengung der Möglichkeit menschlicher Vernunft. Der Marxsche Satz: »Ich kann mich praktisch nur menschlich zu der Sache verhalten, wenn die Sache sich zum Menschen mensch-

67 Auch Meier-Abich (1986) hält »den Garten für die Keimzelle einer Erneuerung unserer Kultur« (267), mit der denkwürdigen – für einen Physiozentriker sonderbar anthropozentrischen – Begründung: »Die Natur leidet, und sie leidet gerade darunter, daß nicht alles natürlich, sondern daß vieles nicht gut ist, was in der Sinnenwelt passiert. Vor allem das Verwildern, z. B. von Gärten, sollten wir nicht mehr ohne weiteres als natürlich gelten lassen. Sondern die Natur wirkt durch uns auf ein Ziel hin, das noch nicht erreicht ist. Auf diesem Weg zu einem Neuen Himmel und zu einer Neuen Erde soll auch die Menschheit ihren Beitrag leisten. Es liegt an uns, ob die Natur die Chance wahrnimmt, die sie in uns hat.« (134f.)

lich verhält«[68], ist der letzte, der einer unbefangenen Ästhetik der Natur angemessen ist. So sehr die Korrespondenzschönheit eine positive Gegenwelt zum Kampf mit der Natur und unter den Menschen ist, so sehr ist die erhabene Natur eine positive Gegenwelt zur Übereinstimmung des Menschen mit der Natur. Die Attraktion der korresponsiven Natur ist die *Spannung* zwischen diesen beiden Möglichkeiten. Versöhnung mit der Natur ist kein (allein) sinnvolles Ideal der ästhetischen Natur. Die Böhmes wollen die Natur doch wieder – in »sinnlich-sittlicher« Bedeutung – *natürlich* haben: als Spiegel einer neuen gesellschaftlichen Vernunft.[69] Dieses Natürliche aber ist zu künstlich, um den ästhetischen Tugenden der Natur im Unterschied zu aller artifiziellen Korrespondenz gerecht zu werden. Gerade vom korresponsiven Naturverhältnis muß gelten: Ästhetische Natur ist Kultur der Distanz zur Kultur.

5. *Das korresponsive Urteil*

Die ästhetische Korrespondenzwahrnehmung gilt der sinnhaften Welt, wie sie als gestaltete und gestaltende Lebensmöglichkeit des Menschen anschaulich ist. In der Natur findet sie Orte, wo das Gestaltete stets ein Gestaltendes ist; ihre Formen sind nicht gemacht, sie ereignen sich als Antwort auf intersubjektive Entwürfe des Lebens.

Was für Ereignisse das sind, wird zusätzlich an der Struktur des Urteils deutlich, mit der wir der korresponsiven Erfahrung Ausdruck geben. Ich beschränke mich ganz auf das Urteil über Natur. Dieses Urteil formuliert eine Stellungnahme zu ihrer Qualität als existentiell ausdruckhaftem Ort. Es spiegelt sich darin, wie uns die Natur begegnet, wenn wir in ihr eine zuvorkommende oder überbietende oder abweisende Antwort auf unsere Lebensvorstellungen sehen. Dieses Urteil ist ein dreipoliges Urteil. Der Wert des Erhabenen ist kein Mittelwert zwischen dem Häßlichen und dem Schönen, er ist neben dem Schönen ein irreduzibler zweiter Wert. Im Dreieck dieser Pole haben die Urteile der Korrespondenz eine

68 Marx (1974), 540.
69 Mit anderer Begründung dasselbe Programm vertritt Spaemann (1987).

polar-konträre Verfassung, die für Abstufungen aller Art offen ist. Sie ist auch für paradoxe Zuspitzungen offen: Natur kann nicht nur mehr oder weniger schön oder erhaben oder häßlich erscheinen, sie kann, wie die Beispiele Bernhards und Stifters gezeigt haben, in ihrer Häßlichkeit erhaben oder in ihrer Erhabenheit schön erscheinen.

Im Unterschied zum kontemplativen ist das korresponsive ein objektives Urteil: es sagt etwas Bestimmtes über seinen Gegenstand aus, es schreibt ihm Ausdruck und Charakter zu. Zusammen mit den Beschreibungen und Erzählungen, durch die es erläutert werden kann, gibt es eine werthafte Entdeckung kund. Daß eine Gegend diesen Charakter hat, daß ihre Gegenwart diesen Eindruck erzeugt, daß in ihr so gelebt werden könnte oder kann – das ist hier eins. Auf diese Verbindung kommt es im Sprechen über die »Existenzformung mit einer Landschaft« an. Daß dieses Urteil nicht anders als durch den Rückgang auf das subjektive Erleben in dieser Landschaft erläutert werden kann, untergräbt seinen intersubjektiven Anspruch nicht, da sich dieses Erleben seinerseits als Antwort auf die wirkende Gestalt der Landschaft versteht. Nicht eigentlich die Landschaft antwortet auf unser Erleben, wir sind empfänglich für das, was wir als Charakter und Atmosphäre der Landschaft entdecken.

Daß diese Entdeckung eröffnete oder verschlossene Lebensbereiche betrifft, verleiht dem korresponsiven Urteil einen besonderen Status. Es ist ein *exemplarisches Urteil.* Jede Aussage über die Korrespondenzqualität der Natur gibt zugleich einen Hinweis auf eine Vorstellung gelingenden Lebens, die diejenigen, die eine solche Aussage treffen, an der Natur bestätigt finden, an ihr gewonnen haben oder an ihr in Zweifel gestellt sehen. Die Aussage über die Qualität der Natur als erscheinender Lebensmöglichkeit ist zugleich ein Hinweis auf die Qualität der Lebensmöglichkeiten, die da erscheinen. Sie verweist damit indirekt auf die Art des existentiellen Entwurfs, in Verbindung mit dem die jeweilige Gegend als schön oder häßlich oder erhaben erscheint. Indem so von der Natur die Rede ist, ist von den Entwürfen die Rede, von deren Gehalt die korresponsiv aufgefaßte Natur anschaulich spricht. Nicht zufällig gehört es zur Struktur existentieller Entwürfe, daß sie in direkter Rede nur sehr unvollständig thematisiert und erläutert werden können und darum vor allem *exemplarisch* bedacht und verhandelt werden müssen.[70] Somit ist die korrespondierende Natur nicht nur ein verwirklichender Ausdruck möglicher Konzeptionen des Lebens, nicht nur erscheint sie im Licht oder als Durchbrechung solcher Konzeptionen, sie *steht* auch *für* die Vorstellungen, als deren positiver oder negativer Widerschein bzw. erhabener Aufschein sie erfahren wird. Die Natur ist nicht nur beredt, sie ist auch ein ausgezeichneter Ort der Rede *über* das, wovon sie Ausdruck ist. Sie ist auch ein Ort des kommunikativen Austauschs, an dem die Menschen miteinander zur Anschauung bringen können, wofür es sonst wenig Anschauung gibt. Das ist eine weitere Bedeutung ihrer ästhetischen Korrespondenz.

70 Zur exemplarisch-kommunikativen Funktion des Ästhetischen s. Jauß (1977), 153ff.

III.
Natur als Schauplatz der Imagination

1. Der Schein der Kunst

a) Projektion

Ich werfe einen dritten Blick aus dem Fenster: vor mir liegt eine malerische Szenerie. Das Fenster wird zum Rahmen eines lebenden Bildes. Jetzt korrespondiert der See nicht mit dem Leben, er korrespondiert mit der Kunst. Gestern waren es Lorrain und Watteau, heute ist es erst Turner und dann Hodler, mit denen der See Zwiesprache hält. Daß es schöner ist, beim Anblick aus dem Büro den Bodensee vor Augen zu haben als etwa eine Autobahn, einen kümmerlichen Kiefernwald oder eine Baustoffhandlung, liegt nicht zuletzt daran, daß es in der Malerei mehr brillante Seestücke als Baustoffhandlungspanoramen gibt. Tag und Nacht ist die Seelandschaft für dieses kunstbezogene Wahrgenommenwerden empfänglich; es liegt in der Natur ihrer stetig wechselnden Erscheinung, Schauplatz eines projektiven Spiels mit ihren lebendigen Formen zu sein. Aber nicht nur auf erinnerte Seestücke spricht der See vor meinen Augen an; in Schnee, Eis und Nebel mögen es Werke von Piero Manzoni, im abendlichen Sommerdunst mögen es die Farbraumbilder Gotthard Graubners sein, die in der Bewegung des Sees erscheinen. Auch müssen es gar nicht Werke der Malerei sein, deren Kunst die scheinbare Kunst der Seelandschaft zum Vorschein bringt. Erneut kann ich das Fenster öffnen – und diesmal ein aus Naturlauten und (den von den Terrassen der Mensa herklingenden) menschlichen Stimmen komponiertes Hörspiel vernehmen oder aber, bei kühlerem Wetter und anderer Windrichtung, mich in das Außengeräusch versenken als wäre es meditative Musik. Trotz aller Vorbehalte gegen die real existierende Mainau nehme ich die Insel manchmal im Schmuck jener enthusiastisch metaphernüberwucherten Beschreibung wahr, die Jean Paul zu Beginn des »Titan« von der Isola Bella im Lago Maggiore gibt – dann bietet sie ihre sichtbaren Tugenden im Klang einer ganzen Sprache des Naturempfindens dar. Nicht zum romantischen Ort wird die Insel in dieser Betrachtung, sie wird zum romantischen Bild ihres Ortes. Die Natur erscheint im Zeichen, sie spricht die Sprache der Kunst. Es ist die dritte Attraktion der ästhetischen Natur, daß ihre Objekte und Szenerien wie Kunstwerke erscheinen, obwohl sie weder Kunst noch künstlich sind.

Allein in diesem Verhältnis entspringt die Schönheit der Natur mit Notwendigkeit einem ästhetischen Schein. Die ästhetischen Qualitäten, die sie hier entfaltet, entfaltet sie erst, wenn sie so wahrgenommen wird, als ob sie ein künstlerischer Formzusammenhang wäre. In dieser Wahrnehmung fassen wir die Natur nicht – wie in der kontemplativen – als pures Spiel der Erscheinungen auf, wir projizieren Stile und Gestalten der Kunst in ihr äußeres Leben. Hier spielen wir unser Spiel mit ihrem »Spiel«. Der Ausdruck, den die Natur dadurch gewinnt, ist nicht – wie bei der Korrespondenz – gestaltender Ausdruck der durch sie eröffneten Wirklichkeit des Lebens, er ist distanzierender Ausdruck künstlerisch dargestellter Verhältnisse des Lebens. Dieser Ausdruck kommt den Phänomenen der Natur nicht im Sinn expressiver Qualitäten tatsächlich zu, er ist ihr im Bewußtsein der Uneigentlichkeit dieses Sehens eingesehen. Schön ist diese Natur nicht als vorzüglicher Existenzraum, schön ist sie als unvergleichlicher Bildraum der Welt. Im dritten ästhetischen Verhältnis ist die Natur eine *Imagination der Kunst.*

Dennoch ist diese Natur nicht einfach ein Erzeugnis unserer kunstgebildeten Phantasie. *Daß* die Natur zum Schein der Kunst wird, ist Ergebnis unserer projektiven Einbildung; aber *was* für Bildungen die Natur im Zustand ihrer scheinhaften künstlerischen Beredtheit zeigt, ist niemals in der Gewalt der projektiven Wahrnehmung allein. Die Projektion der Kunst auf Natur erzeugt unkontrollierbare Bewegungen der Retrojektion. Die imaginativ im Zeichen der Kunst wahrgenommene Natur ist alles andere als ein bloßes Abbild der Kunst, sie ist Schauplatz einer einzigartigen Begegnung mit Formen und Möglichkeiten vergangener, gegenwärtiger und selbst künftiger Kunst. – Am 19. September 1800 schreibt Heinrich von Kleist aus Würzburg an Wilhelmine von Zenge:

»Zuweilen – Ich weiß nicht, ob Dir je etwas Ähnliches glückte, und ob Du es folglich für wahr halten kannst. Aber ich höre zuweilen, wenn ich in der Dämmerung, einsam, dem wehenden

Atem des Westwinds entgegen gehe, und besonders wenn ich dann die Augen schließe, ganze Konzerte, vollständig, mit allen Instrumenten von der zärtlichen Flöte bis zum rauschenden Kontra-Violon. So entsinne ich mich besonders einmal als Knabe von 9 Jahren, als ich gegen den Rhein und gegen den Abendwind zugleich hinaufging, und so die Wellen der Luft und des Wassers zugleich mich umtönten, ein schmelzendes Adagio gehört zu haben, mit allem Zauber der Musik und der ganzen begleitenden Harmonie. Es war wie die Wirkung eines Orchesters, wie ein vollständiges Vaux-hall; ja, ich glaube sogar, daß alles was die Weisen Griechenlands von der Harmonie der Sphären dichteten, nichts Weicheres, Schöneres, Himmlischeres gewesen sei, als diese seltsame Träumerei.«[1]

Wenn die »Weisen Griechenlands« über die Harmonie der kosmischen Natur Betrachtungen anstellten, verstanden sie dieses ihr »Dichten« als Form einer kontemplativen Erkenntnis objektiver Korrespondenzen in der und mit der Natur – und gewiß nicht als »seltsame Träumerei«. Kleist ist sich dessen bewußt. Es gehört zum fingierenden Vollzug seines Erlebnisses, die nach dem Bild der Kunst vereinheitlichte Natur als eine Sphäre objektiver Korrespondenzen vorzustellen, von der der Betrachter dennoch weiß, daß sie bloß imaginiert werden kann – und zwar in Erinnerung an eine ihrerseits erfundene Ordnung der Kunst. Der Kunstschein der Natur ist gewiß das Resultat einer kreativen Leistung, einer Leistung jedoch, die zugleich von der Gunst bestimmter Naturaugenblicke abhängig bleibt. Nur »zuweilen«, in bestimmter Gegend, unter bestimmten Bedingungen (Dämmerung, Einsamkeit, Wasserklang, lauer Wind) kann die imaginative Operation gelingen. Der Einklang mit der Natur muß »glücken«. Wenn er glückt, geschieht etwas, das hinausgeht über die Erfahrung entweder der Kunst oder der Natur. Bei Kleist scheint es so, als ob es die Natur brauche, um der Möglichkeit »dichtender« Wahrnehmung innezuwerden. Mehr noch: Natur, die wahrgenommen werden kann, als wäre es Kunst, erscheint als höhere Wirklichkeit – sowohl der Natur als auch der Kunst.

Es lohnt sich, den Surrealismus der projektiven Imagination an einem weiteren Beispiel zu studieren. Gert Friedrich Jonkes Er-

1 Kleist (1970), Bd. I, 568 f.

zählung »die gegenwart der erinnerung« handelt von den merkwürdigen Begebenheiten bei einem Sommerfest in einer Villa im Grünen. Höhepunkt des Abends ist ein Kammerkonzert, das nach einigen absonderlichen Vorspielen in der Aufführung einer unhörbaren Sonate mündet. Aus der die Gäste »vollkommen einhüllenden Sonatenstille« begibt sich der Erzähler in den verlassenen und finsteren Garten – nur um dort eines noch viel seltsameren »Luftgesangs« anhörig zu werden:

»Leicht gehaucht fiel der Akkordnebel, nach dem er von flatternden Lufttrillern durch die Dunkelheit hindurchzerlegt worden war, aus allen Richtungen über den Park, wo er sich an einem ganz bestimmten Punkt, wie ich hörte, hin und herschwankend seine vereinzelt herumflirrenden Tonspritzer einsammelnd, zu einer erneut noch nie hörbar gewesenen Versammlung von Klängen ordnete, die sich bald darauf in einem ganz leise tremolierenden Singen wieder zerstreute, ich fühlte die einzelnen Töne zart über meine Haut gleitend durch meinen Kopf streifend meinen gesamten Körper hindurchfließend, ein mich durchflutender Musikwind, der in mir unbekannte Empfindungen und Gefühle auslöste, denen ich ganz kurz glaubte, nicht gewachsen zu sein, und die ich nicht benennen konnte, es war irgendwie eine Art unendlich lang und breit ausuferndes Ziehen oder Gezogenwerden, ich wurde von einer Art traumhaft glücklicher Trauer erfaßt, ich bewegte mich, nein, ich wurde bewegt von einem leichten Dahinschweben, und dann befiel mich unsagbar traurige Freude.«[2]

Auch diese Szene läßt sich als Beschreibung einer projektiven Naturwahrnehmung lesen. Während es bei Kleist zwar nicht ein bestimmtes Musik-Werk, aber eine ganz bestimmte Musik-Form (ein symphonisches Adagio) war, nach deren Muster das Naturgeschehen aufgenommen wurde, ist es in Jonkes Erzählung eine alles bisherige Musikverständnis übersteigende, noch nie dagewesene Form der Musik, die dem Naturgeräusch abgelauscht wird. Nicht ein aus der bekannten Kunst gegebenes, ein im Zuge der kunstanalogen Naturwahrnehmung erfundenes Muster bildet hier die Form der ästhetisierenden Anschauung. Beide Male aber handelt es sich um ein Wahrnehmen-als, das ein Wahrnehmen-als-ob zur

2 G. Jonke, die gegenwart der erinnerung, in: ders., Die Schule der Geläufigkeit, Frankfurt/M.: Suhrkamp 1977, 7-118, 80f.

Voraussetzung hat. Den naturhaften Erscheinungen muß eine zeichenhafte Einheitsstruktur zugewiesen werden, die sie an sich nicht haben; Selektionen müssen vorgenommen, Ordnungen gebildet, Grenzen gezogen werden, die von der Natur nicht vorgezeichnet sind. Das ist auch dann so, wenn sich die Natur, wie in Jonkes Beschreibung, zu einem synästhetischen Gesamtkunstwerk zu formen scheint. Auch hier sind es bestimmte Imaginationstechniken, denen sich der kunstformartige Totaleindruck verdankt – in unserem Text etwa die akustische Deutung optischer Phänomene und körperlicher Berührungsempfindungen. »Ich hatte die Empfindung von überlagerten wandernden Tonwolken und sich ballenden Klangnebeln, welche sich ineinander verschoben, (...) ich fühlte mich ganz in pulsierend fließend sich ständig erneuernde Klänge eingespannt, deren höchste und tiefste Tonebenen so weit auseinandergebogen waren, daß sie an ihren äußeren Rändern einander berührten.«[3]

So sehr freilich das hier beschriebene Empfinden als projektive Naturerfahrung lesbar ist, es wird vom Erzähler nicht als solches beschrieben. Jonke gebraucht den Kunstgriff einer Naturalisierung der Imagination; sein Held erfährt die musikalisierte Natur als wirkliches Geschehen – »traumhaft« kommt ihm allein die Wirkung, nicht dagegen die verursachende Erscheinung vor. Noch in diesem Wirkungseindruck aber ist ein Bewußtsein der ontologischen Fragwürdigkeit der Epiphanie enthalten. In seiner »unsagbar traurigen Freude« erfährt der Erzähler die überwirklichen Klänge eben doch auch als eine unwirkliche, mit keiner bekannten Kunst- oder Lebenswirklichkeit vereinbare Musik, »für die mir die gesamte mir bekannte durchforschte Musik der Musikwissenschaften gestohlen bleiben hätte können. Und alles andere auch.«[4] In dieser mehrfach gebrochenen, das Unwirkliche als Wirkliches, dieses Wirkliche aber wiederum als Unwirkliches kennzeichnenden Erzählform erweist sich Jonkes Darstellung einer imaginativen Naturwahrnehmung – ganz ähnlich wie Kleists romantische Erinnerung – als Imagination einer alle menschliche Kunst übertreffenden Kunst der Natur. Einer Natur freilich, die so gar nicht der Vorstellung einer in schöne Wirklichkeit über-

3 Ebd., 79f.
4 Ebd., 81.

führten Kunst entspricht. Das Wunder der Naturmusik entströmt einem »leicht faulig und nach frischen Algen riechenden Tümpel.«[5]

b) Improvisation

Bei Kleist wie bei Jonke ist die Neigung erkennbar, die imaginative Naturwahrnehmung als Herstellung einer korresponsiven Naturbeziehung zu schildern, oder genauer: zu imaginieren, da sie immer zugleich als träumendes oder irreales Vernehmen ausgewiesen wird. Der Kunst-Schein der Natur wird als Schein einer anderen Wirklichkeit nicht nur der Kunst, sondern auch des Lebens willkommen geheißen. Es ist aber keineswegs notwendig, die ästhetische Imagination der Natur als Ahnung einer höheren Korrespondenz mit der Natur, d. h. einer gesteigerten Wirklichkeit des Lebens zu erleben oder zu deuten. Der Kunstschein der Natur genügt durchaus sich selbst. Trotzdem ist die Tendenz zur literarischen Objektivierung der imaginativen Naturwahrnehmung kein Zufall – aus zwei Gründen: erstens weil die imaginative Naturwahrnehmung nie reine, sondern stets anschauliche, also objektbezogene Einbildung ist, zweitens weil ihre künstlerische Darstellung fast unausweichlich übergeht in eine Darstellung korresponsiv erfahrener Wirklichkeit.[6]

Die objektivierende Tendenz sowohl des biographischen Berichts als auch der fiktiven Erzählung rührt einerseits daher, daß es sich bei der imaginativen Naturanschauung nicht einfach um ein assoziatives Wiederfinden kunstgegebener Wahrnehmungsweisen handelt, das allein auf das Konto des phantasierenden Betrachters ginge. Der *Projektion* auf seiten der Wahrnehmung entspricht vielmehr häufig eine *Improvisation* auf seiten der projektiv ästhetisierten Phänomene. Im günstigen Fall spielen die bewegten Erscheinungen der nach artifiziellen Vorgaben ausgelegten Natur gleichsam mit den Schemata dieser Interpretation. Dann ist die »Nachahmung der Kunst durch die Natur« weit mehr als nur eine Reproduktion: sie ist zugleich eine schöpferische Variation

5 Ebd.

6 Ein weiterer Grund für diese Tendenz zur Korrespondenzdarstellung liegt darin, daß beide Beispiele von *musikalischen* Projektionen handeln, Musik aber eine der am stärksten korresponsiven Künste ist (vgl. unten Kap. V. 2. a).

der in ihren Bildungen widerscheinenden Kunst. Deswegen ist die imaginative Naturwahrnehmung etwas, das – wie Kleist sagt – »glücken« muß: wir müssen Kunstformen finden, und die freie Natur muß sich zufällig in Gestalten darbieten, die uns das Spiel der Einbildung produktiv zu spielen erlauben. Die Anziehungskraft, die die Natur in dieser Begegnung gewinnt, liegt in ihrer oft aufreizenden Empfänglichkeit für kunstästhetische Projektionen. Unter diesem Aspekt schön ist die Natur, wenn es scheint, als warte sie nur darauf, auf die von uns projizierten Formen der Kunst zu improvisieren.

Das eigentlich ist der Schein, den die imaginative Wahrnehmung der Natur erzeugt. Nicht einfach erscheint die Natur wie irgendeine Art der Kunst – das wäre bloße Projektion und ästhetisch nicht weiter interessant. Nicht wir improvisieren nach Noten der Kunst, die Natur improvisiert auf die ihr unterlegten künstlerischen Formen: das beschreibt die Modalität ihrer imaginativen Betrachtung. Wir projizieren, die Natur improvisiert. Wir denken uns nicht anläßlich der Natur etwas über die Kunst (oder auch eine Kunst) aus, wir schauen die *Natur* so an, als wäre sie eine Imagination der Kunst. Es ist das Ziel *unserer* Imagination, uns dem Schein *ihrer* Imagination zu überlassen. Wo das gelingt, zeigt sich Natur als eine von keiner Kunst erreichbare Möglichkeit der Kunst. Diese Möglichkeit ist selbst kein Schein, es ist die Anschauungsform, die wir kraft des projektiv erzeugten Kunstscheins der Natur etablieren. Für die Dauer des projektiven Tätigseins ist die Natur ein Raum der exterritorialen Begegnung mit Kunst.

Manchmal setzt die Literatur auch diese Wahrnehmungsmöglichkeit in ihr höchsteigenes Verfahren um. In Arno Schmidts Erzählung »Seelandschaft mit Pocahontas« findet sich ein herannahendes Sommergewitter wie ein Brueghelsches Feld- und Wiesenpanorama beschrieben:

»Im bleiernen Wolkenkollosseum (das überall goldene Risse kriegte): auf den lindgrünen Wiesenscheiben schnoben die Bauern, rannten Gabeln in rundrückiges Grummet, hoben es stolpernd über die steilen Strohhüte, breitbeinig und nervös wie ihre sehr braunen Pferde: Rum rum rumpum! Wir duckten uns unter den Nackenschlägen der Fallwinde, lange Staubwimpel an den Füßen. Nebenan in Selmas Bluse begann es bauschig zu ringen: der Rock schlüpfte ihr von hinten zwischen die Beine, entzükkend kerbte sich das stürmische Gesäß; ihr Haar kippte nach vorn und wollte auch wetterfahnen. Teremtemtem!: die Pappeln wurden hellgrau und zitterten am ganzen Leibe. (...) Pferde weideten vor ihren unruhigen Schwänzen her, Bäuerinnen radelten in weißen ›Schlatthüten‹, und auch mich stach die Bremse: knatsch! fiel weich ab: »So ein Biest!« (...) Die Bäume hupten und gebärdeten sich, als wollten sie in Staub aufgehen, Wind machte Kopfsprünge, und die Büsche jazzten verzerrter in ihren Mauerecken.«[7]

Nicht nur die niederländisch derbe Zeichnung, eine ganze Handvoll weiterer kunstgeborener Wahrnehmungsweisen ließe sich in dieser Landschaftsdarstellung entdecken. So ist das banale »Auch mich stach die Bremse« eine ironische Replik auf das ursprünglich piktorale, von Poussin bis Goethe mit vielen Wandlungen weitergereichte elegisch-idyllische Motiv, das in der Wendung »Auch ich war in Arkadien« populär geworden ist.[8] Die beiläufige Bemerkung zeigt an, daß hier ein Gegenbild zu anderen Bildern ländlichen Lebens entworfen wird. Schmidts norddeutsche Szene ist kein Schauplatz sanfter Seligkeiten, es ist ein Ort der vom Gewitter behinderten Arbeit und der von ihm angetriebenen Begierde. Trotzdem aber bleibt dies – und bleibt alle weitere Erinnerung an Stile der Kunst – hier eine überaus beiläufige Anzeige. Was im Vordergrund steht, ist gar nicht der Bezug auf Kunst, sondern die Annäherung des Helden an seine Begleiterin.[9] Die imaginative Naturwahrnehmung ist nicht das vorrangige Thema, sie ist vor allem ein suggestives Mittel der Erzählung. Das in der Form von Anspielungen gegebene künstliche Bild der

7 Arno Schmidt, Seelandschaft mit Pocahontas, in: ders., Rosen & Porree, Karlsruhe: Stahlberg 1959, 7–69, 29ff.

8 Vgl. E. Panofsky, Et in Arcadia ego. Poussin und die Tradition des Elegischen, in: ders., Sinn und Bedeutung in der bildenden Kunst, Köln: DuMont 1978, 351–377.

9 Die freilich bei ihrem ersten Auftritt ebenfalls mit Insignien der Kunst ausgestattet wurde (a. a. O., 17): »Die Eine: 6 Fuß groß; weißgelb geringelt im zaundürren Wespenkleid, ›Wie die Alten den Tod gebildet‹; endlose Armstöcke, tiefbraune, knieten vor ihr auf dem Tisch; scheinbar Verlobungsring; Busen zumindest zur Zeit nicht feststellbar. Bussardig hakte die Nase aus dem Irokesenprofil; der ungefüge, fast lippenlose Mund; randlose Brillengläser ritten vor knallrunden Augen: »Hatschi!« (und das sah allerdings trostlos aus und wackelsteif, wie wenn Backsteingotik nieste oder ein Hochspannungsmast.)«

Landschaft setzt die erotische Situation der Hauptfiguren in Szene. Die Bildspannung der Landschaft wird Zeichen des erlebten Augenblicks; die literarische Imagination der Natur-als-Kunst erweist sich als eine Technik der Korrespondenzbeschreibung innerhalb des fiktionalen Geschehens. Schmidt gebraucht die Technik der *projektiven* Naturwahrnehmung zur Darstellung der *korresponsiven* Naturwahrnehmung seines Helden. Daran ändert auch die für Schmidts Prosa so charakteristische Doppelstelligkeit nichts, die den beinahe allwissenden Ich-Erzähler immer zugleich in die Position des beteiligt Handelnden und des unbeteiligt Beobachtenden rückt. Der fiktive Berichterstatter weiß zwar um die künstlerische Herkunft seiner Wahrnehmungsweise, aber nicht um die Kunst geht es in den Blicken und Empfindungen, von denen er berichtet, es geht ihm um Selma Wientge. Die im Blick auf Kunst literarisch beschriebene Natur macht unseren Text nicht vorwiegend zur Darstellung einer im Blick auf Kunst wahrgenommenen Natur.

Das ist der andere Zug dessen, was oben als »objektivierende« Tendenz einer literarischen Imagination der Natur angesprochen wurde. Bei Kleist, Jonke und Schmidt verwandelt sich der Ausdruck imaginativen Sehens in eine Darstellung korresponsiven Erlebens. Das ist kein Zufall meiner Auswahl, es ist fast ein Grundgesetz künstlerischer Produktion. Jedoch ist die Kunst bestrebt, auch dieses ihr Gesetz noch einmal zu übertreten. Sie gerät dabei in ein Dilemma ähnlich dem der kontemplativen Dichtung. So wie keine kontemplative Kunst das darstellen kann, was das kontemplative Sehen sieht (sondern immer nur das kontemplative Sehen), so schlägt die künstlerische Darstellung imaginativen Sehens fast zwangsläufig in eine Präsentation korresponsiven Erlebens um – oder aber in eine Reflexion auf die künstlerische Darbietung solchen Erlebens. Was die auf Kunstformen der Naturwahrnehmung bezogene Kunst zur Anschauung bringen kann, ist bloß das Leben mit der Natur oder die Kunst seiner Darstellung, nicht aber das Dritte: die künstlerische Improvisation, der Kunstschein der Natur. Auch diesmal freilich haben sich Lösungen gefunden, die das Unmögliche gleichwohl möglich machen. Roy Lichtensteins 1980 entstandene Bilder über expressionistische Landschaftsmalerei kommen einer direkten Thematisierung imaginativer Naturwahrnehmung sehr nahe. Sie handeln nicht nur von der Sprache dieser

Kunst, sondern darüber hinaus von unserem an ihren Formen geschultem Sehen.[10] Lichtensteins Mitte der achziger Jahre entstandenen Landschaftsbilder gehen einen entscheidenden Schritt weiter. Sie zeigen eine Natur, die unter dem imaginativen Blick vom Expressionismus über die Abstraktion bis zur Neuen Heftigkeit fast jedes moderne künstlerische Idiom zugleich annimmt und transformiert.

Diese kurze Zwischenbetrachtung war nötig, um Klarheit über die Bedeutung der künstlerischen Beispiele zu erhalten, auf deren Farbe auch in diesem Kapitel nicht verzichtet werden soll. Die Theorie der imaginativen Naturwahrnehmung verlangt eine neue Regel für den Gebrauch unserer Beispiele aus Literatur und Kunst. Die alte, zu Anfang des ersten Kapitels aufgestellte Regel gab uns die Erlaubnis, gleichsam durch die Kunst unserer Beispiele »hindurch« zu sehen. d. h. uns nicht so sehr auf die künstlerische Darstellung als vielmehr auf eine vom Werk bloß ausgehende Vorstellung von Natur zu konzentrieren. Die Beispiele dienten hier lediglich der Erinnerung an Möglichkeiten einer von Kunst *unabhängigen* ästhetischen Wahrnehmung. Zur Erhellung der imaginativen Naturbegegnung ist dieses Verfahren ganz unbrauchbar. Ist doch das Verfahren der Projektion das genaue Gegenteil jenes »Hindurchsehens«, das es erlaubte, vom Kunstcharakter der Beispielwerke auch abzusehen. Ist doch die Projektion gerade ein »Daraufsehen«, eine Wahrnehmung, die in der Natur auf den Kunstcharakter ihrer Wahrnehmungsvorlagen achtet – und darauf, was ihnen dabei geschieht. Jetzt also kommt es darauf an – und jetzt sollen die Beispiele aus der Kunst dazu dienen –, uns die Natur so vorzustellen, wie wir sie im Widerschein der Kunst *als* Kunst wahrnehmen können, also im vollen Bewußtsein ihrer artifiziellen Konstruktion. Nicht das in den Werken oder Werkausschnitten Dargestellte, ihre Darstellung muß jetzt Fokus der exemplifizierenden Vergewisserung sein. Das Stück aus Schmidts Erzählung dient so weniger der Verdeutlichung einer anti-idyllischen Natur mit Aussicht auf mehrerlei Entladung, es dient vor allem der Verdeutlichung einer Betrachtungsweise, die in gewittrigem Landstrich weniger die erotische Sensation als vielmehr die kunstästhetische Variation sucht und genießt. So

10 Vgl. J. Cowart, Roy Lichtenstein 1970-1980, München: Prestel 1982, 134ff.

verstanden, verweist das Textbeispiel auf eine Sinnlichkeit der Natur, die sie allein als Zeichen der bildhaften Sprache der Kunst gewinnt.

2. *Ein Spiel mit der Welt*

Mein dritter Blick aus dem Fenster verwandelt die Welt der umliegenden Landschaft in ein nach Vorbildern der Kunst geformtes Bild von der Welt. Wenn ich Glück habe, gelingt es, die Gegend als Schauspiel oder Hörspiel zu erleben, das Situationen und Stimmungen zur Aufführung bringt, die mit der Lebenswirklichkeit dieser Gegend oft wenig gemein haben. Etwas mehr als Glück aber braucht es schon. Es müssen dem Augenblick der Landschaft günstige, ihrerseits geglückte Imaginationen erinnerbar oder vorstellbar sein, mit Hilfe derer ich die Natur als Kunst imaginieren kann. Eigentlich haben wir es mit einer doppelten Imagination zu tun. Die *projektive* Imagination der Natur stützt sich auf die *konstruktive* Imagination der Kunst. Nur in dieser Doppelung entsteht das im Stil und auf Stile der Kunst improvisierende Spiel der Natur. Nur so wird die Natur zum Medium eines Spiels mit der Kunst, das sich zugleich als ein Spiel mit der Welt vollzieht.
Um den Sinn dieses Spiels besser zu verstehen, bedarf es erstens einer Verständigung über die Imagination der Kunst, zweitens einer näheren Beschreibung des Raums der imaginativen Natur und drittens einer genaueren Bestimmung ihrer über alle Kunst hinausgehenden Kunst.

a) Exkurs über die Imagination der Kunst

Die bisherige Betrachtung der imaginativen Naturwahrnehmung war auf einem Auge blind. Sie hat von der im Zeichen der Kunst wahrgenommenen Natur gesprochen, nicht aber von der Bedeutung der Zeichen, die Ausgangspunkt dieser Wahrnehmungsweise sind. Das Interesse an der Imagination der Natur ist aber nicht zu trennen vom Interesse an der Imagination der Kunst. Unsere Vermutung lautet ja, daß die projektive Naturbegegnung einem Interesse an Kunst entspringt, das nicht von der Kunst, sondern allein von der Natur befriedigt werden kann. Um diese Paradoxie zu erhellen, ist es nötig, die Rolle der Kunst zu bestimmen, aus der sie entspringt. Das ist die Aufgabe des folgenden Exkurses. Er versucht diejenige Funktion der Kunst zu bestimmen, die ihrem projektiven Gebrauch zugrunde liegt. Die Bestimmung dieser Funktion – und des mit ihr verbundenen Interesses an Kunst – kann völlig ohne den Bezug auf Natur ausgeführt werden. Um so deutlicher wird dann das Bedürfnis der Kunst nach einer Begegnung mit ihrem Schein in der Natur.

Die Verfassung der Kunst, die ihrer projektiven Verlebendigung zugrunde liegt, ist nun nicht irgendeine ihrer Funktionen, es ist ihre schlechthin elementare Funktion. Ich werde dies ihre *imaginative* Verfassung nennen. Sie ist elementar, weil nur diejenigen Artefakte, die zumindest *diese* Funktion erfüllen oder zu erfüllen beanspruchen, im engeren Sinn als Kunstwerke bezeichnet werden können. Das bedeutet keineswegs, daß Kunstwerke allein in dieser Funktion ein Daseinsrecht hätten. Ihre elementare ist nicht ihre einzig wichtige Funktion. Es ist daher ein *eingeschränkter* Begriff der Kunst, den ich im Rahmen dieses Exkurses umreißen werde. Im Zuge einer nicht länger vorläufigen Gegenüberstellung von ästhetischer Natur und ästhetischer Kunst werde ich im fünften Kapitel versuchen, diesen ersten und elementaren, aber doch eingeschränkten Begriff der Kunst durch einen umfassenden zu ersetzen. Vorerst aber, zum Verständnis der imaginativen Naturwahrnehmung, genügt uns ein Verständnis der imaginativen Energien der Kunst.

Die konstruktive Imagination der Kunst, so werde ich sagen[11], gilt der erfindenden Artikulation weltbildender Sichtweisen. Das ist nur eine Reformulierung der traditionellen Auffassung, daß die Kunst zur anschaulichen Darstellung der menschlichen Welt berufen sei. Die Welt, von der hier die Rede ist, ist nicht die gegenständliche Welt, sie ist eine Welt der kulturellen Sinnzusammenhänge, in denen Dinge und Ereignisse für den Menschen Bedeutung gewinnen. Was die Kunst artikuliert, ist demnach nicht das, was der Fall ist, es sind Kontexte der Bedeutsamkeit dessen, was der Fall ist oder der Fall sein könnte. Kunstwerke sind Objekte, die das nichtobjektivierbare Inderweltsein des Menschen auf ihre Weise gleich-

11 Der etwas dogmatische Stil dieses Exkurses sei durch den Hinweis auf meine andernorts ausführliche Behandlung entschuldigt; vgl. Seel (1985) u. (1991 b).

wohl »objektivieren«, d. h. zur Erfahrung, zur Anschauung bringen. Was immer ein Kunstwerk darbietet – ob einen tragischen Konflikt, eine Schale mit Äpfeln oder eine Bedingung seiner eigenen Möglichkeit –, es artikuliert eine bestimmte Sicht dessen, was es uns inhaltlich zeigt. Die Begegnung mit Kunst, so kann man, dieser Auslegung folgend, auch sagen, ist eine Situation der Begegnung mit Gebilden, die Zeichen menschlicher Situationen der Begegnung mit etwas sind.

Kunstwerke sind ästhetische Objekte einer besonderen Art. Ihre Grundverfassung tritt im Vergleich mit den anderen beiden Grundtypen ästhetischer Objekte deutlich hervor. Im Unterschied zu den Objekten der reinen Kontemplation ist das Kunstwerk ein Zeichen. Es ist nicht einfach ein Objekt in der Welt, es ist ein Objekt »über die Welt«.[12] Die Zeichen der Kunst sind Ausdruck innerweltlichen Daseins und Befindens. Im Unterschied zu den ausdruckhaften Objekten der Korrespondenz aber ist dies ein darstellender Ausdruck. Die Imagination des Kunstwerks stellt nicht eine bestimmte Situation des Lebens her, sie stellt Situationen des Inderweltseins dar. Im Unterschied zu darstellenden Zeichen aller anderen Art – zu Wahrnehmungssätzen oder auch Erläuterungssätzen wie meinen hier – zielt das Kunstwerk nicht auf die Darstellung von Sachverhalten, es zielt auf die Darstellung besonderer Formen des engagierten und engagierenden Bezugs der Menschen zu Dingen, Ereignissen und zu einander, ohne diese Bezugsdarstellung wiederum in eine Sachverhaltsfeststellung münden zu lassen. Kunstwerke bieten Sichtweisen *als* Sichtweisen dar. Sie können dies nur, weil sie alles, was immer sie darbieten, so darbieten, daß sie die Verfahren ihrer Darbietung zur Darbietung bringen.

Es ist ein zutreffender Grundsatz nicht nur der modernen Ästhetik, daß Kunstwerke Zeichen sind, deren Sinn es ist zu zeigen, wie sie zeigen, was sie zeigen. Man kann auch sagen, ein Kunstwerk präsentiert die Form, in der es seinen Inhalt präsentiert. Um als allgemeiner Grundsatz durchgehen zu können, muß der Begriff des »Inhalts« hierbei im weitestmöglichen Sinn verstanden werden. »Inhalt« oder »Thema« der Kunst können Geschichten, Ideen, Ereignisse, Figuren, Stimmungen, Farbverhältnisse, Klang-

12 Nach Danto (1984); vgl. Goodman (1984).

relationen, physiologische und soziale Wahrnehmungsmuster bis hin zu Kunstmitteln und Kunststilen sein – mit einem Wort alles, worum es in alten und neuen Kunstwerken nur immer »gehen« kann. (Was es ist, worum es in ihnen geht, darüber kann oft erst die kunstkritische Interpretation eine Auskunft geben.) So gelesen, hebt die Formel, ein Kunstwerk biete dar, wie es darbiete, was es darbiete, die *verfahrenspräsentative* Seite aller Kunst hervor. Es ist die Darbietungsform der Kunst, die Wahrnehmung des Dargestellten durch die Wahrnehmung der Form der Darstellung zu leiten. Was freilich der Sinn dieser formbezüglichen Darbietungsweise ist, darauf gibt erst die Beachtung ihrer *situationspräsentativen* Seite eine Antwort. Nicht einfach ihre Darbietungsmittel nämlich zeigt die Kunst, vielmehr: indem sie ihre Verfahrensmittel präsentiert, artikuliert sie Kontexte der Relevanz dessen, was immer wir als ihren »Inhalt« entdecken. Man kann auch sagen: sie artikuliert Horizonte der Begegnung mit dem, was jeweils ihr Thema ist. Die Beachtung der künstlerischen Formen dient folglich keinem Selbstzweck, sie gilt der Art und Weise, in der das Werk die an ihm erkennbaren Inhalte konstituiert und charakterisiert. Sie gilt dem *Gehalt* der Kunst. Dieser Gehalt ist völlig an die Interaktion der künstlerischen Verfahren gebunden, er kann nicht wiederum in eine Deutung eingeholt werden. Gegenstand der Kunst ist weder ihr Inhalt (das Gezeigte) noch ihre Form (die Verfahren des Zeigens), es ist die erfahrungsgesättigte, situationsabhängige, welthaltige Sicht auf »Gegenstände« jeglicher Art.

Alle unsere literarischen Beispiele sind Kunstwerke im hier beschriebenen Sinn. Handkes Erzählung, als Kunst gelesen und nicht als Beispiel mißbraucht, zielt nicht auf eine Geographie der imaginierten Gefilde, sie schildert ihre Entdeckung als eines Landes der Kontemplation. Sie erzählt dies im Medium einer im Vokabular einfachen, im Duktus verschachtelten, sich oft unterbrechenden, immer noch etwas ergänzenden Sprache, die die angesprochenen Dinge und Begebenheiten plötzlich, sprunghaft, unbeschreiblich aus dem Text ihrer Beschreibung heraustreten läßt. Schon zweimal habe ich diese Stelle zitiert: »Für einen Augenblick kann es sein, als sei dieser Himmel sogar das Lebensfeindliche hier, so sehr, daß der winzige Vogel, kaum fingerkuppengroß, der jetzt aus dem Gestrüpp in die Höhe schießt, auf der Stelle, angstquiekend, kopfüber, zurück in sein Obdach taucht.«[13] Ohne Sinn für die literarische Form gelesen, beschreibt die zweite Satzhälfte einen aus dem Unterholz auffliegenden und sich dort wieder niederlassenden Vogel. Der literarische – in seiner Kunstform ernstgenommene – Satz macht aus dem Flug des Vogels die Darstellung einer komplexen menschlichen Situation, in der die sekundenschnelle Bewegung passiert. »Fingerkuppengroß«: darin ist die Perspektive der wahrnehmenden Personen und ihre Entfernung zum Geschehen mitgezeichnet, aus der ihnen der Vogel erscheint. »Angstquiekend«: darin ist das Bewußtsein der erhabenen Weite des Raums enthalten, die das kleine Tier nicht auszuhalten scheint. (Die Personalisierung des Vogels ist ein Zug korresponsiver innerhalb der kontemplativen Wahrnehmung, den Handke zur Darstellung gerade der letzteren einträgt.) »Angstquiekend« ist gleichzeitig ein mimetisches Klangwort, das in der Nachbildung des einen unscheinbaren Lautes den unidentifizierbaren Stimmenreichtum, das Gesumm, die Vibration des Geländes miterstehen läßt. Hinzu kommt das (verglichen mit der harten, hastigen, eckigen Reihung »angstquiekend, kopfüber, zurück«) weiche »Obdach«, in das der Flüchtling taucht. Dieses Wort hebt kontrastiv die »lebensfeindliche« Erscheinung der großen Ebene heraus, die dem menschlichen Betrachter kein schützendes Obdach bietet. Zugleich aber hebt es die Würde einer »obdachlosen« Betrachtung hervor. Handke beschreibt das Zurückweichen des kleinen Vogels als das Heraustreten der Betrachter aus aller Beengung. Er tut dies in einem selbst beinahe hastigen Satz, der, vom Gegenteil berichtend, die erhabene Gleichgültigkeit des kontemplativen Raums durchmißt.

Ganz anders verfährt Brechts fiktive Anekdote über Herrn Keuner und die Natur. Hier wird keine bestimmte Situation wachgerufen, kein Ereignis inszeniert. Der Text zielt nicht darauf, daß wir uns Herrn K. vorstellen, wie er »aus dem Haus tretend ein paar Bäume« sieht. Vielmehr versucht die lakonische Gestik der Sprache ein Bild der Keunerschen Haltung gegenüber der Natur zu geben. Die Fragen, die zitierten Äußerungen, ihre ebenso bestimmte wie vorsichtige Diktion, der eingeklammerte Nachsatz – das sind Zeichen einmal der Keunerschen Autorität, Bescheidenheit und Nachdenklichkeit; zugleich aber Zeichen einer Einstel-

13 Handke (1987), 129.

lung zur Natur, die auf ganz unromantische (und außerdem antikontemplative) Weise für ihr Anderssein, ihre Selbständigkeit und das Bestehenlassen dieser Eigenart votiert. – Arno Schmidts Seelandschaft wiederum ist der reich mit sprachlichen Insignien ihres subjektiven Wahrgenommenwerdens ausgestatteten Imagination einer konkreten Lebenssituation gewidmet. Durch die kunstsinnige Anschauung der ländlichen Szenerie stellt die Erzählung das gebrochene, zugleich sentimentale und reflektierte, leidenschaftlich teilnehmende und beobachtend Abstand nehmende Bewußtsein dar, in dem der erzählende Held die Episode mit Selma erlebt. Natur ist hier der Schauplatz einer melancholischen Liebeskomödie, die so konstruiert ist, daß man nicht weiß, steht nun die Natur der Liebe oder die Liebe der Natur im Weg oder am Ende die Kunst allen beiden. Schmidt sagt nicht, daß alle drei nur dann etwas wert sind, solange sie einander in die Quere kommen; das wäre bloß eine Behauptung. Er schreibt so, daß sich zeigt, wie die Welt ausschaut, wenn das eine unumgängliche Erfahrung wäre. Auch das ist erfindende Artikulation einer Sicht der Dinge, von der wir, bevor sie geschrieben wurde, nicht wissen konnten, wie nah oder fern, vertraut oder fremd, wichtig oder egal sie uns ist.

Die Begegnung mit Kunst, so habe ich gesagt, ist eine Situation der Begegnung mit Gebilden, die Zeichen (konkreter oder auch allgemeiner) Situationen der Begegnung mit etwas sind. Kunstwerke, heißt das, bringen Aspekte unseres in den jeweiligen Situationen unverfügbaren Inderweltseins zur Sprache, was oft genug heißt: sie bringen Weisen solchen Inderweltseins durch die Macht ihrer darstellenden Form zur Welt. So sehr aber die Veränderung unserer Sichtweisen eine bedeutende Wirkung der Kunsterfahrung ist, entscheidend ist, wie sie diese Veränderung bewirkt: durch prinzipiell öffentliche Darstellungen, die alles Dargebotene in die Erkennbarkeit einer ansonsten unanschaulichen und ungreifbaren Beziehung zum Dargebotenen rücken. Diese Darstellung versetzt den Rezipienten in eine Distanz zur eigenen Sicht, die ihm (anders die radikale Abstinenz der Kontemplation) den Spielraum ihrer experimentierenden Erkundung und kommunikativen Mitteilung gewährt.[14] Sie transzendiert den Sinnhorizont der Wirklichkeit,

14 Vgl. Jauß (1977), 62 f.; Iser (1976), 348 ff. thematisiert diesen Spielraum unter dem Stichwort ästhetischer »Negativität«; zum »Bildcharakter« literari-

um es zu einer Begegnung mit wirklichkeitsbildenden Sinnzusammenhängen kommen zu lassen. Die Artikulationsformen der Kunst sind dazu da, die Angehörigen jeder Gegenwart ins Gesicht ihrer Gegenwart schauen zu lassen.

Gerade das Interesse an alter Kunst ist so zu verstehen. Es gilt der Möglichkeit, in einer historisch fremden Welt die eigene und in der eigenen eine fremde zu gewahren. Schwieriger scheint es, die bisherige Beschreibung der künstlerischen Imagination mit Erfindungen der neueren Kunst, zumal dort, wo sie in der minimalistischen, konzeptualistischen oder konkretistischen Nachfolge Duchamps operiert, in Einklang zu bringen. Niemand wird sagen wollen, hier werde vorwiegend die interne Bedeutsamkeit von Lebenssituationen dargeboten. Trotzdem bietet diese Bestimmung auch hier die Grundlage eines angemessenen Verständnisses. Die dezidiert moderne Kunst bildet spezielle Reflexionsformen aus, die die Normalität des verfahrenspräsentativen Selbstbezugs aller Kunst um ein Vielfaches überbieten. Zum einen kann das In-Situationen-sein, dem die Kunst Ausdruck gibt, nicht nur Handlungssituationen beliebiger Art, sondern wiederum Situationen ästhetischen Wahrnehmens betreffen; dann sind es ästhetische Erfahrungen, deren Gehalt die Kunst exponiert. Am Beispiel der kontemplativen Kunst Caeiros und Handkes sowie der künstlerischen Darstellung korresponsiver und imaginativer Naturwahrnehmung bei Jonke und Lichtenstein sind wir dieser Möglichkeit begegnet. Zum andern arbeitet die moderne Kunst an ihrer verfahrenspräsentativen häufig eine im engeren Sinn wahrnehmungsreflexive Form heraus, die sich gar nicht unbedingt auf ästhetische Wahrnehmungsmöglichkeiten bezieht; sie widmet sich dem Gegebensein ihres eigenen Materials, sie erkundet Bedingungen räumlichen und farblichen Sehens oder die Interaktion zwischen Sprache und Wahrnehmung, erforscht Klangbeziehungen, macht den Vollzug sensorischer und hermeneutischer Leistungen in ihrem Vollzug bewußt. Ein Beispiel aus der bildenden Kunst sind Donald Judds Skulpturen.[15] Ihr Ziel ist eine künstlerische Anschauung der

scher Texte sowie zur Dialektik von Situationsdarbietung und Verfahrenspräsentation s. ebd., 20ff., 36f., 50.

15 Z. B. die im Baseler Museum für Gegenwartskunst ausgestellte Installation »Untitled. Six Steel Boxes« aus dem Jahr 1969, auf die ich im V. Kapitel näher eingehen werde.

Anschauung, eine sinnliche Phänomenologie der Wahrnehmung. Judds Arbeiten sind mathematische Objekte im erlebten und zugleich erlebte Gegenstände im mathematischen Raum. In ihrer berechneten Einfachheit entzünden sie eine unauflösliche Spannung zwischen wahrnehmendem Leib und plastischem Objekt. Sie machen jenen Raum zum Thema, sie versteifen sich geradezu auf das Spürbarmachen des Raums, der sonst lediglich die Bedingung skulpturaler Wahrnehmung ist. Darin erzeugen sie das Paradox abstrakter, »ungegenständlicher« Skulpturen, die den Betrachter radikaler als alle gegenständlichen mit der dinglichen Gegebenheit der Objekte konfrontieren. Mit vielen modernen Künstlern teilt Judd die Idee einer strikt performativen Kunst, die alles, worum es ihr geht, in der Situation der Wahrnehmung gegeben sein läßt, die es darauf anlegt, den Betrachter am Werk mit der Situation seiner Wahrnehmung des Werks begegnen zu lassen.[16] So anti-illusionistisch, anti-repräsentativ, anti-fiktional diese Konstrukte auch sind, anti-imaginativ sind sie nicht. Sie sind Leistungen einer inversen Imagination. Nicht Bild *eines* Seins länger, nur noch Bild *ihres* Seins sind diese Objekte. Auch diese Kunst aber ist nicht einfach, was sie ist, sie ist über unser Verhältnis zu dem, was uns dinglich gegeben ist und somit, auch sie – ein Zeichen unseres Seins in der Welt.[17]

b) Der Naturraum als Bild und Bühne

Zurück zur Natur und ihrer Imagination als Kunst. Wir haben jetzt einen besseren Einblick in das Verfahren der Projektion. Es besteht in einer Vorstellungsweise, die sich phantasierend auf konstruktive Imaginationen der Kunst bezieht. Dabei ist zu beachten, daß ich die Imagination der Kunst weder aus einem Bezug auf »das Imaginäre« erläutert noch ihren Werken den Status »imaginärer

16 Dies ist keineswegs an bildende Kunst gebunden. Auch Kafkas Gleichnis »Von den Gleichnissen« muß (unter anderem) als Zeichen der Situation seiner Wahrnehmung verstanden werden; vgl. meine Interpretation in Seel (1991 b).

17 »Art is basically about our nature and our relationships and is only indirectly, through our ultimate relationship, that of existence, about the nature of the world« (Judd 1987, 32).

Objekte« zugewiesen habe; beides wäre zu eng und zu weit in einem.[18] »Ästhetische Imagination«, in der hier gemeinten Bedeutung, bezieht sich auf die Artikulation weltbildender Sichtweisen, die auf andere Weise nicht dargestellt, vorgestellt, wahrgenommen werden könnten. Ästhetische Imagination, so verstanden, ist das Erfinden und Entwerfen, Wahrnehmen und Verstehen von Zeichen, die Darbietung situations- und weltbildender Sichtweisen entweder sind – oder so aufgefaßt werden können, als ob sie es wären. Der Fall, der uns hier interessiert, ist der zweite, irreale Fall. Natur, ein Stück äußerer Welt, erscheint, als hätte sie die innere Artikuliertheit von Werken der Kunst. Der sinnliche Zusammenhang des natürlichen Objekts oder der natürlichen Szene wird zu einem Sinnzusammenhang neuer Art – nicht sinnhaft in der Art der Korrespondenz, vielmehr *bildsinnliches Zeichen* im Stil der Kunst.

Es wäre zu schön, wenn man unbefangen sagen könnte, im Unterschied zur »sinnfernen« kontemplativen und zur »sinnhaften« korresponsiven gewinne die Natur im Schein der Kunst eine »sinnbildliche« Erscheinung. Jedoch stünde dieser Gebrauch der üblichen Verwendung entgegen. Unter einem Sinnbild versteht man üblicherweise ein Bild oder auch einen literarischen Text, die anschaulich für eine außerbildlich (oder außerliterarisch) faßbare Bedeutung und Botschaft stehen. Es handelt sich dabei um ästhetische Bilder eines außerästhetisch faßbaren Sinns. Die ästhetische Bildwerdung der Natur ist nicht von dieser Art. Natur im Schein der Kunst ist gerade *kein* Sinnbild für etwas, sie ist bildsinnlich analog der Verfassung autonomer Werke der Kunst. Ihr projektiv gewonnener Sinn ist weder in ein anderes Medium übertragbar noch von der sinnlichen Mannigfalt ihrer Erscheinung ablösbar. Die imaginative Natur ist folglich auch kein Emblem der an ihr aufgefundenen Kunst. Da es allein die »Improvisation« der Natur auf den Vorwurf der Kunst ist, die *ihren* bildlichen Sinn erzeugt, ist dieser durch nichts, auch nicht durch die projizierten Werke, zu vertreten oder zu ersetzen. Das ist selbst dann so, wenn es einmal wirklich emblematische Sinnbilder sind, die wir auf Natur proji-

18 Zu eng, weil nicht alle Kunst – siehe Judd – sich auf irreal Gegebenes bezieht; zu weit, weil ein allgemeiner Begriff des Imaginierens noch wenig über die künstlerische und kunstbezogene Imagination verrät. Um einen solchen allgemeinen Begriff geht es Sartre (1971).

zieren: der Kunstschein der Natur verwandelt auch diese in bildsinnliche Antworten auf das Vermögen der Kunst.[19]

Wenn ich oben gesagt habe, die imaginative Natur erscheine wie eine von keiner Kunst erreichbare Möglichkeit der Kunst, hätte es folglich auch heißen können: sie erscheine wie eine von keiner Kunst erreichbare *Antwort* auf Kunst. Auch dieses Naturverhältnis also hätte den Namen einer »Korrespondenz« mit der Natur verdient. Daraus ergibt sich die Aufgabe, zwei Begriffe ästhetischer Korrespondenz mit Natur möglichst genau zu unterscheiden: den der »existentiellen« und den der »imaginativen« Korrespondenz. Aus Gründen der Klarheit werde ich dabei jedoch den Terminus (ästhetischer) »Korrespondenz«, wo immer ich ihn ohne Zusatz gebrauche, ausschließlich für die *existentielle* ästhetische Korrespondenz in der im vorigen Kapitel entfalteten Bedeutung reservieren.

Was die existentielle von der imaginativen Naturkorrespondenz unterscheidet, ist grundsätzlich klar. Das Womit der Korrespondenz ist jeweils ein anderes. Im ersten Fall korrespondieren die Gestalten der Natur mit unseren Vorstellungen von einem guten Leben. Im zweiten Fall korrespondieren sie mit Möglichkeiten der Kunst, d. h. mit Formen der imaginativen Darstellung menschlichen Lebens. Man kann auch sagen: Im einen Fall gilt unser Interesse der Anschauung des eigenen Lebens, im anderen Fall gilt es der Anschauung und Variation künstlerischer Deutungen des Lebens. Diese Grunddifferenz zieht weitere Unterschiede nach sich, die kurz vertieft werden sollen. Die imaginativ wahrgenommene Natur konstituiert einen anderen *Raum* und zeigt einen anderen *Ausdruck* als ihre korresponsiv erlebte Erscheinung.

In der existentiellen Korrespondenz ist die ästhetische Natur Ausdruck und Teil der Situation, in der sich das wahrnehmende Subjekt befindet. An dieser Wahrnehmung haben fast alle Sinne mehr oder weniger gleichberechtigt teil: die spürbare Wärme der Sonne,

19 Zwischen einer vormodernen »emblematischen« (sinnbildlichen) und der modernen »nicht-emblematischen« (bildsinnlichen) Landschaftsauffassung unterscheidet Lobsien (1981), 21 ff., 43; vgl. S. 18, wo Lobsien Landschaft grundsätzlich als imaginatives Naturverhältnis definiert. – Unterschiedliche Formen der (naturgemäß imaginativen, unter anderem in der engen Bedeutung »sinnbildlichen«) Landschafts*malerei* (und folglich: möglicher projektiver Naturwahrnehmung) unterscheidet Clark (1962).

der Geruch des Unkrauts im Weinberg sind in Rosa Luxemburgs See-Erinnerung so wichtig wie das bewegte Panorama ringsum.[20] Der im vorigen Kapitel beschriebene Raum der Natur ist ein gleichermaßen *aus* Ferne und Nähe wie *als* Ferne und Nähe empfundener Raum. Nur so ist er im vollen Sinn ein korresponsiver, d. h. korrespondenz*erfüllter* Raum. Bei der imaginativen Korrespondenz ist dies anders. Der Raum dieser anderen Korrespondenz ist ein geteilter, ein gespaltener Raum. Hier bieten sich *Teile* des natürlichen Raums dem projektiven Phantasieren an. Der Schauplatz dieser Imagination ist nicht identisch mit dem Ort des Lebens, an dem sie sich vollzieht. Die ästhetisch imaginierte Natur hat den Charakter eines Schauspiels, das *innerhalb* der jeweiligen Umgebung vonstatten geht. Deswegen gibt es hier oft so etwas wie einen idealen Standpunkt der Betrachtung, wie er im existentiell korrespondenzerfüllten Raum unnötig und in der kontemplativen Raumerfahrung ganz ausgeschlossen ist.[21] Der, der dieses Schauspiel durch die Art seiner Betrachtung in Gang setzt, befindet sich selbst nicht in diesem Spiel; er ist durch die Position und Disposition seiner scheinorientierten Wahrnehmung, nicht aber, wie bei der existentiellen Korrespondenzerfahrung, mit seiner faktischen Situation am Geschehen beteiligt. Entsprechend ist die sinnengeleitete Involviertheit hier weit weniger stark. Projektion und Imagination, die Worte sagen es, sind primär eine Angelegenheit des distanzierenden Auges, bestenfalls noch des auf komplexe Strukturwahrnehmung trainierten Ohrs; die Objektnähe der anderen Sinne bleibt ausgeschaltet. Anders als bei der korresponsiven – und auch der kontemplativen! – Wahrnehmung – ist Distanz zum

20 »In meinem Chailly sur Clarens sind die Weinberge noch mit Unkraut vorigen Jahrs überwuchert. (...) Ich darf noch in den Weinbergen herumschlendern und die roten Taubnesseln und die saphirblauen, betäubend duftenden Traubenhyazinthen pflücken, die dort in ungezählten Mengen wuchern. (...) Ich liege schweigend in der Nähe, lasse mich von der Sonne durchglühen, beobachte blinzelnd die Winzerfamilie und nage an einem Grashalm, im Kopf keinen einzigen Gedanken, aber im Körper das einzige Gefühl: Herrgott, wie schön ist die Welt und das Leben!« (Luxemburg 1984, 188f.)

21 Der kontemplativen Absurdität der ausgeschilderten »view points« selbst in den amerikanischen Wüsten entspricht also ein imaginatives ästhetisches Recht der Einrichtung von Aussichtspunkten auf besonders pittoreske Szenen: vgl. Kap. I, Anm. 43.

Raum der Erscheinungen eine Grundbedingung des imaginativen Gefallens an der Natur.
Die musikalische Imagination der Natur überschreitet die Differenz zwischen »ganzem« und »gespaltenem« Raum genau dann, wenn der empfindende Leib nicht länger als *Medium* eines Spiels mit (im Prinzip lokalisierbaren) Klängen, sondern als *Zentrum* einer (ohne lokalisierbare Klangquellen bestehenden) Harmonie der Sphären – und also: einer emphatischen existentiellen Korrespondenz mit der Natur – aufgefaßt wird. Auf dem Grat zwischen diesen beiden Möglichkeiten hält sich Jonkes Erzählung. Ein banaleres Beispiel bietet die Ästhetik des Schwimmens. Auch hier können die beiden korresponsiven Raumzustände in mehr oder weniger starker Abgrenzung gegeben sein. Auf dem Wasser liegend, kann ich den Klang und Gang der Wellen entweder als beruhigende Schwingung wahrnehmen, deren Teil ich selbst bin oder aber als musikalische Fortbewegung und Variation anhören, die ich in meiner augenblicklichen Lage vorzüglich wahrnehmen kann. Entweder ich partizipiere am ausdruckhaften Sein der Natur oder ich rezipiere ihren kunstvollen Schein. Genauso kann ich die Zimmerpalme zu meiner Rechten eher als sympathetisches Geschöpf wahrnehmen oder eher als plastisches Gebilde, das organische und konstruktive Formen mobileartig ineinanderspielen läßt. Nebenbei bestätigt sich hier die Beobachtung, daß es keineswegs nur die im genauen Sinn bildhafte, also der Malerei nachempfundene Natur ist, die der imaginativen »Bildlichkeit« mächtig ist. Bei der Projektion von Bildern (oder auch sprachlichen Kunstformen) tritt lediglich der geteilte Raum der imaginativen Anschauung am schärfsten hervor.[22] Etwas überspitzt könnte man sogar sagen, daß nicht die Raum-, sondern die Dingwahrnehmung die Grundform der kunstbezogenen Naturanschauung ist. Hier ist die Dingwahrnehmung nicht, wie im Fall von der Korrespondenz, eine Modifikation der Raumwahrnehmung, hier ist alle Raumwahrnehmung eine Modifikation der Wahrnehmung imaginativer Objekte. Gewiß wird die Szenerie eines großen Naturareals meist ein ergiebigerer Anlaß der kunstbezogenen Weltwahrnehmung sein als eine einzelne Rose oder die Palme zu meiner Rechten. Doch schon an

22 Den Bildcharakter von Landschaftswahrnehmung arbeitet Smuda (1986b), 53 ff., überzeugend heraus, ohne allerdings den Unterschied zur korresponsiven »Einfühlung« genau zu markieren.

der Rose läßt sich vollständig verdeutlichen, was die projektive Imagination aus ihren Objekten macht und was ihr dabei von seiten der Objekte geschieht. In der Rose z. B. sehe ich dann nicht nur das Symbol, zu dem sie der älteren Dichtung wurde, ich sehe ihr auch den Spott noch an, mit dem die neuere Dichtung das sympbolische Zutrauen der älteren bedacht hat – und den Zweifel am Recht dieses Spotts. Darin liegt schon die Improvisation, mit der mich die kunstsinnig angeschaute Blume beschenkt: sie erblüht vor Bedeutung und spottet der Bedeutung, vor der sie erblüht. In dieser Betrachtung steht die Rose ebenso für sich selbst wie die Landschaft, die mir im Rahmen meines Fensters als malerische Szenerie erscheint. Im projektiven Verhältnis stehen wir grundsätzlich *vor* der Landschaft, dem Raum, dem Ding, dem unsere Aufmerksamkeit gilt. Anders, ohne solchen Zwischenraum, ohne solchen Rahmen, ohne solche Ausschnitthaftigkeit kann es Projektion, kann es Phänomene, auf die etwas projiziert wird, nicht geben. Was auf diese Weise im Schein der Kunst erscheint, ist stets, wie sehr es auch selbst Raum ist, *im* Raum der Wahrnehmung gegeben, ist einzelnes Ding oder vielfältiger Gestaltzusammenhang im Unterschied zum Raum der Wahrnehmung selbst. Die Dinge werden so zu einem *Raum im Raum* des Lebens. In dem wirklichen Raum, als dessen Teil ich mich weiß, öffnet sich ein imaginierter Raum, »gerade als ob die Natur ganz eigentlich in dieser Absicht ihre herrliche Bühne aufgeschlagen und ausgeschmückt habe.«[23]

Der Unterschied zwischen der korresponsiven Wahrnehmung des eigenen Raums und der imaginativen Wahrnehmung von Dingen oder Szenerien im Raum manifestiert sich auch an der unterschiedlichen Art des Ausdrucks, den die Phänomene jeweils gewinnen. Dem *internen* Ausdruck der existentiellen steht ein *externer* Ausdruck der imaginativen Korrespondenz gegenüber. Der Ausdruck, den die Natur im existentiellen Korrespondenzverhältnis gewinnt, ist eine Artikulation »von innen«: die Sinnhaftigkeit der eigenen Situation wird sinnlich evident. Der Ausdruck dagegen, den die Natur im imaginativen Korrespondenzverhältnis gewinnt, ist eine Artikulation »von außen«: nicht die *gegenwärtige* Situation, *mögliche* Situationen werden im Spiel dieser Anschauung ge-

23 Kant (1968b), B 305, 494.

genwärtig. – Unter den zahllosen Ansichten des Genfer Sees, die Ferdinand Hodler gemalt hat, befinden sich mehrere Bilder, die das Massiv der Dents du Midi zum Thema haben. Sie sind in den Jahren 1912 und 1913 entstanden. Sie zeigen scharfkantige, blauschwarze, von Licht und Wolken zur Abstraktion gezwungene Formationen. Rosa Luxemburg hätte also, in ihrem Weinberg liegend, einen Ausschnitt der umliegenden Natur wahrnehmen können, als ob er von Hodler dargestellt sei. Dann hätte ihr die Schroffheit und Macht der Berge nicht länger – oder nicht so sehr – ein Zeichen der Milde des augenblicklichen Lebens sein können. Sie wäre ihr als Zeichen einer harten, über alle gegenständliche Form hinweggehenden Bewegung erschienen, der nur eine organisch-abstrahierende, nicht an die vertrauten Formen sich klammernde Sicht der Dinge gleichkommen kann. Die Natur des Genfer Sees wie Hodlers Darstellung sehen, ist etwas ganz anderes als ihren »Balsam« und ihre »Ruhe« in bewußter Empfindung auf sich einwirken zu lassen. Es ist nicht nur ein anderer Inhalt, den die Natur durch die Reminiszenz zu Hodler gewinnt, es ist eine andere Form, in der sie ausdruckhaft wird. Das imaginierte Hodlerbild der Natur hat eine Bedeutung unabhängig von der erlebten Umgebung; der Betrachter hat am Leben seiner Bedeutung nicht teil; es spricht die Sprache einer unwirklichen Kunst.

c) Eine unwirkliche Kunst

Die ansprechende Beredtheit, das expressive Artikuliertsein der korrespondierenden Natur zieht sich hier gleichsam in Formen einer selbständigen Rede zurück. Man kann hier tatsächlich von einer »Sprache« der Natur sprechen – einer Sprache freilich, die nicht vernommen werden kann ohne das Bewußtsein, daß es eine vom Menschen der Natur geliehene Sprache ist. Die einzige Sprache, deren die Natur, abgesehen von den domestizierten Tieren, zum Menschen hin mächtig ist, ist die ihm vom Menschen geliehene Sprache der Kunst. Wenn wir jedoch in dieser Metaphorik reden wollen, müssen wir auch sagen, daß die Natur diese Sprache in einer Weise spricht, deren die Kunst, die wir ihr leihen, allein nicht mächtig ist. Die Natur spricht ein einzigartiges Idiom der Kunst.

Noch ist nicht klar, was das Einzigartige dieser »Kunst der Natur« eigentlich ist. Eine vorläufige Antwort aber ist jetzt möglich. Das Besondere am Kunstschein der Natur ist, daß wir an ihm die Darstellung der menschlichen Welt wiederum als Teil dieser Welt erfahren. Im Kunstschein der Natur erscheint die äußere Wirklichkeit so, als ob die imaginative Entfaltung weltbildender Sinnzusammenhänge ihr Werk wäre. Inmitten der Lebenswirklichkeit tut sich die Möglichkeit der imaginativen Begegnung mit möglichen Lebenswirklichkeiten auf. Im Gelingen der projektiven Imagination der Natur wird die äußere Welt zur Variation unserer Bilder vom wirklichen und möglichen Sein in der Welt. Die »Kunst« der imaginativen Natur besteht somit in einer plötzlichen Koexistenz von alltäglicher Welt und künstlerischer Präsentation einer anderen Welt. Der Raum ihrer Imagination erscheint als Raum im Raum der wirklichen Welt. Weil er nur der flüchtige und spontane Schein eines Kunst-Raums ist, rückt er dem alltäglichen Leben der Menschen näher als es das semiotische Sein der wirklichen Werke vermag. In der Ferne zur Kunst ergibt sich eine äußerste Nähe zur Kunst.[24] Die »Kunst der Natur« ist eine »unwirkliche Kunst«, die, merkwürdig genug, zugleich wirklicher ist als die wirkliche Kunst.

Dieser Surrealismus der Natur eröffnet eine Freiheit der Imagination, die kein direkt wahrgenommenes Kunstwerk gewähren kann: eine Imagination der Welt, die nicht gebunden ist – weder an die Realität der Welt, in der sie sich vollzieht, noch an die Muster der Kunst, von der sie ihren Ausgang nimmt. Ästhetische Natur ist dann eine Begegnung mit Kunst, die uns noch von der Forderung einzelner Formen und bestimmter Deutungen der Kunst befreit. Die »Kunst der Natur«, so möchte ich vorläufig sagen, ist *freie Imagination der Welt und der Kunst.*

24 Auch so ließe sich Benjamins berühmte, nicht zufällig durch ein Naturbeispiel gegebene Definition der »Aura« lesen, auch wenn sie an ihrer Stelle (Benjamin 1974 a, 440 u. 479) vorwiegend korrespondenztheoretisch vorgetragen ist – wie übrigens Benjamins gesamte Ästhetik, auch und gerade in ihren anti-auratischen Zügen, primär eine Korrespondenztheorie ist.

3. *Imaginatives Bewußtsein*

Imaginatives ästhetisches Bewußtsein kennt mehrere Formen; nur eine von ihnen steht im Zentrum dieses Kapitels. Gar nicht gesprochen habe ich über die produktive Imagination des Künstlers, aus der die konstruktive Imagination seiner Werke entsteht; nur am Rande war von der rezeptiven Imagination die Rede, die Bedingung des direkten Verstehens von Kunstwerken ist. Thema dieses Kapitels ist Natur als Schauplatz der projektiven ästhetischen Imagination.

Projektive ästhetische Imagination, anläßlich eines Dings oder eines Raums im Raum, ist freie Anschauung der Kunst als Welt und der Welt als Kunst. In dieser Bestimmung ist von Natur noch keine Rede – mit gutem Grund. »Projektive ästhetische Imagination ist freie Anschauung der Kunst als Natur und der Natur als Kunst«: dieser Satz wäre falsch. So sehr sich unsere Analyse der projektiven Imagination an Beispielen aus der Naturwahrnehmung orientiert hat, so sehr liegt es in der Konsequenz unserer Besprechung der Beispiele, daß diese Wahrnehmung auch an nicht-naturhaften Gegebenheiten vollzogen werden kann. Damit stehen wir zum dritten Mal vor der Frage, was eigentlich das Besondere der naturbezogenen Ausübung der erläuterten Wahrnehmungsweise ist.

a) Es muß nicht Natur sein

Es ist leicht zu sehen, daß unsere erste Antwort auf die Frage nach der Einzigartigkeit der »Kunst der Natur« nicht ausreichend war. Sie betraf gar nicht allein die projektiv erzeugte Kunst der *Natur*, sie betraf unausgesprochen den ästhetischen Status der imaginativ wahrgenommenen äußeren *Welt*. Bei genauem Hinsehen erweist sich die imaginative »Kunst der Natur« als Variante einer allgemeinen »Kunst der Dinge« – derjenigen Dinge und Ereignisse, die zwar nicht Kunst-Werke sind, aber doch so erscheinen können, als ob sie es wären. Das müssen nicht naturhafte, es können genausogut nicht-natürliche Gegebenheiten sein. Erst wenn wir uns das klargemacht haben, besteht Aussicht, eine bessere, eine zweite Antwort auf die Frage nach der genuinen Bedeutung des Kunstscheins der Natur zu gewinnen.

Zunächst aber verhält es sich hier wie schon mit der kontemplativen Einstellung: es muß nicht Natur sein: alles und jedes kann so wahrgenommen werden, als ob es Kunst wäre. Wer mit alter und neuer Kunst ungefähr vertraut ist, vor dessen artistischer Einbildung ist nichts und niemand sicher. Nicht nur wird er Städte und Bauten im Stil ihrer künstlerischen Ansichten sehen – Venedig im Stil Guardis, amerikanische Motels im Stil der Bilder Hoppers ebensogut wie Meere und Himmel nach der Art Ruysdaels oder Turners. Den Lärm des Preßlufthammers draußen kann er hören wie Musik von Hendrix oder Cage, den Wasserverdunster an seiner Heizung bestaunen wie ein Interieur von Richard Estes, er kann sein Bücherregal betrachten als wäre es eine Riesenbuchplastik von Diter Rot, seinen gefliesten Teppichboden anschauen als wäre es ein Arrangement von Carl Andre, die Picknickfamilie auf der Parkbank goutieren wie eine Skulptur von Duane Hanson oder Edward Kienholz bzw. ein Stück von Franz Xaver Kroetz oder Botho Strauß. Er kann alles so sehen, als wäre es nicht einfach, was es seiner pragmatisch-alltäglichen Bedeutung und Rolle nach ist, Teppichboden im Büro, vollgestelltes Regal, lästiger Lärm, Familie auf der Parkbank, Schönheit und Gestank Venedigs, er nimmt alles als Zeichen für, als Darbietung von, als Reflexion auf etwas, was es in seiner lebensweltlichen Erscheinung gar nicht notwendigerweise ist. Das Geräusch des Preßlufthammers verwandelt sich in die jubelnde Aggression der Rockmusik oder in den meditativen Klang einer Stille, die nur im Lauten unzerstörbar schwingt; der Wasserverdunster wird Zeichen einer Selbstthematisierung des Malens, die das banale Ding an die Stelle des erotischen Dialogs zwischen männlichen Künstlern und weiblichen Modellen rückt; das Buchregal stellt den bunten Dung des Geistes aus, den auch der reinste Geist, darauf gedeihend, mehrt; die Bodenfliesen handeln vom Raumgefühl, das eine mit Filz beklebte Unterfläche in einem in Beton gegossenen Gelaß bewirkt; die Picknickfamilie erzählt vom Zwang sozialen Lebens inmitten freier Natur, vielleicht auch vom Unterwegssein des Menschen mit absurdem Gepäck. Der kunstbezogenen Phantasie verwandeln sich die Dinge der Welt in Zeichen dafür, wie uns die Dinge der Welt angehen oder angehen könnten. Indem wir sie mit Idiomen der Kunst versehen, gewinnen sie eine Sprache, nicht von sich aus, von uns aus, in der sie dann wie von sich aus zu sprechen scheinen.

Gewiß könnte man zweifeln, ob diese absichtslose Kunst der künstlichen Dinge (und menschlicher Lebenslagen) wirklich jene *freie* Imagination der Welt und der Kunst ermöglichen und erreichen kann, die ich der »Kunst der Natur« oben zugebilligt habe. Wenn nur die Natur, nicht aber künstliche Objekte und Areale sowie menschliches Verhalten der *improvisierenden* Antwort auf unsere projektive Anfrage fähig wären, so wäre das Besondere der imaginativen Natur eigentlich schon in der Beschreibung ihres Spiels mit unserem Spiel angegeben worden. So leicht können wir es uns jedoch nicht machen. Auch künstliche und soziale Erscheinungen können ihr Spiel mit unserem Imaginationsspiel treiben. Zwar mag es beim Wasserverdunster, wohl auch beim Teppichboden, Schwierigkeiten geben, das von Kleist beschriebene »Glück« der projektiven Imagination zu erleben; beim Preßlufthammer, bei der Picknickfamilie, beim amerikanischen Motelzimmer und erst recht bei einer Stadtansicht liegen die Dinge ganz anders. Gert Jonkes die Motive seiner früheren Erzählung weiterführender Roman »Der ferne Klang« beginnt so:

»Vorhin haben auf einmal sämtliche Schornsteine des Hauses dort weiter vorne eine ergreifende Musik zu blasen begonnen, und zwar zunächst in vereinzelt ganz tiefen aus den Rauchfängen hervorgekeucht ungeordnet aus allen Kaminen durcheinander hervorbrechend heftig auch spuckend manchmal durchaus ebenso leicht rülpsähnlich kräftig hinweggepreßten Gebläsestößen, waren aber erstaunlich bald schon nach und nach zum Anfang einer ganz diszipliniert dunkel herbeiposaunten Fanfare versammelt, durchaus auch trauermarschmäßig fehlerfrei fast einstimmig geordnet gewesen, ganz so, als hätten sich sämtliche Baßtubaspieler und Kontrafagottisten unserer Stadt und der sie umliegenden Landstriche im Dachstuhl dieses einen Gebäudes verborgen, vielleicht zu einer geheim zusammengekommenen ausnehmend mysteriösen Kontrabaßbläserversammlung, deren vornehmlich gemeinsames Musizieren durch die Schornsteinrohre aus dem Dachboden aus allen Schloten noch sehr lange in die Ebene hinausgeblasen worden ist.«[25]

25 G. Jonke, Der ferne Klang, Salzburg-Wien: Residenz 1979, 7.

b) Natur als Korrektiv der Kunst

So sehr Jonkes Sprachbild zeigt, wie gerade die künstliche Welt ein erstaunlicher Resonanzraum unserer projektiven Wahrnehmung sein kann, es zeigt noch etwas anderes: den fast unvermeidlichen Zwang, dem scheinhaften Ergebnis dieser Imagination den Charakter eines quasi-naturhaften Ereignisses beizumessen. Die Musik der mysteriösen Bläserversammlung schweift in die Ebene hinaus, sie wird – wie sonst aus den Schloten der Rauch – vom Wind ins Weite getragen; das anonyme Geräusch der Stadt erzeugt den fernen Klang einer unergründlichen Musik. In die projektive Wahrnehmung schleicht sich eine Naturalisierung ein, die darin besteht, den primären Sinn der Phänomene zu leugnen, an denen sich die imaginative Ästhetisierung vollzieht. Aller Kunst-Schein am Künstlichen und Intentionalen, so ist zu folgern, tendiert zu einem Natur-Schein und *seines* künstlerischen Scheins. Damit etwas, egal ob Natur oder nicht, als improvisierender Kunst-Schein wahrgenommen werden kann, muß es annähernd als Natur wahrgenommen werden, d. h. so, als sei es kontingentes Geschehen wie sie. Die als Schauspiel vorgestellte Picknickfamilie z. B. *ist* keine Theateraufführung und sie ist nicht einfach *wie* eine solche, genausowenig wie sie ein gewöhnlicher Teil unserer Mitwelt ist. Sie ist etwas, das zugleich wie eine Theateraufführung und wie eine irritierende Abwandlung jedes möglichen Theaterstücks mit dieser Handlungsfolge erscheint: heikles Ritual von Wesen, die nur Handlungen vollziehen, mit denen sie zeigen, was ihr Sinn oder Unsinn ist. Der radikal ästhetischen Imagination, die sich nicht in den Dienst soziologischer Beobachtung stellt und nicht einfach die Fortsetzung mitfühlender oder liebender Anteilnahme ist, ist selbst das Rollenspiel unter den Menschen wie ein Schauspiel der Natur.
Diese Überlegung führt zu einem Ergebnis analog jenem, das sich für die Rolle der Natur in der kontemplativen Wahrnehmung herausgestellt hat. Als Improvisation der Kunst können artifizielle und soziale Umgebungen nur erscheinen, wenn sie gleichwohl in einem bestimmten Sinn wie Natur, wie absichtslos Gewordenes und Werdendes, aufgefaßt werden. Alle »Improvisation« der Welt auf die Kunst ist demnach (wie) ein Spiel der Natur mit der Kunst. Wie die ästhetische Kontemplation sieht die projektive ästhetische Imagination ein Wirken der Natur in allem, was immer sie sieht –

wenn auch mit völlig anderer Intention: um an der Natur oder ihrem Schein einen Widerschein ihrer kunstsüchtigen Phantasien zu finden.

Das sieht wie die gesuchte »zweite« Antwort auf die Frage nach der Besonderheit der imaginativ wahrgenommenen Natur aus: Der Kunst-Schein der Natur ist das Vorbild aller projektiven ästhetischen Imagination. Zwar ist das eine richtige Antwort – aber sie ist viel zu schwach, um die volle Attraktion gerade und einzig der imaginativen Natur zu begründen. Erst wenn wir die Fragestellung umkehren, kommen wir zum Kern der Sache. Wir müssen versuchen, das dritte ästhetische Verhältnis zur Natur stärker als bisher von der Kunst her zu denken. So sehr die Imagination der Natur abhängig ist von der Imagination der Kunst, diese ist auch abhängig von jener. So richtig es ist, daß schon Imaginationen – solche der Kunst nämlich – da sein müssen, um die Natur projektiv imaginieren zu können, so richtig ist es auch, daß wir der konstruktiven Imagination der Kunst nur dann wirklich gerecht werden können, wenn wir über die Fähigkeit ihrer projektiven Variation verfügen. Das imaginative Interesse an der Natur liegt im Interesse der innovativen Herstellung sowie der produktiven Wahrnehmung von Kunst. Imaginativ wahrgenommene Natur, »die von keiner Kunst erreichbare Antwort auf Kunst«, ist eine Bedingung der Intensität aller Kunst. Die als Zeichen der Kunst imaginierte Natur ist ein unersetzliches Korrektiv der künstlerischen und kunstbezogenen Imagination. *Dem Kunstschein der Natur entspricht ein Naturschein der Kunst.*

Die klassische Formulierung dieses Zusammenhangs findet sich bei Kant. »Die Natur war schön, wenn sie zugleich als Kunst aussah; und die Kunst kann nur schön genannt werden, wenn wir uns bewußt sind, sie sei Kunst, und sie uns doch als Natur aussieht.« Im selben Absatz der »Kritik der Urteilskraft« heißt es: »An einem Produkte der schönen Kunst muß man sich bewußt werden, daß es Kunst sei, und nicht Natur; aber doch muß die Zweckmäßigkeit in der Form desselben von allem Zwange willkürlicher Regeln so frei scheinen, als ob es ein Produkt der bloßen Natur sei.«[26] Worum es

26 Kant (1968 b), § 45, 404 f. Wie sich der enthaltene imaginative Begriff des Naturschönen zu der bei Kant dominierenden kontemplativen (und der bei ihm wenigstens angelegten korresponsiven) Naturästhetik verhält, habe ich erörtert in Seel (1990).

Kant hier geht, ist die Auflösung der Frage, wer denn nun das Vorbild einer ästhetischen Wahrnehmung sei: die freie Natur oder die freie Kunst. Kants Lösung liegt in der These der doppelten Vorbildlichkeit der Natur für die Kunst und der Kunst für die Natur. Die imaginative Natur ist Vorbild der inneren Lebendigkeit des Kunstwerks, die Imagination des Kunstwerks dagegen ist Vorbild einer gehaltvollen Imagination der Natur. Der Dialog zwischen ästhetischer Kunst und ästhetischer Natur kommt erst zustande, wenn Natur *wie* gelungene Kunst und Kunst *wie* freie Natur wahrgenommen werden kann, ohne daß die Differenz zwischen Kunst und Natur dabei ausgelöscht wird. Nicht die im Schein der Kunst wahrgenommene Natur, nicht die im Schein der Natur wahrgenommene Kunst, den *Dialog* zwischen Kunst und Natur erhebt Kant zur Norm des imaginativen ästhetischen Bewußtseins.

Adornos späte Rehabilitierung des Naturschönen nimmt diesen Gedanken auf.[27] Für Adorno ist es die Insignifikanz des bildhaft erfaßten Naturschönen, das Flüchtige, das nie Fixierbare seines Ausdrucks, wodurch es zu einem bleibenden Korrektiv sowohl der Kunstproduktion als auch der Kunsterfahrung wird. Das Kunstwerk ist ein Artefakt; als solches ist es stets und in vielfachem Sinn ein Dokument für Intentionen, Techniken, Zeitströmungen, soziale Verhältnisse und dergleichen. Daher stehen die internen Korrespondenzen des Kunstwerks immer unter der Gefahr, nur äußerlich, nur in ihrem Dokumentwert wahrgenommen zu werden. In dieser Lage erweist sich die Erfahrung des Naturschönen als notwendiger Rückhalt der Wahrnehmung und Herstellung von Kunst. Diese Erfahrung schärft dem Umgang mit Kunstwerken ein, bei aller Kenntnis und Beachtung der Zusammenhänge *des* Werks das oszillierende Eigenleben der Zusammenhänge *im* Werk zu achten. Die Imagination der Natur wird zum Anwalt der prozessualen Verfassung aller gelungenen Imagination der Kunst. Aus diesem Grund ist die Kunst für Adorno zwar nicht länger eine Nachahmung der Natur, wohl aber eine Nachahmung des Naturschönen.

Es ist Adornos erklärte Absicht, die Ästhetik der Natur gegen Hegels, wie er sagt, »Verdrängung« des Naturschönen zu rehabilitie-

27 Zum folgenden Adorno (1973), 97-121.

ren. Selbst Hegel aber kommt der Einsicht in die naturanaloge Prozessualität künstlerischer Gebilde nahe. In seiner Behandlung der Malerei spricht er vom Erfordernis einer lebendigen Bildstruktur, dem die neuere Kunst mit einer »unendliche(n) Subtilität und Delikatesse des Scheinens« zu entsprechen suche. Um diese Struktur zu erreichen, muß sich die Malerei »bis dahin durchringen, wo aller Inhalt gleichgültig und das künstlerische Scheinenmachen das Hauptinteresse wird«. Die Orientierung an der »lebendigen Wirklichkeit« der Natur, ursprünglich – so Hegel – der Darstellung idealer Lebenswirklichkeit verpflichtet, verwandelt sich in das Ideal der Herstellung von Bildern, denen selbst eine naturgleiche »Lebendigkeit im Scheinenmachen« eignet.[28] Kunst selbst versucht zu werden, was sie im Zustand ihrer projektiven Veräußerung wird. In nuce ist hier schon der moderne Naturbezug der Kunst jenseits aller gegenständlichen Naturdarstellung beschrieben, für den sich bei Adorno die Formel findet: »Je strenger die Kunstwerke der Naturwüchsigkeit und der Abbildung von Natur sich enthalten, desto mehr nähern die gelungenen sich der Natur.«[29]

Man könnte diesen Satz zum Leitsatz einer Geschichte der Kunst in diesem Jahrhundert erheben. Für die Malerei hat Gottfried Boehm gezeigt, wie wenig das Ende der Landschaftsmalerei ein Ende des künstlerischen Bildes der Natur bedeutet. Was sich im ausgehenden 19. Jahrhundert vollzieht, ist »der Übergang von einer natura naturata zu einer natura naturans«; nicht ein Raum der Natur, der dem Betrachter gegenübersteht, ein Prozeß der Natur, der die Position des Betrachters mit erfaßt, wird jetzt – bei Monet und Cézanne – zum Thema der Bilder.[30] Im Blick auf Kandinsky, Mondrian und Pollock zeichnet Boehm auch den nächsten Schritt nach. Hier tritt ein, worauf Adornos Aphorismus zielt. Es wird zur Würde der Kunst, im Abstand von aller Thematisierung der Natur gleichwohl »Äquivalente zur Natur zu schaffen«.[31] Im einen Extrem verweisen die abstrakten Bildwerke auf Natur allein

28 Alle Zitate in Hegel (1970), III. 36f.

29 Adorno (1973), 120.

30 Boehm (1986), 92; zum Aufkommen der Idee einer Nachahmung der natura naturans in der englischen Diskussion des 18. Jahrhunderts s. Hofmann (1976), bes. 38.

31 Boehm (1986), 104, vgl. 107f.

dadurch, daß sie ihre innere Prozessualität vorweisen – daß sie sich, ohne allen inhaltlichen Bezug auf Natur, im Schein der Natur zeigen. Im anderen Extrem treten Naturformen und Naturprozesse selbst als Grundformen und Techniken der künstlerischen Darbietung auf. Man kann hier an die Zufallstechniken des Surrealismus denken oder an Rückriems Skulpturen, an arte povera und land art, an Nam June Paiks für die documenta VI arrangierten botanischen Videogarten, an die vergänglichen Beuysschen Fettecken und vieles andere mehr. Auf eine Spitze getrieben ist diese Naturform der Kunst in jenen auf Licht, Wärme, Feuchtigkeit sichtbar reagierenden, von dieser ihrer veränderlichen Natur handelnden, diese ihre tatsächliche Natur inszenierenden Bildern Sigmar Polkes, die nicht länger Fertigstellung oder Fragment eines künstlerischen Gebildes, sondern nurmehr Anfangszustände ihres eigenen, wenngleich durch Kunst erzeugten, somit zeichengewordenen, somit zeichenbildenden Naturprozesses sind.[32] Natur in ihrer autarken Lebendigkeit wird zum Kriterium mimetischer wie anti-mimetischer Kunst. Deswegen bedarf die Imagination der Kunst der Imagination der Natur. »Alles nicht aus Ideen gemacht, schwarzes / nasses Geäst der geschmähten Eichen / rumpelt am Himmel«, heißt es in Nicolas Borns poetischen »Notizen aus dem Elbholz«. Und an einer anderen Stelle: »Kein Mensch könnte das in Unordnung halten / dies klare Durcheinander des Wachsenden / übereinander Hergefallenen.«[33] Aus dem Zusammenhang gerissen klingen solche Sätze wie Aufforderungen an die moderne Kunst: Produkte zu fertigen, die selber »nicht aus Ideen gemacht« sind, jedenfalls nicht nur – und jedenfalls nicht nur so scheinen.

Selbst eine Kunst, die sich – wie Hans Robert Jauß am Beispiel Baudelaires ausgeführt hat[34] – dezidiert als Anti-Natur versteht, hat den Kontakt zur Natur nicht völlig gelöst. Jedoch findet sie Natur nicht länger in der romantischen oder einer positivistischen Idee der Natur. Sie formuliert eine »Absage an die Idealität der Natur«, die zugleich eine Absage an ihre Faktizität ist; wenn Baudelaire sagt, »die Natur hat keine Imagination«, ist beides ge-

32 Vgl. S. Polke, Athanor, XLII. Biennale di Venezia 1986.

33 Nicolas Born, Gedichte 1967–1978, Reinbek: Rowohlt 1978, 226 u. 229.

34 H. R. Jauß, Kunst als Anti-Natur: Zur ästhetischen Wende nach 1789, in: ders. (1989), 119-156.

meint.[35] Und doch kommt diese Parteinahme für die Imagination und gegen die Natur ohne eine Berufung auf letztere nicht aus. Die »Positivisten« fragt Baudelaire, »ob sie denn sicher sind, die *ganze Natur*, alles, was in der Natur enthalten ist, zu kennen.« Zugleich ist das eine Verabschiedung aller romantischen Korrespondenz mit Natur: »Ich finde es unnütz und müßig, das Daseiende zu wiederholen, da nichts, was da ist, mir genügt. Die Natur ist häßlich, und ich gebe den Monstren meiner Phantasie vor der positiven Trivialität den Vorzug.« Im Gebrauch dieser Phantasie muß der Künstler »der eigenen Natur« folgen, anstatt sich an die vermeintliche Bedeutung der äußeren Natur zu klammern.[36] Offengelassen ist darin, ob es nicht eine äußere Natur braucht, die den Monstren Nahrung gibt, ohne die sich die kreative Phantasie auszehren müßte – imaginierte Natur als notwendiges Phantasma der künstlerischen Phantasie. So ist es auch – allein: diese Natur findet Baudelaire nicht länger am Ort der Natur. Die ästhetische Produktivität der Natur ist untergegangen und wiederauferstanden in der Kontingenz des Pariser Lebens. Wie Jauß hervorhebt, ist Baudelaires Absage an das romantische und realistische Klischee der Natur eine Zusage zur produktiven, zur bilderregenden Natur der Stadt. Die »Korrespondenzen«, die der Künstler Baudelaire sucht, sind nicht in einer sei es mütterlich sinnhaften, sei es domestizierend genutzten Natur gegeben, sie können nur gefunden werden in dem von keinem, auch keinem menschlichen Gesetz kontrollierten Leben der Stadt. Auf dem Boden dieser zweiten, dieser gesteigerten Natur gedeihen die Blumen des Bösen.
Dies ist das dritte Extrem im Verhältnis der neueren Kunst zur Natur. Unter dem Vorwurf, sie sei zuwenig Natur, wendet sich die Kunst von der Natur ab. Kunst wird damit zum Anwalt weniger einer verlorenen als vielmehr einer die Natur kreativ überbietenden Natur. Kunst als Anti-Natur ist Kunst einer anderen Natur. In diesem Kontext ist die Kunst weder Vorbild der Natur noch die Natur Vorbild der Kunst. Kunst erscheint als einzig verbliebene Natur. Das ist eine berauschende Perspektive – schon Kant hat sie im § 60 der »Kritik der Urteilskraft« hypothetisch anvisiert –: aber eine bedrohliche auch. In einer Interpretation des »Rêve Parisien«

35 Nach Jauß, a. a. O., 135f.
36 Alle Zitate in Baudelaire (o. J.), 184f.

macht Jauß deutlich, wie das Bedrohliche dieser Perspektive in Baudelaires Dichtung selbst zur Sprache kommt.[37] Der Traum einer vollkommen künstlichen Landschaft ist auch ein Albtraum – einer freilich, der dem »brutalen« Mittag einer »tristen« Welt unter »finsterem« Himmel emphatisch vorgezogen wird.[38] An diesem Schluß des Gedichts aber wird deutlich: Der anti-natürliche »Schrecken« des Traums ist auch eine Imagination der Tristheit des Himmels über der wirklichen Welt. Baudelaire, der Poet, spricht hier wie an vielen anderen Stellen aus, was Baudelaire, der Essayist, nicht anerkennen wollte. Selbst die an die Stelle der Natur tretende Kunst braucht die Inspiration der imaginativ an die Stelle der Kunst getretenen Natur. Ohne den Widerpart einer visionär erfahrenen Natur wären die Imaginationen der Kunst dem Tode geweiht.

c) Schöne und erhabene Imagination

Das Resultat unserer Überlegung scheint paradox: Die imaginative Naturwahrnehmung ist eine genuine Form der Wahrnehmung ästhetischer Kunst. Wenn es aber richtig ist, daß der Naturschein von Kunstwerken eine Bedingung ihres Gelingens ist, wird die Bindung der imaginativen Kunst an die imaginativer Natur verständlich. Imaginative Naturwahrnehmung ist *Erweckung des Naturscheins der Kunst.* Sie ist nicht Nachahmung gegebener Kunstformen, wo sie ihrerseits gelingt, ist sie – nach einer Wendung Hans Blumenbergs – *»Vorahmung«* künftiger Erzeugung und Betrachtung von Kunst.[39]

Darin bestätigt sich die Vermutung, daß das imaginative Interesse an der Natur nicht nur ein auf Kunst gerichtetes, sondern im gleichen Maß ein von Kunst her motiviertes Interesse ist. Allerdings besteht eine wichtige Asymmetrie zwischen dem Interesse an der projektiv wahrgenommenen Natur und dem an den projektiv wachgerufenen Werken. Das Interesse an der imaginativen Natur

37 Jauß, a. a. O., 136ff.

38 Ich beziehe mich auf die letzte Strophe des Rêve Parisien: »La Pendule aux accents funèbres / Sonnait brutalement midi / Et le ciel versait des ténèbres / Sur le triste monde engourdi.« (Baudelaire 1975, 266).

39 Blumenberg (1957), 283; vgl. Jauß, a. a. O., 124.

ist immer eines an der Imagination der Kunst. Das Interesse an der Imagination der Kunst hingegen ist normalerweise nicht zugleich eines an imaginierter Natur; es ist lediglich so, daß ein intelligentes Interesse an Kunst ohne die Schulung am imaginativen Schein der Natur schwer vorstellbar ist. Trotzdem ist von keinem einzelnen Kunstwerk zu sagen, es müsse auf Natur projiziert werden, um in seiner Kunstgestalt begreiflich zu werden. Das allgemeine Interesse an imaginativer Natur ist daher kein Interesse an diesen oder jenen Werken der Kunst (obwohl es sich im Einzelfall natürlich auf diese oder jene Kunstform bezieht), es ist das an der *Vitalität* der Kunst in der Vielheit und Verschiedenheit ihrer Werke. Aus diesem Interesse, so ist deutlich geworden, entspringt eine besondere Qualität des Naturschönen selbst. Die freie Imagination der Natur ist kein Mittel zur besseren Wahrnehmung der Kunst, sie ist selbst eine einzigartige – durch Kunst *und* Natur gegebene – Weise der Begegnung und des Umgangs mit Formen der Kunst. Die so gesehene Natur fasziniert, weil sie unsere Vorstellungen vom künstlerisch Gelungenen überraschend erfüllt oder irritierend übersteigt.
Damit ist die Stelle benannt, an der sich auch in der dritten Dimension ästhetischer Natur eine Differenz zwischen dem Schönen und dem Erhabenen meldet. Der Unterschied ist in diesem Kapitel schon vielfach vorgekommen, er muß nur noch begrifflich eingetragen werden. In einem engeren Sinn *schön* ist die imaginative Natur, wenn sie unserer Idee der Kunst und ihrer Werke *überraschend entspricht*, in spezifischer Bedeutung *erhaben* ist sie, wenn sie dieses Verständnis *irritierend übersteigt*.
Daß sich aus der »Projektion« der Kunst eine »Improvisation« auf seiten der Natur ergibt, ist eine Voraussetzung ihrer schönen wie ihrer erhabenen Modalität. Nur dann ist projektiv wahrgenommene Natur schön oder erhaben, wenn es »glückt«, in ihr eine spielerische Transfiguration der projizierten Werke oder Stile zu sehen. Erst die Art dieser Transfiguration macht den Unterschied der beiden Weisen imaginativer Naturschönheit aus.[40] Was in der schönen Improvisation geschieht, ist eine Erneuerung, was sich in der erhabenen ereignet, ist eine Überschreitung der bekannten Möglichkeiten der Kunst.

40 Wie bisher gebrauche ich den Ausdruck »Naturschönheit« bzw. »Naturschönes« so, daß er die Modalitäten des im engeren Sinn Schönen und/oder Erhabenen umfaßt.

Die imaginative Schönheit der Natur hat einen bemerkenswerten Zug. Sie kann sich in der Erinnerung an Kunst jeder Art entfalten – sei diese auch einer Ästhetik des Erhabenen oder des Schrecklichen verpflichtet. Eine Naturlandschaft, die unendlich weit und leer erscheint als wäre sie von Caspar David Friedrich, die in düsterem Aufruhr ist wie in einigen Meer-Ansichten Turners, die eine bedrohliche Aggressivität ausstrahlt wie die Naturbilder von Max Ernst – diese Landschaft ist eben darin schön, daß sie die Kunst dieser Maler auf unerwartete Weise bezeugt, sie auf vielleicht nie gesehene Weise zum Vorschein bringt. Erneut zeigt sich hier eine Kluft zwischen der korresponsiven und der imaginativen Naturanschauung. Ein Naturausschnitt, eine Gegend, die in korresponsiver Bedeutung eindeutig bedrohlich, abweisend oder sogar häßlich ist, kann der imaginativen Anschauung gleichwohl als schön erscheinen. Freilich kann eine Natur, die wir korresponsiv im Zustand *totaler* Negativität erfahren, auch im imaginativen Verhältnis nicht länger als schön erfahren werden. Eine völlig – und sichtbar – verwüstete, zerstörte, verseuchte, ihres sinnenfälligen Lebens beraubte Natur hätte die Kraft zur improvisierenden Antwort verloren; sie bliebe stumpf gegenüber aller ästhetischen Imagination. Es gehört zur Qualität einiger der großen Landschaften Anselm Kiefers, Bilder einer verwüsteten Natur zu sein, die sich der schönen Projizierbarkeit entziehen. Jedoch ist das eine Ausnahme, an der sich die Regel bestätigt. Wo die Betrachtung der Natur aufgeht in der Aktualisierung einer bekannten Art der Kunst, da ist die *Natur* schön, gleich ob wir die *Kunst* schön nennen würden, in deren Betrachtung sie aufgeht. Die erhabenste Musik wird zu einem Phänomen des Schönen, wenn sie wie aus der Natur erklingt. Selbst wenn ich eine Sterbende für einen Augenblick im Licht von Hodlers Bildern der sterbenden Geliebten Valentine Godé-Darel wahrnehme, ist dies im Schrecklichen eine schöne Korrespondenz. Ich nehme mit der Kunst das Schreckliche wahr, ich nehme am Schrecklichen die Kraft der Wahrnehmung Hodlers wahr und erkenne in beidem die Wahrheit dieser Gemälde. Schön ist die imaginative Natur als freie Verlebendigung und Verwirklichung gelingender Kunst.

In der erhabenen Imagination dagegen steht das Gelingen der bisherigen Kunst selbst zur Disposition. Das Bild der Natur zeigt den Anfang eines Gelingens, dem noch kein Werk der Kunst entspricht

und dem vielleicht nie eines entsprechen wird. Ausgangspunkt auch dieses Scheins ist die projektive Übertragung, die von bekannten (oder einem Gemisch bekannter) Kunstformen ihren Ausgang nimmt. Die Transfiguration aber, die sich durch das Spiel der Naturerscheinung ereignet, hat diesmal den Charakter der sprengenden Improvisation. Was dem Betrachter auf der Bühne der Natur entgegentritt, ist nicht das neue Bild einer bekannten, es ist das Bild einer bis dahin unbekannten, einer noch nie dagewesenen Kunst. Das imaginierte Werk zeigt ein inneres Leben, wie kein bekanntes Werk zuvor; das imaginierte Werk unterläuft Gattungsgrenzen und verbindet Gattungsmerkmale wie selbst das hybrideste Gesamtkunstwerk nicht; das an der Natur imaginierte Werk trägt das Siegel einer durch Kunst erzeugten, aus Kunst bestehenden und als Kunst anwesenden Wirklichkeit, dem kein Kunstwerk je zu entsprechen vermag. Der erhabene Kunstschein der Natur ist Schein einer imaginären Kunst.
Auch so läßt sich die Pascal-Erfahrung verstehen: der Betrachter der Natur befindet sich vor einem unendlichen Raum der Kunst, der in unverständlichen Bildern von der Gegenwart vergangener und künftiger Welten spricht. Auch diesmal ist die Spannung zwischen Schönem und Erhabenem als Differenz zu verstehen, die vielerlei Grade und Zwischenstufen kennt. Der ferne Weltklang bei Kleist und Jonke schwebt zwischen den beiden Polen – bei Kleist mehr im Horizont einer schönen, bei Jonke mehr im Horizont einer erhabenen Imagination. Oft sind die beiden Modi bloß die wechselnden Phasen *einer* Phantasie der Natur. Wenn man Adornos leidenschaftliches Plädoyer für das Naturschöne seiner metaphysischen Begründung entkleidet und die Unterscheidung zwischen dem Schönen und dem Erhabenen in es einträgt, ist dies ein Argument für die imaginative Solidarität von Natur und Kunst: Die als Kunst imaginierte Natur erscheint als eher schön oder eher erhaben, wenn sie in ihrer Differenz zu den Konstruktionen der Kunst die Erwartung der Inkommensurabilität der künstlerischen Gebilde auf unnachahmliche Weise erweckt.

Adornos Theorie des Naturschönen hat eine »Umkleidung«, von der sie befreit werden kann, weil auch sie zu starke Voraussetzungen bemüht, um dem von ihr herausgestellten Aspekt des Naturschönen gerecht werden zu können. Erneut möchte ich zeigen, daß eine begrifflich sparsame Interpretation des ästhetischen Naturverhältnisses erstens die allgemeinere und zweitens eine normativ plausiblere Bestimmung zu geben vermag. Wie im zweiten Kapitel aber ist es nicht allein die metaphysische Überhöhung, sondern zugleich die trivialisierende Herabsetzung des Naturschönen, die den Gegenpol zur hier vorgeschlagenen Deutung bildet. Die profane Deutung muß sogar weniger gegen die spekulative, sie muß vor allem gegen die defätistische Gegenposition verteidigt werden, die der Natur jeden imaginativen Eigenwert abspricht.

a) Die Geburt der Natur aus dem Geist der Kunst

Die ästhetische Diskussion des 19. Jahrhunderts kehrt die klassische, das Verhältnis von Kunst und Natur betreffende Nachahmungsthese um. Aus der Natur als Vorbild der ästhetischen Produktion der Kunst wird die Kunst als Vorbild der ästhetischen Rezeption der Natur. Am reinsten hat Oscar Wilde diese zweite Nachahmungsthese vertreten. Der berühmte – Ende des 18. Jahrhunderts schon als Topos kursierende[41], mit Schelling zur These reifende, bei A. W. Schlegel und Hegel weitergeführte[42], bei Baudelaire fast wörtlich vorformulierte[43] – Grundsatz besagt, »daß das Leben die Kunst weit mehr nachahmt als die Kunst das Leben. (...) Die Schlußfolgerung hieraus lautet, daß auch die sichtbare Natur die Kunst nachahmt. Die einzigen Eindrücke, die sie uns

41 »Man genießet an der Natur nicht, was man sieht (sonst genösse der Förster und der Dichter draußen einerlei), sondern was man ans Gesehene andichtet, und das Gefühl für Natur ist im Grunde die Phantasie für dieselbe«: Jean Paul, Die Unsichtbare Loge, in: ders., Werke, hg. v. N. Miller, Bd. I, München: Hanser 1960, 396.
42 Vgl. J. Zimmermann (1982b), 137ff.
43 Baudelaire (o. J.), 190ff., 235ff.

bieten kann, sind die Eindrücke, die wir bereits durch die Poesie oder die Malerei kennen. Dies ist das Geheimnis für den Zauber der Natur und zugleich die Erklärung ihrer Schwäche.«[44] Noch diese Position ist eine Reaktion auf die Pascal-Erfahrung oder doch auf einen schwachen Nachklang zu ihr. »Außerdem ist die Natur so teilnahmslos, so verständnislos. So oft ich hier im Park spazierengehe, fühle ich, daß ich ihr nicht mehr bedeute als das Vieh, das am Abhang weidet, oder die Klette, die im Graben blüht. Die Natur haßt den Geist, das ist offensichtlich.«[45] Die ästhetische Affirmation der gleichgültigen Materie fällt dem selbstbewußten Ästheten trotzdem leicht. Seine Anschauung zwingt die geistlose Natur, die Leistungen des erfindenden Geistes sklavisch zu wiederholen.

Alles, was ich in diesem Kapitel gesagt habe, war ein Versuch, dieser Auffassung den Boden zu entziehen. Es ist daher nicht nötig, ihr noch einmal zu widersprechen. Ohnehin liegt die echte Provokation der Wildeschen Sentenzen gar nicht in der simplen Umkehrung der klassischen Position; sie liegt in einer *Radikalisierung* der umgekehrten These. »Nur wo Kunst war, kann ästhetische Natur werden« – das ist Wildes eigentliche Pointe. *Alle* Formen der ästhetischen Naturwahrnehmung, heißt das, entstammen der kunstbezogenen Wahrnehmung der Natur. Das könnte zutreffen, auch wenn die imaginative Natur keine bloße Wiederholung künstlerischer Formen ist. Gerade wenn wir die imaginativ wahrgenommene Natur nicht einfach als Nachahmung der Kunst verstehen, könnte es naheliegen, das Naturschöne *insgesamt* als ein aus dem Geist der Kunst geborenes (gleichwohl aber für ihre stete Wiedergeburt unersetzliches) Verhältnis zu begreifen. Auch die kontemplative und die korrespondenzempfängliche Begegnung wären dann Abkömmlinge der imaginativen Beziehung zur Natur. Es gehörte zum projektiven Schein der Natur, daß er sich verselbständigen, daß er ohne das Bewußtsein der projektiven Kunstanschauung weiterbestehen kann. In der ausdrücklich kunstformbezogenen Naturwahrnehmung, so wäre zu sagen, sehen wir diesen Schein bei der Arbeit, ansonsten aber – in der kontemplativen Versenkung, in der korresponsiven Reaktion – vergessen

44 Wilde (1982), 44.
45 Ebd., 10.

wir die Herkunft dieses Scheins aus der Kunst. So hat es Wilde gesehen. »Die Kunst ist unser geistvoller Protest, unser kühner Versuch, der Natur ihren eigentlichen Platz zuzuweisen. Die Rede von der unendlichen Mannigfalt der Natur ist ein reiner Mythos. Sie ist in der Natur gar nicht vorhanden. Sie entspringt der Einbildung, der Phantasie oder der anerzogenen Blindheit des Betrachters.«[46]

Dieser Standpunkt markiert die letzte der drei regionalen Ideologien der ästhetischen Natur.[47] Sie ist eine Ideologie nicht nur der Kunst*abhängigkeit*, sondern der expliziten oder impliziten Kunst*bezogenheit* aller ästhetischen Wahrnehmung der Natur. Wie die beiden anderen Ideologien versucht auch diese, einen der drei Aspekte der ästhetischen Naturwahrnehmung zu ihrem alleinigen Grundtypus zu erheben. Wieder handelt es sich um eine Form unnötigen falschen Bewußtseins, das auf eine unplausible Norm eingeschworen ist und sich deshalb die volle Attraktion der ästhetischen Natur verstellt. Drei Gründe sprechen gegen die These einer durchgehenden Affinität der ästhetischen Naturerfahrung zur Imagination der Kunst.

Zunächst darf die grundsätzliche Differenz zwischen einer projektiv kunst*bezogenen* und einer (auf welchen Wegen auch immer) kunst*geprägten* Naturwahrnehmung nicht unterschlagen werden. Die imaginative Naturwahrnehmung ist kunstbezogen; für sie ist es konstitutiv, daß die Bildungen der Natur als Kunst wahrgenommen werden, obwohl sie keine Kunst sind. Wenn die dritte Dimension der ästhetischen Naturwahrnehmung das Modell auch der beiden anderen sein sollte, müßte die Natur auch in diesen Verhältnissen *als* Kunst wahrgenommen werden können. Das aber ist nicht der Fall. Weder die korresponsive noch die kontemplative Naturwahrnehmung ist eine heimliche oder in Vergessenheit geratene Wahrnehmung der Natur als Kunst. Den Einfluß der imaginativen Naturwahrnehmung auf das übrige ästhetische Naturver-

46 Ebd., 9f. Dieselbe Position bezieht Croce (1930), 104 u. 478; für Simmel (1957, 147) steht fest: »Wo wir wirklich Landschaft und nicht mehr eine Summe einzelner Naturgegenstände sehen, haben wir ein Kunstwerk in statu nascendi.«

47 Im nächsten Kapitel werde ich von diesen »regionalen«, im Kontext einer der ästhetischen Dimensionen formulierten, eine »globale«, ihren Zusammenhang betreffende Ideologie der Natur unterscheiden.

hältnis gibt es natürlich; nur folgt daraus allein nichts für den Vorrang der imaginativen Anschauung. Die imaginative *Genese* eines bestimmten Naturverhältnisses oder einer bestimmten Naturerscheinung macht diese nicht notwendigerweise selbst zum imaginativen *Verhältnis* – sonst wären am Ende unsere städtischen Rasenflächen überwirkliche Werke der Kunst.[48] Eine »vergessene«, eine im Lauf der Zeiten »verschwundene« Projektion ist nicht länger eine Projektion: sie ist zum korresponsiven Naturverhältnis geworden. Was einmal so schien, als wäre es eine Geßnersche oder Vossische Idylle, ist zum banalen idyllischen Fleckchen geworden: zu einem Ort, der nur noch idyllisch *ist*, nicht länger wie eine künstlerische Idylle *scheint*. Dieser ständige Wechsel vom imaginativen Schein zum korresponsiven Sein ist kein Verdecken eines ursprünglichen ästhetischen Seins, er ist der Übergang eines ästhetischen Phänomens in eine andere Kategorie.

Dieser Wechsel kann sich genausogut in der umgekehrten Richtung vollziehen. Es ist eine vertraute biographische Erfahrung, daß sich der Ort der eigenen Kindheit mit der Zeit in ein Bild dieses Ortes verwandelt. Das vergangene Leben entrückt dabei in ein Schauspiel von Korrespondenzen, die den konkreten Ort nicht länger erfüllen. Proust hat daraus die doppelte Konsequenz gezogen, daß nur die *erinnerte* Korrespondenz die wahre und daß die wahre Erinnerung erst im künstlerischen *Werk* der Erinnerung gegeben sei. Ein anderes, naturästhetisches Beispiel der Umpolung korresponsiver auf imaginative Effekte ist der Übergang vom französischen zum englischen Garten. Die Kunst des barocken französischen Gartens ist ganz eine korresponsive Kunst; sie versetzt die Natur in das Muster einer rationalen geistigen und politischen Ordnung, in der sie zum Raum eines überformenden Herrschaftsanspruchs wird. Auch die Kunst des englischen Landschaftsgartens ist, wie alle Gartenkunst, primär korresponsive Kunst, jedoch eine, die sich zur Erzeugung des naturschönen Raums in hohem Maß imaginativer Techniken bedient. Der englische Garten entsteht als Nachahmung einer bei Malern wie Lorrain, Poussin, Rosa imaginierten Natur, in der Absicht der Einrichtung imaginationsintensiver Orte des Lebens – stimmungshafter Schauplätze, die

48 Hard (1985) hat die Geschichte der imaginativen Herkunft des heutigen Stadtgrüns geschrieben.

zugleich Bild der von ihnen wachgerufenen Stimmungen werden.[49] Die Kunst der Korrespondenz geht über in eine Kunst der Imagination, bleibt aber, als Landschaftskunst, genau am Punkt dieses Übergangs stehen.

Ungereimt ist schließlich die Annahme, auch die kontemplative Naturwahrnehmung sei nichts als ein Nachbild der kreativen künstlerischen Phantasie. Besteht doch die kontemplative »Phantasie«, wenn man überhaupt so reden will, just darin, die Dinge außerhalb jeder bedeutungsbildenden und formerfindenden Konvention und Einbildung zu sehen. Gerade für die Kontemplation hat sich außerdem gezeigt, wie sehr ein ästhetischer Einfluß nicht allein von der Kunst auf Natur, sondern ebenso von Natur auf Kunst verläuft. Die Imagination moderner Künstler – seien es Monet oder Cézanne, Pessoa oder Ponge – ist an einem kontemplativen Sehen geschult, das gerade aus dem Durchbrechen aller korresponsiv *und* imaginativ gesehenen Natur eine enorme Kraft gewinnt. Wildes fast widerwilliges Lob der »modernen Natur« ist hierfür blind. »Jenes weiße, zitternde Sonnenlicht, das man jetzt in Frankreich sieht, mit seinen seltsamen, malvenfarbigen Flecken und seinen unruhigen, violetten Schatten, ist das neueste Phantasiegebilde; und im ganzen betrachtet, gibt die Natur es höchst bewunderungswürdig wieder. Wo sie uns früher Corots und Daubingnys gab, bietet sie uns jetzt erlesene Monets und Pisarros. Es gibt in der Tat Augenblicke, wenige allerdings, (...) in denen die Natur ganz modern wird.«[50] Daß die Kunst eine radikalisierte Anschauung der Natur brauchte, um ihrerseits so »modern« werden zu können, ist die Kehrseite der von Wilde einseitig polierten Medaille. Die halbe Wahrheit immerhin ist in seinen Aphorismen getroffen. Es ist richtig – unser gesamtes ästhetisches Naturempfinden ist untrennbar mit der Geschichte der Kunst verknüpft. Warum das so ist, wird im V. Kapitel noch deutlicher werden.

49 Vgl. hierzu Buttlar (1980), 7f. u. 14. Das Telos des französischen Gartens, so kann man auch sagen, ist das der Erzeugung eines weitestgehenden Kunstscheins der Natur – das Wort »Kunst« nicht in der engen ästhetischen, sondern in einer umfassenden technisch-politischen Bedeutung verstanden. Das Telos des englischen Gartens dagegen ist die Erzeugung eines weitestgehenden Naturscheins der Kunst – die künstliche Schaffung eines Lebensraums in der Natur, der vorwiegend Raum der freien kunstbezogenen Imagination des Lebens ist.

50 Wilde (1982), 35.

Daraus folgt jedoch nicht, daß sich die ästhetische Beziehung zur Natur insgesamt nach dem Bild der Kunst vollzieht.

b) Adornos Rückfall

In einem Punkt enthält die umgekehrte Nachahmungsthese mehr als nur die halbe Wahrheit. Wie immer sich die Imagination der Kunst auf Natur beziehen mag, sie ahmt die Natur nicht nach. Natur muß schon als ein im weitesten Sinn bildliches Zeichen gesehen werden können, damit sie den Zeichen der Kunst zum Vorbild dienen kann. Künstlerische »Nachahmung« der Natur setzt künstlerische Darbietungen von Natur und Welt voraus. Ohne die schöne oder erhabene *Projektion* der Kunst gibt es keine Artikulation der Natur, der die Kunst wiederum entsprechen oder nicht entsprechen könnte. Die ganze Idee der Nachahmung hat erst Sinn, wenn die Natur selbst bereits imaginativ in Erscheinung tritt, so, daß die Kunst versuchen kann, ihrem scheinhaften Ausdrucksleben ihrerseits nahe zu kommen.

So gelesen, enthält die zweite Nachahmungsthese eine höchst plausible Kritik der ersten. Sie ist Kritik einer Metaphysik der imaginativen Natur, die in der Natur eine eigene, ihr nicht vom Menschen geliehene Kunst der Imagination am Werke sieht. Diese Metaphysik der imaginativen Natur ist eine zweite Form der im vorigen Kapitel zurückgewiesenen Hypostasierung der Korrespondenz. Wieder ist der Gedanke einer »Sprache« der Natur zentral; diesmal ist weniger die atmosphärische Anrede des Menschen durch die Natur, ist eher die dunkle Bildmächtigkeit der Natur gemeint, deren Entschlüsselung die eigentliche Aufgabe aller menschlichen Kunstwerke sei. Gegen diese Abhängigkeit der künstlerischen Imagination von einer angeblichen Sprache der Natur protestiert Baudelaire, wenn er sagt, daß nur die Imagination die Landschaft macht, wenn er im Blick auf Delacroix ausdrücklich betont, daß es einer »imagination créatrice« bedarf, um den kunstanalogen Sprachschein der Natur zustande zu bringen.[51] Baudelaire und Wilde ziehen daraus den Schluß, daß die imaginativ wahrgenommene Natur *nichts anderes* sei als ein passiver Spie-

51 Baudelaire (1925), 307 u. 250.

gel der Kunst. Das ist der Fehlschluß, der zur blinden Umkehrung der Nachahmungsthese führt. Mit diesem Schluß verfällt die Ästhetik einer Ideologie der Kunst, die alles Ästhetische an der konstruktiven Imagination von Kunstwerken mißt. Eine ästhetische Kunstreligion ist die Folge. Auf Kosten der ästhetischen Natur kommt es zu einer Heiligsprechung der Kunst. Ich vermute, daß es vor allem diese, für lange Zeit zum common sense gewordene, am Status gerade der modernen Kunst eklatant vorbeigehende Blindheit für das Kunstinteresse am Naturschönen ist, was Adornos Protest gegen die moderne Kritik der Nachahmungslehre auf den Plan gerufen hat. Adornos Rettung des Naturschönen ist eine Metakritik an dieser. Jedoch vollzieht sie den falschen Schluß nur noch einmal in die andere Richtung. Aus neuer Warte kehrt sie zu einer metaphysischen Kunstreligion zurück.[52]

Vergleicht man Adornos komplexe Rechtfertigung des Naturschönen mit Wildes eleganter Herabwürdigung, so überrascht die gemeinsame Voraussetzung. Auch Adornos Ästhetik gilt fast ausschließlich der imaginativen Erscheinung der Natur. »Wie die Kunsterfahrung ist die ästhetische von der Natur eine von Bildern.«[53] Nicht als kontemplative oder korresponsive, vorwiegend als eine im Stil der Kunst bildsinnliche tritt die Natur der »Ästhetischen Theorie« in Erscheinung. Wenn Adorno sagt, »Das Naturschöne als Erscheinendes ist selber Bild«[54], so teilt er durchaus die bei Hegel oder Wilde formulierte Kritik der ersten Nachahmungsthese. Nur in der »Verklammerung«[55] mit dem Kunstschönen kann die genuine Imagination der Natur entstehen. Dieser Verklammerung wird Adorno in beispielhafter Weise gerecht. Er formuliert die oben referierte These einer normativen Interdependenz von Kunst und Natur. Das imaginative Bild der Natur ist ein ohne Kunst nicht denkbares, gleichwohl ein für die Kunst »unabbildbares«[56], durch keine Form der Kunst ersetzbares Bild – ist lebendige Welt als Bild einer lebendigen Kunst oder Welt. »Das Naturschöne

52 Zu den metaphysischen Motiven Adornos s. Wellmer (1988a) u. ders. (1985), 9-47; eine bewahrende Deutung seiner Naturästhetik versucht Früchtl (1989).
53 Adorno (1973), 103.
54 Ebd., 105.
55 Ebd., 103.
56 Ebd., 105.

ist der in die Imagination transportierte, dadurch vielleicht abgegoltene Mythos.«[57] Dieses Naturschöne gibt Raum für eine freie Imagination der Welt und der Kunst.

Wäre das alles, so wäre, wenigstens für die Theorie des *imaginativen* Naturverhältnisses, auch alles gut. Adornos Interdependenzthese ist, wie in den Anfängen bei Kant, Kritik der ersten und der zweiten Nachahmungsthese zugleich. Der Autor selbst aber will sie als Neuformulierung einer romantischen Version der *ersten* Nachahmungsthese verstanden wissen. »Kunst ist nicht, wie der Idealismus glauben machen wollte, Natur, aber will einlösen, was Natur verspricht.«[58] Am deutlichsten wird der Übergang zu einer wiederbelebten Metaphysik der Natur an der folgenden Stelle: »Je mehr Kunst als Objekt des Subjekts durchgebildet und dessen bloßen Intentionen entäußert wird, desto artikulierter spricht sie nach dem Modell einer nicht begrifflichen, nicht dingfest signifikativen Sprache; es wäre die gleiche, die in dem verzeichnet ist, was dem sentimentalischen Zeitalter mit einer verschlissenen und schönen Metapher Buch der Natur hieß.«[59] Der Gedanke der imaginativen Natur als eines Korrektivs der Kunst wird umgedeutet zur Idee der Kunst als einer Artikulation der vor aller Kunst bestehenden Sprache der Natur. Wenig später, am Ende der Passage über das Naturschöne, ist auch der Konjunktiv dieser Umdeutung gewichen. »Kunst möchte mit menschlichen Mitteln das Sprechen des nicht Menschlichen realisieren. Der reine Ausdruck der Kunstwerke (...) konvergiert mit Natur, so wie in den authentischesten Gebilden Anton Weberns der reife Ton, auf den sie sich kraft subjektiver Sensibilität reduzieren, umschlägt in den Naturlaut; den einer beredten Natur freilich, ihre Sprache, nicht ins Abbild eines Stücks von ihr. Die subjektive Durchbildung der Kunst als einer nichtbegrifflichen Sprache ist im Stande von Rationalität die einzige Figur, in der etwas wie Sprache der Schöpfung widerscheint.«[60] Alle Imagination der Kunst, ebenso alle Anschauung der Natur, heißt das, ist getragen von der Hoffnung auf die Wiederherstellung einer Gegenwart objektiver Korrespondenzen. Der Mensch braucht die Kunst, um ein Organ zu entwickeln für

57 Ebd., 104f.
58 Ebd., 103.
59 Ebd., 105.
60 Ebd., 121.

jene Korrespondenzen in der Natur, zu deren Ausdruck die entzauberte Natur kein Organ mehr besitzt.
Die Quintessenz der ganzen Überlegung ist: »Natur hat ihre Schönheit darin, daß sie mehr zu sagen scheint, als sie ist. Dieses Mehr seiner Kontingenz zu entreißen, seines Scheins mächtig zu werden, als Schein ihn selbst zu bestimmen, als unwirklich auch zu negieren, ist die Idee von Kunst.«[61] Die Umkehrung der normativen Interdependenzthese ist damit vollzogen. Adorno interpretiert den Umstand, daß die imaginativ wahrgenommene Natur im *Schein* der Kunst erscheint, als *Mangel* sowohl der uns zugänglichen Natur als auch der Kunst, die es nicht vermag, den wahren Zugang zu schaffen. Der Schein genügt ihm nicht. Es genügt ihm nicht, daß Natur als surrealer und improvisatorischer Schein der Kunst die Möglichkeit des Spiels mit der Kunst und der Welt eröffnet; ihr Schein soll sich unbedingt auf eine nicht länger scheinhafte Wirklichkeit beziehen, die, so ist zu befürchten, der Distanzierung zum transfigurativen Schein nicht länger bedürfte. Nach dieser Wende ist Natur nicht länger eine unnachahmliche Antwort auf Kunst, Kunst ist verzweifelte Nachahmung eines unaussprechlichen Sinns der Natur. Adornos Rückfall in die klassische Nachahmungsthese ist zugleich ein Rückfall in die Metaphysik der korresponsiven Natur.
Dabei ist es durchaus plausibel, mit Adorno zu sagen, Natur, als Bild der Kunst empfunden, habe ihre Schönheit daran, »daß sie mehr zu sagen scheint als sie ist«. Widersinnig ist nur die Folgerung, es komme darauf an, »dieses Mehr seiner Kontingenz zu entreißen«. Nicht so unmöglich, außerdem viel verlockender ist das Gegenteil: die imaginative Natur im Zustand ihrer improvisierenden Kontingenz zu belassen.

5. *Das imaginative Urteil*

Die imaginative Naturwahrnehmung gilt der zum sinnbezüglichen Bild der menschlichen Welt gewordenen Welt. Sie gilt einer Realität der Kunst jenseits der Kunst. Das Naturschöne in seiner dritten Form ist ein außerordentliches Ereignis der Kunst.

61 Ebd., 122.

Dieses durch projektive Imagination angeregte Ereignis beurteilen wir anders als die Verfassung von Kunstwerken. Die imaginative Natur ist nicht Gegenstand einer kunstkritischen Deutung, sie ist Gegenstand der Phantasie über mögliche Deutungen. Die Interpretationen, die wir am Kunstschein der Natur anstellen können, betreffen immer die projizierten und imaginierten Werke der Kunst, nicht dagegen die Natur, anläßlich derer wir diese Interpretationen gewinnen. Alles, was wir sinnvollerweise der Natur zuschreiben können, ist der Umstand, *daß* sie im bewegten Schein dieser oder jener Kunst erscheint. Gegenbegriff zum Gelingen des Kunstwerks ist sein Mißlingen. Gegenbegriff zur improvisatorischen Schönheit oder Erhabenheit imaginativer Natur ist das *Ausbleiben* ihrer Variation des Gelingens der Kunst. Der Gegenbegriff zum Naturschönen (einschließlich des Erhabenen) ist unter diesem Aspekt weniger das Häßliche, das Belanglose oder das allzu Schöne, vielmehr das, was für kunstästhetische Anmutungen *unempfänglich* ist.

Formal steht das imaginative Urteil über Natur zwischen dem kontemplativen und dem korresponsiven. Im Unterschied zu jenem kennt es abwertende Urteile, im Unterschied zu diesem aber fehlt ihm der Begriff des Häßlichen. Daran wird letztmals die Kluft zwischen existentieller und imaginativer Korrespondenz deutlich. Liegt das Gegenteil der existentiellen Schönheit oder Erhabenheit in einer *negativen* Korrespondenz der Natur, so ist es im Fall der imaginativen Naturbetrachtung lediglich eine *Nicht*-Korrespondenz mit Formen der Kunst, die zum Ausfall der positiven Wertung führt. Die existentiell häßliche Natur kommt ihren Betrachtern, die imaginativ unempfängliche dagegen allein ihrer Betrachtung feindlich entgegen. In diesem Sinne korrespondenzfeindlich sind Gegenden, an denen die Natur unsere Einbildungsversuche keiner retrojektiven Antwort würdigt. Diese Natur ist tatsächlich »ohne Imagination«, wie Baudelaire es generell behauptet.

Trotzdem mag es scheinen, als könne die projektiv wahrgenommene Natur nicht nur als unempfänglich, sondern geradewegs als häßlich beurteilt werden: dann nämlich, wenn sie wie eine Reproduktion *schlechter* Kunst erscheint. Ein Beispiel ist die kitschige Natur. Sonnenuntergänge sehen manchmal aus wie Kitschpostkarten oder wie eine billige Kopie jener Kunst, an der sich die

Avancierten gerade sattgesehen haben. Wer Hodler für einen überschätzten Provinzmaler hält, wird keinen Gefallen daran finden, wenn eine Seelandschaft aussieht wie von Hodler gemalt. Kein Zweifel, der ästhetische Ruf der imaginativ gesehenen Natur nimmt Schaden, wenn sie wie Kitsch oder mißratene Kunst erscheint. Die Frage ist nur, wo hierbei der größere Mangel liegt – bei der Qualität der Natur oder bei der ihrer Betrachtung. Eine kurze Geschichte kann darüber Auskunft geben. Sie handelt vom Ästheten und seiner Furcht vor allem, was banausisch ist. Nahezu alle Natur erscheint ihm wie der entsetzlichste Kitsch. Sieht er das Gebirge, hört er's schon jodeln, sieht er die Ebene, hört er die Kühe vor Ergiebigkeit muhen, sieht er den See, wird ihm schwindlig von Myriaden schlechter See-Ansichten. Nur vor der großen Kunst, fühlt er, ist er davor gefeit, immer nur das dumpfe Gefallen zu sehen, mit dem die übrige Menschheit alle Dinge versieht. Mit Schaudern aber muß der Ästhet erkennen: selbst die größte Kunst wird von den schlimmsten Banausen ins Herz geschlossen und mit kleinlicher Bedeutung versehen.[62] Immer entlegeneren Kunstdingen widmet er sich nun, bis auch hier die Geschmacklosen, blöde den neuesten Trends nacheilend, ihre Begeisterungsmarken setzen und ihm die Reinheit der Anschauung verderben. Schließlich, verzweifelt, nach einem von schlechter Wahrnehmung unberührbaren Gegenüber lechzend, stürmt er hinaus, ins Freie, ins Grüne. Dort, merkt er, kann er endlich atmen – an der Natur wenigstens, sagt er, bleibt der ganze Kitsch der Welt nicht haften.

Nicht eigentlich die Natur ist es, die der imaginativen Betrachtung kitschig, schlecht gemacht, einfallslos begegnet, es sind immer die Schemata, unter denen sie wahrgenommen wird, die wir für elend, einfallslos, kitschig usw. halten. Der, wie Baudelaire sagt, »alberne« Kult der Natur[63], ist kein Mangel der Natur, er ist ein Mangel ihrer Betrachtung. Geschmacklos ist nicht die Natur, geschmacklos ist die einfältige Projektion großer oder geringer Kunst auf eine dafür unempfängliche Natur. Selbst wenn wir (die wir ja alle ein wenig Ästheten sind), darauf beharren, der Sonnenuntergang heute sei aber ein besonders kitschiges Exemplar seiner

62 »Der Nachteil bei großer Literatur ist, daß jedes Arschloch sich damit identifizieren kann.« P. Handke, Das Gewicht der Welt, Salzburg: Residenz 1977, 65.

63 Baudelaire (1925), 300.

Gattung, tun wir das im Grunde, weil wir ahnen, daß die »anderen«, die Banausen, ihn ergreifend schön finden werden. Das hindert uns andererseits nicht, den Sonnenuntergang sowohl korresponsiv als auch kontemplativ zu genießen – arme Ästheten, die schon *das* für banausisch halten.

Nur auf gelungene Kunst, so könnte man folgern, kann die Natur schön oder erhaben improvisieren. Aber auch das ist nicht ganz richtig. Selbst die Kitschpostkarte könnte Ausgangspunkt der glückenden Phantasie eines gelingenden Bildes sein. Die Improvisation der Natur ist stets *Imagination* einer gelungenen oder gelingenden Kunst – der, die wir als gelungene kennen, der, die erst durchs phantasierende Spiel zu einer gelungenen wird, der, die uns neue Formen der Kunst offenbart. Nur dann antwortet die Natur auf Kunst, wenn sie die Form und Deutung ihrer Werke transzendiert. Sie ist projektiv schön oder erhaben, weil sie nicht einer ihrer Konstruktionen ganz entspricht. Nur die entzogene Entsprechung ist hier eine erfüllte Entsprechung – soviel ist an Adornos negativer Metaphysik der Imagination schon wahr. Alles aber, was darin »versprochen« ist, ist die Unerfüllbarkeit der Sehnsucht nach einer endgültigen Sprache der Dinge. Die imaginative Natur scheint den Bildern zu entsprechen, die wir von unserem Sein in der Welt haben und zeigt uns doch, daß wir längst nicht genug davon haben – von den Bildern und von der Welt – und daß uns das eine ohne das andere nicht genügt – und daß uns die Vereinigung von Welt und Bild niemals genügen wird.

IV.
Die Zeit der Naturwahrnehmung

Schön oder erhaben ist die Natur als Spiel ihrer Erscheinungen, als Gestalt des Lebens, als Bild der Kunst. Dreimal haben wir unser ästhetisches Interesse an der Natur betrachtet, jedesmal ist uns eine andere Natur erschienen. Sooft wir der ästhetischen Natur begegnet sind, sooft ist uns ihre wahre Natur entgangen. Die drei Grundformen ihrer Wahrnehmung allein können ihre Anziehungskraft nicht hinreichend erklären. Wie die drei ästhetischen Dimensionen im Bereich der Natur zusammenkommen, wie sie in der Begegnung mit ihr zusammen sind, das erst macht ihre eigentliche Attraktion für unser Erleben aus. Davon wird dieses Kapitel handeln.

Am Anfang steht die Frage nach der Einheit der ästhetischen Natur. Diese Einheit ist nicht als etwas zu verstehen, das die bisher erörterten Aspekte übergreift, sie liegt in der Interaktion dieser Aspekte. Ihre Bestimmung kann nur als Zeitbestimmung gegeben werden. In der Zeit der unbeschränkten Naturwahrnehmung sind ihre Grundmodalitäten gleichzeitig präsent. Diese Simultaneität wiederum kann den Charakter eher der schönen oder eher der erhabenen Koexistenz haben. Das Naturschöne[1] in seiner höchsten Form aber steht jenseits dieser Alternative; seine Zustände bleiben ambivalent. Nur aus der ästhetischen Ambivalenz der Natur ist ihre Schönheit zu verstehen. Nur eine Natur, die so frei ist, nicht schön oder erhaben zu sein, kann Schauplatz ihrer schön/erhabenen Gegenwart sein. Der Begriff dieser Freiheit erlaubt eine angemessene Beschreibung des Phänomens, dem wir so lange ausgewichen sind: der ästhetischen Landschaft.

1 Wie bisher gebrauche ich die substantivischen Ausdrücke »Naturschönes« und »Schönheit« der Natur stets für die *gesamte* Attraktion der Natur, die adjektivischen Ausdrücke hingegen (meist) für die – »schönen« vs. »erhabenen« – *Aspekte* ihrer Attraktion.

1. *Die Einheit der ästhetischen Natur*

Im Lauf der dreifachen Hermeneutik des Gefallens an der Natur habe ich so getan, als würde Natur normalerweise entweder aus kontemplativer oder aus korresponsiver oder aus projektiver Intention wahrgenommen. Bei dieser Stilisierung kann es nicht bleiben. Wenn ich aus dem Fenster schaue, werfe ich ja nicht drei Blicke, sondern einen Blick nach draußen. Nur den Unterschied der drei kardinalen Wahrnehmungsweisen, nicht ihren gespannten Zusammenhang habe ich bisher beschrieben. Gerade die Offenheit für verschiedene Wahrnehmungsformen aber scheint die Faszination der Natur zu tragen. Ich beginne die neuerliche Erläuterung dieser Faszination mit der Suche nach Eigenschaften, die dem Naturschönen selbst zukommen – und nicht lediglich einem seiner Aspekte. Dabei kommt das Naturschöne als ein Zustand positiver Kontingenz, als eine Stätte ästhetischer Interdependenz und als Raum einer anderen Zeit zur Sprache. Das sind nun nicht nochmals drei Einheiten der Natur, es sind drei wichtige Züge ihrer ästhetischen Einheit.

a) Positive Kontingenz

Der einfachste Weg, auf die Spur dieser Einheit zu kommen, liegt im Aufsuchen von Bestimmungen, die der Beschreibung ihrer drei Grundattraktionen gemeinsam zugrunde gelegen sind. Sie liegen auf der Hand. In jeder der drei Anfangsbetrachtungen war von der *Variabilität* und *Selbständigkeit* der naturhaften Erscheinungen sowie von einer bestimmten Art der *Distanz* die Rede, die zu ihrer ästhetischen Aufnahme notwendig ist. Brechts kurze Anekdote über Herrn K. und die Bäume, obwohl eine durchaus einseitige Auslegung des Naturschönen, stellt diese Merkmale ganz selbstverständlich nebeneinander. Keuner schätzt das stetige »Andersaussehen« der Bäume, daß sie etwas von ihm »Absehendes« haben, sowie den Abstand vom verwertenden Handeln, den es braucht, um dies beides zu würdigen. »Andersaussehen, Absehen, Abstand« oder »Veränderlichkeit, Selbständigkeit, Distanz« oder auch »Mannigfaltigkeit, Insichruhen, Herausgetretensein«: das bleibt sich weitgehend gleich. Ohnehin benennen die ersten beiden Bestimmungen nur zwei Seiten *einer* Konstitution der Natur. Ihre für die ästhetische Betrachtung so wichtige Variabilität entspringt ihrer Selbständigkeit, ihrem Insichruhen, ihrem Absehen von aller menschlichen Absicht. Das eine ist Merkmal des anderen. Die Kontingenz der Natur erscheint für den Menschen nicht nur in einfacher, sondern in doppelter Form. Man könnte von einer Kontingenz des Festen und des Flüchtigen, des Starren und des Beweglichen, des Gewordenen und des Werdenden sprechen. Eines wie das andere ist Ausfluß jener Prozessualität der Natur, die gleichgültig ist gegenüber dem Eindruck, den sie auf die menschlichen Sinne macht.

Auch die dritte Bestimmung, mit der die Position des Betrachters angesprochen ist, ist genaugenommen eine doppelte – auch sie geht aus Keuners kleiner Theorie der Bäume hervor. Der Abstand, den der Sinn für das Naturschöne braucht, betrifft die Natur ebenso wie die Kultur. Es ist der Abstand zu einer Kultur, in der ein gewisser Abstand zur Natur schon gegeben ist: der Abstand zu einer Kultur mit »problematischer« Natur, ein Abstand zur pragmatischen Involviertheit in diese Kultur. Statt Abstand kann man aber auch sagen: Fremdheit. Die dritte Bedingung ästhetischer Naturwahrnehmung wäre somit die Auflösung eines ursprünglichen oder alltäglichen Vertrautseins mit Natur und eigener Kultur. Das Gefallen am Naturschönen wäre ein Gefallen an doppelter Kontingenz und doppelter Fremdheit.

Das ist verwirrend genug. Das Aufsuchen allgemeiner Charakteristika des Naturschönen bringt allein negative Bestimmungen hervor. Diese können jedoch nicht leisten, was wir von ihnen erwarten: uns die Schönheit dieses Schönen begreiflich zu machen. Die herausgehobenen Bestimmungen sind zu allgemein, um ihren Dienst zu erfüllen. Weder das Faktum der Kontingenz noch das der Distanz sagt etwas über das spezifisch ästhetische Naturverhältnis aus. Weder die dynamische Eigenwüchsigkeit der nicht vom Menschen geschaffenen Wirklichkeit noch die mögliche Distanz zu naturhaften und kulturellen Beständen ist ein ästhetisches Faktum. Ästhetisch ist wiederum erst ein bestimmtes Verhältnis zu diesen Verhältnissen. Aber welches Verhältnis? Es ist verlockend, sich hier in den Plural unserer Unterscheidungen zurückgleiten zu lassen. Die ästhetische Bedeutung der selbständigen Veränderlichkeit der Natur liegt erstens im bloßen Spiel ihrer Erscheinungen, zweitens in der absichtslosen Gestaltung menschlicher Lebensweisen, drittens in der Improvisation auf Muster der Kunst.

Das ist zwar richtig, aber das kennen wir nun. Es hilft uns nichts bei der Suche nach dem Zusammenhalt der mehrfachen Beschreibung. Fast nichts. Denn immerhin gibt diese Wiederholung einen Hinweis darauf, wo wir die Einheit der ästhetischen Natur zu suchen haben: nicht irgendwo im modernen Naturverhältnis überhaupt, sondern in den bis jetzt geschilderten Möglichkeiten, sich *ästhetisch* zur modernen Natur zu verhalten. Und hier finden wir mühelos eine weitere Bestimmung, die – wie die mit Brecht herausgehobenen Merkmale – auch in der Tradition der Naturästhetik geläufig ist. Naturschönes ist *positive Kontingenz* der Natur. Sofort aber, und an genau diesem Punkt, trennen sich die Wege einerseits einer (positiven oder negativen) Metaphysik und andererseits einer profanen Analytik des Naturschönen. Drei Formen dieser ästhetischen Positivierung nämlich müssen unterschieden werden. Im ersten Fall ist die Attraktion der Natur aus der Bejahung dessen verstanden, was kontingent nur *scheint*, sich aber in der ästhetischen Anschauung als absichtsvoll offenbart. Das ist die positiv metaphysische Variante. Im zweiten Fall ist das Naturschöne aus der Bejahung dessen verstanden, was seine Kontingenz in der ästhetischen Anschauung zu *überwinden* scheint (obwohl es als Kontingentes bewußt ist). Das ist die negativ metaphysische Variante. Im dritten Fall ist das Anziehende der Natur aus der Affirmation dessen verstanden, was kontingent *ist* und seine Qualitäten aus dieser Kontingenz entfaltet. Das ist die nachmetaphysische Position, die sich aus unserer Analyse ergibt. Es braucht nicht die Illusion oder den Schein einer sinnhaften Natur, damit ihre Schönheit offenbar werde.

Im Gegenteil, die Fremdheit der Natur steigert das ästhetische Vergnügen an ihr. Daß Natur aus einer Position der Distanz zu Zweckverfolgung und Sinnverstehen als kontingentes Geschehen zur Anschauung kommt, das ist ihre Fremdheit. Ästhetische Natur ist Anerkennung ihrer Fremdheit als Natur. Es ist daran zu erinnern, daß das Moment der Fremdheit in jeder der drei unterschiedlichen Dimensionen eine entscheidende Rolle spielt. In der reinen Kontemplation der Natur geht es um nichts anderes als um die Fülle ihrer sinnfremden Erscheinung. In der imaginativen Anschauung geht es um eine durch die Wirklichkeit der Natur verfremdete Anschauung der Kunst. In der erhabenen Korrespondenz tritt die Fremdheit der Natur als lockende Möglichkeit eigenen Lebens heraus. Und selbst die schöne Korrespondenz, in der tatsächlich Einheit und Vertrautsein mit der Natur gegeben ist, muß, wenn nicht ihre Besonderheit als *Natur*korrespondenz vergessen bleiben soll, als Zustand »willkommener« Fremdheit begriffen werden.[2] Die Versöhnung mit der Natur ist eine Versöhnung nicht trotz, sondern im Angesicht bestehender, man kann geradezu sagen: im Zustand erreichter Kontingenz und Entfremdung. In korresponsiv schöner Natur sind wir mit jener doppelten Kontingenz und jener doppelten Fremdheit versöhnt.[3]

Die These der konstitutiven Fremdheit ästhetischer Natur nimmt eine wichtige Einsicht der metaphysischen Theorien des Naturschönen auf. Alle traditionellen, überhaupt alle ernst zu nehmenden Theorien fassen das Naturschöne als positive Grenze einer selbstgewissen und selbstregulierten menschlichen Praxis auf. Das ist völlig einleuchtend. Man braucht jedoch die Kontingenz der Natur nicht aus der Welt zu schaffen, um zur Affirmation dieser Grenze zu gelangen. Naturschönheit ist nicht notwendigerweise, wie die metaphysische Tradition (und noch ihre Fortführung durch Verneinung) es will, ein Schauplatz der aufgehobenen, sie kann Ort und Ereignis der angenommenen Kontingenz des menschlichen Lebens sein. Es ist der Sinn der modernen ästhetischen Naturerfahrung, sich mit etwas zu konfrontieren, das in wesentlicher Hinsicht keiner Intention entsprungen ist. Die Natur selbst hat keinen Sinn: deswegen hat es für uns Sinn, ihr die Zeit ästhetischer Betrachtung zu widmen.[4]

2 Oben Kap. II. 3.b.

3 Ähnlich Ritter (1974), auf dessen Theorie der Landschaft ich unten zurückkomme.

4 Blumenberg (1957, 283) hat dies (mit einer Wendung Paul Klees) als Vorgang einer »Verwesentlichung des Zufälligen« gefaßt; Groh/Groh (1989) beschreiben die Entstehung ästhetischer Naturerfahrung als einen »Prozeß der Positivierung des Negativen«; prinzipielle Apologien der Kontingenz geben Marquard (1987a), 117-139 u. Rorty (1989).

b) Dialektik der Distanz

Die doppelte Distanz, die der Boden der ästhetischen Naturwahrnehmung ist, muß nicht als Verlust, sie kann als Gewinn erfahren werden. Worin dieser Gewinn durch Distanz liegt, geht am deutlichsten aus dem Verhältnis hervor, in dem die Formen der ästhetischen Naturwahrnehmung zur alltäglichen Praxis stehen. Dieses Verhältnis kann von zwei Seiten her beschrieben werden: von der Seite unserer Einstellung gegenüber der Natur und von der Seite der Qualität, die die (anziehende) Natur dieser Einstellung bietet. Nochmals blicke ich – gehe ich – hinunter zum See; unter diesem Blick – in dieser Begegnung – erweist sich der See als eine Wirklichkeit, die mich gleichzeitig in die Möglichkeit einer *abstinenten*, einer *immanenten* und einer *transzendierenden* Anschauung meiner Lebensverhältnisse versetzt. In dieser Anschauung zeigt sich die Natur zum einen *resistent*, zum anderen (auf doppelte Weise) *resonant* gegenüber den lebensweltlichen Orientierungen. Jedesmal ist Natur ein anderer Widerpart unseres ästhetischen Sinns für den Sinn – eines Sinns für *unseren* Sinn.

»Sinn für den Sinn« – das ist fast eine Grundformel ästhetischer Distanz. Sie ist nur ein wenig dunkel. Denn wir müssen die beiden Sinnbegriffe der Formel erstens im Hegelschen Doppelsinn verstehen und zweitens aus der Hegelschen Verklammerung dieser Bedeutungskomponenten befreien.[5] Der im ersten Ausdruck der Formel angesprochene ästhetische »Sinn« ist ein Sinn, der etwas *vernimmt* und sich im Verein mit den Sinnen *auf etwas versteht*: er ist aber, wie wir bei der Untersuchung der Kontemplation gelernt haben, nicht immer ein Sinn, der *etwas* versteht. Entsprechend ist der im letzten Ausdruck der Formel angesprochene »Sinn«, auf den sich der ästhetische Sinn richtet, nicht immer ein verstehbarer Bedeutungszusammenhang, sondern möglicherweise das ungebundene Tätigsein der Sinne allein. Bei der Analyse der Imagination ist deutlich geworden, daß sich der ästhetische Sinn in der Projektion bestimmter Werke der Kunst in vollem Umfang auf sich selbst richten kann: dann wird der ästhetische Sinn zu einem Sinn für ästhetischen Sinn; in den meisten

5 Hegel (1970), I. 173; s. o. Kap. I. 2.a; eine griffige Unterscheidung der einschlägigen Sinnbegriffe gibt Marquard (1987a), 34 ff.

Fällen ist er zugleich oder vor allem auf die Wahrnehmung weltbildender Sinnhorizonte gerichtet. In der korresponsiven Wahrnehmung dagegen gilt der ästhetische Sinn einem existentiell gegenwärtigen Sinn. Das ist bereits wieder die dreifache – abstinente, transzendente, immanente – Distanz der ästhetischen Anschauung zur lebensweltlichen Praxis. In jeder tritt die Fremdheit der Natur anders hervor.

Die kontemplative Naturanschauung steigt aus den Orientierungen der lebensweltlichen Praxis aus. Sie erfährt die Fremdheit der Natur als Resistenz gegenüber den Gliederungen dieser Praxis. Dies macht es ihr möglich, sich aller Sinnerwartung gegenüber abstinent zu verhalten – im Versuch, die von unserer Sicht der Welt geprägten Phänomene für eine Weile außerhalb unserer Sicht der Dinge zu sehen. – Die korresponsive Naturanschauung dagegen versucht, die lebensweltlichen Orientierungen in der Begegnung mit Natur zu intensivieren. Sie erfährt die Fremdheit der Natur als Erweiterung, Überschreitung oder Beeinträchtigung der eigenen Lebensform. Die Fremdheit der Natur steht hier in positiver oder negativer Resonanz zur eigenen Existenz. Die ästhetische Distanz ist hier keine zur lebensweltlichen Orientierung selbst, sondern lediglich (wie Herr K. es befürwortet) eine zu jenen Vollzügen der Praxis, die den Menschen keinen Raum für das Bewußtsein und die Anschauung ihres Beteiligtseins lassen. – Gegenüber dieser internen Situationswahrnehmung ist die Imagination der Natur eine externe Anschauung möglicher Situationen und Sichtweisen der Welt.[6] Die Fremdheit der Natur erscheint hier als Resonanz zu unbekannten Aspekten und Formen der Kunst. Die Wirklichkeit der Natur erweist sich als ein »surreales« Spiel mit ästhetischen Deutungen der Welt.

In der kontemplativen Naturbegegnung herrscht die größte, in der korresponsiven die geringste und in der imaginativen eine mittlere Distanz zur lebensweltlichen Praxis. Daß die Natur sich dem ästhetischen Sinn einmal sinnfern, einmal sinnhaft, einmal sinnbildlich bietet, sagt nichts anderes. Der Aufbau der ersten Kapitel brachte es mit sich, daß die heimliche Verwandtschaft zwischen Imagination und Kontemplation noch nicht zur Sprache gekom-

6 Vgl. die Unterscheidung zwischen »internem« und »externem« Ausdruck in Kap. III. 2. c.

men ist. Beide treten aus dem Handlungsraum der Natur zurück und wenden sich auf etwas, das im ungebrochenen Aktionsraum nicht zur Erscheinung kommen kann – auf die Dinge der Welt *minus* einer Sicht von der Welt, auf die Dinge der Welt als *Bilder* einer Sicht von der Welt. Verglichen mit der korresponsiven Immanenz sind Imagination und Kontemplation also durchaus Komplizen – Komplizen jedoch, zwischen denen ein unüberwindliches Mißtrauen herrscht. Auch hier also, wie zwischen Korrespondenz und Imagination, wie zwischen Kontemplation und Korrespondenz, ist die im Vergleich zur dritten Größe gegebene Parallelität mit einer deutlichen gegenseitigen Abstoßung verbunden – so sehr, daß die Eigenart jeder dieser Begegnungsweisen gar nicht beschrieben werden könnte, ohne ihre Differenz untereinander zu beschreiben. Darin zeigt sich eine Dialektik der ästhetischen Distanz. Die Distanz, die es zur vollen ästhetischen Wahrnehmung der Natur braucht, betrifft nicht allein die nicht-ästhetische Praxis, sie betrifft auch die ästhetische Wahrnehmungspraxis selbst. *Jede Form der ästhetischen Distanz lebt von ihrer Distanz zu den anderen Formen.*

Zur kontemplativen Naturwahrnehmung gehört, daß sie auch die Formen der korresponsiven und imaginativen ästhetischen Sinnbildung distanzieren kann; zur korresponsiven Wahrnehmung gehört, daß sie Abstand vom kontemplativen und imaginativen Abstand nimmt; zur projektiven Naturwahrnehmung gehört, daß sie eine Distanzierung sowohl des existentiellen Involviertseins als auch der kontemplativen Neutralisierung leistet. Diese erneut abgrenzenden Bestimmungen haben eine positive Kehrseite: sie formulieren Bedingungen der Identität jeder der drei Weisen ästhetischer Begegnung mit der Natur. Jede dieser Begegnungen ist erst im Gegensatz zu den anderen, was sie ist. Jeder der drei Aspekte ästhetischer Natur gewinnt seine volle Leuchtkraft erst in Abhebung von den anderen. Daran liegt es, daß in jeder Form der ästhetischen Hinwendung zur Natur – und in jeder ihrer Attraktionen – die anderen Formen stillschweigend lauern. Daher kommt es, daß wir im Angesicht der Natur selten ausschließlich bei einer der möglichen Anschauungsweisen verweilen. Den Bodensee zu kontemplieren, ihn als anmutige Gegend zu genießen, ihn als Spiegelung kunstgegebener Wahrnehmungsweisen zu betrachten – *zusammen* stellt das die Aufmerksamkeit für dic Attraktion der

Seelandschaft dar. Erst in der Wechselwirkung dieser Wahrnehmungsweisen entfaltet sich die ganze Präsenz der Natur. So irreduzibel die ästhetischen Dimensionen der Natur sind, so interdependent sind sie auch. Die Dialektik der ästhetischen Distanz ist ein Grundgesetz der ästhetischen Natur.[7] Sie benennt die ästhetische Bedeutung ihrer konstitutiven Selbständigkeit und Variabilität. Die Natur ist nie auf eine der Rollen festzulegen, die wir ihr in ästhetischer Einstellung zuweisen können. *Der Variabilität der Natur entspricht ästhetisch die Interaktion ihrer kontemplativen, korresponsiven und imaginativen Präsenz.*

Nur in der Interaktion der ästhetischen Wahrnehmungsweisen sind wir in der Lage, ohne Einschränkung bei der Prozessualität der Natur zu sein. Nur die mehrfache ästhetische Distanz ermöglicht eine Nähe zur Fremdheit, ermöglicht die Anerkennung des außermenschlichen Geschehens der Natur. Kein Wunder also, daß wir nicht darum herumgekommen sind (und auch weiterhin nicht darum herumkommen werden), die Einheit der ästhetischen Natur im Rückgang auf die verschiedenen Weisen ihrer Gegebenheit zu suchen. Denn diese Verschiedenheit ist die Einheit. Der gemeinsame Bezugspunkt der Selbständigkeit und Veränderlichkeit der Natur bringt eine Einheit hervor, die selbst in kein Gemeinsames führt, weil sie allein in der Koexistenz des Verschiedenen besteht. Die Einheit der Natur besteht darin, uns die Identität ihrer Attraktionen stetig zu verweigern. Dieses Negative ist das Positive: die freie Entfesselung unseres »Sinns für den Sinn«.

c) Eine andere Zeit

Die ersten drei Kapitel, so wird jetzt deutlich, haben nicht vom Normalfall ästhetischer Natur gesprochen, sie haben jedes für sich von einem Ausnahmefall gehandelt. Nur im Ausnahmefall ist die Natur entweder kontemplativ oder korresponsiv oder imaginativ interessant. Es sind aber diese Extrembegriffe, die zum Inbegriff des Naturschönen führen. Natur ist ein Bereich, in dem gleichzeitig ein Raum der Kontemplation, ein Ort der Korrespondenz und

7 Ob und inwieweit sie Grundgesetz *allein* der Natur ist, werde ich im V. Kapitel erörtern.

ein Schauplatz der Imagination offenstehen kann. Diese Gleichzeitigkeit hat zwei Seiten: zum einen die Koexistenz der ästhetischen Attraktionen, zum anderen den zwischen ihnen alternierenden Wahrnehmungsvollzug. Die »interaktive« Gegenwart des Naturschönen ereignet sich in einer wechselnden Aufmerksamkeit für seine gleichzeitig bestehenden Attraktionen. Wo diese Attraktionen zugleich gegeben sind, als gleichzeitig bestehende aufgefaßt werden, dort befindet sich Natur selbst im Zustand ästhetischer Interaktion: ihre Phänomene changieren zwischen sinnfremder, sinnhafter und sinnbildlicher Gestalt.

Nur die korresponsive, nicht hingegen die kontemplative und imaginative Erscheinung der Natur, so haben wir gesehen, ist in einem bestimmten Sinn unabhängig von der Zeit ihrer Wahrnehmung gegeben; nur die Korrespondenzwahrnehmung entdeckt Qualitäten, die bis zu einem gewissen Grad objektive und bleibende Eigenschaften einer Gegend oder eines Gegenstands sind. Die kontemplative und imaginative Wahrnehmung dagegen durchbrechen und verwandeln diesen bleibenden Zustand samt seiner atmosphärischen Gegebenheit. Korrespondenzwahrnehmung ist Entdeckung oder Vergegenwärtigung eines bei aller atmosphärischen Färbung doch bleibenden, von aller Atmosphäre (und ihrer jeweiligen Wirkung) nur hervorgetriebenen Charakters; kontemplative Wahrnehmung dagegen ist das pure Erscheinenlassen der momentanen Gegebenheit der Phänomene; die projektive Wahrnehmung schließlich ist das Erzeugen eines improvisierenden Scheins für eine willkürliche Zeit. Innerhalb ihrer korresponsiv ausgelegten Zeit läßt die Kontemplation die reine, die Projektion dagegen eine fiktive Zeit der Natur hervortreten – das ist *eine* mögliche Beschreibung. Die am Bleibenden orientierte Korrespondenzwahrnehmung überdeckt und die an ihrer willkürlichen Zeit orientierte Imagination überspielt das durch die Kontemplation zugängliche reine Geschehen – das ist eine *andere* mögliche Beschreibung. Die Dauer der Korrespondenz und der Purismus der Kontemplation setzen die Spielzeit der Imagination außer Kraft – das ist eine *dritte* mögliche Beschreibung. Daß jede dieser Beschreibungen so gut ist wie die andere und daß keine von ihnen fehlen darf, wenn über das ästhetische Verhältnis zur Natur gesprochen wird, ist die Einsicht ins Ganze dieser Natur. Die dreifache Beschreibung macht nochmals deutlich, wie die Interaktion der ästhetischen Dimensionen in der Natur vonstatten geht: im voneinander und zueinander vollzogenen Wechsel der mit ihnen verbundenen Einstellungen. Auch wenn die drei Möglichkeiten der Naturwahrnehmung nicht gleichzeitig in den *Vordergrund* treten können, so liegen sie doch in der Natur oft gleichermaßen nahe und sind in der umfassend schönen Natur alle zugleich erfüllt. Alles aber kommt darauf an, die Gleichzeitigkeit der naturästhetischen *Attraktionen* von einer Identität ihrer (sinnfremden, sinnhaften, bildhaften) *Artikulation* zu unterscheiden. Die eigentliche Attraktion der ästhetischen Natur liegt im Zugleichsein ihrer interdependenten und doch inkommensurablen Attraktionen; ihr Wahrzeichen ist Simultaneität ohne Identität.

Damit ist die angekündigte temporale Bestimmung der Einheit ästhetischer Natur erreicht. Ich möchte das Erreichte in einer ersten Definition zusammenfassen, die sich auf die Bestimmung der drei ästhetischen Wahrnehmungsmodi stützt. Die Definition hat drei Teile: sie formuliert erstens einen schwachen, zweitens einen starken Begriff speziell des Natur*schönen* und drittens einen allgemeineren Begriff ästhetischer Natur.

Der schwache Begriff des Naturschönen:

In einem (auch das Erhabene) umfassenden Sinn schön ist Natur, die in einer bestimmen Zeit ihrer Wahrnehmung wechselnde Attraktionen des Schönen oder Erhabenen zeitigt.

Der starke Begriff des Naturschönen:

In einem (auch das Erhabene) umfassenden Sinn schön ist Natur, die jederzeit wechselnde Attraktionen des Schönen oder Erhabenen zeitigt.

Der daraus folgende Begriff ästhetischer Natur:

Ästhetische Natur ist dasjenige Verhältnis zur Natur, das in ihr die Gegenwart des Naturschönen sucht.

Die Analyse der Zeit-Einheit ästhetischer Natur ist zugleich eine Beschreibung der besonderen Gegenwart des Naturschönen. Diese Gegenwart ist eine von anderen Zeitformen abgegrenzte Zeit. Die Zeit der ästhetischen Natur ist weder die linear bemessene noch die mystisch aufgehobene Zeit. Zwar kann die Veränderlichkeit der Natur im einzelnen durchaus als Veränderung in der bemessenen Zeit beschrieben werden – als etwas, das von einem Moment zum andern geschieht; wir haben jedoch gesehen, daß diese Veränderlichkeit nur die Voraussetzung, aber nicht schon die Erfüllung ihres ästhetischen Zustands ist. Hier ist die Veränderlichkeit der Natur kein linearer Verlauf in der Zeit, sie ist das Äquivalent eines mehrfachen apperzeptiven Vollzugs. Dieser Vollzug findet in der Natur eine Fülle veränderlichen Gegebenseins vor, die überhaupt nicht bemessen, sondern allein anschauend verfolgt werden kann. Die Zeit der ästhetischen Natur ist das Verharren, Verweilen, das »Aufgehen« in diesem Wahrnehmungsvollzug. Darin liegt schon, daß der Augenblick der Natur ebensowenig der mystische, ekstatische, plötzliche Augenblick ist, in dem die Welt in einem außerzeitlichen Zustand erfahren wird.[8] So sehr die Natur, zumal die kontemplativ angeschaute, auch ein vorzüglicher Ort emphatischer »Augenblicke« ist, ihre besondere Schönheit ist damit nicht erfaßt. Der radikal ästhetische Sinn sucht in ihr keinen Weg aus der Zeit, er sucht den in eine andere Zeit: in eine Zeit der simultanen Erfahrung konträrer Stellungen zur gelebten Welt. Nicht sub specie aeternitatis, vom Blickpunkt der Ewigkeit her, sub specie vanitatis, aus der Aufmerksamkeit für ihre (und die eigene) Endlichkeit, entfaltet sich der ästhetische Reichtum der Natur.

Nicht nur im Vergleich mit den beiden Extremen der Zeiterfahrung, auch im Vergleich mit der biographischen und sozialen Zeit ist die Gegenwart des Naturschönen die einer »anderen Zeit«.[9] Die umfassend schöne Natur ist Raum der erfüllten Distanz *zur* gelebten Welt *in* der gelebten Welt. Die Zeit-Bestimmung der Einheit ästhetischer Natur gibt somit eine zusammenfassende Reformulierung auch der zentralen Raum-Bestimmungen der ersten Kapitel. Das Naturschöne ist gleichzeitig der beredte Raum der Korrespondenz, der gespaltene Raum der Imagination, der leere Raum der Kontemplation. (Entsprechend ist das naturschöne Ding gleichzeitig sinnhafte Geste, bildsinnliches Zeichen und sinnfremde Erscheinung.) Das heißt aber, daß das Bewußtsein des Naturschönen immer auch das einer einzigartigen Lebensmöglichkeit ist, die sich keineswegs auf das korresponsive Interesse an der Vergegenwärtigung und Erweiterung der eigenen Lebens-

8 Zum Zeitmodus dieses emphatischen Augenblicks vgl. Bohrer (1981); Wohlfahrt (1982); Sommer (1988), 110f.

9 Zur Soziologie dieser Zeiterfahrung im 18. u. 19. Jahrhundert s. Großklaus (1983); die Temporalisierung der Naturerfahrung im 18. Jahrhundert untersucht Weber (1989).

form beschränkt. Man muß dieses existentielle Interesse zweiter Ordnung verstehen, um das ästhetische Interesse an der Natur zu verstehen. Es gilt der Natur nicht nur als einer Sphäre absichtsloser Entsprechung in der schönen oder erhabenen Korrespondenz, es gilt ihr ebenso als einer Domäne ungeahnter Variationen der Kunst in der schönen oder erhabenen Imagination, es gilt ihr genauso als einer Zone der Entledigung von internen wie externen Ausdrucksformen in der schönen oder erhabenen Kontemplation. Dem entspricht die folgende *ausführliche Definition* des Naturschönen:

Das Naturschöne ist diejenige lebensweltliche Wirklichkeit, die zugleich anschauliche Intensivierung, anschauliche Präsentation und anschauliche Suspension unserer Sicht der Dinge, unseres Entwurfs vom Leben ist.

Erst jetzt wird die positive Kontingenz der Natur ganz begreiflich. Die ästhetische Bejahung der Natur ist eine Form der Bejahung menschlicher Freiheit. In der Koexistenz der drei Dimensionen haben wir es mit einem dreifachen Zustand der Freiheit *von* etwas zu tun, die zugleich Freiheit *für* und Freiheit *in* etwas ist. Das, wovon die Wahrnehmung des Naturschönen befreit, sind Zwänge des Denkens und Handelns; das, wofür sie befreit, ist ein vollzugsorientiertes Tätigsein jenseits dieser Zwänge. In der positiv korrespondierenden Natur sind wir frei von der Widrigkeit einer unseren physischen und psychischen Bedürfnissen entgegenstehenden äußeren Wirklichkeit des Lebens; sie eröffnet die Freiheit eines Lebensvollzugs in wahrgenommener Bereicherung der eigenen Vorstellung vom Leben. In der imaginativ anziehenden Natur sind wir frei vom Gebundensein an eine bestimmte Sicht des eigenen Lebens, der historischen Welt und auch der imaginierten Kunstwerke selbst; sie eröffnet die Freiheit der Abwandlung und Überschreitung der Ausdrucksmuster sinnhaft erlebter Wirklichkeit. In der kontemplativ betrachteten Natur sind wir frei von allem Zwang der verstehenden Orientierung – sie befreit die Sinne vom Erfassen eines Sinns und eröffnet damit die Freiheit eines gänzlich vollzugsorientierten, weil vollkommen ziellosen Seins. Das Verhältnis von Befreiung und Eröffnung betrifft auch die drei ästhetisch konstituierten Lebensmöglichkeiten selbst; jede dieser Möglichkeiten befreit vom beschränkten Zugang der anderen und eröffnet in der Spannung zu ihnen eine Zeit der sich selbst genügenden Interaktion zwischen grundverschiedenen Stellungen zur Welt. Schöne Natur erweist sich somit als Raum einer in freiem Tätigsein erfüllten Zeit.

2. *Ambivalente Erfahrungen*

Die begrifflichen Analysen zur Einheit ästhetischer Natur waren so sehr an ihrer naturschönen Erscheinung orientiert, daß es scheinen könnte, als sei diese Einheit nur in der erfüllten Gegenwart der Natur gegeben. Dieser Eindruck wäre trügerisch. Die Zeit der erfüllten Naturwahrnehmung ist lediglich eine ausgezeichnete Form der Einheit ästhetischer Natur. Die Zeit des Naturschönen kann zwar einen vollständigen Begriff der ästhetischen Natureinheit geben, keinesfalls aber eine vollständige Beschreibung der Formen ästhetischer Koexistenz in der Natur. Würde die Einheit der ästhetischen Natur allein in ihrer umfassend schönen Gegebenheit gesehen, wäre etwas ganz Entscheidendes, wäre einmal mehr die kontingente und heikle und unverläßliche – wäre einmal mehr die Natur in der ästhetischen Natur übersehen. Ästhetische Natur ist ästhetisch ambivalente Natur.

Das ist schon beim Natur*schönen* so; allein jenseits der Alternative zwischen schöner und erhabener Präsenz kommt es zur vollen Entfaltung. Das ist erst recht bei derjenigen Natur der Fall, die lediglich in einem eingeschränkten Sinn attraktiv ist; hier ist die Empfänglichkeit für die Attraktion der Natur mit Widerständen gegen die Natur, im Extrem sogar mit Widerständen gegen die Attraktion der Natur verbunden. Weitere Beispiele sollen die Zweideutigkeit sowohl der schönen als auch der nicht mehr schönen Natur hervortreten lassen; sie bieten Gelegenheit, die Wechselwirkung der ästhetischen Dimensionen im Bezirk der Natur genauer zu studieren.

a) Jenseits von »schön« oder »erhaben«

Im Unterschied zur ersten Definition des Naturschönen kommt die Differenz zwischen dem Schönen und dem Erhabenen in der zweiten, »ausführlichen«, nicht vor. Das Naturschöne, so habe ich dort gesagt, ist eine lebensweltliche Wirklichkeit, die sich zugleich als anschauliche Suspension, anschauliche Intensivierung und anschauliche Präsentation eines Entwurfs vom Leben, einer Sicht der Dinge bietet. Zwar ist es nicht schwer, die beiden ästhetischen Erfüllungsmodi auch in diese Bestimmung einzutragen. Wir müssen die kontemplative Suspension nur als punktuelle *oder* situative Außerkraftsetzung der Sinnbezüge, die korresponsive Intensivierung nur als Erfüllung *oder* Überschreitung aktueller Lebensentwürfe, die imaginative Präsentation nur als Variation *oder* Innovation der Kunst beschreiben. Trotzdem ist es von Vorteil, eine Bestimmung zu haben, die die Verfassung des Naturschönen jenseits dieser Dichotomien benennt. Denn eine angemessene Theorie des Naturschönen darf nicht entweder Theorie der schönen oder der erhabenen Natur sein, sie darf auch nicht einfach Theorie sowohl der schönen als auch der erhabenen Natur sein; sie muß den Unterschieden zwischen schöner und erhabener Natur gerade so Rechnung tragen, daß sie das Naturschöne weder primär auf ihre schönen noch primär auf ihre erhabenen Gegebenheiten zugeschnitten sein läßt. Jede grundsätzliche Separierung des Schönen und des Erhabenen (ganz zu schweigen von der grundsätzlichen Auszeichnung des einen vor dem andern) wäre nur eine weitere Ideologie der ästhetischen Natur. Denn auch auf eine *dieser* Rollen ist die ästhetische Natur nicht festgelegt.

Von der »im ganzen« schönen oder erhabenen Präsenz der Natur war bisher noch gar nicht die Rede. Hier geht es nicht um eine Modifikation innerhalb der einzelnen Dimensionen ästhetischer Natur, es geht um eine doppelte Modalität der Interaktion dieser Dimensionen. So gesehen, unterscheiden sich das Schöne und das Erhabene als polare *Charaktere der Simultaneität* des Naturschönen.

Es ist verlockend, zur Beschreibung dieser Doppelform des Naturschönen auf unsere erste Definition zurückzugehen und schlicht zu sagen: Im ganzen schön ist die Natur, wenn sie für die Dauer ihrer Wahrnehmung die wechselnden Attraktionen ihrer (im engeren Sinn) schönen, im ganzen erhaben dagegen, wenn sie die verschiedenen Attraktionen ihrer (im engeren Sinn) erhabenen Gegenwart zeitigt. Aber das wäre bloß additiv und würde uns nichts über die zusätzliche Innenspannung der eher schönen oder erhabenen Einheit der Natur verraten. Begreiflich wird diese

Spannung, wenn wir die rein schöne und die rein erhabene Simultaneität als unwahrscheinliche *Grenzfälle* ästhetischer Natur erkennen. So wahrscheinlich es ist, daß sich Natur im kontemplativen, korresponsiven oder imaginativen Aspekt gelegentlich als eindeutig schön oder erhaben zeigt, so unwahrscheinlich ist es, daß sie im Zusammen ihrer Aspekte einem dieser Charaktere absolut entspricht. Das radikal Naturschöne ist nicht rein schön oder rein erhaben. Dem radikal Schönen der Natur wohnt die Verunsicherung des Erhabenen, dem radikal Erhabenen wohnt die Erwartung des Schönen immer schon bei. In der ästhetischen Natur les extrèmes se touchent.

Bevor ich das von zwei Grenzfällen her demonstriere, möchte ich zwei Stimmen zu Gehör bringen, in denen die changierende Identität der ästhetischen Natur wie selbstverständlich ausgesprochen ist. Im 23. Brief der »Nouvelle Héloïse« läßt Rousseau den verliebten Saint-Preux aus der anderen Zeit und Welt der Gebirgslandschaft des Wallis berichten: »Nicht nur der Menschen Arbeit hatte diese seltsamen Gegenden so wunderbar gegeneinander abstechend gemacht; auch die Natur schien sich daran zu vergnügen, im Widerspruch mit sich selbst zu handeln; so verschieden fand man sie an demselben Ort unter verschiedenen Aussichten; gegen Morgen des Frühlings Blumen, gegen Mittag des Herbstes Früchte, gegen Norden des Winters Eis; alle Jahreszeiten vereinigte sie im selben Augenblick, alle Landesarten an einem Ort, entgegengesetzte Erdstriche auf einem Boden und brachte der Ebenen und Berge Früchte in eine sonst überall unbekannte Übereinstimmung.«[10] Ist die gespannte Einheit der Natur bei Rousseau im Rahmen einer korresponsiven Empfänglichkeit gesehen, die sich außerdem für die kontemplativen und imaginativen Reize der Landschaft öffnet[11], so liefert in Heines fünfundsechzig Jahre jüngerem Reisebericht aus dem Harz das imaginative Sehen den Ausgangspunkt einer Erfahrung der wechselhaften ästhetischen Tu-

10 Rousseau (1988), 76f.; zur Interpretation vgl. Jauß (1977), 119ff.

11 Der Text fährt fort: »Fügen Sie zu all diesem noch die optischen Blendwerke, die auf verschiedene Art erleuchteten Spitzen der Berge, das Licht und Dunkel der Sonne und des Schattens und alle morgends und abends darauf entstehenden Veränderungen des Lichtes, so werden Sie eine Vorstellung von den fortlaufenden Szenen haben, die meine Bewunderung unaufhörlich auf sich zogen und mir auf einer wirklichen Bühne dargestellt schienen.«

gend der Berge. »Die Berge wurden hier noch steiler, die Tannenwälder wogten unten wie ein grünes Meer, und am blauen Himmel oben schifften die weißen Wolken. Die Wildheit der Gegend war durch ihre Einheit und Einfachheit gleichsam gezähmt. Wie ein guter Dichter liebt die Natur keine schroffen Übergänge. Die Wolken, so bizarr gestaltet sie auch zuweilen erscheinen, tragen ein weißes, oder doch ein mildes, mit dem blauen Himmel und der grünen Erde harmonisch korrespondierendes Kolorit, so daß alle Farben der Gegend wie leise Musik ineinander schmelzen, und jeder Naturanblick krampfstillend und gemütberuhigend wirkt. – Der selige Hoffmann würde die Wolken buntscheckig gemalt haben.«[12]

Während die Gegenwart des Gebirges bei Rousseau, wie im Fortgang der Schilderung noch deutlicher wird, auf dem Scheitel zwischen schöner und erhabener Einheitsform liegt (auf beide Prädikate greift St. Preux zurück), beschreibt Heine einen Zustand insgesamt schöner Natur. Dennoch enthält dieses Schöne mehrfach den Keim des Erhabenen; es ist so anziehend, gerade weil es ihn enthält. Die »Wildheit« sieht sich – »gleichsam« – »gezähmt«, das »Bizarre« gemildert, die Wirkung der Szene ist »krampfstillend und gemütberuhigend«: das Schöne erscheint wie ein beruhigtes Erhabenes, das seinerseits ein zur äußersten Irritation gesteigertes Schönes wäre.

Sollte sich dieser Befund verallgemeinern lassen, müßte er an den Grenzfällen reinschöner und reinerhabener Simultaneität der Natur Bestätigung finden. Die Bergwelt z. B. ist ein schlechter Kandidat für reinschöne Natur. Wegen der Macht ihrer Gegenstände wird hier die kontemplative Betrachtung fast unweigerlich in die Anschauung ihres Raums gezogen, also über die schöne Versenkung zur erhabenen Entgrenzung hinausgelockt werden. Nur diejenige Natur nämlich kann insgesamt schön erscheinen, die den Betrachter mit einem Netz gesicherter Verweisungen umfängt; Voraussetzung ist ein ebenso dichter wie vertrauter korresponsiver Raum, der dem kontemplativen Sehen vereinzelte Luken und dem projektiven Phantasieren begrenzte Plattformen öffnet. Wenn sich der junge Marcel in Prousts »Recherche« in die Betrachtung einer Weißdornhecke verliert und für Augenblicke alles

12 Heine (1969), 98.

vergißt, was ihn umgibt, ist unterdessen der hochkorresponsive Raum um Combray nicht einfach getilgt; mit Erleichterung kehrt der kontemplativ und imaginativ Abwesende aus seiner Benommenheit in den lebensgeschichtlichen Ausdruckszuammenhang der Umgebung zurück, in dem die eben noch unfaßliche, mit immer neuen Kunstinsignien überhäufte Weißdornhecke bloß die Grenze ist, hinter der die kleine Gilberte zum ersten Mal erschienen ist und vielleicht das nächste Mal wieder erscheinen wird.[13] Auch etwa, wenn Marcel den Sonnenuntergang hinter den Kirchtürmen von Martinville in Reminiszenz an das selbstverfaßte Prosastück über ihr lichtgezeugtes und perspektivengeborenes Eigenleben betrachtet, bleibt dies eine begrenzte Vorstellung inmitten einer Landschaft, die gesättigt ist von der Geschichte des Familienrituals der beiden Spaziergänge nach Méséglise und in Richtung der Guermantes. Nicht schwer, die von Proust erinnerte Landschaft um Combray als einen Raum der insgesamt schönen Gegenwart der Natur zu denken: als einen Zustand der friedlichen Koexistenz der unterschiedlichen Attraktionen. Die kontemplative Magie des Weißdorns am Rand des episodenumsäumten Wegs, das imaginative Leben der Türme von Martinville (zusammen mit dem von Vieuxvicq) nehmen sich nicht den Platz, sie räumen sich gegenseitig eine Stelle ein, von der aus die jeweils andere nur um so leuchtender erscheint. Sie gehen nicht ineinander über, aber erlauben den kontinuierlichen Übergang zwischen ihnen. Nicht Kontinuität der *Attraktionen*, allein die Kontinuität ihrer *Anschauung* macht das Besondere der insgesamt schönen Naturgegend aus. Diese Kontinuität-in-der-Simultaneität ist die Zeitform der reinschönen Natur. In einer insgesamt schönen Landschaft zu sein, ist im Fluß dieser Übergänge zu sein.

Nicht schwer, habe ich gesagt, die von Proust erinnerte Landschaft um Combray als eine reinschöne zu *denken* – viel schwerer ist es, sie als reinschöne zu *lesen*. Die »Gesetze der Ästhetik von Combray«[14] nämlich sind nicht so rein, wie ich sie aus Gründen des theoretischen Experiments vorgestellt habe. Einmal deshalb, weil es Gesetze der ästhetischen *Erinnerung* eines Subjekts sind, dem

13 Vgl. Proust (1967), I. 178-247.

14 Ebd., 187. – Im Roman übrigens stehen die Weißdornhecken an der Strecke nach Méséglise, die Türme von Martinville dagegen am Horizont des Wegs zu den Guermantes.

die beschriebenen Genüsse aus Gründen des Alters und der asthmatischen Krankheit entzogen sind; es sind verlorene und verbotene Früchte, denen die literarische Anschauung gilt. Zum andern – und für uns wichtiger – darum, weil die Intensität der Proustschen (Darstellung der) Wahrnehmung Kontraste zwischen den Aspekten schöner Natur hervortreibt, die das kontinuierliche Gleiten der Anschauung vor Abgründe des nicht mehr Schönen führen. Wer, wie der kleine Marcel, vom Schönen nicht wegkommt, den treibt das Schöne von selbst aus seinen Paradiesen heraus. Das Geheimnis der blühenden Hecke mischt sich abenteuerlich mit dem rotblonden Haar der erhofften Gefährtin, der Rauschzustand beim schwarzen Verlöschen der Türme läßt das imaginative Vermögen versiegen, das Schauspiel der Himmelsbewegungen gibt den selbstsicheren Lustwandel im peripheren Naturgarten der Lächerlichkeit preis. Die Logik der Übergänge zwischen den Formen des Schönen treibt über die schöne Kontinuität dieser Übergänge hinaus. Inmitten der von leiser Komik durchwirkten, von züngelnder Unfaßlichkeit bedrohten, von melancholischer Erinnerung wachgehaltenen Idylle ertönt plötzlich der Laut eines Vogels, der seine Stimme bei Proust wie bei Handke vergeblich gegen die Leere des Pascalschen Raums erhebt: »In halber Höhe eines nicht zu ermittelnden Baumes war ein unsichtbarer Vogel bemüht, sich den Tag zu verkürzen; mit einem lang angehaltenen Ton versuchte er die Einsamkeit auszuloten, aber er erhielt eine so klare Antwort, eine Resonanz aus nichts als Schweigen und tiefer Ruhe, daß es schien, als hielte er nun für immer den Augenblick fest, den er eben noch versucht hatte, schnell zum Enteilen zu bringen.«[15]

Die Stimme des unsichtbaren Vogels bringt in der vorwiegend schönen Einheit der Natur jene Raumunsicherheit zur Geltung, die das Kennzeichen einer vorwiegend erhabenen Gesamtnatur ist. Versuchen wir, die Gegenwart einer reinerhabenen Natur zu denken. Ihre Zeitform kann nicht die der Kontinuität, sie kann nur die der Diskontinuität der unterschiedlichen ästhetischen Anschauungen sein. Hier findet keine der ästhetischen Sphären eine Öffnung zu den anderen, hier löscht jede die andere aus. Die erhabene Raumkontemplation betrifft den ganzen Raum; da ist kein

15 Proust (1967), 184.

Platz für ein bekanntes oder unbekanntes Netz von Korrespondenzen, keine Projektionsfläche frei für die Imagination einer bekannten oder unbekannten Kunst. Die erhabene Korrespondenz läßt den gesamten Umkreis von unbegreiflicher Lebensbedeutung vibrieren; da ist kein Platz für die imaginative Doppelung des Raums. Und auch die erhabene Imagination läßt nichts für die anderen Begegnungsformen übrig; sie entfacht den Schein einer in den Raum greifenden Kunst, der gegenüber es keinen fixierten Standpunkt der Wahrnehmung gibt. Daß die Natur die drei erhabenen Attraktionen *gleichzeitig* ausübt, bedeutet nicht nur, daß sie keiner Dauer gewährt, es bedeutet, daß sie keine zur gesicherten Entfaltung kommen läßt. Im mehrfach überwältigenden Raum ist der Betrachter zurückgeworfen auf sein überfordertes, einsames, entwurfsarmes Fassungsvermögen; die reine Erfahrung des insgesamt Erhabenen ist die Erfahrung des Scheiterns aller ästhetischen Raumfindungsversuche. Stärker kann die Erfahrung der Fremdheit von Natur nicht sein. Der dauernden Ablösung der Betrachtungsweisen in der Zeit schöner Simultaneität entspricht ihr ständiger Umsturz im erhabenen Prozeß. Auch dieser Grenzfall aber ist ein unmöglicher Zustand. So wie die schöne Logik des Übergangs hinaustreibt über die Begrenzung des im engeren Sinn Schönen, so kann sich die erhabene Logik des Untergangs nur durch Phasen ihrer schönen Unterbindung hindurch entfalten.

Sie finden sich in der Weite einer grenzenlosen Wüste, die Ihr Zuhause nie war und nie sein wird, Ihr Auto, Ihr Kamel oder Ihre Reisegruppe haben Sie in maßvoller (und ängstlich eingeprägter) Entfernung gelassen, Sie stehen in der Mittagssonne, ohne ein Geräusch ferner Hunde, Esel, Schakale. Sie hören Ihre Sinne singen. Sie sind erfaßt von einem Leben, das ohne Leben scheint, weil es außerhalb des Ihren liegt. Sie fiebern in Bildern, die sich Ihrer Einbildung sofort entwinden. Die Wüste wäre ein Raum der vollendeten Ruhe reiner Betrachtung, schriee sie nicht die Botschaft eines von allem Dekor befreiten Lebens heraus, ließe sie nicht im selben Atemzug Reminiszenzen an Biblisches, Land Art, Monochromie, Karl May, »Salammbô«, »Abdias« zur Ahnung einer Kunst gerinnen, die Bild des Versengens ihrer Bilder wäre. In diesem Augenblick haben Sie die Wahl. Sie können umkehren und Zuflucht beim Reiseführer und den Eiswürfeln suchen. Oder Sie bleiben – und werden Übergänge einer schönen Betrachtung finden, aus denen die gesamterhabene Destruktion schockierender fast als vorher entsteht. Wie das Schönsein von Natur ein mehr oder weniger starkes Zurückhalten des Erhabenen ist, ist das Erhabene ein mehr oder weniger drastisches Heraustreten aus dem Kontext des Schönen. Die reine Erfahrung des Erhabenen hätte eine Paralyse des ästhetischen Raumgefühls zur Folge, die wirkliche Erfahrung des Erhabenen ist ein Vorgang der Durchbrechung jeder verläßlichen ästhetischen Koordination des Raums der Natur.

Auch die Begriffe der schönen und erhabenen Einheit der Natur sind interdependent. Wir können den einen letztlich nur unter Bezug auf den anderen bestimmen – das Erhabene als das außerordentlich Schöne, das Schöne als das in einer fragilen Ordnung gehaltene Erhabene.[16] Im Rückgriff auf unsere vieldeutige Formel ließe sich auch sagen: Im ganzen schön ist Natur, wo sie unseren Sinn für den Sinn vollkommen befriedigt, im ganzen erhaben ist Natur, wo sie diesen Sinn aus seinen Befriedigungen vollkommen weckt. Die Einheit des Naturschönen aber ist weder dieses noch jenes Ganze, auch nicht einmal dieses, dann jenes. Das Naturschöne befriedigt weder das Verlangen nach Befriedigung noch das nach äußerstem Verlangen. Es befriedigt weder die beschauliche noch die ekstatische Sehnsucht nach einem geschlossenen Ganzen. Die wahre Naturschönheit liegt jenseits der Alternative zwischen ihrer insgesamt schönen oder insgesamt erhabenen Präsenz, ohne dafür außer ihrer zeitlichen eine neue inhaltliche Einheit zu bieten. Die Zeit ihrer Wahrnehmung ist weder absolut kontinuierliche noch absolut diskontinuierliche, sie liegt dazwischen, ist relativ diskontinuierliche Zeit. Die ästhetische Größe des Naturschönen ist, daß es sich zwischen allen Größen unserer ästhetischen Bewunderung bewegt.

In anderen Worten war das bereits Schillers These: »Nur wenn das Erhabene mit dem Schönen sich gattet und unsre Empfänglichkeit für beides in gleichem Maß ausgebildet worden ist, sind wir vollendete Bürger der Natur, ohne deswegen ihre Sklaven zu sein und ohne unser Bürgerrecht in der intelligibeln Welt zu verscherzen.«[17]

16 Diese Abhängigkeit ist bereits in der erhabenen Rhetorik des Pseudo-Longinos gesehen: ders. (1983), 99.

17 Schiller (1966), 133.

In einer lebendigeren Sprache ist dies Rousseaus Anschauung gewesen: »Denken Sie sich einmal die Abwechslung, Größe, Schönheit von tausend erstaunungswürdigen Schauspielen; das Vergnügen, nichts als neue Gegenstände, fremde Vögel, seltsame, unbekannte Pflanzen um sich zu sehen, gewissermaßen eine andre Natur zu bemerken und sich in einer neuen Welt zu erblicken. Das alles stellt den Augen eine unaussprechliche Mischung dar, deren Schönheit noch durch der Luft Dünne vermehrt wird; diese macht die Farben lebhafter, die Züge kenntlicher und bringt alle Blickpunkte näher; die Entfernungen scheinen kleiner als auf Ebenen, wo der Luft Dicke den Erdboden in einen Schleier hüllt; der Horizont zeigt den Augen mehr Gegenstände, als er fassen zu können scheint; kurz, das Schauspiel hat etwas Zauberisches, Übernatürliches, das Geist und Sinne entzückt; man vergißt sich selbst, und weiß nicht mehr, wo man ist.«[18]

b) Unter dem Vulkan

Die im ganzen anziehende Natur ist gerade in ihrer äußersten Faszination eine ambivalente Verlockung. Der kleinen Ambivalenz ihrer schönen oder erhabenen Attraktionen entspricht die große ihrer schönen und erhabenen Simultaneität. Ambivalent ist aber nicht nur die erfüllte, ambivalent ist auch die unerfüllte Simultaneität der ästhetischen Natur. Auch dann kann die Wahrnehmung der Natur der Interaktion ihrer ästhetischen Grundaspekte gelten, wenn sich diese nicht zu einem positiven Gesamteindruck verbinden. Ihre uneingeschränkte Erfahrung ist keineswegs immer Erfahrung ihrer uneingeschränkten Schönheit. Der befreienden Ambivalenz des Naturschönen steht die beklemmende Ambivalenz einer teilweise aggressiven, abweisenden, unempfänglichen Natur gegenüber.

Das ist der Punkt, an dem sich der Begriff der ästhetischen Natur und der des Naturschönen verzweigen. Das Naturschöne ist gewiß die höchste, aber dennoch nur eine mögliche Form ästhetisch umfassender Natur. Das Geschehen des »Übergangs« bzw. »Untergangs« der ästhetischen Dimensionen, ihre friedliche

18 Rousseau (1988), 78.

oder unfriedliche Koexistenz, ihre wechselseitige Aufladung durch Abhebung – all das kann sich auch dort ereignen, wo sich die Natur nicht als schön/erhabenes Reich der geglückten, sondern als schockierendes Areal der bedrohten Freiheit präsentiert. Dann gewährt und entzieht die Natur die Attraktionen, die sie gewährt, indem sie nicht allein die eine gegen die andere, sondern einzelne – oder jede – vom Positiven ins Negative kehrt. Sie macht sich stumpf gegenüber der Imagination, sie läßt positive in negative Korrespondenz umschlagen, sie verschlägt der kontemplativen Muße den Atem. Ästhetische Natur ist dann nicht die Gleichzeitigkeit ihrer Tugenden, sondern die ihrer Tugenden und Untugenden. Wir dürfen ihre Einheit nicht nur als eröffnende, wir müssen sie auch als verstörende Einheit begreifen. Und wir müssen begreifen, wie schmal der Grat zwischen ihrer eröffnenden und ihrer verstörenden Gegenwart sein kann.

Ich möchte dies im Blick auf zwei abschließende Literaturbeispiele deutlich werden lassen. Das erste ist eine Passage aus Malcolm Lowrys Roman »Unter dem Vulkan«. Am Rand einer mexikanischen Stadt – es ist Allerseelentag – befinden sich die Frau und der Halbbruder des trunksüchtigen Helden auf der Suche nach diesem. Sie geraten in ein Gewitter. Ganz konventionell und im Gebrauch weitgehend konventioneller Bilder macht Lowry das Unwetter zum Vorzeichen der letzten, tödlichen Krise – und läßt dabei einen außergewöhnlichen, vollkommen widersprüchlichen Naturraum entstehen. Anders als bei Rousseau, Heine und Proust ist dies ein vorwiegend erhabener Raum. Er nimmt den Betrachtern den Boden unter den Füßen, reißt sie in ein Vakuum, aus dem sie zurückgestoßen werden in spürbare Schwere. Ständig verändert sich die Proportion des Geländes; jeder Raumzustand wird sofort durch den nächsten relativiert. Die Landschaft verdüstert sich bis zur Weltlosigkeit, kippt aus einem Augenblick der Kontemplation zurück in aggressive, von Kumuluswolken ironisch überhöhte Korrespondenz, die sich in die kurze Imagination einer »reliefartigen« Szene zusammenzieht, in der sich sogleich eine »rebellische« Zone melancholischer Korrespondenzen auftut, die alles in gespenstische Unwirklichkeit taucht, um von der Sprengung des Donners zerrissen zu werden, deren Energien in die Leitkörper der Vorstadt schießen. Aus dieser Natur führt so schnell kein Weg in eine gelöste Anschauung zurück.

»Der Mond war fort. Ein heißer Windstoß blies ihnen ins Gesicht, und im Nordosten flammte ein weißer Zickzackblitz; ein sparsames Donnerrollen, eine verhaltene Lawine . . .
Der steiler werdende Pfad bog noch weiter nach rechts und begann sich zwischen einzelnen Wachtposten hindurchzuwinden, einsamen, hohen Bäumen und riesigen Kakteen, die mit ihren unzähligen gekrümmten Stachelhänden nach allen Seiten des Pfads den Blick versperrten. Es wurde so dunkel, daß man sich wunderte, die Welt draußen nicht in schwärzester Nacht zu finden.
Doch der Anblick, der sich ihnen bot, als sie auf die Straße hinaustraten, war überwältigend. Die schwarzen Wolkenmassen stiegen immer noch in den Dämmerhimmel auf. Hoch, sehr hoch, erschreckend hoch über ihnen segelten körperlose schwarze Vögel, eher wie Vogelskelette. Schneegestöber umwehte den Gipfel des Ixtaccihuatl und verdeckte ihn, während sein Massiv in Kumuluswolken gehüllt war. Aber das ganze schroffe Massiv des Popocatepetl schien mit den wandernden Wolken auf sie zuzukommen und sich über das Tal zu neigen, auf dessen einer Seite, durch das merkwürdig melancholische Licht reliefartig hervorgehoben, ein einzelner kleiner rebellischer Hügel abstach, in den ein winziger Friedhof eingelassen war.
Auf dem Friedhof wimmelte es von Besuchern, die nur als Kerzenflämmchen zu erkennen waren.
Aber plötzlich war es, als funke ein Heliograph von Blitzen stammelnd Botschaften durch die wilde Landschaft, und sie machten erstarrt die schwarzweißen Gestalten selbst aus. Und während sie auf den Donner warteten, hörten sie sie auch: leises Weinen und Klagen, das der Wind zu ihnen herübertrug. Die Trauernden sangen an den Gräbern ihrer Lieben, spielten leise Gitarre oder beteten. Ein Klang wie von Windspielen, ein gespenstisches Geklingel drang an ihre Ohren.
Ein titanisches Donnergebrüll, das durch die Täler rollte, verschüttete es. Die Lawine hatte sich gelöst. Doch die Kerzenflammen hatte sie nicht verschüttet, sie leuchteten unbeirrt weiter. (. . .)
Yvonne spürte dankbar die feste Straße unter den Füßen. Die

Lichter des Hotel-Restaurants El Popo kamen in Sicht. Über einer Garage daneben zuckte ein elektrisches Leuchtschild: *Euzkadi.* – Irgendwo spielte ein Radio in unglaublich schnellem Tempo wilde heiße Musik.«[19]

c) Ein Brief aus Damaskus

Es kann noch krasser kommen. Die folgende Naturszene enthält Schönes und Erhabenes, aber die Interaktion ihrer ästhetischen Dimensionen ist weder schön noch erhaben. Hier ist weder schöne Kontinuität noch erhabene Diskontinuität, weder Harmonie noch Dissonanz, hier ist eine vollkommene Distraktion der ästhetischen Aspekte gegeben. Hier ist wirklich das Schöne die Kehrseite des Schrecklichen und das Erhabene Ausdruck der Grausamkeit nicht allein der Natur, sondern auch des ästhetischen Sinns für Natur. Trotzdem ist es eine Szene äußerster Faszination. – Am 4. September 1850 schreibt Flaubert aus Damaskus an den Jugendfreund Louis Bouilhet:

»Vor ein paar Tagen haben wir uns die Leprastation angesehen. Sie liegt außerhalb der Stadt in der Nähe eines Sumpfes, aus dem Raben und Bartgeier aufflogen, als wir näherkamen. Dort leben die armen Unglücklichen alle zusammen, Männer und Frauen (etwa ein Dutzend). Da gibt es keine Schleier mehr, um die Gesichter zu verhüllen, und keine Unterscheidung der Geschlechter mehr. Sie tragen die Male von eitrigem Schorf, Löcher an der Stelle der Nase, und ich habe meinen Kneifer aufgesetzt, um an einem von ihnen zu erkennen, ob es grünliche Lumpen waren oder seine Hände, was ihm an den Armen herabhing. Es waren seine Hände. (O Koloristen, wo seid Ihr?) Er hatte sich an den Brunnen geschleppt, um zu trinken. Sein Mund, dessen Lippen wie von einem Brand weggefressen waren, ließ das Innere seines Schlundes sehen. Er röchelte, während er uns die Fetzen seines leichenfarbenen Fleisches entgegenstreckte. Und ringsum die Natur in völliger Ruhe! Wasser, das dahinfloß, grüne Bäume, die vor Saft und Jugend bebten, kühler Schatten unter der heißen Sonne.«[20]

19 M. Lowry, Unter dem Vulkan, übers. v. S. Rademacher u. K. Graf, Reinbek: Rowohlt 1984, 385 f.

20 Flaubert (1977), 156.

Flaubert sieht den offenen Verfall der menschlichen im brutalen Kontrast zum ungerührten Gedeihen der unmenschlichen Natur. Aber sein Text zeigt diese Brutalität nicht nur, er hat sie auch; er kann sie so brutal nur zeigen, weil er das Grausame, das er schildert, in seiner Schilderung reproduziert. Gewiß: Wir sehen in diesem Brief einen jungen Autor den Stil der Leidenschaftslosigkeit trainieren, der seine spätere Prosa berühmt machen wird. Die Stelle enthält auch das Experiment, ob sich wirklich alles dieser Schreibart unterwerfen läßt. Aber darauf kommt es hier nicht an. Das Textstück verdient es, um seiner selbst willen ernstgenommen zu werden. Seine Wahrnehmung ist nicht ästhetizistisch, sie ist radikal ästhetisch. Sie ist nicht mitleidslos, sie beläßt es nur beim Mitleid nicht. Die Situation ist durchaus als ein Ort negativer Korrespondenz gesehen. Die Natur, die die »armen Unglücklichen« umgibt, steht im höhnischen Gegensatz zum Elend des Menschen. In diesem Gegensatz aber, in ihrer Indifferenz zum menschlichen Geschehen (ihrer »völligen Ruhe«, ihrem stillen »Beben«, ihrer »kühlen Schatten«), ist sie auch ein hervorragender Ort der Kontemplation. Der kontemplative Sinn für diese Schönheit aber und der korresponsive für die Grausamkeit derselben Phänomene sind diesmal nicht nur verschieden, sie stoßen einander gänzlich ab. Das kommt in aller Schärfe zutage, wenn Flaubert den sinngleichgültigen Blick der Kontemplation auch auf die Kranken wendet, auf einen bestimmten Kranken, und seine Verwüstungen mit einem selbst »unmenschlichen« Interesse betrachtet, dazu den Kneifer aufsetzt, als wäre es eine seltene Pflanze oder ein kostbares Mineral. Das Entsetzliche wird wahrgenommen, als wäre gar nichts Entsetzliches dabei; diese extreme Anschauung ruft das Bewußtsein des Entsetzlichen in einer Weise wach, wie es die korresponsive Einfühlung alleine nicht kann. Das »perverse« Interesse am reinen Phänomen wird zur Bedingung des vollen Bewußtseins der existentiellen Qual. Zum modernen Künstler gehört diese kontemplative Kälte. Und natürlich ist das Herausstreichen dieser Kälte – ja: der Stolz auf sie – bei Flaubert eine bewußte Provokation aller Metaphysik der ästhetischen Natur: Nur die profane Anschauung kann es da beim Vorgang der Natur aushalten, ästhetisch aushalten, wo keiner mehr weismachen kann, da rede ihr innerer Sinn.

Das eigentlich Schockierende an Flauberts Bericht aber ist der eingeklammerte Zusatz. Er stellt noch die dritte Perspektive neben die anderen beiden. Mit abfälliger Geste gegen die bestehende imaginiert Flaubert eine Malerei, die in der Lage wäre, in der peinlichen Anschauung des Grausamen eine künstlerische Verlockung zu sehen. Zu der negativen Korrespondenzempfindung und der eisigen Kontemplation gesellt sich eine erhabene Imagination der Kunst. Erst damit ist die Moral der Flaubertschen Anschauung komplett. Ihr Credo ist nicht die unterschiedslose Affirmation der Natur, ihr Credo ist die Bejahung der Empfänglichkeit für das Kontingente auch in seiner schrecklichsten Form. Flaubert weigert sich, das Schreckliche nicht wahrzunehmen, wie er sich weigert, die eigene Faszination durch das Schreckliche zu unterdrükken. Das ist der Kern jeder Ästhetik des Schrecklichen: nicht die Positivierung des Schreckens, sondern die Positivierung der Empfänglichkeit für das Schreckliche zu betreiben.[21] In der Idylle faszinieren uns die Erscheinungen, in der Hölle fasziniert uns unsere Empfänglichkeit für die Erscheinungen. Im prosaischen Erdenleben zieht fast immer beides uns an: die unterhaltende und verwirrende Vielfalt der Natur zusammen mit der befreienden und fesselnden Vielfalt der Formen unserer Begegnung mit ihr.

Wir müssen nur die Leprastation aus der morgenländischen Ebene herausnehmen, um wieder in der »normalen« Ambivalenz einer naturschönen Gegend zu sein. Schrecklich kann die Natur überhaupt nur dort sein, wo sie es für den Menschen ist, wo sie ihn oder sein Vertrauen in die Natur bedroht; sie ist es besonders dort, wo sie es am Menschen ist, wo sie ihn sichtbar zerstört. Aller andere »Schrecken« der Natur ist bloß ein erhabenes Übersteigen menschlicher Ordnung. – Ein innehaltender Kapitelanfang bei Joseph Conrad führt den grausamen Konflikt der Natur wieder an den Zustand ihrer schön/erhabenen Ambivalenz heran:

»Inmitten eines ganz in Mondlicht getauchten und mit Reissprößlingen bepflanzten rechteckigen Feldes hockte eine kleine Hütte auf hohen Pfosten. Der Reisighaufen daneben und die Glut eines Feuers, vor dem ein Mann ausgestreckt lag, wirkten sehr klein und wie verloren in dem blaßgrünen Schimmer, der von der Erde zurückgeworfen wurde. Von drei Rändern der Lichtung sahen die großen Bäume des Waldes, die durch üppig wuchernde Schling-

21 Dazu Bohrer (1978).

pflanzen aneinander gefesselt waren und im trügerischen Licht sehr fern schienen, mit der düsteren Resignation von Riesen, die das Vertrauen in ihre Kraft verloren haben, auf das junge Leben hinunter, das zu ihren Füßen sproß. In ihrer Mitte klammerten sich die unbarmherzigen Schlingpflanzen wie gewundene Kabel um die großen Stämme, liefen von Baum zu Baum, hingen als dornige Girlanden von den unteren Zweigen, trieben zarte Ranken hinauf zu den kleinsten Ästen und brachten ihren Opfern in einer Orgie lautloser Zerstörungslust den Tod.«[22]

3. *Ein normativer Begriff der Natur*

Zwei Ambivalenzen der Natur haben wir kennengelernt: ihre kleine und ihre große Ambivalenz. Die kleine Ambivalenz betrifft die schön/erhabene Polarität ihrer einzelnen Attraktionen. Die große Ambivalenz betrifft die schön/erhabene Polarität ihrer Interaktion; die schreckliche Ambivalenz ist eine Modifikation dieser Ambivalenz. In ihrer geschmälerten, in ihrer befreiend ungeschmälerten und in ihrer beklemmend ungeschmälerten Präsenz ist Natur ambivalent. Ambivalenz ist die Natur der ästhetischen Natur. Nicht nur in den zuletzt zitierten, in fast allen bisherigen Beispieltexten sind Formen dieser Ambivalenz zugegen. Erst jetzt wären wir in der Lage, den literarischen Exempeln der Anfangskapitel ohne methodische Einseitigkeit zu begegnen. Die literarische, überhaupt die künstlerische Thematisierung ästhetischer Natur handelt von ihrer kleinen und großen Ambivalenz.

Dieser Befund zwingt zu einer neuen Verständigung über den Begriff der Natur. Gemäß unserer ersten Definition ist ästhetische Natur dasjenige Verhältnis zur Natur, das in ihr das Naturschöne sucht. Es findet dieses aber nicht immer. Es kann dieses auch gar nicht immer finden. Nur eine auch in ästhetischer Einstellung problematische Natur kann Gegenwart des Naturschönen sein. Die Frage ist: Welcher nichtästhetische Zustand der Natur liegt im ästhetischen Interesse an der Natur? Die Antwort ist: der einer »freien« Natur. Nur diejenige Natur aber ist »frei«, in der die

22 J. Conrad, Almayers Wahn, Frankfurt/M.: Fischer 1980, 179.

ganze Ambivalenz der Natur auftreten kann. Im Namen des Naturschönen darf nicht das Natur*schöne* die alleinige Norm des Naturverhältnisses sein.

a) Die Bedingung der Autonomie

Ästhetische Natur im allgemeinen, so hieß es oben, sei nicht die Gleichzeitigkeit ihrer Tugenden, sondern die ihrer Tugenden und Untugenden. Vor allem die Beispiele negativer Korrespondenz haben das deutlich werden lassen. Genauso sind Gegenden denkbar, die zwar korresponsiv schön und gut sind, aber stumpf gegenüber aller Imagination (man denke an den Postkarten-Sonnenuntergang oder an Heines Bericht aus Polen). Kontemplative »Untugenden« dagegen gibt es keine, obwohl es Objekte und Landstriche gibt, die der reinen ästhetischen Wahrnehmung keinen besonderen Anreiz bieten.[23] Diese wenigstens schwache kontemplative Attraktion sorgt dafür, daß die Natur dem ästhetischen Sinn niemals vollkommen negativ erscheint. Ästhetische Natur ist nie die Gleichzeitigkeit ihrer Untugenden allein. Natur, ästhetisch erfaßt, mag fremd, betörend, überwältigend, grausam sein, sogar ihre Betrachtung mag ihren Betrachtern als grausam erscheinen; solange sie überhaupt ästhetisch wahrgenommen werden kann, ist sie immer auch für eine – und oft für mehr als eine – ihrer Attraktionen offen, wird sie nicht im ganzen als schrecklich und grausam empfunden. Daß die ästhetische Natur nicht im ganzen negativ sein kann, heißt aber keineswegs, sie könne nicht negativ sein. In der Anschauung Lowrys, Flauberts und Conrads kommt diese Negativität ohne Reserve zum Vorschein; das Thema dieser Autoren ist das Zusammenbestehen positiver und negativer Kontingenz der Natur. In diesem Zusammenbestehen liegt die *bestürzende* Ambivalenz der Natur; erst im Kontext der möglichen Verstörung durch die Natur ist die Sensation ihrer im ganzen *befreienden* Ambivalenz vollends verständlich. Die naturschöne Domäne der Freiheit ist eine im ganzen positive vor dem Hintergrund wesentlich negativer Ambivalenz der Natur. Nur das Natur*schöne*, nicht die ästhetische Natur *überhaupt* ist ein Bereich der bejahten Kontingenz.

23 Vgl. Kap. I. 5.

Andererseits können wir das Naturschöne nur akzeptieren, wenn wir auch die ästhetische Ambivalenz der Natur akzeptieren. Einen ästhetischen Sinn für Natur entwickeln heißt, einen Sinn für die bejahenswerte wie auch die bedrohliche Kontingenz der Natur zu entwickeln. Man kann daher nicht die Selbständigkeit und Variabilität der Natur bejahen und die *Möglichkeit* von Ambivalenz und Zerstörung aus der Welt schaffen wollen. Denn das ist die Möglichkeit auch ihrer umfassenden Schönheit. Es ist ästhetisch unmöglich, nur die bejahte Kontingenz der Natur zu bejahen. Man muß schon, im Bewußtsein seines negativen Potentials, das Faktum ihrer Kontingenz selbst bejahen. Die Bejahung dieses *Faktums* aber ist nicht gleichbedeutend mit einer Bejahung aller *Fakten*, die aus dieser Kontingenz entspringen. Die Befürwortung der kontingenten Schönheit der Natur geht sehr wohl mit der Bekämpfung bestimmter Folgen ihrer kontingenten Verläufe zusammen.

Das ist nahezu trivial. Der Begriff des Schönen (einschließlich des Erhabenen) ist ein kontrastiver Begriff. Schon die Spannung zwischen Schönem und Erhabenem selbst, erst recht beider Spannung zu ihren ästhetischen und außerästhetischen Gegensätzen steht dafür ein. Wüßten wir nicht, was Schönes im Unterschied zu Häßlichem oder weniger Schönes im Unterschied zu sehr Schönem ist, wüßten wir nichts vom Schönen. Die Natur ist das beste Beispiel. Es ist der Inbegriff der ästhetischen Gegenwart ihrer variablen Erscheinung, daß sie zwischen den Polen ihrer erfüllten und unerfüllten Präsenz variieren kann. Selbst die dauerhafteste Korrespondenzschönheit kann kraft der Natur unterbrochen, möglicherweise ausgelöscht werden; Beben, Unwetter, Trockenperiode genügen. Natur, die mit Sicherheit schön ist, ist mit Sicherheit keine Natur – in jenem Sinn von Natur, auf den sich der ästhetische Sinn für Natur richtet. Sie hätte nicht die »Ungezwungenheit«, in ihrer »eigenen Gestalt« und Bewegung zu erscheinen, sie würde nicht aus »unverfügten Formen« leben, sie wäre jeder Autonomie beraubt. Das Naturschöne, die normativ höchste Erscheinung der »freien« Natur, ist nicht möglich ohne die »Freiheit« der Natur zum Abstand von ihrer normativ höchsten Verfassung. Freie Natur ist nicht gleich schöne Natur. Aber das Naturschöne gibt es nur im Bereich freier Natur.

Seit der Einleitung habe ich mit einem weiten Begriff der Freiheit der Natur operiert. Die freie Natur muß weder »wilde« noch

»reine« Natur sein. »Rein« kann sie gar nicht sein; wo sie ästhetisch betrachtet wird, da ist sie vom Menschen berührt. Die ästhetische Entdeckung der »wilden«, d. h. vom Menschen nicht maßgeblich gestalteten Natur ist historisch fast immer die Entdeckung einer vom Menschen doch schon berührten Natur.[24] Wie die ungestaltete ist aber auch die vom Menschen sichtbar gestaltete Natur frei, solange sei einen unverfügten Lebenszusammenhang bildet, der ohne die Pflege oder Bearbeitung des Menschen in mehr oder weniger unverändertem Zyklus weiterbestehen würde. Soweit handelt es sich um einen starken Begriff der Autonomie der Natur. Im schwachen Verständnis dagegen ist Natur ein vom Menschen verfügter Lebenszusammenhang, der ohne aktive Gestaltung so nicht oder überhaupt nicht weiterbestehen würde. Gärten würden so nicht weiterbestehen; Topfpflanzen im Zimmer überhaupt nicht. Gleichwohl kann auch hier noch von einer Autonomie die Rede sein, soweit eben Natur sichtbar ein Zusammenhang unverfügter *Formen* ist. Hier ist Natur nicht länger als Wirklichkeit autonom, d. h. ein vom menschlichen Handeln unabhängig existierender Bereich; dennoch können es ihre Gebilde ganz oder teilweise sein.

Der Begriff freier Natur, den ich der Abhandlung von Anfang an zugrunde gelegt habe, war ein weiter Begriff, der die starke und die schwache Bedeutung ihrer Autonomie umfaßt. Im Kontext heutiger Ästhetik der Natur ist dies Verfahren nicht nur legitim, es ist das einzig sinnvolle Verfahren. Nicht darum, weil die Grenzen

24 So ist es ein Topos der neuzeitlichen Naturschilderung, daß die scheinbar unberührte Natur überraschenderweise schon Spuren menschlicher Berührung zeigt. Rousseaus Entdeckung der freien Natur ist zugleich eine Entdeckung einer Kultur der freien Natur: »Eine erstaunliche Vermischung von wilder und bebauter Natur zeigt überall der Menschen Hand, wohin man nicht geglaubt hätte, daß sie jemals gedrungen wäre.« (Rousseau 1988, 76) – In Stifters »Hochwald« wird die Gegebenheit einer unberührten Natur immer weiter ins Dunkel der Vorzeit verlegt. Die Erzählung beginnt mit der ausdrücklich auf den Zustand des 19. Jahrhunderts gerichteten Beschreibung einer (für damalige wie erst recht für heutige Verhältnisse) völlig unberührten, sogar als »jungfräulich« gekennzeichneten Waldlandschaft Österreichs, von der es dann aber heißt, sie sei in der (zweihundert Jahre vorausliegenden) Zeit der Erzählung bei weitem »schöner«, »frischer«, »jungfräulicher als jetzt« gewesen, was wiederum der greise Waldhüter relativiert: »Seht, da ich ein Bube war (. . .), da waren noch größere und schönere Wälder als jetzt.« (Stifter 1968, 218f., 240f., 273)

zwischen der ungestalteten, der unverfügten und der veranstalteten Natur häufig schwer zu ziehen sind – was sie gewiß sind; sondern darum, weil eine *ästhetische* Theorie der Natur diese Grenzen gar nicht selbst zu ziehen braucht. Für die ästhetische Anschauung ist es nicht unbedingt wichtig, daß und ob die Natur im starken Sinn frei, also ein autonomer Lebenszusammenhang *ist*, es kann ihr – und muß ihr oft – genügen, daß sie ein solcher Zusammenhang zu sein *scheint*, obwohl sie es nur in der schwachen Bedeutung ist. Das ist die Wahrheit der in Kapitel II. 4. a als übertrieben zurückgewiesenen Vorstellung, ästhetische Natur heute sei generell das Reich eines anti-teleologischen Scheins. Die Bedingung der Autonomie ist damit nicht aufgehoben, sie ist lediglich abgeschwächt. Der zulässige Schein im ästhetischen Naturverhältnis betrifft nicht ihre Freiheit überhaupt, er betrifft allein den Grad der Einflußlosigkeit des Menschen. Es kommt hier nicht auf ein ursprüngliches Sein, es kommt hier auf das ungezwungene Erscheinen der Naturformen an. Das zulässige Element des Scheins bezieht sich dabei nicht auf die Dynamik der Natur selbst, es bezieht sich auf das Ausmaß der Veranstaltung in oder hinter ihrem sichtbaren Wirken. Ästhetische Natur muß ohne kontinuierlichen menschlichen Einfluß sein oder scheinen. Nur in derjenigen Wirklichkeit, die nicht kontinuierlich vom Menschen hergestellt ist (oder wenigstens nicht so erscheint), kann die Zeit des Naturschönen Wirklichkeit werden.

Das ist die *ästhetische* Mindestbedingung der Autonomie der Natur. Diese schwache ästhetische Norm der Natur schließt stärkere Normen keinesfalls aus. Sie läßt erkennen, daß umfassende Naturschönheit nur dort möglich ist, wo Natur ein vom Menschen wenn nicht ungestalteter, so doch unveranstalteter Lebenszusammenhang ist. Zwar kann sich das ästhetische Interesse an Natur auch an der weitgehend veranstalteten Natur entzünden, es liegt aber im Interesse am Naturschönen, auch einer im starken Sinn freien Natur begegnen zu können. Dennoch wäre es blind, den Zustand einer möglichst wilden Natur zum alleinigen Ideal der Natur zu erheben. Das wäre nur eine weitere Vergewaltigung – erstens der Natur, die ja nicht immer wild ist, zweitens des kulturellen ästhetischen Verhältnisses zur Natur, das eben nicht immer das Wilde und Weite sucht, sondern ebenso »aus dem Hause tretend« einen Baum stehen haben will. Andererseits behielte das maximale Verlangen nach veranstaltungsfreier Natur selbst dann Gültigkeit, wenn es wirklich so kommen sollte, daß es nicht mehr erfüllt werden kann. Das ästhetische Ideal des Gartens ist und bleibt ein eingeschränktes Ideal. Und ein illusionäres außerdem. Daß die schöne Einrichtung der Natur unter menschlich zarter Hegung im ganzen gelingen könnte, da seien Eis und Stein und Meer und Wüste – da sei der Himmel vor.

b) Exkurs über die Naturschönheit des Menschen

Das ästhetische Interesse an einer Autonomie der Natur, in der ihre naturschöne Gegenwart möglich ist, ist ein Interesse des Menschen an *seiner* Autonomie. Die andere Zeit des naturschönen Raums ist eine besondere Zeit der menschlichen Existenz. Der menschliche Sinn für die Natur ist ein Sinn für die eigene Möglichkeit in der Natur. Er kann sich aber auch direkt auf den Menschen beziehen; er richtet sich dann auf die äußere Natur seiner eigenen Natur. Er gilt dann nicht der möglichen Naturschönheit von Dingen und Räumen, er gilt der Naturschönheit des Menschen.

Die Schönheit des Menschen als »Naturschönheit« vorzustellen, ist trivial und befremdlich zugleich. Das Triviale und das Befremdliche treten hervor, wenn wir die freie Naturschönheit des Menschen mit der Freiheit kultivierter Natur konfrontieren. »Auch die Natur von Äckern, Wiesen und Wäldern, Parks und Gärten – so hieß es oben[25] – behält häufig entscheidenden Charakter, in ihrer eigenen Gestalt zu erscheinen: in der Gestalt derjenigen Wirklichkeit, die keine festen Gestaltungen kennt, deren Erscheinungen nicht nur einer zyklischen, sondern darüber hinaus einer täglichen, einer augenblicklichen, einer unvorhersehbaren Veränderung unterworfen sind.« Daß Individuen es vermögen, »in ihrer eigenen Gestalt« zu erscheinen – das ist schon die elementarste Bestimmung der Schönheit des Menschen. Nur bedeutet dieselbe Wendung hier etwas kategorial anderes als in ihrer Anwendung auf wilde oder gezähmte Natur. Das Subjekt dieser Schönheit ist nicht bloß ein artikuliertes Objekt, sondern ein Artikulationssubjekt; es

25 S. 66.

hat nicht nur eine (für den Betrachter) artikulierte Natur, es artikuliert sich im Erscheinen und Darbieten seiner Natur, und zwar für die Mitmenschen wie für sich selbst. Was im Fall der Natur nur Bedingung des Schönen ist, nämlich daß ihre Gebilde und Zonen »in eigener Gestalt« erscheinen, das ist im Fall des Menschen schon eine elementare Realisierung des Schönen: den Leib ein Widerspiel der Person sein zu lassen.

Flauberts Beobachtungen auf der Lepra-Station zeigen, daß dies wirklich der elementarste Begriff der naturgebundenen menschlichen Schönheit ist. Noch die nach strengeren Kriterien wenig schönen Menschen macht die Krankheit häßlich, wie sie es nie waren, als sie noch als sie selbst in Erscheinung treten konnten. Weil die Kranken dies nicht können, weil ihr sichtbares Wesen fast auf reine Natur reduziert ist, deswegen sind hier auch »alle Schleier gefallen«, gibt es zwischen ihnen »keine Unterscheidung der Geschlechter mehr«. Zum Grausamen der Lepra gehört, daß sie den langsamen Tod des Menschen durch die zuverlässige Zerstörung seiner sichtbaren Person geschehen läßt. Aber nicht nur die tödliche Natur, auch Zwang und Verzweiflung können dem Subjekt das Finden einer gelösten Gestalt seiner selbst verwehren. Trotzdem ist dieser erste Begriff der Schönheit des Menschen noch ein sehr schwacher Begriff. *Jeder* kann in diesem Sinn schön sein, solange er mit sich selbst etwas Glück hat und ihn entstellende Krankheit verschont.

Mit den Schönheitsidealen bestimmter Kulturen, Epochen und Personen hat das wenig zu tun. Jemand kann nach allen Standards häßlich sein und doch in Gesicht und Gebärde frei als er selbst erscheinen. Es geht hier gar nicht um Schönheitsideale, es geht um Aspekte der ästhetischen Attraktion des Menschen, an die sich solche Ideale dann heften. Es ist nicht weiter schwer, unsere drei ästhetischen Kategorien zur Formulierung eines stärkeren Begriffs dieser Attraktion zu gebrauchen. In korresponsiver Hinsicht schön finden wir andere, wenn wir ihnen ansehen, daß wir gern – und wie gern wir – mit ihr oder ihm sind, oder wie gern wir ihnen nahe wären, oder wie gern wir wären wie sie. Darin liegt bereits ein imaginativer Aspekt; anziehend sind Menschen, die uns zu Phantasien über ihre Person verleiten. Schöne Phantasien sind das – im Unterschied zu den nicht weniger intensiven der Abneigung und des Hasses – aber nur, wenn dabei Gesicht und Stimme, Gestalt und Gebärde des Einzelnen im wirklichen oder unwirklichen Augenblick einer gemeinsamen Gegenwart stehen. Der begehrte Körper wird zum Bild, Spiel, Tanz seiner, einer, meiner Reaktion auf etwas, auf mich, auf die Welt. Wenn es mit dem Begehren ernst wird, tritt die Gestalt des anderen aus der Aura ihrer Situationen auch heraus. Sie tritt in den Magnetismus einer Präsenz, die statt des sinnhaften mit Haut und Haaren das sinnliche Selbst berührt. Dieses leibliche Spüren der leiblichen Gegenwart des andern ist dem kontemplativen Absehen von allen Rollen und Bildern sehr nahe, aber ganz kontemplativ ist es nicht; die kalte Kontemplation des Künstlers ist reiner als die glühende der reinen Begierde, die ihrerseits reiner ist als die der inmitten einer längeren Geschichte sich haltenden Liebe.[26] – Auch hier also ist Schönheit ein Zusammensein von Dimensionen des Schönen: auch hier ist, über dieses Zusammensein hinaus, die Ambivalenz nicht nur *des*, sondern *im* Schönen die entscheidende Ingredienz. Die zuverlässige Attraktion ist bald keine mehr; wer immer schön ist, ist es mit Sicherheit nicht. Das Spiel der Schönheitsmomente am Menschen muß ins Häßliche, Komische, Müde, Banale, Aufgelöste spielen können, damit es in der Zeit seiner Schönheit wahrgenommen werden kann. Picassos Frauenporträts der vierziger und fünfziger Jahre lassen diese Zeit sehen.

In der jetzt beschriebenen stärksten Form (zu der es unzählige Übergänge gibt), ist der Begriff menschlicher Schönheit zugleich einer des erotischen Subjekts. In der erotischen Anziehung und sexuellen Interaktion gewinnt der Zug der *Natur*schönheit eine weitere Bedeutung. Natur ist hier nicht nur Basis der Schönheit des anderen, sie ist auch Ziel des körperlichen Verlangens. Die von Sartre und anderen beschriebene Spiegelstruktur des sexuellen Austauschs[27] – meine Lust auf die Lust des anderen, mein Verlangen nach dem Verlangen des anderen nach mir (und vice versa), unsere Erregung an unserer Erregung usw. – ist von einem Wunsch nach buchstäblicher und metaphorischer Entkleidung bewegt. Die sexuelle Situation gilt der wechselseitigen »Enthüllung der Faktizität«[28] des eigenen Leibes in der Begegnung mit dem anderen

26 Die beiden großen Liebesgeschichten der »Recherche« erzählen auch vom Konflikt dieser Blicke und Begierden.

27 Sartre (1962), 490ff.; Nagel (1984), 59ff.; vgl. Merleau-Ponty (1966), 185ff.

28 Sartre (1962), 498.

Leib. Ich will die Geliebte nicht nur als Person, in Amt und Würden des Lebens und der Liebe kennen, haben, ich will auf ihre Natur, ihr apersonales, außersprachliches Dasein treffen – und ich möchte, begehre danach, mich ihr gegenüber so sein zu lassen. Mit jemandem Natur sein – mit jemandem zögern, es zu werden, und es dadurch zu werden – ist der ästhetische Sinn dieser Handlung. Da haben wir endlich einen »Dialog mit der Natur«: eine Begegnung zweier Naturen, die das Glück und das Unglück haben, dialogisch begehren zu können. Wäre es nicht das, könnten wir es bei den Segnungen der Konversation belassen.

Die ästhetische Situation in der äußeren Natur ist keine Verlängerung des erotischen Dialogs mit unserer Natur. (Nur das erklärt den Reiz, den es haben kann, diese beiden Situationen zu verbinden.) Sie ist Begegnung mit nicht selbstbewußtem Leben, das folglich auch aus keinem sinnhaften Selbstsein heraustreten kann. Es gibt hier nicht die Symmetrien und Spiegelungen des Beieinanderseins und Außersichgeratens, die die erotische Begegnung der Menschen tragen. Die ästhetische Natur ist ein nichtmenschliches Forum der Bekanntheit des Menschen mit sich. Ein Interesse an dieser Bekanntheit freilich haben nur Individuen, die selbst Natur sind und selbst der Kontingenz unterliegen, die sie in der Erfahrung des Naturschönen feiern. Nicht an der Natur jedoch finden sie dabei ein Analogon des Eigenen, etwa daß sie artikulationsbedürftig und deshalb gelegentlich der Artikulation überdrüssig wäre wie sie, in der *Begegnung* mit der äußeren Natur finden sie komplexe Möglichkeiten ihres Selbstseins vor. In ihrer Fremdheit ist diese Natur eine Gelegenheit zu ihnen selbst. Nur in dem Sinn, daß die Schönheit dieser Natur eine andere ist als ihre eigene, ist auch die äußere Natur »Naturschönheit des Menschen«.

4. Rückblick auf die Natur der Landschaft

Das Naturschöne ist eine ausgezeichnete Lebensmöglichkeit des Menschen, weil es eine ausgezeichnete Form der Begegnung mit seinen Möglichkeiten ist. Die Totalität dieser Möglichkeit ist die Begegnung mit Natur als Landschaft. In den Analysen schöner und erhabener Natur war immer bereits von *Aspekten* der Landschaftserfahrung die Rede. Mit Proust, in der Wüste, bei Rousseau und Lowry, Flaubert und Conrad schließlich ist die Analyse nicht mehr nur in der Landschaft, sondern vor ihrer Wahrnehmung als Landschaft gestanden. Die Struktur dieser »gesamten« Natur aber hat die Ästhetik bis heute verfehlt; sie hat sich zu sehr an herkömmlichen theoretischen Begriffen des Ganzen orientiert, man kann auch sagen: sie hat es sich zu absolut gemacht.

a) Einheit ohne Ganzes

Eine Definition scheint nicht schwer. »Landschaft«, heißt es bei Joachim Ritter, »ist Natur, die im Anblick für einen fühlenden und empfindenden Betrachter ästhetisch gegenwärtig ist.«[29] Das ist die weitestmögliche Bestimmung: sie setzt »Landschaft« gleich mit ästhetisch wahrgenommener Natur. Was Ritter jedoch meint, ist Landschaft als Form der Anschauung eines größeren *Raums* der (möglichst freien) Natur. Obwohl dieser Raum selbst schon – etwa in geographischer oder ökologischer Hinsicht – als Landschaft angesprochen werden kann, ist es erst eine bestimmte Art seiner Präsenz, durch die er zur *ästhetischen* Landschaft wird.[30] Da wir die Arten dieser Präsenz hinlänglich erörtert haben, können wir einfach sagen: *Landschaft ist ein größerer Raum ästhetischer Natur.*

Wir müssen uns an die Qualität dieses Raums erinnern. Der Raum ästhetischer Natur ist niemals ein »Vornraum« allein, der von außen angeschaut würde. Das gilt allenfalls vom imaginativen Aspekt, und auch dort nur, wo sich die Imagination auf visuelle Bilder bezieht, und eigentlich nicht einmal dort, weil die Teilung, die »Doppelung« der imaginativen Situation selbst noch die Erfahrung einer Beziehung in einem Raum ist, aus dem das phantasiegeborene Schauspiel der Natur herausgehoben ist. Der »größere Raum« der Natur ist kein angeschauter Raum, er ist ein Anschauungsraum, und zwar in der weitesten Bedeutung von »Anschauung«. Dieser Raum *umfängt* den sinnlich vernehmenden Leib eines Subjekts, das für die sinnfremde und die sinnhafte Seite seiner

29 Ritter (1974), 150.
30 Eine differenzierte – im Hinblick auf die ästhetische Begriffsbildung kritische – Durchsicht der Bedeutungen von »Landschaft« gibt Hard (1983).

Gestalten ebenso empfänglich ist wie für die bildhafte.[31] Es nimmt den Raum der Natur als einen mehr oder weniger selbständigen Lebenszusammenhang wahr, den es als unüberschaubares Geschehen ausdruckloser und ausdruckhafter Formen erfährt. Der Raum der Landschaft ist ein naturumformter Raum. Wenn wir uns außerdem daran erinnern, daß Gegenstand dieses ästhetischen Interesses nur die lebensweltlich erfahrbare Natur sein kann, erhalten wir die folgende Bestimmung: *Landschaft ist von ästhetischer Natur umformte Lebenswirklichkeit des Menschen.*

Auch die landschaftliche Natur steht im Geschehen der großen und kleinen Ambivalenz. Ihre Schönheit ist vom Erhabenen, ihre Erhabenheit ist vom Schönen berührt. Ihre schön/erhabene Gegenwart ist nie gesichert, sie kann umschlagen in den Entzug eben noch gebotener Attraktionen. Damit Landschaft als Naturraum – und Naturraum als Landschaft – gedacht werden kann, muß die Zeit in diesem Raum gedacht werden. Die variable Zeit der Interaktion ihrer erfüllten oder entzogenen Attraktionen und Anschauungsweisen erst bildet die Einheit einer Landschaft. Ihre Einheit ist prozessuale Einheit – sie ist es *besonders* dann, wenn es sich um eine in umfassender Bedeutung schöne Landschaft handelt. Damit führt die triviale Bestimmung – Landschaft als größerer Raum der Natur – zu einer nicht so trivialen Konsequenz. Die Einheit der Natur als Landschaft ist keine inhaltliche Größe. Sie ist Zeit-Einheit in der, keine Sinn-Einheit mit der Natur. Der ästhetische Zustand im größeren Umraum freier Natur ist kein emotionales oder geistiges Einssein mit der Natur. Ästhetische Landschaft ist Totalität, die nicht als ganze erfaßt, gestaltet, auf die Reihe gebracht werden kann. Wenn man »Totalität« mit faßbarem oder fühlbarem Ganzen gleichsetzt, ist sie ein Raum entzogener Totalität. Das ist der Raum der modernen Begegnung mit einer

31 Es ist daher einseitig, wenn Werner Hofmann (1976, 29) sagt: »Landschaft ist die auf Kunstinhalte gebrachte Natur.« – An Stefan Oettermanns Studie über das Panorama (Oettermann 1980) wird deutlich, wie sehr die vermeintlich umfassendste Schau der Natur lediglich eine, und zwar eine dezidiert (und oft reduziert) imaginative Anschauungsform der Natur darstellt. Der große Überblick ist nicht der ganze Blick. Das Panorama ist Illusion des Raums außerhalb des Raums. Es besteht in einer Serie aufeinanderfolgender Ausblicke auf die Natur unter Vermeidung der kontemplativen und korrespondenzorientierten Angehörigkeit zu ihrem Raum. Dieser Genuß der Natur hält sich den Raum der Natur vom Leib.

nicht aus sich selbst sinnhaften Natur. Das ist der Raum der modernen Freiheit in der Natur. Das ist die Faszination der Natur für ein Subjekt, das sein Selbstsein darin findet, über jedes geschlossene Verständnis seiner selbst hinausgehen zu können. Die Einheit der landschaftlichen Anschauung ist *Einheit ohne Ganzes*.[32]
Gewiß: Die unreduzierte ästhetische Anschauung der Natur *kennt* das Einssein mit einem Ganzen; aber sie *ist* kein solches, sie ist darüber immer auch hinaus, sie läßt sich an die Möglichkeit der sinnhaften Identifikation mit der Natur nicht binden. Wer die Erfahrung landschaftlicher Natur zur Findung ins Ganze stilisiert, reduziert Landschaft auf einen Raum schöner Korrespondenz. Von dieser – von der Korrespondenzschönheit der »anmutigen Gegend« – hat es oben geheißen, sie sei »einschließender« Art, sie füge sich in der Wahrnehmung zu einem »Ganzen«, in dem das Subjekt sich »aufgehoben«, von dem es sich »getragen« fühle.[33] Das gibt es – denken wir nur an Rosa Luxemburgs Brief. Aber nicht das allein ist Landschaft. Es ist einer ihrer wesentlichen Zustände – einer der wesentlichen Zustände einer Wirklichkeit, deren Wesen es ist, nicht in einem ihrer Zustände zu verweilen. Wer nicht »zwischen« ihren Zuständen verweilt, weicht der Gegenwart der Landschaft aus; er weicht auch sich selber aus, da die Zustände der Landschaft zugleich Möglichkeiten des eigenen innerweltlichen Spielraums sind. Trotz der schönen Identifikation mit Natur nicht im Zustand dieser Identifikation zu verharren, dies erst macht die menschliche Freiheit in der freien Natur aus. Es macht die naturschöne Landschaft zu derjenigen Wirklichkeit, die nicht nur anschauliche Intensivierung, sondern gleichermaßen anschauliche Präsentation und anschauliche Suspension unserer Sicht der Dinge, unseres Entwurfs vom Leben ist.
Hätte sie eine Moral, könnte dies die Moral der Geschichte der neuzeitlichen Landschaftsmalerei sein. Ihr »Weltgewinn bedeutet (. . .) Jenseitsverlust«[34], der in entzweite Zustände mündet. Das

32 Von einem »Ganzen ohne Einheit« unterscheidet sich eine »Einheit ohne Ganzes« darin, daß sie ein Zusammenhang interdependenter Größen ist; ein Ganzes ohne Einheit dagegen wäre eine Menge unabhängig bestimmbarer Teile.

33 Kap. II. 1. b.

34 Hofmann (1976), 29; zum folgenden vgl. Lützeler (1950), Gombrich (1985), Steingräber (1985).

manifestiert sich an der bildlichen Präsenz des gesamten Raums der Natur. Der externe Blickpunkt der von Lorenzetti bis Brueghel vorherrschenden Überschaulandschaften[35] wandert nach und nach in die Tiefe und Bewegtheit der erfundenen Welten ein, um schließlich in der Zurücknahme des illusionistischen Raums den Bildbetrachter gleichsam in den Prozeß der Natur zu stellen.[36] Je umfassender Natur als Landschaft gemalt wird, desto weniger kann sich ihre Wahrnehmung als ein Umfassen des naturhaften Seins oder als Einssein mit ihm verstehen. Wenn Konrad Witz 1444 den Genfer See als realistischen Hintergrund eines christlichen Ereignisbildes malt, ist das ein Stück neu erfaßter Gegebenheit der Welt.[37] Wenn Ferdinand Hodler ein knappes halbes Jahrtausend später am Genfer See auf das Form- und Farbleben seiner Bilder kommt, sind das Werkzustände einer nicht – auch im Bild nicht – erfaßbaren Natur, die als Ort einer nicht vollendbaren Weltempfänglichkeit vergegenwärtigt wird.

Bei aller Vereinigungssehnsucht hat gerade die deutsche Romantik den disparaten Raum der Natur gemalt, genauer: die disparate Einheit des ästhetischen Raums der Natur. Die Rückfigurenbilder Caspar David Friedrichs sind das herausragende Beispiel. »Der Mönch am Meer« (Berlin, Schloß Charlottenburg), zeigt vor allem anderen, daß man nur *in* der Natur wirklich *vor* der Natur stehen kann. Die Landzunge, auf der der einsame Betrachter im Bild steht, ist ins dunkel umwölkte Meer vorgeschoben. Der Raum des Bildes, so könnte man sagen, ist aus der Mitte einer unüberschaubaren Situation der Natur gesehen – wenn nicht das Wort »Mitte« ganz irreführend wäre. Da ist keine Ordnung, in der es eine Mitte gäbe. Entsprechend ist die Spitze des Ufers und somit der Standpunkt des Mönchs deutlich nach links versetzt; der Betrachter des Bildes, der zur Identifikation mit der betrachtenden Figur eingeladen ist, wird dadurch seinerseits an einer zentrierten Ansicht gehindert. Die Figur im Bild ist in bloßer Betrachtung versunken; das Gemälde ist ein weiteres Beispiel kontemplativer Kunst. Zugleich aber ist die betrachtende Konfrontation mit der Natur als existentielles Ausgesetztsein in der Natur gesehen; der Mönch

35 Hofmann (1974), 13.

36 Vgl. Holländer (1982) u. Boehm (1986).

37 Konrad Witz, Der wunderbare Fischzug Petri (Genf, Musée d'Art et d'Histoire).

steht allein vor der Macht des Meers, unter der Weite des Himmels; es ist ihm verwehrt – und er nimmt wahr, daß es ihm verwehrt ist, wie wir wahrnehmen, daß er es wahrnimmt –, in Kongruenz mit der Natur zu leben. Im Festhalten der kontemplativen Abwendung malt Friedrich einen Augenblick beängstigend-erhabener Korrespondenz. So wenig Anlaß es schließlich zu der Annahme gibt, die Figur im Bild könnte ein imaginatives Verhältnis zur Natur gewinnen, so sehr vollzieht ein Betrachter, der das Bild auch aus den Augen des dargestellten Betrachters zu sehen versucht, am Kunstwerk eine Imagination der Natur. Die Figur des Mönchs nämlich kann in der Fiktion des Bildes nur sehen, was auch der Bildbetrachter vor Augen hat: dieser sieht den Mönch als einen Betrachter, der die Natur im Stil der Bilder Friedrichs sieht. Das Bild imaginiert die Natur seiner Landschaft als kontemplativen Raum, als korresponsive Situation und als möglichen Ort der Imagination *seiner* Imagination. In der Varietät dieser Darstellung bringt es die Bewegtheit der dargestellten Natur vor Augen. Nur deswegen kann es in einem Atemzug Darbietung der Fremdheit der Natur und des Befremdlichen der Begegnung mit der Natur sein. So sehr dieses Befremdliche bei Friedrich etwas Lastendes hat, in der Wahrnehmung seiner Bilder liegt das Befreiende auch: fortan das Befremdliche mit der Offenheit dieses Sehens – und uns als Subjekte dieses Sehens – wahrnehmen zu können.[38]

b) Ideologie und Metaphysik der Landschaft

Das Subjekt also, was sonst, ist die Pointe der Landschaft. Diese These hat Joachim Ritter in seinem berühmten Aufsatz zur Ästhetik der Landschaft vertreten – jedoch mit einer genau entgegengesetzten Begründung. Nach Ritter macht das moderne Subjekt in der Begegnung mit Landschaft die Erfahrung jener »ganzen« Natur, die von der neuzeitlichen Wissenschaft liquidiert worden ist. Sie läßt fühlen, was nicht mehr begriffen werden kann: die Einheit der Natur und des Menschen mit der Natur. »Das Ästhetische der Landschaft ist (. . .) in seinem Grunde das Scheinen der an sich

38 Noch Max Ernsts Landschaften stehen in der Tradition der bei Friedrich manifestierten Ambivalenz: s. Spies (1979), bes. 274f.

verlorenen ganzen Natur.«[39] Die mit der technischen Naturbeherrschung gegebene Entzweiung von der Natur ist für Ritter Voraussetzung der ästhetischen Versöhnung mit ihr. »Wo die Entzweiung der Gesellschaft und ihrer ›objektiven‹ Natur von der ›umruhenden‹ Natur die Bedingung der Freiheit ist, da hat die ästhetische Einholung und Vergegenwärtigung der Natur als Landschaft die positive Funktion, den Zusammenhang des Menschen mit der umruhenden Natur offen zu halten und ihm Sprache und Sichtbarkeit zu verleihen.«[40] Am Phänomen der Landschaft werde deutlich, »daß die gleiche Gesellschaft und Zivilisation, die dem Menschen in der Verdinglichung der Natur die Freiheit bringt, zugleich den Geist dazu treibt, Organe auszubilden, die den Reichtum des Menschseins lebendig gegenwärtig halten, dem die Gesellschaft ohne sie weder Wirklichkeit noch Ausdruck zu geben vermag.«[41] Ästhetische Einheit der Natur als Landschaft, mit anderen Worten, ist nicht Einheit ohne Ganzes, es ist Einheit im Schein des verlorenen Ganzen.

Es könne, sagt Ritter, »Natur als Landschaft unter der Bedingung der Freiheit auf dem Boden der modernen Gesellschaft geben«.[42] So sehr daran historische Zweifel erlaubt sind[43], aufschlußreich ist die systematische Paradoxie, in die sich Ritter mit dieser Angabe verstrickt. Der Sinn für Natur ist ihm zufolge ein Komplement der Befreiung von der Natur. Man sollte erwarten, daß das so gewonnene Verhältnis zur Natur zum Raum der Betätigung dieser Freiheit auch in der Natur werde. Das aber ist bei Ritter nicht der Fall. Zwar heißt es: »Die zum Erdenleben des Menschen gehörige Natur als Himmel und Erde wird ästhetisch in der Form der Landschaft zum Inhalt der Freiheit, deren Existenz die Gesellschaft und ihre Herrschaft über die zum Objekt gemachte und unterworfene Natur zur Voraussetzung hat.«[44] Ein positiver

39 J. Ritter, Landschaft. Zur Funktion des Ästhetischen in der modernen Gesellschaft, in: ders., Subjektivität, Frankfurt: Suhrkamp 1974, 141-163 u. 172-190, hier 182.

40 Ebd., 161.

41 Ebd., 163.

42 Ebd., 162.

43 R. u. D. Groh datieren den Beginn der neuzeitlichen Landschaftserfahrung auf die erste Hälfte des 17. Jahrhunderts: s. – auch zum folgenden – Groh/Groh 1989.

44 Ebd.

Begriff dieser Freiheit jedoch findet sich in der ganzen Abhandlung nicht. Ästhetische Freiheit tritt lediglich als negative Freiheit von der Entfremdung der Freiheit auf. Der Genuß der Natur wird beschrieben als Erinnerung an das verlorene Ganze, dem das Subjekt vormals untergeordnet war. Am Feierabend der Emanzipation kehren die Täter wehmütig an den Ort ihrer entzaubernden Tat zurück und überlassen sich dem Schein, alles sei ungeschehen. Die Hinwendung zur Landschaft wird zum nostalgischen Ritual. Bei Ritter ist das Subjekt gerade darin die »Pointe« der Landschaft, daß es in ihr Entlastung von der Freiheit des Selbstseins findet.

Diese Paradoxie geht auf ein signifikantes Grundmanöver zurück: auf das ästhetische Festhalten an einer philosophisch verabschiedeten Metaphysik. »Natur als Landschaft ist Frucht und Erzeugnis des theoretischen Geistes.«[45] Diese historische Annahme, die vielleicht einseitig, doch gewiß nicht falsch ist, ist aber von Ritter nicht in erster Linie historisch gemeint; sie bildet das begriffliche Fundament der gesamten Analyse. Kontemplation – *theoretische* Kontemplation – ist demnach nicht allein *Ursprung*, sie liegt im *Wesen* aller ästhetischen Beziehung zur Natur. Landschaft ist »Abkömmling der philosophischen Theorie in dem genauen Sinne, daß sie Gegenwart der ganzen Natur ist.«[46] Trotzdem betreibt Ritter keine direkte Rückkehr zur Metaphysik der Natur. Er verabschiedet die Metaphysik gedanklich, um sie ästhetisch zu rehabilitieren. Als philosophische oder wissenschaftliche Theorie, sagt Ritter, ist der späte Glaube an die Sinneinheit der ganzen Natur bei Alexander von Humboldt oder Carl Gustav Carus nicht zu halten; als ästhetische Einstellung aber – und als Beschreibung dieser Einstellung – ist er das einzig Wahre.[47] Folglich übernimmt Ritter den – was Humboldt betrifft, deutlich überstilisierten[48] – Standpunkt seiner Gewährsleute, jedoch nicht als These über das Sein, sondern

45 Ebd., 146.

46 Ebd., 151.

47 Man fühlt sich bei dem Hegelianer Ritter an die Metaphysikkritik des logischen Positivismus erinnert, die ja gerne zugab, als Ausdruck von Gefühlseinstellungen sei das alles bestens.

48 Blumenberg (1981), 286ff., legt überzeugend dar, wie brüchig Humboldts Vertrauen in die ganze Natur schon geworden ist; Carus, nicht Humboldt, ist Ritters idealer Zeuge: s. Carus (1955), 19, 36f., 44, 62 u. ders. (1986), 52ff.

als These vom ästhetischen Schein der Natur. Seine Frage ist: »Was zwingt den Geist dazu, auf dem Boden der Neuzeit ein Organ für die Theorie der ›ganzen‹ Natur als dem ›Göttlichen‹ auszubilden, mit dem diese als Landschaft nicht im Begriff, sondern im ästhetischen Gefühl, nicht in der Wissenschaft, sondern in Dichtung und Kunst, nicht im transcensus des Begriffs, sondern in ihm als dem genießenden Hinausgehen in die Natur vergegenwärtigt wird?«[49] Die Antwort lautet: Es ist das metaphysische Bedürfnis, das durch theoretische Metaphysik nicht länger befriedigt werden kann. Daß ästhetische Landschaft nur als metaphysische möglich sei – diese Position formuliert Ritter außerhalb der sentimental in Erinnerung gerufenen Metaphysik. Ritters Ästhetik der Landschaft bringt die drei Formen der Metaphysik der Natur auf einen Nenner und übersetzt sie in eine globale Ideologie der ästhetischen Natur. Daß es ohne die Metaphysik, ohne die es philosophisch gehen muß, ästhetisch nicht geht, ist der Inbegriff aller ästhetischen Ideologie der Natur. Daß nur die überwundene oder ausgeblendete Kontingenz bejaht werden kann, ist die Moral dieser Restaurierung der ganzen Natur. Erst wenn Natur zum Schein des Göttlichen wird, sagt Ritter, kann sie dem Menschen als Schönes erscheinen.

Das ist einfach nicht wahr. Metaphysische Nostalgie ist keine notwendige Bedingung für landschaftliches Bewußtsein. Die von Ritter auf den Begriff gebrachte Haltung ist aber nicht nur »unnötiges«, sie ist überdies unnötiges *falsches* Bewußtsein von Landschaft. Zum einen, weil sie sich für die einzig mögliche Einstellung hält; zum andern, weil sie die ästhetische Komplexität von Landschaft notorisch verkennt. Der eigentliche Skandal dieser Ästhetik ist ihr großzügiges Desinteresse für die phänomenale Besonderheit ihres Gegenstands. Sie ist geradezu stolz darauf, die Natur »gegen die Besonderheit gleichgültig«[50] zu finden. »Das Ästhetische der Landschaft ist so in seinem Grunde das Scheinen der an sich verlorenen Natur. Daher hat ihre jeweilige individuelle und physiognomische Bestimmtheit nur die Funktion, daß die Natur selbst an ihr im Element des Anblicks erscheint, gesagt und sichtbar gemacht werden kann. (...) Für die ästhetische

49 Ebd., 150.
50 Ebd., 183.

Konstituierung von Landschaft bleibt daher sowohl ihre jeweilige bestimmte Gestalt wie ihre geschichtliche Eigenart durchaus sekundär.«[51]

Für das sinnliche Gesicht der Landschaft hat diese Theorie wenig Sinn. Der größere Raum der freien Natur wird ihr zum uniformen Sakralbau eines verschwundenen Allgemeinen. Humboldt dürfte sie nicht zum Zeugen dieser Einebnung machen. Bei allem »Glauben an eine alte innere Notwendigkeit«, an das »harmonisch geordnete Ganze«, an den »Geist« der Natur, an »die heilige, ewigschaffende Urkraft der Welt«[52], ist sein wissenschaftliches »Naturgemälde« des Kosmos programmatisch von einer individualisierenden und differenzierenden Anschauung getragen. Die Einheit konkreter Landschaften versteht Humboldt aus der simultanen Erfassung ihrer divergierenden Gestalten. »Es ist ein gewagtes Unternehmen, den Zauber der Sinnenwelt einer Zergliederung seiner Elemente zu unterwerfen. Denn der großartige Charakter einer Gegend ist vorzüglich dadurch bestimmt, daß die eindrucksreichsten Naturerscheinungen gleichzeitig vor die Seele treten, daß eine Fülle von Ideen und Gefühlen gleichzeitig erregt werden. Die Kraft einer solchen über das Gemüt errungenen Herrschaft ist recht eigentlich an die Einheit des Empfundenen, des Nichtentfalteten geknüpft. Will man aber aus der objektiven Verschiedenheit der Erscheinungen die Stärke des Totalgefühls erklären, so muß man in das Reich bestimmter Naturgestalten und wirkender Kräfte hinabsteigen.«[53] Diesen Abstieg zum Besonderen muß die Ästhetik der Natur schon wagen. Je näher sie sich darauf einläßt, desto mehr verschwindet der vermeintlich unvermeidliche Bezug zum Ganzen einer ansichseienden Natur; jedenfalls kann er schwinden. Dafür steigt das Bedürfnis nach variierender Weltbegegnung in einer fremden Natur; jedenfalls kann es steigen.[54] Um den »gesamten« Raum der ästhetischen Natur zu erfahren, braucht es keinen Kult der »ganzen« Natur.

51 Ebd., 182 f.; ähnliche Kritik übt Weber (1989), 113 ff.

52 Humboldt, A.v., Kosmos. Entwurf einer physischen Weltbeschreibung, Stuttgart: Cotta o.J. (1844), Bd. I, 22, 4 f., 27.

53 Ebd., 7 f. – Die Individualität der Landschaft hebt auch Simmel (1957, 142 f.) heraus – deswegen von Ritter (a. a. O., 178) leise gerügt.

54 Daß die moderne Naturerfahrung gerade im *Aufbrechen* der metaphysischen Einheit des Naturschönen liegt, zeigen Groh/Groh (1989) und Warning (1989) am Beispiel Rousseaus.

Ich möchte diesen Unterschied auch terminologisch festhalten. Der Begriff der *gesamten* ästhetischen Natur faßt diese als simultanen Zeit-Raum ihrer diversen Dimensionen. Der Begriff der *ganzen* ästhetischen Natur dagegen beruht auf der Annahme, es sei die »gesamte« Natur notwendig der Schein einer »ganzen« Natur. Das ist Ritters Position. Sie begreift die moderne Naturerfahrung als Restauration einer vormodernen Erfahrung. Es war mein Anliegen zu zeigen, daß dies nicht das moderne ästhetische Naturverhältnis ist; aus allen bisher herangezogenen Gewährstexten spricht eine andere Erfahrung. Damit soll nicht bestritten sein (was ich von Anfang an eingeräumt habe), daß es den vormodernen Typus der Naturerfahrung auch in der Moderne weiterhin gibt. Die gegenwärtige Ästhetik jedoch verfehlt ihre Aufgabe, wenn sie nur von diesem Typus handelt, mehr noch: wenn sie ihn zum analytischen Modell ihrer Betrachtungen erhebt. Denn nicht nur für die Theorie, auch für die heutige Erfahrung des Naturschönen gilt, was Karl-Heinz Bohrer kürzlich festgehalten hat: »Was immer auch für ein Schritt gewählt wird, die Naturferne (d. i. die Ferne der »ganzen« Natur, M. S.) zu kompensieren: Immer bleibt das moderne Bewußtsein die Voraussetzung, auch dann, wenn es die Modernität hinter sich lassen will.«[55]

5. Naturlandschaft, Kulturlandschaft, Stadtlandschaft

Es gibt einen viel einfacheren Einwand gegen Ritters Theorie: daß sie nicht ein vergangenes Bedürfnis nach Natur, sondern eine längst vergangene Natur zum Gegenstand habe.[56] Ritters Begriff der ästhetischen Natur setze eine unberührte, unbewohnte, nicht vom Menschen gezeichnete Natur voraus, die heute kaum noch anzutreffen sei. An diese Annahme aber ist seine Theorie nicht wirklich gebunden. Ihre Grundprämisse ist nicht die der völligen Freiheit der Natur, es ist die einer gesellschaftlichen Freiheit *von der* Natur, die Bedingung der ästhetischen Hinwendung zur Natur sei. Im Begriff der »doppelten Fremdheit« habe ich das nur reformuliert. Zu Recht macht Ritter deutlich, daß es zur ästhetischen

55 K. H. Bohrer (1988), 214.
56 So Piepmeier (1980) u. Wedewer (1986); vgl. Waldenfels (1986).

Wahrnehmung von Landschaft das Moment der Fremdheit gegenüber der Natur braucht; die gesamte Natur ist keine insgesamt vertraute Natur. Was er jedoch übersieht, ist die Tatsache, daß dieses Befremdliche fast jederzeit innerhalb der »vertraut gewordenen und eingebürgerten Landschaft«[57] hervortreten kann. Der Brechtsche Baum, die Gegend um den Bodensee, die bäuerliche Arbeitswelt der norddeutschen Ebene, Marcels Familienspaziergänge, Lowrys Stadtrandszene usw. haben gezeigt: auch innerhalb der kultivierten Natur kann die gesamte Natur erscheinen.
Entsprechend habe ich vorwiegend an Kulturlandschaften entwickelt, was in ungestalteten Landschaften – in Handkes »Prärie«, in der Wüste, in Friedrichs Bildern – direkter gegeben ist. Die reineren Naturzonen sind gleichsam für ihre landschaftliche Erfahrung da, während die ästhetische Präsenz von Kulturlandschaften nur eine bestimmte Phase ihres sonstigen Gegebenseins ist. Das heißt auch, daß *wir* in ihnen vorwiegend zur ästhetischen Erfahrung da sind. Die in einem starken Sinn freie Natur konfrontiert uns ungeschützter mit ihrer landschaftlichen Erscheinung, weil hier das lebensweltliche Gegebensein der Natur für uns ein landschaftliches Gegebensein *ist*. Die gesamte Natur ist hier nicht eine Gegenwelt *in* der alltäglichen Welt, sie ist eine Gegenwelt *zu* dieser Welt. Die Freiheit der ungestalteten Landschaft ist ein Extrem der Freiheit der (und in der) gestalteten Landschaft. Hier verschwinden die vielen kleinen Differenzen zu einer pragmatisch erfaßten Natur in der großen Differenz zur sozialen und kulturellen Integration. Das heißt aber: Das analytische Paradigma der ästhetischen Naturlandschaft und ihrer Differenzen zum pragmatischen Raum ist die Kulturlandschaft und kann nur die Kulturlandschaft sein.[58] Wo Kulturlandschaft ist, kann striktere Naturlandschaft werden: als Steigerung der Freiheit in kultivierter Landschaft. Entspringt alle landschaftliche Natur einer – in ihrer Herkunft städtischen – »Kultur der Distanz zur Kultur«, so ist die Suche nach möglichst freier Natur eine erweiterte Form *dieser* Kultur.
Das Stichwort »Stadt« bringt unseren Glauben an das Besondere ästhetischer Natur ein weiteres, ein letztes Mal ins Wanken. Es scheint, als müsse es gar nicht Natur sein, in der Landschaft zur

57 Ritter (1974), 183.
58 Dieselbe Position vertritt Flach (1986), 25 (Anm. 4).

Wahrnehmung kommt. »Es ist der Sinn der modernen ästhetischen Naturerfahrung«, hieß es oben (S. 189), »sich mit etwas zu konfrontieren, das in wesentlicher Hinsicht keiner Intention entsprungen ist.« Es gehört nun aber zu den ästhetischen Entdeckungen des 19. Jahrhunderts, daß auch und gerade der »größere Raum« der Stadt diesen Sinn befriedigen kann.[59] Für diese Attraktion ist nicht allein die vielfach zufällige Gewachsenheit einer Großstadt verantwortlich, hinzu kommt das unentwirrbare Arrangement der Fassaden, Gesichter, Handlungen, Szenen im jeweiligen Augenblick ihres Lebens, in dem sie oft als ein durch und durch kontingentes, gleichsam naturhaftes Geschehen erscheint. Deswegen kann die Stadt bei Poe, bei Baudelaire, bei Aragon als die echtere, reinere Landschaft und somit als legitime Nachfolgerin der verlorenen, verödeten, banal gewordenen Natur erscheinen. Freilich: Gäbe es nicht die Erfahrung ästhetischer Natur, und sei es allein in Resten, Splittern, Erinnerungen, könnte es ihre Übertragung und manchmal selbst Überbietung durch die ästhetische Stadt nicht geben. Das Modell der Natur ist das Modell der ästhetischen Stadt.

Es ist wichtig, genau darauf zu achten, wann Stadt als Landschaft erfahren werden kann. Nur in offenen, dezentralen, einer synthetisierenden Wahrnehmung unzugänglichen Räumen ist dies der Fall. Auf Aussichtspunkten hoch über den Dächern der Stadt, ob in Paris oder London, New York oder Venedig, mache ich sowenig die Erfahrung der spezifischen Landschaft der Stadt wie beim Überfliegen eines Dschungels die Erfahrung des Dschungels. Nur in einem Raum, der die Position der Wahrnehmung naturhaft oder naturgleich umgibt, ist diese Erfahrung gegeben. Auch ein großräumiger städtischer Platz macht allein keine Landschaft. Wohl kann er Teil einer städtischen Landschaft werden. Er wird es, wo er konfligierenden Durchsichten ausgesetzt und vom Rumoren der Betriebsamkeit durchhallt ist, wo seine Architektur nicht auch den Himmel gliedern, wo er sich nicht zu einem vom eigenen Gesetz

59 Zur Geschichte dieser Entdeckung s. Stierle (1986). Stierles Untersuchung der Pariser Stadtliteratur in der Nachfolge Merciers deutet darauf hin, daß sich die Erschließung der entzweiten Einheit der ästhetischen Landschaft fast parallel zur Erfahrung Rousseaus nicht nur vom städtischen Bewußtsein her, sondern *innerhalb* der Stadt, als Entdeckung *ihres* Landschaftscharakters vollzogen hat.

beherrschten Bezirk abschließen kann. (Der Markusplatz ist zu kunstvoll ein eigener Raum, um wie der Times Square dauerhaft ein Stück Landschaft zu sein.) Stadtlandschaft im vollen Sinn bildet sich da, wo eine Stadt in ihren Ordnungen aus ihren Ordnungen tritt. Zur Natur hin *offen* zu sein und wie Natur selbst zu *scheinen* – das ist die Bedingung landschaftlicher Wahrnehmung der Stadt. Daß Landschaft der bloße Schein freier Natur sein könnte: dieser für die Ästhetik der *Natur*landschaft verworfene Gedanke trifft für die Ästhetik der *Stadt*landschaft zu. Dabei handelt es sich um einen bewußten, um einen als Schein gesehenen und gesuchten Schein. Daß der irreguläre Raum der Landschaft sich inmitten des (ursprünglich einmal) Intendierten, Geplanten, Gemachten öffnet, ist die Sensation der »gesamten« Stadt. So unmöglich es ist, eine Landschaft in freier Natur im ganzen wie eine Stadt zu erfahren, so sehr wird die Landschaft der Stadt zu einem Geschehen, als wäre es Natur. Natur ist die Natur der Landschaft. Die Natur des Ästhetischen aber ist Landschaft deswegen nicht.

V.
Die Größe der Kunst

Mit der Theorie der landschaftlichen Natur ist ein erster Abschluß erreicht. Die Betrachtung über die Natur der Landschaft hat nicht nur alle Bestimmungen ästhetischer Natur zusammengeführt, sie war nicht nur dem umfassenden Phänomen des Naturschönen gewidmet, sie hat einen umfassenden Begriff der Schönheit formuliert. Das ist weniger deswegen so, weil der Begriff der Landschaft weit über die reine Naturlandschaft hinausreicht; es ist vor allem darum so, weil die drei ästhetischen Dimensionen, die im Naturschönen eine temporale Einheit finden, die drei Dimensionen ästhetischer Wahrnehmung überhaupt sind. Zur Besonderheit des Naturschönen gehört, daß es ein herausragendes *Einheitsphänomen des Ästhetischen* ist.

Um dies zu begründen, ist es nötig, mit der Perspektive der vorangegangenen Kapitel ein Stückweit zu brechen. Wir müssen das Naturschöne stärker als bisher als eines unter anderen ästhetischen Phänomenen betrachten und mehr noch: als eines unter anderen Einheitsphänomenen des Ästhetischen. Nötig ist eine vergleichende Betrachtung, in deren Mittelpunkt das andere große Einheitsphänomen des Ästhetischen steht: die Kunst in der Vielfalt ihrer Werke. Von der Kunst – und der Einheit ihrer Werke – war bisher nur in eingeschränkter Bedeutung die Rede. Sobald diese Beschränkung aufgehoben ist, wird deutlich, daß Natur zwar das primäre, Kunst aber das potenzierte Einheitsphänomen des Ästhetischen ist. Ohne die volle Berücksichtigung des Kunstschönen bliebe das Naturschöne eine unbekannte Größe. Ohne eine direkte Konfrontation beider Größen käme es zu keiner gültigen Auflösung der Frage, welche denn nun das Vorbild der anderen sei.

Aber nicht nur mit der Verfassung der schönen, auch mit der der technischen Kunst müssen wir die Gegenwart des Naturschönen konfrontieren. Ist die Kunst der ästhetische, so ist die Technik der außerästhetische Widerpart der ästhetischen Natur. Erst wenn diese doppelte Grenze gezogen ist, ist der gesamte Raum des Naturschönen erschlossen. Die vergleichenden Betrachtungen dieses Kapitels bringen die Erkundung der ästhetischen Naturbeziehung zum Abschluß, indem sie aufdecken, was die bisherige Analyse noch ungesagt ließ. Immer schon steht die Zeit des Naturschönen in einer Spannung zur Dauer der Kunstwerke und zum Ablauf des vollbringenden Handelns.

1. Drei Dimensionen des Ästhetischen

Die Analyse des Naturschönen war auch eine Einführung in die allgemeine Ästhetik. Wenn Natur tatsächlich ein umfassendes ästhetisches Phänomen ist, kann es nicht anders sein. Am Beispiel des Naturschönen kamen die Grundmöglichkeiten ästhetischer Wahrnehmung zur Sprache – auch so konnten die anfänglichen Betrachtungen gelesen werden. Um den ästhetischen Bezug auf Natur zu verstehen, mußten drei Wahrnehmungsweisen erläutert werden, die nicht per definitionem naturbezogene Wahrnehmungsweisen sind. Daß es immer auch Natur sein muß, an der sich ein intensives ästhetisches Bewußtsein entzündet, hat zur Kehrseite, daß es nicht Natur zu sein braucht, worauf es sich richtet. Es muß nicht Natur sein, die Anlaß der Kontemplation, der Korrespondenzerfahrung, des projektiven Imaginationsversuchs wird. Trotzdem erfüllt die Natur jede dieser Anschauungen auf besondere Weise. Die ästhetische Wahrnehmung der Natur ist eine unverwechselbare *Spielart* der Grundmöglichkeiten ästhetischer Betrachtung. Sie ist dies in einem schwächeren und in einem stärkeren Sinn. Zum einen – so das Ergebnis der dritten Abschnitte der Kapitel I-III – ist die Natur ein besonderer *Bereich* jeweils der kontemplativen, der korresponsiven und der imaginativen Wahrnehmung; der Unterschied zu nicht-naturhaften Objekten ist hier gradueller Natur. Zum andern – so das Ergebnis des vierten Kapitels – erweist sich das Naturschöne in seiner Einheit als einzigartige *Verbindung* dieser drei Dimensionen; der Unterschied zur nicht-naturhaften Wirklichkeit ist hier prinzipieller Natur. Gerade als Umfassendes ist das Naturschöne etwas sehr Besonderes und gerade als Besonderes etwas sehr Umfassendes.

Deutlicher wird dies, wenn wir für eine Weile die Blickrichtung ändern und nicht die Natur, sondern die Kunst zum Leitfaden allgemeiner ästhetischer Betrachtungen wählen. Auch die Formen der Kunst hätten Ausgangspunkt einer exemplarischen Einführung in die Ästhetik sein können. Für sich genommen aber müßte

jede dieser Einführungen einseitig bleiben. Und selbst zusammengenommen könnten sie unzulänglich bleiben – dann nämlich, wenn die Ästhetik statt auf Natur *oder* Kunst weiterhin auf Natur *und* Kunst eingeschränkt bliebe. Die Einheit des Ästhetischen geht nicht in seinen Einheitsphänomenen auf. Ästhetische Wahrnehmung kann sich vielfältig an Gegenständen und bei Gelegenheiten entzünden, die weder von Natur noch durch Kunst gegeben sind. Das Ästhetische, mit anderen Worten, geht in überhaupt keiner Einheit auf. Es besteht in der Trennung oder Verbindung, Indifferenz oder Interaktion seiner konstitutiven Wahrnehmungsformen. Deswegen mußte es in der Einleitung bei der kargen Bestimmung sein Bewenden haben, ästhetisch sei diejenige Wahrnehmung, die sich in vollzugsorientierter Hinwendung an die sinnliche und/oder sinnhafte Präsenz und Prägnanz ihrer Gegenstände halte. Jede genauere Bestimmung muß auf einer Analyse der Wahrnehmungs*verhältnisse* beruhen, in denen die ästhetische Praxis jeweils operiert.
In diese Verhältnisse das ästhetische Verhältnis zur Natur zu stellen: darauf kommt es jetzt an. Zu diesem Zweck werde ich eine kurze Neubeschreibung der drei Dimensionen ästhetischer Praxis geben. Dabei haben wir außerdem zu beachten, daß diese Praxis nicht immer ausschließlich oder vorrangig ein Tun der *Wahrnehmung* ist. Die Orientierung am Naturschönen brachte es mit sich, daß ästhetische Praxis bisher vorwiegend als Wahrnehmungs- und nur ganz am Rande als Herstellungspraxis zur Sprache gekommen ist. Die verallgemeinernde Neubeschreibung der ästhetischen Dimensionen muß diese Einseitigkeit korrigieren. Allerdings fällt diese Korrektur weniger gravierend aus, als man vielleicht erwarten könnte. Denn so wichtig das ästhetische Machen in vielen Bereichen auch ist und so sehr es gelegentlich im Vordergrund ästhetischer Praxis steht, begrifflich bleibt der Aspekt des Herstellens sekundär, weil alles ästhetische Herstellen wiederum umwillen der wahrnehmenden Begegnung mit dem Hergestellten geschieht. Was das Besondere am ästhetischen Herstellen ist, ist nur durch den Rückgang auf die Art der Wahrnehmung zu fassen, um derentwillen die ästhetische Formung erfolgt, für die das Geformte offen oder geeignet ist.[1] Ästhetische Praxis muß also als

1 Vgl. Seel (1985), 31 ff.

Praxis der Wahrnehmung verstanden werden, die oft eine Praxis der Herstellung voraussetzt und nicht selten zugleich Praxis der Herstellung ist.

Die drei Grunddimensionen dieser Praxis also, denen drei Grunddimensionen ästhetischer Gegenstände entsprechen (in denen diese die Attraktionen schön/erhabener Präsenz oder Prägnanz gewähren oder auch verweigern), sind kontemplative Aufmerksamkeit, korresponsive Vergegenwärtigung und bildhafte Imagination. Die kontemplative Aufmerksamkeit gilt Dingen-im-Raum, so, daß das leiblich-sinnliche Wahrnehmungsvermögen des Menschen in dieser Hingabe spürbar wird. Die korresponsive Vergegenwärtigung gilt Möglichkeiten des individuellen und kollektiven Lebens, so, daß ihre Bedeutung im Zusammenhang dieses Lebens anschaulich wird. Die bildhafte Imagination gilt der Begegnung mit menschlichen Sichtweisen der Welt, so, daß zugleich die Möglichkeit ihrer erfindenden Darbietung zu Bewußtsein kommt. Während der kontemplativen Einstellung keine eigene Praxis des Herstellens entspricht, kann sowohl die korresponsive als auch die imaginative Wahrnehmung ein hervorbringendes Tun sein oder ein solches enthalten. Die Korrespondenzwahrnehmung ist dann zugleich eingreifende Gestaltung der Handlungswelt; oft ist sie auf Artefakte solcher Gestaltung bezogen. Die imaginative Wahrnehmung ist dann zugleich konstruktive Artikulation weltbildender Sichtweisen; auf solche Artefakte bezogen ist sie in jedem Fall. Da die für die zweite und dritte Funktion des Ästhetischen wesentliche Komponente der aktiven Formung in den Ausdrücken »Vergegenwärtigung« und »Imagination« selbst bereits enthalten ist (beide können sich auf rezeptives wie produktives Tun sowie auf Tun und Getanes beziehen), läßt sich auch wieder einfach sagen: Ästhetische Praxis ist entweder kontemplative Aufmerksamkeit, korresponsive Vergegenwärtigung oder bildhafte Imagination – oder mehreres zugleich.

a) Imagination

Es scheint, als käme dieser erneuerte Begriff ästhetischer Praxis ganz ohne den Bezug auf Natur oder Kunst aus. Aber dieser Schein trügt. Denn statt von der »bildhaften« Imagination könnte ebensogut von »kunstbezogener« Imagination die Rede sein. Der Begriff der Imagination, so wie er im dritten Kapitel formuliert wurde, kommt ohne den Bezug auf Kunst nicht aus. Für den Vergleich zwischen Natur und Kunst ist das aufregend genug. Denn es bedeutet, daß wir zwar die Natur, nicht aber die Kunst aus dem umfassenden Begriff ästhetischer Praxis herausnehmen können. Uneingeschränkte ästhetische Praxis, mit anderen Worten, ist zwar nicht ohne Kunst, aber doch ohne Natur (wenigstens) denkbar. Ästhetische Kunst, so scheint es, ist in einer noch zu bestimmenden Bedeutung *elementarer* als ästhetische Natur. Das ist die erste Konsequenz, die aus der verallgemeinerten Thematisierung des imaginativen ästhetischen Vermögens folgt.

Ich möchte dies im Augenblick nur zu Protokoll geben und zunächst an die Struktur der imaginativen Wahrnehmung erinnern. Ich beginne die wiederholte Betrachtung mit diesem Aspekt, weil hier am wenigsten neu zu beschreiben ist. Die Abhandlung über Natur als Imagination der Kunst hat ein nahezu vollständiges Bild der ästhetischen Imagination ergeben – jedoch, und das ist die zweite Pointe der revidierten Betrachtung, keineswegs ein vollständiges Bild der Kunst.

Obwohl die ästhetische Imagination nicht ohne den Bezug auf Kunst auskommt, kann sie sich sehr wohl ohne die Gegenwart bestimmter Kunstwerke entfalten. In diesem Sinn kommt sie auch ohne Kunst aus. Wir brauchen keinen Hodler vor uns, um den See wie ein Hodler sehen zu können, wir brauchen in der Wüste nicht die »Desert Music« von Steve Reich zu hören, um das minimalistische Konzert der Wüste zu vernehmen, eine Straßenbahnhaltestelle muß nicht wie Beuys' Plastik dieses Titels sein, um wie ein Beuyssches Arrangement gesehen zu werden, wir brauchen den Roman unserer Liebe nicht zu schreiben (ja noch nicht einmal erlebt zu haben), um ihn ausschweifend zu phantasieren. Was wir allerdings brauchen, ist eine gewisse Kenntnis der Kunst. Nicht notwendigerweise unmittelbar, zumindest jedoch mittelbar ist die imaginative ästhetische Wahrnehmung auf Kunstwerke bezogen. Die Welt im Stil der Kunst, selbst einer erst möglichen Kunst, betrachten, können wir nur, weil uns die ihrerseits imaginativen Konstruktionen der Kunst schon gegeben sind. Projektive ästhetische Imagination setzt die Rezeption konstruktiver ästhetischer Imagination voraus.

Gleichzeitig aber, so hat sich gezeigt[2], ist eine *produktive* Imagination der Kunst (auf seiten des Künstlers wie des Kunstgenießers) angewiesen auf die Fähigkeit zur spielenden Projektion der Kunst auf Erscheinungen der Welt – insbesondere auf Natur.[3] Wie die projektive Improvisation nicht ohne Kunstwerke auskommen kann, so kommt die neuartige Konstruktion von Kunstwerken (und auch eine erneuernde Wahrnehmung von Werken der alten und neuen Kunst) nicht aus ohne die Wahrnehmung der Welt im Stil einer bekannten oder einer noch unbekannten Kunst. Das heißt aber, daß die ästhetische Funktion der »kunstbezogenen Imagination« weder durch die unmittelbare noch durch die mittelbare Kunstwahrnehmung allein bestimmt werden kann, sondern allein durch das, was beiden gemeinsam ist. Imaginative ästhetische Wahrnehmung, ob mittelbar oder unmittelbar auf Werke der Kunst bezogen, sie ist die bildhafte Wahrnehmung von Sinnhorizonten, in denen Situationen und Gegenstände dem Menschen zugänglich sind. Die Wahrnehmung solcher Sichtweisen ist nur möglich als Wahrnehmung von *Darstellungen* bedeutsamen In-derweltseins. Solche Darbietungen stellt die Kunst her, und auf beides: auf die Kunst dieser Darbietung wie auf die so freigegebenen Sichtweisen ist alle Wahrnehmung (im Stil) der Kunst bezogen.

Trotz dieser Gemeinsamkeit ist es ein gewaltiger Unterschied, ob ich ein Kunstwerk wahrnehme oder ob ich etwas wahrnehme, als wäre es Kunst. Das Verhältnis zu den bleibenden Werken der Kunst ist ein durchaus anderes als das zu ihrem flüchtigen Schein. So gewiß es ein Test für die Bedeutung von Kunstwerken ist, ob es sich lohnt, die Welt in ihrem Stil wahrzunehmen, so gewiß muß sich die eingehende Konfrontation mit den durch Kunst veröffentlichten Sichtweisen letztlich auf die genaue Konstruktion ihrer Werke beziehen. Und außerdem: Je gelungener sie als Ausdruck weltbildender Sichtweisen sind, desto gelungener sind sie in der Regel als Gestaltungen des Lebens oder auch als Objekte der Kontemplation. Es liegt in der Logik vieler Formen der künstlerischen Imagination, ihr Werk mit der Entfaltung kontemplativer und/

2 Kap. III. 3. b-c.

3 Auch dies kommt ins Protokoll für den kommenden Vergleich zwischen Natur und Kunst: der Bezug auf Natur ist zwar kein faktisches, aber ein *normatives* Erfordernis aller ästhetischen Imagination.

oder korresponsiver Tugenden zu vollbringen. Diese Logik einer durch imaginative Darstellung geleisteten Transzendierung des Darstellens kann sich aber nur an Objekten entfalten, die nicht allein *etwas*, sondern dabei auch *sich* zur Darstellung bringen: die nicht allein sind, was sie zeigen, sondern zugleich zeigen, was sie sind. Dieser Charakter des Kunstwerks geht in seiner projektiven Aktualisierung notwendigerweise verloren. Deswegen ist die freie ästhetische Imagination immer auch ärmer als die direkte Begegnung mit Kunst.

b) Korrespondenz

Oft ist ein Kunstwerk nicht nur Ausdruck einer Lebenssituation, oft ist es gestaltgebender Teil einer solchen Situation. Die Imagination des Kunstwerks stellt dann nicht allein eine bestimmte Stituation des Inderweltseins dar, vermöge dieser Darstellung stellt es eine bestimmte Situation des Lebens her (oder gibt ihr Kontur). Vermöge seines »externen« Ausdrucks gewinnt es »internen« ästhetischen Ausdruck. Hätte ich eines von Max Ernsts düsteren Waldbildern in meinem Zimmer hängen, wäre dies ein Kontrapunkt zur nüchternen Ausstattung des Büros und zur lieblichen Landschaft draußen; die bildliche Darstellung würde im schön gelegenen Nutzraum die Aspekte gefährlicher Natur und nichtfunktionaler Ordnung zur Anwesenheit bringen. Diese Raumwirkung hätte das Bild aber nicht nur in der banalen Umgebung eines Arbeitszimmers. Visuelle Kunst *generell* hat die Kraft, den existentiellen Raum ihrer Anschauung korresponsiv zu verändern oder zu verwandeln.

Wir dürfen aber die korresponsive *Verfassung* einiger Künste nicht mit der Vielfalt ihrer möglichen korrespondenzbildenden *Wirkungen* gleichsetzen. So ist es durchaus zweierlei, ob ich im Kino eine fiktive Welt wahrnehme, in der Leute wie Humphrey Bogart die Helden sind oder ob ich die tatsächliche Welt so ansehe, wie (ich meine, daß) Humphrey Bogart in seinen filmischen Rollen die Welt ansieht (und dies auch noch durch Bogey-Posters in meiner Wohnung, das Tragen eines Staubmantels usw. manifestiere). Im ersten Fall sind mir die Bogart-Filme Objekte der Imagination, zu deren Anschauung die *fiktive* Korrespondenz im Dunkel des Bildraums untrennbar gehört; im zweiten Fall werden sie mir zu Stimulantien einer *alltäglichen* Korrespondenzbildung, die das Leben im Film (und während seiner Betrachtung) am hellichten Tage weiterführen möchte. Im ersten Fall sehe und erlebe ich eine Humphrey-Bogart-Welt; im zweiten Fall sehe und erlebe ich mich selbst als jemanden in einer Humphrey-Bogart-Welt: der Stil des Films wird zu meinem Stil. Das mag zwar mit Illusionen verbunden sein (wenn mein Leben von außen, für andere, eher wie ein Woody-Allen-Movie ausschaut), aber diese Illusionen sind alles andere als ein bloßer Schein, schon gar als ein bewußt erzeugter imaginativer Schein. Denn solange die außerfilmischen Korrespondenzen bestehen, sind sie Wahrzeichen der subjektiven Wirklichkeit meines Lebens. Es ist kein Zufall, daß das erste, was zusammenbricht, wenn wir unser Leben ändern (müssen), die alten ästhetischen Korrespondenzen sind. Das erste Alte, das geht, ist aber auch das erste Neue, das kommt.

Wie die Wahrnehmung der Welt im Schein der Kunst hat auch die Korrespondenzwahrnehmung eine unmittelbare und eine mittelbare Komponente. Allerdings ist deren Verhältnis für die Korrespondenzwahrnehmung *insgesamt* konstitutiv. Unmittelbar ist die korresponsive Wahrnehmung auf Gestalt und Ausdruck eines Gegenstands oder Raums bezogen, mittelbar auf die Lebenskonzeption der Wahrnehmenden. Beides gehört zusammen. Daß beides zusammenkommt, ist die Korrespondenz. In ihrer zuvorkommenden oder abweisenden Gestalt sind die korrespondierenden Gegenstände positive oder negative Erscheinungen jeweiliger Konzeptionen des Lebens. Korresponsiv schöne Gestalt hat, was Ausdruck einer geteilten oder teilbaren und in dieser Gestalt wirklich gewordenen Konzeption des Lebens ist. Korresponsiv häßliche Gestalt hat, was Ausdruck und Wirklichkeit eines nicht geteilten oder teilbaren (oder geradezu widerwärtigen) Existenzideals ist und sich somit spürbar inkongruent zum eigenen Leben verhält.

Statt »inkongruent« könnte man auch sagen »disproportional«. Wie korresponsiv häßlich ist, was in handgreiflicher Disproportion zu existentiellen Entwürfen steht, ist korresponsiv schön, was sich in sinnfälliger Weise kongruent oder proportional zum eigenen Leben verhält. Wie das verwandte »stimmig« ist »proportional« ein eigenartiges Wort. Etwas kann proportional *zu* etwas sein, d. h. mit ihm zusammenstimmen oder einfach *in sich* proportional, d. h. wohlgeformt sein. Das korresponsive Zusammenfallen dieser beiden Aspekte macht den Sinn gerade der intransitiven Verwendung verständlich. Was in sich proportional oder stimmig ist, paßt nicht (oder nicht in erster Linie) mit etwas anderem zusammen, es paßt »zu mir« oder »zu uns«, zu unserem Empfinden und Handeln, letztlich: zur Art unseres Lebens. Intransitive Proportionalität ist anschauliche existentielle Stimmigkeit.[4] So sehr sich diese vielfach darin erfüllt, daß Verschiedenes transitiv *zueinander* paßt, ist es die intransitive Bedeutung, die den ästhetischen Sinn dieses Passens erklärt. »Reine« Stimmigkeit dieser Art ist zunächst keine Kategorie der Kunst, sondern des vorkünstlerischen Gefallens an den Dingen des Lebens.[5] So häufig Kunst als imaginative Herausbildung korresponsiver Gestalten verstanden werden muß, ästhetische Korrespondenz ist eine genuine Form des Schönen, die unabhängig von aller Kunst gegeben sein kann.

Es wäre verkehrt, den Begriff dieser Korrespondenz mit inhaltlichen Stimmigkeitsidealen gleichzusetzen. Die Gegend des Bodensees kann in diesem Sinn als stimmig erfahren werden wie auch der Schauplatz New York, eine Schnittrose ebenso wie meine wirre Palme, die geerbte Wohnstubengemütlichkeit ebenso wie eine Innenarchitektur des kalten Lichts und der kahlen Fläche, die vertraute Schönheit der Gefährtin ebenso wie die Erscheinung der unbekannten Passantin. Einige dieser Korrespondenzen können das Erhabene streifen, andere könnten Zustände des Erhabenen sein. Sie wären dann anziehend, weil etwas auf überraschende Weise *außer* Proportion geriete. Dem formalen Begriff der schönen und häßlichen entspricht ein formaler Begriff der erhabenen Korrespondenz. Sie besteht in einer positiven Disproportion der Welt zum Leben; Gebilde oder Gegenden erscheinen als Ausdruck eines noch nicht gefaßten (und vielleicht niemals wirklich faßbaren) Lebensentwurfs. Nicht selten hat es die Kunst als eine ihrer Aufgaben verstanden, die allzu schönen Korrespondenzen ins Erhabene zu wenden. Ernsts düster lokkendes Waldbild an der Wand meines Büros z. B. wäre ein Me-

4 Diesen Begriff der Form erhebt Koppe (1983) zum Inbegriff *künstlerischer* Form.

5 Vgl. hierzu Kambartel (1989), 104-106.

mento der Inkommensurabilität inmitten der Geborgenheit des akademischen Milieus.

Nun sind ästhetische Korrespondenzen weithin nicht einfach gefunden, sondern vom Menschen gemacht. Die korresponsive »Vergegenwärtigung« ist ganz wesentlich eine Praxis der formenden Herstellung, der es darum geht, Dinge und Umgebungen des Lebens so einzurichten, daß sie Formen eines passablen Lebens werden. Bei dieser Gestaltung geht es um die Gewinnung gestaltender Formen. Hier ist tatsächlich jeder Mensch ein »Künstler« oder kann es doch sein – im krassen Unterschied zur Kunst im engeren Sinn. Die Einrichtung des Arbeitsplatzes, der Wohnung, die Art der Kleidung, die Zubereitung des Essens, die Wahl der Frisur und der Automarke usw. sind Korrespondenzhandlungen der alltäglichsten Art. So virtuos, ausgefeilt und teuer sie im einzelnen auch sein kann, Korrespondenzherstellung ist die alltägliche ästhetische Kunst. Nicht Kontemplation, nicht Imagination, Korrespondenz ist die erste Domäne individuellen und sozialen Geschmacks.[6]

Das Spektrum dieses Geschmacksverhaltens wird im Blick auf drei Formen der intentionalen Korrespondenzerzeugung sichtbar.[7] Die *poietische* Korrespondenzerzeugung gestaltet oder arrangiert ihre Objekte auf möglichst attraktive Weise – so im professionellen oder privaten »Design«. Die *fakultative* Korrespondenzerzeugung wählt unter bestimmten Stilen und Exemplaren poetischer Korrespondenzobjekte etwas Schönes, möglichst »das Schönste« aus. Die *performative* Korrespondenzerzeugung bietet ein mehr oder weniger schönes Objekt mit besonderer Geste oder bei besonderer Gelegenheit dar oder hält es in besonderer Weise in Gebrauch – so beim Schenken von Blumen, der Beglückung aus dem Familienschmuck, beim Schreiben auf Großvaters Schreibmaschine. So peripher viele dieser Operationen und Gesten auch sein mögen, sie alle bringen nicht nur einen (wie immer bescheidenen) Entwurf des Lebens (wie immer bescheiden) zur Anschauung, sie sind oft auch (wie immer bescheidene) Weiter-Erfindungen beste-

6 Eine Phänomenologie des heutigen korresponsiven Geschmacksverhaltens gibt Bourdieu (1984); auf den Spuren einer individualethischen »Ästhetik der Existenz« ist Foucault (1986a+b); den korresponsiven Schwerpunkt besonders der klassizistischen Kunst arbeitet Stierle (1984) heraus.

7 Ähnliche Unterscheidungen trifft Kambartel (1989), 104.

hender Vorstellungen darüber, wie zu leben sei. In der Anschauung des Entwurfs steckt immer der Entwurf einer Anschauung, die den Entwurf nicht unberührt läßt. Ästhetische Korrespondenz ist eine wesentliche Art, vom eigenen Entwurf zu wissen, ja überhaupt einen zu haben.

Akte der intentionalen Korrespondenzerzeugung sind Handlungen einer Stilisierung der Existenz. Ihr Sinn ist es, dem eigenen Leben Formen zu geben, in denen die gewünschte Form dieses Lebens anschaulich und dadurch wirklich(er) werden kann. Nicht alles jedoch, was Stil der Korrespondenzwahrnehmung und des Korrespondenzgefallens ist, verdankt sich der absichtsvollen oder konventionellen Stilisierung. Benjamins Flaneur im Raum der Großstadt, gewiß eine extrem stilisierte Existenz, ist auf Korrespondenzereignisse aus, die sich der Plötzlichkeit des Zufälligen, also gerade keiner absichtsvollen Gestaltung verdanken. Korrespondenzen werden also nicht nur gemacht, sie werden auch gefunden. Erst recht ist die Natur der Raum ungezielter – wie es auf S. 116 hieß, »stilloser« – Korrespondenzen. Sie ist es selbst dort, wo sie – im Garten, im Park, im Blumenfenster – Ausdruck gezielter Anstrengungen des Menschen ist. Mit der Gestaltung der Natur stimmen wir nie überein, ohne daß wir damit übereinstimmen, daß nicht alles Stimmige aus unserer Herstellung stammt.

c) Kontemplation

Es gehört zur Eigenart der naturbezogenen Korrespondenzerfahrung, daß von ihr her ein Übergang zur kontemplativen Einstellung weit näher liegt als vom Gefallen an stilvollen Artefakten. Mit meiner Schreibmaschine, meinem Füllfederhalter, meiner Teetasse und meiner Zimmerpalme stehe ich täglich in korresponsivem Kontakt. Unter ihnen spielt die Palme eine besondere Rolle. Wenn ich bei ihrem Anblick verweile, »antwortet« sie nicht nur mit ihrem gewohnten Ausdruck, sie nimmt diese Antwort zugleich auch zurück, enthält sich ihrer vertrauten Geste – lockt nur, ihr Dasein in diesem Stadium ihres Wuchses, mit diesem Zittern der Blattsträhnen zu betrachten. Obwohl die Schreibmaschine, der Füller, die Tasse mit derselben augenblicksgebundenen Wahrnehmung angeschaut werden können, eignet ihnen die kontemplative Magie des schlichten Gewächses nicht. Es ist weit mehr ein Zufall, wenn sich meine Anschauung an ihre pure Gegenwart heftet. Das liegt daran, daß es Gebrauchsgegenstände sind. Sie sind nicht bloß für das Betrachten, schon gar nicht für das bloße Betrachten geschaffen, sie sind zur Benutzung da. Für diese Benutzung hat der Hersteller die Schreibmaschine, den Füller, die Tasse konzipiert, aber wiederum nicht einfach zur Benutzung: sie sollen von den Benutzern ins Herz geschlossen werden. Die Geräte sind zum Gefallen an ihrer Benutzung gemacht. Von diesem korresponsiven Sinn, mit dem meine Gebrauchsdinge versehen sind, muß sich die kontemplative Anschauung erst lösen. Daher die höhere Schwelle zur reinen Betrachtung. Keine Pflanze ist mit dem ihr zugeschriebenen Ausdruck so verbunden wie die vom Menschen gemachten Dinge mit ihrer ausdruckhaften Gestalt.

Kontemplative Praxis ist ästhetische Abstraktion auch vom ästhetischen Sinn. Die kontemplative Reinigung der Sinne vom Sinn ist gleichwohl keine Zerstörung des Sinnes und seines Verstehens. Sie ist auch keine Kritik am Sinn. Sie ist ein Abstandnehmen von der Orientierung am Sinn, das auf keinerlei Sinnesänderung zielt, auch wenn es diese in der Konsequenz des Abstandnehmens von Fall zu Fall bewirkt. Kontemplative Aufmerksamkeit haftet nicht für das, was mit Sinn und Sinnvertrauen durch dieses Abstandnehmen geschieht. Sie läßt den Sinn und das Sein zugunsten des Spiels der Erscheinungen sein. Sie ist Praxis der Distanz von allen Bezügen der Praxis.

Der Beschreibung des ersten Kapitels ist soweit nichts hinzuzufügen. Erläuterungsbedürftig aber ist die Behauptung, der kontemplativen Aufmerksamkeit entspräche keine eigene Praxis der Herstellung oder Gestaltung. Man könnte immerhin denken, daß es möglich sein sollte, Gegenstände herzustellen, die nicht allein mehr als andere, sondern *ausschließlich* zur Kontemplation geeignet wären. Gerade die Natur würde durch solche Schöpfung überboten werden, da sie, wo sie *besonders* zur Kontemplation verleitet, niemals rein kontemplative Objekte bietet, sondern stets auch korresponsiv und imaginativ anziehend ist. Die Rolle der autonomen Kunst ist gelegentlich in einem derartigen Purismus gesehen worden. Einige Werke der jüngeren bildenden Kunst scheinen diesem Ideal zu entsprechen, z. B. Josef Albers' Bildserie »Hommage to the Square«, die Formen »konkreter« Malerei oder Judds Ausstellung industriell gefertiger Objekte. Schon im Blick auf Judd aber deutete sich an, daß das Ideal einer exklusiv kontemplativen Kunst nicht erfüllbar ist.[8] Es kann nämlich nur übererfüllt werden. Das gelungene kontemplative Kunstobjekt ist immer schon mehr als nur das. Keiner hat das genialer demonstriert als Marcel Duchamp.[9] Das Kunststück der »ready mades« ist das der Verwirklichung einer exklusiv kontemplativen Produktion durch gleichzeitigen Nachweis ihrer Unmöglichkeit. Genial ist die Ausgangsüberlegung, daß ein Objekt, das rein ästhetische Konstruktion sein soll, gerade nicht aus ästhetischer Absicht konstruiert sein darf. Der radikal kontemplative Künstler darf keine Form wählen, er muß die Dinge nehmen, wie sie eben sind. Würde er dem Objekt eine bestimmte Form verleihen, wäre es nicht länger eines, daß nur die Erscheinung seines Dingseins zur Bestimmung hat. Also stellt er einen Flaschentrockner aus. Gerade weil es sich hier um ein ganz praktisches Gerät handelt, ist seine ästhetische Isolierung im Raum einer Galerie ein schlagendes Beispiel für »Zweckmäßigkeit ohne Zweck«. Der Gegenstand *ist* zweckmäßig (für das Trocknen von Flaschen); hier aber, im ästhetischen Kontext, ist er *ohne* jeden derartigen Zweck. Er ist zu nichts da, außer – nun: für eine Betrachtung, die nicht für ein praktisches oder künstlerisches oder kunsthandwerkliches Geformtsein, sondern für das pure Dingsein dieses Gegenstands aufmerksam ist. In dem Augenblick aber, in dem sich die reine künstlerische Intention erfüllt, bricht sie auch schon zusammen. Denn der Flaschentrockner in der Galerie – im Unterschied zu dem im Restaurant – *führt uns vor Augen,* daß die ästhetische Wahrnehmung nicht aufhört, ja in einem bestimmten – kontemplativen – Sinn erst richtig anfängt, wo es mit imaginativer und korresponsiver Formung zu Ende ist. Damit gewinnt der inszenierte Flaschentrockner eine Bedeutung, einen imaginativen Sinn, den kein schlichter Flaschentrockner hat. Die künstlerische Operation bringt das banale Gerät dazu, vom Adel seiner ästhetischen Banalität zu sprechen.[10] Das kontemplative Anti-Artefak-

8 Vgl. Kap. III. 2. a.

9 Die Frage, ob diese Demonstration beabsichtigt war, kann hier außer acht bleiben; Max Imdahls Interpretation (Imdahl 1969, 225 ff.) deutet darauf hin, daß es eher nicht so war.

10 Das ist die Pointe bei Danto (1984).

tum wird zu einem Zeichen kontemplativen Sehens und darüber hinaus zum Fanal einer nicht-repräsentativen Kunst; in dieser Bedeutung muß es – anders als das rein kontemplative Objekt – *verstanden* werden. Damit tritt erneut jene Dialektik der kontemplativen Kunst in Kraft, die wir im ersten Kapitel an literarischen Texten beobachtet haben.

Sie tritt freilich bei Duchamp nicht bloß in Kraft. Sie tritt in Erscheinung: in einer Weise, die uns nötigt, mit unserem Begriff der Kunst auch unseren Begriff kontemplativer Kunst zu revidieren. Denn daß alle Kunst, auch die kontemplative, durchs Nadelöhr der Imagination gehen muß, schließt ja keineswegs aus, daß ihre Werke ausgezeichnete Objekte kontemplativer Anschauung sind – möglicherweise *wegen* ihrer Herkunft aus dem Reich der Imagination. Um herausragende Objekte der Kontemplation zu schaffen, muß Kunst gar nicht im engeren Sinn »kontemplative Kunst«, d. h. – wie bei Caeiro und Duchamp – imaginative Darstellung kontemplativer Wahrnehmung sein. Konstruktive Imagination fast jedweder Art kann betörende Objekte rein ästhetischer Anschauung erzeugen. Zur Dialektik der Kontemplation gehört auch das mögliche Umschlagen eines imaginativen in ein kontemplatives Objekt. Hätte ich ein Original der Ernstschen Waldbilder in meinem Zimmer hängen – das Original müßte es schon sein, denn das erste, was bei der Reproduktion von Bildern verlorengeht, ist ihr kontemplativer Magnetismus –, wäre mit seiner alles dargestellte Wuchern überwuchernden Bewegung eine Droge der Abwesenheit in meiner Nähe, die es mit der Augenweide des Sees allemal aufnehmen könnte.

2. *Die Einheit des Kunstwerks*

Wie die Ästhetik der Natur muß auch die Ästhetik der Kunst eine Analyse der Imagination, der Korrespondenz und der Kontemplation umfassen. Der imaginative Begriff der Kunst allein ist zu eng, um die Einheit vieler Kunstwerke begreiflich zu machen. Er ist damit auch zu eng, um von der Kunst her einen neuen Blick auf die ästhetische Einheit der Natur zu gewinnen. Es ist nötig, unseren anfänglichen *exklusiven* – exklusiv *imaginativen* – Begriff der Kunst zu einem ästhetisch *inklusiven* Begriff der Kunst und (vie-

ler) ihrer Werke zu erweitern. Riskieren wir die Vermutung, die Einheit des Kunstwerks könnte eine ästhetische sein.
Ich beginne mit der kursorischen Betrachtung einiger Kunstgattungen; sie führt zu der Formulierung eines normativen Begriffs der Kunst, dem die anschließende Unterscheidung zwischen »interferentiellen« und »integrativen« Kunstwerken schärferes historisches Profil und einen deutlicheren methodischen Status verleiht. In diesem zweiten, längeren Exkurs über die Kunst wird vieles unausgeführt bleiben; nur soviel soll angesprochen werden, wie nötig ist, um einen abschließenden Blick auf die Konstitution ästhetischer Natur zu gewinnen.

a) Einige Künste

Die folgende Skizze nimmt die Unterscheidung zwischen »exklusiven« und »inklusiven« Künsten zum Anlaß, unsere drei ästhetischen Kategorien von kunsttheoretischer Seite auf die Probe zu stellen. Einige Entscheidungen sind schon gefallen. Eine exklusiv kontemplative Kunst, so haben wir gesehen, kann es nicht geben. Exklusiv korresponsive Kunst gibt es zwar allenthalben – es ist die der (professionellen oder privaten) Stilisierung des alltäglichen Lebens, also die bei weitem verbreitetste –, aber sie allein gibt kein Beispiel jener Kunst, die gemeint ist, wenn von Kunst im engeren Sinn die Rede ist. Kontemplative und korresponsive ästhetische Objekte, so nehme ich an, sind erst dann im engeren Sinn als Kunstobjekte zu verstehen, wenn es sich zugleich um imaginative Objekte handelt. Deswegen ist der imaginative Begriff der Kunst, wie es im dritten Kapitel hieß, ihr *elementarer* Begriff. Lediglich die rein imaginative Kunst also könnte das Beispiel einer exklusiven Kunst geben. Für die inklusiven Künste stellt sich außerdem die Frage, welche der ästhetischen Funktionen jeweils ihre Leitfunktion ist. Nicht jede Kunstgattung, die in mehr als einer Dimension artikuliert ist, ist *vorwiegend* imaginativ artikuliert.
Bei der Malerei aber scheint es so zu sein – jedenfalls in der Malerei bis zu Duchamp. Sie wäre demnach aufs Ganze gesehen eine inklusive Kunst, bei der die imaginative Artikulation im Vordergrund steht – auch wenn die Malerei dieses Jahrhunderts vielfach daran gearbeitet hat, die typische Verfassung ihres Mediums zu

variieren und sogar zu torpedieren. Ein Teil des Werks von Duchamp ist der – freilich selber höchst imaginative, also paradoxe – Versuch, alle Imagination aus der Kunst zu exorzieren. Die Konzeptkunst macht es zu ihrem Experiment, das visuelle Medium in ein Medium nichtsinnlicher Imagination zu verwandeln, das sich der kontemplativen Vertiefung ebenso wie der korresponsiven Öffnung verweigert. Warhols Leistung andererseits besteht nicht zuletzt darin, die moderne Kunst wie kein anderer an ihre korresponsive Kraft erinnert zu haben. Eine genauere Betrachtung könnte zeigen, daß alle diese Operationen die ästhetisch-inklusive Einheit der bildenden Kunst eben darin beweisen, daß sie sie auf extreme Weise interpretieren und thematisieren. Es kennzeichnet die Konstitution bildender Kunst, daß sie nicht in einem schwachen, sondern in einem starken Sinn inklusiv ist. Die Malerei etwa ist imaginative inklusive kontemplativer und korresponsiver Kunst, bei der im – historisch, nicht etwa normativ verstandenen – Regelfall das imaginativ weltdarbietende Moment eine Leitfunktion hat.

Wenn das richtig ist, dürfen wir das Leben der Malerei nicht vollständig an ihr museales Leben ketten. Das Bild im Museum ist oft nicht das ganze Bild. Museen sind häufig korrespondenzneutrale, ja anti-korresponsive Räume, in denen jedes Bild entweder ganz auf sich selbst oder ganz auf seinen artifiziellen Kontext zurückgeworfen, also von der Ausstrahlung auf existentielle Kontexte abgeschnitten ist. Freilich: daß man Bilder um ihre korresponsive Dimension beschneiden kann, wodurch ihre Bildkraft zwar gemindert, aber gewiß nicht zerstört wird, sagt auch wieder etwas über ihre Verfassung als Bilder: zur Not kommen sie auch mit einem leeren Raum zwischen sich und dem Betrachter aus. Für die Skulptur gilt das nicht. Sie braucht nicht nur Raum, um sich zu entfalten, sie braucht Raum, den sie entfalten kann. Die Plastik ist eine im starken Sinn inklusive Kunst, bei der die raumbildende Funktion im Vordergrund steht.

Ich möchte das an einem Beispiel illustrieren, das zugleich Beispiel der Einseitigkeit des ersten Exkurses zum Kunstschönen ist. Donald Judds Werk »Untitled, Six Steel Boxes« aus dem Jahr 1969 (Museum für Gegenwartskunst, Basel) zeigt sechs gleiche Würfel aus kaltgewalztem Stahl mit einer Seitenlänge von je einem Meter, die mit einem Abstand von jeweils 25 Zentimetern in einer Reihe aufgestellt sind.[11] Die sechs Kuben machen jenen Raum zum Thema, sie versteifen sich geradezu auf das Spürbarmachen jenes Raums, der sonst lediglich eine Bedingung skulpturaler Wahrnehmung ist. Sie stellen einen irritierenden – irritierend exakten, unbegrenzten, neutralen – Raum her, um Bedingungen der Raumwahrnehmung darstellen zu können: so wären meine Bemerkungen zur »inversen Imagination« des Minimalismus hier zu verstehen.[12] Das ist aber bei weitem nicht alles. Zunächst hat das wahrnehmungsreflexive Kalkül der Installation auch eine dezidiert kunstreflexive Bedeutung. In ihrer mechanischen Anordnung und industriellen Fertigung verweigert sie jeden Dialog mit dem Betrachter, jedes animistische Sehen. Die Kuben sind »unbeseelte« Objekte, die jene leibliche Nähe, Zuneigung, Scheu und Überwältigung spürbar abstoßen, die in der figürlichen Plastik bis hin zu Brancusi und Giacometti eine »natürliche« Antwort auf skulpturale Gebilde ist. Die korresponsive Inszenierung der Skulptur setzt mit dieser Abstoßung ein. Der Raum, den sie bildet, ist ein ungestimmter, ein erhabener Raum; er korrespondiert mit nichts außer der Freiheit des Betrachters, die Welt jenseits anthropomorpher Schemata zu sehen. Das ist ihr Paradox: sie ist Einrichtung eines kontemplativen, d. h. eines uneingerichteten Raums. Judd ist nicht wie Duchamp auf Dingkontemplation aus, ihm kommt es auf raumkontemplative Zustände an. Weil dies aber eine unübersehbar künstlerische Einrichtung ist, ergibt sich ein seltsam schwankender Zustand, in dem die Erwartung eines durch das Werk gestimmten Raums immer wieder in die kontemplative Negation zurückgestoßen wird, nur um von neuem zu entstehen. Bei diesem Werk steht weniger das Herstellen im Dienst eines Darstellens als vielmehr das selbstbezogene Darstellen im Dienst eines situationsbildenden Herstellens auf der Kippe zum ortlosen Ort der Kontemplation.

Während die Plastik noch in diesem Extrem stark inklusive Raumkunst ist, könnte man versucht sein, Architektur, das andere klassische Beispiel von Raumkunst, für eine exklusiv korresponsive Kunst zu halten, die sich von der Gestaltung von Gebrauchs-

11 Zum folgenden s. Rémy Zauggs ausführliche Werkanalyse: Die List der Unschuld. Das Wahrnehmen einer Skulptur, Eindhoven: Stedelijk van Abbemuseum, 1982; den Kontext minimalistischer Plastik erläutert Kraus (1977), bes. 251 ff.

12 Kap. III.2.a.

dingen und aller weiteren Stilisierung des Lebens darin unterscheidet, daß sie nicht bloß gestische Akzentuierung, sondern bleibende Errichtung von Existenzräumen ist. Zwar gilt das für vieles Bauen, für die Baukunst aber gilt es gerade nicht. Ihre Werke erfüllen ihren sozialen und technischen Zweck nicht nur, indem sie eine bestimmte Auslegung dieses Zweckes geben, ihm einen Raum geben, ihn innerhalb eines Territoriums »real und symbolisch« wirklich werden lassen; sie erfüllen ihn, indem sie darüber hinaus zur Imagination *möglicher* Existenzformen werden. Für Adorno ist dies das Kriterium großer Architektur.[13] Im Anschluß an Adorno schreibt Albrecht Wellmer, daß eine wahrhaft »funktionale« Architektur in der Formierung eines »artikulierten Raums« bestünde, »die genau dann im ›technischen‹ Sinn funktional wäre, wenn sie zugleich unsere Erfahrung der Welt ausdrücken, objektivieren und transformieren würde«.[14] Dieser Ausdruck besteht nicht allein für die, die in den Gebäuden arbeiten oder leben, er besteht auch für die, die in ihrem Umkreis leben oder das Bauwerk nur betrachten. Der »artikulierte Raum« gelungener Architektur ist ein intern wie extern, existentiell wie imaginativ artikulierter Raum. Insofern hat die Gartenkunst des 18. Jahrhunderts, als sie sich vom alleinigen Vorbild der Architektur löste und die neuen Landschaftsmaler zu ihren Heiligen machte, eine Wahrheit auch über die Architektur entdeckt: daß die künstlerische Gestaltung größerer Raumeinheiten mit der Eröffnung eines Raums zugleich die Imagination eines Raums zu bewerkstelligen habe – ohne immer für beider Identität zu sorgen.[15] Des weiteren kann die Architektur ein Eigengewicht ihrer Materialien zulassen, das zwar nicht ihren Raum insgesamt, wohl aber hervorgehobene Partien im Raum für den kontemplativen Ausnahmezustand freiwerden läßt; selbst mit Beton kann gelingen, was mit Marmor und Basalt, Glas und Stahl, mit Holz und Ziegel seit jeher gelang. Architektur als Kunst, mit anderen Worten, ist schwach inklusive – vorwiegend korresponsive, aber auch imaginative, im Glücksfall selbst kontemplative – Kunst.

»Es reizt mich, über die Künste zu schwätzen«, bemerkt Sokrates

13 Adorno (1987), 118f.

14 Wellmer (1988), 9, vgl. Wellmer (1985), 129ff. u. Goodman (1985).

15 Zur Ablösung des Vorbilds der Architektur durch das der Malerei s. Butlar (1980), 14f.

in Valérys Dialog über Architektur und Kunst. »Ich halte sie aneinander, ich suche die Unterschiede; ich möchte den Gesang der Säulen hören und mir im klaren Himmel das Denkmal einer Melodie vorstellen. Diese Einbildung führt mich leicht dazu, auf die eine Seite die Musik zu stellen und die Architektur, auf die andere die anderen Künste. Eine Malerei, lieber Phaidros, bedeckt nur die Oberfläche, die einer Bildtafel oder einer Mauer; auf ihr täuscht sie Gegenstände vor oder Personen. Selbst der Bildhauer schmückt immer nur einen Teil unseres Ausblicks. Aber ein Tempel, wenn man an ihn herantritt, oder gar das Innere dieses Tempels, bildet für uns eine Art von vollständiger Großheit, in der wir leben ... Wir sind dann, wir begegnen uns, wir leben im Werk eines Menschen! Es gibt keinen Teil innerhalb dieser dreifachen Ausdehnung, der nicht erkannt und überlegt worden wäre. Wir atmen hier gewissermaßen den Willen und die Vorliebe eines Menschen. Wir sind ergriffen und gemeistert von den Verhältnissen, die er gewählt hat. Wir können ihnen nicht entgehen.«[16] In ihrem bewußten Überschwang ist Valérys Parteinahme für die primär korrespondive Kunst der Architektur außerordentlich signifikant. Rückkehr zur Korrespondenz nämlich ist ein Wahrzeichen der bedeutenden inklusiven Ästhetiken dieses Jahrhunderts. Sie alle sind in Abwehr eines abbildtheoretischen oder beschränkt ausdruckstheoretischen Verständnisses künstlerischer Produktion formuliert. Jedoch hat dies bei Valéry, Heidegger und Benjamin keine Rückführung des Ästhetischen auf Korrespondenz zur Folge, ist also keine Verneinung ästhetischer Autonomie, sondern der Versuch einer weitgefaßten Neuformulierung der ästhetischen Kategorien.

Trotz der archaisierenden Konnotationen wird dies besonders bei Heidegger deutlich. Sein Kunstwerk-Aufsatz setzt ein mit der Kritik einer Ästhetik der Kontemplation (das Kunstwerk als reines Ding), einer Ästhetik der Korrespondenz (das Kunstwerk als schön geformtes Objekt) und einer Ästhetik der mimetischen Imagination (Kunst als Abbildung von Dingen in der Welt), um

16 Valéry (1973), 94; Blumenberg (1964, 297) hebt die anti-platonische Position des Valéryschen Sokrates hervor: »Ganz in ein Menschenwerk einzutreten, in ihm gebannt zu sein, zu leben und zu atmen, das wird hier von Sokrates beschrieben wie ein Akt der Ekstase, aber eine Ekstase in die Immanenz und damit eine nicht mehr platonische, ja gegen die platonische Transzendenz formulierte Ekstase.«

anschließend die Einheit des Kunstwerks aus einer Transformation und Interferenz aller dieser Komponenten zu verstehen. Der neue Grundbegriff ist ein emphatischer Begriff der Korrespondenz, der das Kunstwerk aus seiner wirklichkeitsbildenden Macht – vorsichtiger könnte man sagen: aus seiner lebensgestaltenden Energie – zu verstehen versucht. »Werksein heißt: eine Welt aufstellen.«[17] Das ist exakt zwischen »darstellen« und »herstellen« formuliert und trifft so mit der welt*eröffnenden* zugleich die welt-*darbietende* Bedeutung künstlerischer Formen. Den zweiten Aspekt betont Heidegger, wenn er über den griechischen Tempel sagt, er gewähre den Menschen »die Aussicht auf sich selbst«.[18] Im Begriff der »Erde« schließlich verleiht er der bedeutungsindifferenten Seite des Kunstwerks ein starkes Gewicht. »Indem das Werk eine Welt aufstellt, stellt es die Erde her.«[19] Die Einheit des Kunstwerks sieht Heidegger im Beieinandersein dieser Momente. »Das Aufstellen einer Welt und das Herstellen der Erde sind zwei Wesenszüge im Werksein des Werkes. Die gehören aber in der Einheit des Werkes zusammen.«[20] Diese Einheit wird von Heidegger nun nicht als Integration, sondern als »Streit« der konstitutiven Momente gedacht. Das ist erstaunlich genug. Indem die jüngere Ästhetik »Korrespondenz«, also die traditionellste ihrer Kategorien, neu zu denken versucht, stößt sie auf das Phänomen der Einheit in der Entzweiung der ästhetischen Dimensionen. Bei Heidegger freilich kaschiert die Rede vom Tempel, was sie in Valérys heiterer Umwertung der ästhetischen Werte offen bezeugt: die Modernität eines differenzierten Begriffs inklusiver Kunst.

Eine Pointe dieser Restrukturierung ist Valérys Parallelsetzung von Architektur und Musik als raumbildender Künste. Im Gegensatz zu Schopenhauers reichlich unplausibler Abbildtheorie – Musik als »Abbild des Willens selbst«, erfaßt von einem zeitlosen,

17 Heidegger (1980), 29. – Die folgende Deutung ist Christoph Menke-Eggers verpflichtet.

18 Ebd., 28.

19 Ebd., 32, wo Heidegger erläutert: »Die Farbe leuchtet und will nur leuchten. (...) Sie zeigt sich nur, wenn sie unentborgen und unerklärt bleibt. Die Erde läßt so jedes Eindringen in sie an ihr selbst zerschellen. (...) Offen gelichtet als sie selbst erscheint die Erde nur, wo sie als die wesenhaft unerschließbare gewahrt und bewahrt wird, die vor jeder Erschließung zurückweicht und d. h. ständig sich verschlossen hält.«

20 Ebd., 33.

raumlosen, entindividuierten »reinen Subjekt der Erkenntnis«[21] – sucht Valéry die sinnliche Gegenwart des musikalischen Geschehens auf. Musik erweist sich als Kunst, die den Ort verwandelt, oder stärker noch, die sich ihren Raum erschafft, wo immer sie aufgeführt wird. Dieser Raum ist aber nicht einfach einer der musikalischen Korrespondenz, er ist ebenso ein kontemplativer und ein imaginativer Raum. Der Ablauf der Musik bildet einen leibzentrierten atmosphärischen Raum, der zugleich als leib*de*zentrierter Raum einer reinsinnlichen Wahrnehmungsfülle gegenwärtig ist, in dem es gleichwohl zur unaussprechlichen Darbietung situativer Sinnzusammenhänge kommt. Besonders der Aspekt der Kontemplation verdient hervorgehoben zu werden. Wenn ich am Ende des ersten Kapitels gesagt habe, das kontemplative Privileg der Natur sei keines einzig der Natur allein, so war zwar auch die bildende Kunst gemeint, vor allem aber die amimetische Kunst der Musik. Musik, insoweit hat Schopenhauer auch wieder recht, ist die Kunst, die am ehesten als Kunst der kontemplativen *Erfindung* aufgefaßt werden kann; anders als die bildende Kunst kann sie Sinnenereignisse einer Art und Dichte erzeugen, zu der es außerhalb dieser Kunst keine auch nur annähernde Entsprechung gibt. Trotzdem ist Musik nicht einfach oder vorwiegend kontemplative Kunst. Denn sie kann ihre radikal sinnliche Intensität allein durch ihre kompositorische Struktur hindurch entfalten, als eine Verselbständigung der Laute gegenüber der existentiellen und imaginativen Ordnung, die sie hervorgebracht hat. Sie muß ihre Zeit und ihren Raum zur »verteilten Gegenwart« ihres Klangs organisieren, sie muß in doppelter Weise sinnhafte Strukturen ausbilden, um losgelassenes Spiel ihrer Erscheinungen werden zu können. Große Musik ist das eine durch das andere. (Schlager dagegen sind primär Korrespondenzmusik.) Musik ist stark inklusive Kunst *ohne* grundsätzlichen Vorrang sei es der Kontemplation, der Korrespondenz oder der Imagination.

»Wirklich!«, ruft Sokrates aus, »so hast du dies niemals erfahren, wenn du einer feierlichen Versammlung beiwohntest, wenn du teilnahmst an einem Gastmahl und wenn das Orchester den Saal mit Tönen erfüllte und mit Erscheinungen? Kam es dir dann nicht vor, als ob der ursprüngliche Raum ersetzt worden wäre durch

21 Schopenhauer (1977), I. 324 u. 233.

einen verständlichen und veränderlichen Raum; oder vielmehr, als ob die Zeit selbst dich auf allen Seiten umgäbe? Lebtest du nicht in einem beweglichen Gebäude, das immerfort erneuert war und wieder erbaut in sich selbst, völlig hingegeben an die Verwandlungen einer Seele, welche eine Raumseele war? War das nicht eine immerfort wechselnde Fülle, gleich einer unaufhörlichen Flamme, die dein Wesen erleuchtete und erwärmte, indem sie in dir immerfort Erinnerungen verzehrte, Vorgefühle, Rückblicke, Voraussichten und dazu eine Unzahl bestimmter Erregungen? Und diese Augenblicke und was ihnen zum Schmucke diente; diese Tänze ohne Tänzerinnen, diese Statuen ohne Körper und Gesicht (und dennoch so fein gezeichnet), schien es dir nicht, als ob sie dich umgäben, dich, der wie ein Sklave unter die verteilte Gegenwart dieser Musik geraten war?«[22] Schafft Architektur eine andere Zeit durch ihren eigenen Raum, so läßt Musik durch ihre eigene Zeit einen anderen Raum entstehen.

Bekanntlich hat Valéry die Musik ausgerechnet der Dichtung zum Vorbild erhoben.[23] Es ist also noch nicht ausgemacht, daß die Poesie jene wahrhaft geistige – sprich: exklusiv imaginative – Kunstform ist, weswegen ihr Hegel Kränze geflochten hat. Viele Gedichte lassen ihre Bedeutung in einem Klang schwingen, der sich aus seiner Bedeutung auch herausschwingen kann. So beschreibt Handke das »Finden des Dichters, seine Art des Entdeckens, als ein plötzliches Nichtmehrwissen, und ein Übergehen ins Bild, in die Farbe, den Takt«.[24] Nicht nur durch ihre klangliche Qualität kann die Literatur ihren vermeintlich exklusiven Status überschreiten. Für die Lyrik wäre an die konkrete Poesie, an Mallarmés »Coup de dés«, an Octavio Paz' graphisch aufgefächerte Hymnen[25] oder an Rolf Dieter Brinkmanns aus Notizen, Gesprächsfetzen, Songs, Beobachtungen, Flüchen, Zitaten disparat montierte Gedichte[26] zu denken. Auch Prosa und Roman behalten oft einen schwach oder sogar stark inklusiven Charakter, der durch die Ab-

22 Valéry (1973), 95f.

23 Z. B. Valéry (1957), 85f., 113ff.

24 P. Handke, Das plötzliche Nichtmehrwissen des Dichters, in: J. Skácel, wundklee, Frankfurt: Fischer 1989, 137.

25 Bes. »Blanco/Weiß«, in: O. Paz, Die großen Gedichte, span. u. dt., übers. v. F. Vogelsang, Frankfurt/M.: Suhrkamp 1979.

26 Brinkmann (1975), z. B. die Titelgedichte »Westwärts« und »Westwärts, Teil 2«, 42ff.

nabelung von der mündlichen Erzähltradition auf den ersten Blick ausgeschlossen scheint. Joyces schriftstellerisches Programm z. B. ist das einer inklusiven Literatur der Moderne; »Finnegans Wake« ist auch ein Oratorium für Stimmen und Sprachen. Der Normalfall der romanesken Überschreitung der Imagination ist freilich nicht das Verweben von Klang und Bedeutung oder Zeichnung und Schrift, sondern die korresponsive Beteiligung des Lesers am erzählten Geschehen. Zwar handelt es sich hier um eine fiktive Korrespondenz, die nur für die Dauer des imaginativen Lesens besteht – um Akt-Korrespondenz statt Objekt-Korrespondenz, könnte man sagen –; für die Dauer solchen Lesens aber geschieht eine Verwandlung der existentiellen Situation des ästhetischen Subjekts analog zu der durch Musik, Theater oder Film bewirkten – und doch wieder ganz anders.[27] (Kriminalromane, die nicht ganz großen, sind vorwiegend Korrespondenzliteratur.) Der Text nimmt seine Leser mit; die Theorie der Literatur ginge an der Wirklichkeit ihres Lesens völlig vorbei, hätte sie keinen Sinn für die während der Lektüre veränderte Wirklichkeit der Leser.

Trotzdem, natürlich, kann Literatur ästhetisch exklusiv sein. Aber sie ist es nicht von ihrer Natur aus, es ist nicht der Normalfall literarischer Kunst. Was ihren ästhetischen Status betrifft, ist Literatur vermutlich die flexibelste – man kann auch sagen: die unverläßlichste – aller Künste. Rein imaginatives Gelingen aber ist ein Extremfall nicht nur der Kunst, sondern auch der Literatur selbst. In Flauberts »Salammbô« (einem »exotischen« Roman mit versperrter Korrespondenz), Becketts »Namenlosem«, häufig in Borges' Prosa, in manchem von Kafka ist er gegeben. Und es gibt schöne Gedichte, die im poetischen Bild ganz auf Klangspiel, Wortzeichnung und Mitnahme des Lesers verzichten. Williams' »Proletarian Portrait« oder Brinkmanns »Trauer auf dem Wäsche-

27 Wie bei dem obigen Bogart-Beispiel wäre auch hier zu unterscheiden zwischen derjenigen Korrespondenzwirkung, die ein dem Kunstcharakter äußerlicher *Effekt* der Wahrnehmung z. B. von Romanen ist (Werther-Fieber, vom Film gesteuerte Gatsby-Mode usw.) und derjenigen Korrespondenzerfahrung, die als *Vollzugsform* einer angemessenen Erfassung eines Textes zu verstehen ist. Nur um das zweite geht es hier. Korresponsiven Status in diesem Sinn hat, was als Kunst im vollen Sinn nur wahrgenommen wird, wenn es – real (wie bei der Musik) oder fiktiv (wie im Fall der Literatur) – als interner Ausdruck der augenblicklichen Lebenswirklichkeit wahrgenommen werden kann.

draht im Januar«[28] gehören dazu. – Literatur wäre somit exklusiv imaginative oder (schwach oder stark) inklusive Kunst mit einem Vorrang der Imagination.

b) Ein normativer Begriff der Kunst

So unvollkommen diese Fragmente zu einer Logik der Künste auch sind, sie erlauben es, zwei Thesen über die Einheit des Kunstwerks zu formulieren, die den Boden für den Vergleich zwischen ästhetischer Kunst und ästhetischer Natur bereiten. Obwohl die Beschreibung der konstitutionellen Unterschiede zwischen einigen Künsten selbst keine Wertung enthielt – »inklusive« Kunst ist nicht an sich besser oder schlechter als »exklusive«, kein Werk ist deswegen gut oder schlecht, weil es die Grundform einer ästhetischen Gattung erfüllt oder durchbricht –, hat die aus ihr folgende Bestimmung des Kunstwerks einen normativen Gehalt. Freilich bezieht sich diese Wertung nicht darauf, welches die guten und welches die schlechten Werke sind, sie liefert kein allgemeines Kriterium des Gelungenen – so etwas kann es nicht geben. Der normative Begriff der Kunst hält fest, was sinnvollerweise, gemessen an ihren genuinen (weder durch Natur noch durch andere Artefakte ersetzbaren) Möglichkeiten, als Kunst anzusehen ist. So verfährt die Ästhetik seit jeher, wenn sie zu sagen versucht, was man von der Kunst erwarten soll, weil man es nur von ihr erwarten kann.[29]

Im Gang durch einige Künste hat sich die triviale Vermutung, daß die Einheit des Kunstwerks eine ästhetische sei, als nicht ganz so trivial erwiesen.[30] Nicht trivial ist der Grundsatz, wenn man ihn im Bewußtsein der Trennbarkeit der drei ästhetischen Dimensionen liest. Die folgenden beiden Thesen fassen den Stand der bisherigen Überlegung zusammen:

28 Brinkmann (1975), 28.

29 Vgl. Kutschera (1988), 166ff. u. Lüdeking (1988).

30 Unter der »Einheit« des Kunstwerks ist hier wie bisher seine *ästhetische* Identität verstanden, nicht hingegen eine spezielle »ontologische« Identität, die, wie Kulenkampff (1983) gezeigt hat, in nichts anderem als ihrer ästhetischen Identität, d. h. ihrem Dasein und ihrer Eignung für das ästhetische Wahrgenommenwerden besteht.

Die *erste These* lautet, daß Kunstwerke eine spezifische kontemplative oder korresponsive Qualität nur haben können, sofern sie imaginative Konstruktionen sind. Der im »Exkurs über die Imagination der Kunst« umrissene Begriff der Kunst, und nur dieser, formuliert einen elementaren oder ersten Begriff der Kunst. Ich schlage also vor, nur diejenigen ästhetischen Objekte Kunstwerke zu nennen, die erfindende Artikulationen weltbildender Sichtweisen nicht nur (wie im projektiven Gebrauch) zu sein scheinen, sondern tatsächlich sind.

Die *zweite These* lautet, daß dieser erste Begriff der Kunst, der ihre Werke als Darbietungen von Sinnhorizonten versteht, zwar einen notwendigen, nicht jedoch einen hinreichenden Begriff des Kunstwerks formuliert. Dem Grenzfall *exklusiver* – d. h. ausschließlich imaginativer – nämlich steht der paradigmatische Fall (stark oder schwach) *inklusiver* Kunstwerke gegenüber, die als imaginative Konstruktionen wesentlich auch kontemplative und/oder korresponsive Objekte sind. Leitbegriff der Kunsttheorie sollte der des inklusiven Kunstwerks sein.

Ich möchte beide Thesen im Blick auf ein weiteres Werk erläutern, das so einfach und so kompliziert ist, wie man sich es für ein Beispiel nur wünschen kann. (»It's a myth, that difficult art is difficult«, hat Donald Judd einmal bemerkt.[31]) Ich wähle ein Bild der berühmten Serie von Jasper Johns, die das Motiv der Fahne der Vereinigten Staaten zum Ausgangspunkt hat. Das in Wachsfarbe und Öl gemalte Bild aus dem Jahr 1955 heißt schlicht »Flag« und ist 106 auf 152 cm groß; es zeigt in tachistisch bewegten, teilweise auf einer Collage aus Zeitungspapier ausgeführten Pinselstrichen das Muster der nordamerikanischen Flagge.[32] Im Unterschied zu anderen Varianten füllt das Flaggenmotiv hier die gesamte Bildfläche aus und ist in den »richtigen« Farben gehalten; links oben die (damals achtundvierzig) fünfzackigen weißen Sterne im blauen Rechteck, umgeben von den roten und weißen Streifen, sieben roten und sechs weißen. Wie viele Interpreten festgestellt haben, ist dies kein Bild *von* einer Fahne, es ist ein malerisches Objekt, das dem Muster der amerikanischen Fahne folgt. Das bedeutet aber,

31 D. Judd, Art and architecture, in: ders. (1987), 33.

32 Max Imdahl spricht von einer »informellen Mikrostruktur« im Unterschied zur glattflächigen emblematischen »Makrostruktur« des Bildes; vgl. auch zum folgenden Imdahl (1969), 214ff.

daß es dieses Muster nicht einfach nur *hat*, sondern daß es dieses Muster auch *zeigt*. Es zeigt aber nicht nur das Muster, es zeigt etwas am Muster und an der bildlichen Erscheinung des Musters. Was normalerweise die affektiv besetzte Bedeutung der nordamerikanischen Fahne hat, erscheint plötzlich als heikle Kombination aus Farben und Linien. Gleichzeitig macht die malerische Ausführung des Bildes die stereotype Erscheinung ihrer Vorlage zu einem singulären Erzeugnis; das durchscheinende Zeitungspapier, der grobe, stellenweise brüchige Farbauftrag, die im Kleinen informelle, die Arbeit der Künstlerhand teils offensiv vorzeigende, teils ironisch zitierende Pinselführung geben dem Bild ein unverwechselbares, ein einmaliges Gesicht. Damit tritt das Bild zum zweitenmal aus der alltäglichen Ikonographie seines massenhaft reproduzierten Musters heraus. Unter einer Oberfläche und über einem Untergrund konventioneller Bedeutungen kommt die prozessuale Identität des künstlerischen Bildzusammenhangs zur Geltung. Farbe steht gegen Farbe, Linie gegen Linie, Linie gegen Fläche, Farbe gegen Form, Hintergrund und Vordergrund halten einander die Waage. Das der Wahrnehmung eingeschweißte Bildmuster erscheint wie der zufällige Augenblick einer ruhelosen piktoralen Bewegung. Ausgehend vom starren visuellen Schema zeigt Johns die reine Bewegung der Malerei. Ausgehend von der Dynamik des Bildes zeigt Johns die Macht der alltäglichen Schemata visueller Erfahrung. So sehr dies auch – nach Arthur Dantos Formel – eine »Verklärung des Gewohnten« ist, gleichzeitig ist es eine Aufklärung über das Gewohnte und außerdem der Versuch einer Überbietung aller puristischen Ambitionen der modernen Malerei. Dieser Purismus fürchtet sich nicht davor, die banale Wirklichkeit zu berühren, auf die er reagiert. Es ist ein Purismus ohne Metaphysik und ohne Ideologie. Diese Kunst macht sehen, wie die öffentlichen Formen unseres Sehens uns sehen machen – und zugleich, was sie als Kunst von allen automatisierten Mustern der Wahrnehmung unterscheidet. Am Gegenteil der Kunst handelt sie von der äußersten Möglichkeit der Kunst.

Soweit hat die Interpretation vorwiegend von der imaginativen, d. h. der situationsartikulierenden Verfassung des Bildes gesprochen. Auch dieses Werk ist Darstellung der durch es geschaffenen Wahrnehmungssituation. Es ist nicht Artikulation einer fingierten, sondern Fiktion einer artikulierten Situation. Wir begegnen einem Objekt, dem Kunstwerk, das uns zur Wahrnehmung unserer Begegnung mit diesem Objekt verführt; es verwandelt das lebensweltliche Bildzeichen, von dem es ausgeht, in das künstlerische Zeichen einer komplexen ästhetischen Situation, in der wir zur gleichzeitigen Affirmation des Banalen und des Sublimen aufgefordert sind. Bereits dieser »erste« Begriff des Kunstwerks ist ein Begriff seiner ästhetischen Einheit. Diese Einheit besteht in dem Ausdrucks- oder Zeigezusammenhang, den es in der Summe seiner Verfahren etabliert. Es ist die Einheit eines werkinternen ästhetischen Sinns. Durch diese imaginative Einheit vor allem, das hält die erste These fest, unterscheiden sich Kunstwerke von allen ästhetischen Objekten anderer Art. Ein Kunstwerk ist niemals nur, wie das Objekt der reinen Kontemplation, ein individuelles Ding in der Welt sinnlich wahrnehmbarer Objekte. Ein Kunstwerk ist immer ein sinnlich artikuliertes Objekt »über« die Welt. Ein Kunstwerk ist niemals nur, wie das Objekt der bloßen Korrespondenz, ein formender Akzent, eine bereichernde Gestalt, eine dekorative Geste, bedeutsame Form *innerhalb* des Horizonts der gelebten Welt. Ein Kunstwerk ist immer ein zeichenhaftes Medium der *Anschauung* bedeutungsbildender und darum bedeutsamer Horizonte der Welt. Alle Kunst, die ihren Namen verdient, erfindet einen Zugang zur Welt, indem sie bildhafte Darstellungen solchen Zugangs schafft.

Jedoch geht die Identität der meisten Kunstwerke nicht in dieser imaginativen Einheit auf. Nehmen wir an, ich hätte das Fahnenbild nicht im neutralen Raum des Museums of Modern Art, sondern, statt des Blicks in die Natur, direkt in meinem Zimmer vor Augen. Sofort ist deutlich, daß es sich hier nicht nur um ein imaginatives, sondern ebenso um ein korresponsives Objekt handelt. In meinem Zimmer hängend, stellt das Bild nicht bloß diejenige Wahrnehmungssituation her, deren Paradoxien es zur Darstellung bringt, es verändert die Atmosphäre des ganzen Raums. Es tut dies aber nicht einfach, weil seine Oberfläche ein dekoratives Muster hat oder weil es symbolisch auf das Land meiner Sehnsucht verweist; beide Eigenschaften hätte auch eine echte Fahne, mit der ich meine Wand drapieren könnte. Vielmehr: *durch* sein imaginatives Potential schafft das Bild einen mir gemäßen sinnhaften Raum. In dieser gestaltenden Rolle gewinnt es eine eigene, eine zweite Bedeutung, die nicht auf seinen imaginativen Ausdruck rückführbar ist. Als Objekt im Raum wird das Bild zum Wahrzeichen einer radikal profanen Malerei, das mich, der ich das Bild da hängen habe, zum Patrioten nicht primär eines Landes, sondern eines Landes der Kunst erhebt. Die korresponsive Bedeutung des Flag-Bildes ist das einer Ikone moderner – aber wiederum: moderner *amerikanischer,* von der europäischen Tradition abgewendeter – Kunst.

Damit ist nicht genug. Die korresponsive und die imaginative Macht des Bildes würden bald versiegen, hätte es nicht außerdem die in der ersten Interpretation – im Hinweis auf seine »ruhelose piktorale Bewegung« – schon berührte kontemplative Magie, uns von aller ihm angesehenen Bedeutung auch absehen zu lassen. Kraft dieser Magie tritt das bewegte Verhältnis der Farben und Formen nicht nur aus ihrer Stillstellung im konventionellen Symbol, es tritt auch aus dem imaginativen und korresponsiven Leben der künstlerischen Mittel heraus. Der doppelte Bildsinn löst sich in reine Bildsinnlichkeit auf. Die formbezogene Reflexivität, die ästhetische Moral, die existentielle Geste des Bildes verschwinden. Nichts ist da außer sinnlichen Materialverhältnissen, nichts ist verlangt außer sinnlichem Vernehmen. Und doch ist die banale und ist die präsentative und ist die performative Bedeutung des Werks im nächsten Moment sofort wieder da. Eben das ist es, was den Augenblick der kontemplativen Bilderscheinung so erregend sein läßt: daß es ein *Ausbruch* aus simultanen Sinnleistungen ist. Eben das ist es, was dem mehrfachen Bildsinn ein nicht versiegendes Leben verleiht: daß er aus Zuständen einer plötzlichen Abwesenheit stets von neuem entsteht. Und das ist es auch, was die imaginative und die korresponsive Bilderfassung stets von neuem in den kontemplativen Ausnahmezustand treibt: sie will sich im Erlöschen des ästhetischen Sinns der materialgebundenen Individualität dieses Sinns und zugleich ihrer Freiheit zur entdeckenden Sinnbildung vergewissern. Es gehört zur eigentlichen Kunst unseres Bildes, diesen Prozeß seiner dreifachen ästhetischen Artikuliertheit ins Werk zu setzen. Und es gehört zur Besonderheit des Künstlers Jasper Johns, dies ausgehend von den bekanntesten und flachsten Bildzeichen geschehen zu lassen.

Welche Lehre ich aus diesem Beispiel ziehen will, ist klar. Alle Kunst – alle bedeutende jedenfalls – muß durch das Nadelöhr der imaginativen Artikulation: aber das Reich der Kunst ist nicht allein das der erfindenden Darbietung menschlichen Inderweltseins, es ist gleichermaßen und sehr oft gleichzeitig eines der anschaulichen Formung des Lebens und eines der interesselosen Begegnung mit der phänomenalen Welt. Kontemplative Sinn-Leere und korresponsive Sinn-Fülle eweisen sich dann als Steigerungsformen der imaginativen Artikuliertheit des Werks, die ihrerseits Bedingung einer zur Kunst gesteigerten Welt-Fremdheit und Welt-Offenheit ästhetischer Phänomene ist. Die Werke der Kunst sind gerade darin *besondere* Mittel der anschaulichen Erzeugung existentieller Korrespondenzen und sind gerade darin *herausragende* Medien der kontemplativen Abwesenheit, daß sie einzigartige Präsentationsmedien sind. *Kunstwerke sind diejenigen ästhetischen Objekte, die vermöge ihrer imaginativen Artikulation meist eine gesteigerte korresponsive und/oder kontemplative Energie besitzen.*

c) Interferentielle vs. integrative Kunst

Angenommen, diese Bestimmung wäre nicht allein für die bildende, sondern für alle Kunst angemessen: ausreichend kann sie dennoch erst sein, wenn sie in einen differenzierteren Kontext eingefügt wird. Für sich allein wären die beiden ersten – fast ganz im Blick auf Beispiele der neueren Kunst formulierten – Thesen zur Einheit des Kunstwerks blind für die geschichtliche Stellung selbst der neueren Kunst. Wir dürfen über der Einheit des Kunstwerks die Geschichte der Kunst nicht vergessen.

Meine *dritte These* schlägt deshalb vor, zwei Formen ästhetisch inklusiver Kunst zu unterscheiden: das »integrative« und das »interferentielle« Kunstwerk. Wenn es richtig ist, daß die Objekte der Kunst wesentlich inklusive ästhetische Objekte sind, sind dies die beiden Grundformen künstlerischer Einheit. Das *integrative* Kunstwerk bringt die drei ästhetischen Funktionen bis zu ihrer Ununterscheidbarkeit zur Deckung; es formuliert eine Position ästhetischer Identität. Das *interferentielle* Kunstwerk entfacht einen unauflösbaren Prozeß zwischen den Formen seiner ästhetischen Wahrnehmung; es formuliert eine Position ästhetischer Differenz. Die Einheit des integrativen Kunstwerks bildet ein Ganzes; die Einheit des interferentiellen Werks ist eine Einheit ohne Ganzes.

Giottos Fresken in der Scrovegni-Kapelle in Padua sind ohne Zweifel ein inklusives Werk der Kunst. In der Ausführung und Anordnung einer Serie von Bildern aus der christlichen Heilsgeschichte, auch in ihrer ornamentalen, raumfüllenden Umrahmung und allegorischen Glossierung, spricht es sowohl die korresponsive wie die imaginative wie die kontemplative ästhetische Wahrnehmung an. Es spricht sie aber nicht nur gleichzeitig und gleichgewichtig, es spricht sie überdies gleich*sinnig* an. Die eine Form der Wahrnehmung uneingeschränkt zu vollziehen, heißt hier schon, die andere uneingeschränkt zu vollziehen. Die Malerei der Arenafresken ist nicht nur *inklusiv,* sie ist außerdem *integrativ.* Ihre Bilder konstituieren einen besonderen Raum, verleihen seiner rituellen Bestimmung anschaulich Gestalt, indem sie eine religiöse Weltsicht formulieren und dramatisieren, also imaginativ gegenwärtig sein lassen, und dabei ein Spiel der Formen, Farben und Bewegungen in Szene setzen, das wiederum die beiden anderen Artikulationsweisen trägt. Sie tun das eine durch das andere und das andere durch das eine. Der Sternenhimmel des Tonnengewölbes der Kapelle etwa ist in einem intensiven, den ganzen Raum überformenden Blau gehalten, das jedes der Ereignisbilder durchzieht und zusammen mit der braunroten Farbe, die Giotto als hervorstechendes Mittel der Personenführung gebraucht, den Bildraum für das dargestellte Geschehen öffnet, indem es die Bildfläche einerseits vom Betrachter entfernt, andererseits zum Betrachter hin bewegt. Wie diese beiden Farben, so stehen auch die übrigen Bildmittel niemals als sinnliche Energien für sich allein. Sie verleihen der überlieferten Bedeutung der einzelnen Bilderzählungen eine anschauliche Deutung, die jedes Bild nur im Leben seiner Farben und Formen hat; diese innerbildlichen Deutungen wiederum lassen die Kapelle zu einem Ort werden, in dem die dargestellte Sicht nicht allein *Darstellung*, sondern selbst horizonthafte *Wirklichkeit* ist. Das Blau des gemalten Himmels kontemplativ zu betrachten, heißt hier, der himmlischen Sphären imaginativ eingedenk zu sein, und dies wiederum heißt, in Korrespondenz mit dem bildlich aktualisierten Sinnzusammenhang zu sein. Jede der ästhetischen Wahrnehmungsweisen schließt die hier andere ein, keine stößt die andere ab, alle koinzidieren in der sichtbaren Verlebendigung der christlichen Welt.

Freilich: die Kraft dieser Koinzidenz kann so nur erleben und als

Koinzidenz nur analysieren, wer Erfahrung mit Kunstwerken hat, die ihre Einheit gerade in der Aufhebung dieser Koinzidenz gewinnen.[33] Nur eine Zeit, die mit interferentiellen Werken vertraut ist, vermag in Giottos Malerei bereits diejenigen Bildspannungen zu entdecken, die in einer späteren Kunst zum Ausbruch aus der ganzheitlichen Werkordnung führen. Selbstverständlich muß dies eine Wahrnehmung gerade der außerordentlich integrativen Konstitution der frühneuzeitlichen Bilderfindungen sein. Die künstlerische Welt, die Giotto mit Johns verbindet, ist zugänglich nur aus der Kenntnis der Welten, die *zwischen* ihren Werken liegen. Johns Flaggenbild und die Serie, zu der es gehört, ist ein durch und durch interferentielles Werk. Keine der ästhetischen Anschauung trägt hier die andere, jede trägt durch Abstoßung zur Intensivierung der anderen bei. Die Einheit unseres Flaggenbilds liegt nicht in der Formulierung eines Sinnganzen, sie liegt in der durch Unterbrechungen betriebenen Entfaltung eines Sinnprozesses, der nicht zur Formulierung einer verbindlichen Weltsicht, sondern allein zur momenthaften Vergegenwärtigung möglicher Weltbezüge findet.[34]

Diese Beobachtungen zur Möglichkeit einer »interferentiellen« Kunst betreffen nicht nur die Malerei, sie dürften auf alle Künste anwendbar sein. Für die Plastik hatten wir durch Judd ein Beispiel, für die Architektur muß die dürftige Etikette »Postmoderne« genügen, in der Musik wären wohl nicht allein Cage und Kagel, sondern bereits Mahler zu nennen, im Tanz wären die Choreographien von Merce Cunningham und Pina Bausch naheliegende Exempel, das Theater der Regisseure in den siebziger Jahren hat noch aus den klassischsten Dramen interferentielle Aufführungen gemacht, und was wäre der europäische Film ohne Godard und Rivette. Daß die Beispiele Legion sind, liegt nicht in der Struktur einzelner Künste, es liegt in der Struktur der modernen Kunst selbst. Lediglich die der exklusiven Literatur scheint nicht in diese Diagnose – in diese Andeutung einer Diagnose – zu passen. Eine Interferenz der ästhetischen Dimensionen kann es hier per definitionem nicht geben; trotzdem ist die Intuition unabweisbar, daß

33 Aus dieser Spannung hat Imdahl (1980) die Arenafresken interpretiert.

34 Zur prozessualen Einheit des Kunstwerks s. ausführlich Adorno (1970), 262ff. Als eine Theorie ausschließlich der interferentiellen Kunst ist lesbar: C. Menke-Eggers, Die Souveränität der Kunst, Frankfurt/M.: Athenäum 1988.

gerade eine exklusiv imaginative Literatur nur in einem Zeitalter interferentieller Kunst entstehen konnte und daß diese Literatur häufig eine »Position ästhetischer Differenz« formuliert – jedenfalls soweit Autoren wie Beckett, Borges, Kafka die Gewährsleute sind. Um dieser Intuition gerecht zu werden, müßte der Unterschied zwischen integraler und gebrochener Einheit nochmals für die imaginative Verfassung der Kunst formuliert werden können.[35]

Wie es sich damit im einzelnen verhält, wäre Gegenstand einer ebenso historisch wie systematisch argumentierenden Untersuchung zum Verhältnis der Künste, die hier nicht am Platz ist. Einige Konsequenzen aber zeichnen sich ab. Die inklusive Kunst, die auch integrativ ist, ist im Entwurf ihrer Werkordnung zugleich Wiedergabe oder Entwurf einer Weltordnung; ihr Sinn läge letztlich in der Veranschaulichung, Verwirklichung oder Anrufung einer ihnen als Werken übergeordneten Ordnung. Die inklusive Kunst dagegen, die interferentiell verfährt, kehrt dieses Verhältnis um: sie präsentiert ihre Konstitution als eine im genauen Sinn *außer*ordentliche Struktur; die Einheit dieser Werke wäre als eine Ordnung zu verstehen, die über allen außerkünstlerischen Ordnungen steht. Das interferentielle Werk, mit anderen Worten, ist nicht länger Repräsentant und Agent einer gedeuteten, es ist Agent – nicht aber Repräsentant – einer experimentierenden Deutung der Welt. Die integrale Kunst, so könnte man weiter überlegen, fordert den Glauben an die von ihr erfundene oder erneuerte Sicht der Dinge, die interferentielle Kunst fordert den Glauben, je nachdem: an die Macht oder an die Ohnmacht des Subjekts gegenüber aller bestehenden Auslegung seiner selbst und der Welt.

So verführerisch es nun sein mag, die sogenannte traditionelle Kunst pauschal als integrativ (oder »schön«), und die moderne, wann immer wir sie beginnen lassen, pauschal als interferentiell (oder »erhaben«) zu klassifizieren: nichts wäre verfehlter als das. Ein erheblicher Teil der modernen Kunst nämlich ist gerade der Versuch, die Wiederherstellung einer integralen ästhetischen Form zu leisten. Während Jasper Johns in den fünfziger Jahren Flaggen, Dartboards und Ziffern malt, ist Mark Rothko auf dem entgegen-

35 Zum Begriff der ästhetischen Moderne und zur Möglichkeit interferentieller Literatur vgl. Seel (1989a), bes. 55ff.

gesetzten Weg einer Resurrektion der absoluten ästhetischen Einheit des Bildes. Während Thomas Bernhard in seiner Prosa die Kunst der humoristischen Entzweiung auf die Spitze treibt, versucht Peter Handke ein neues Idiom der poetischen Versöhnung zu finden. Und so fort. Die moderne Kunst ist gespalten. Sie ist weit stärker gespalten, als eine ausschließlich interferentielle Kunst es überhaupt sein könnte. Sie kennt das integrale ebenso wie das interferentielle Werk; neben einer Fülle inklusiver Operationen erprobt sie stets von neuem die exklusive Reduktion. Natürlich ist das ein Sieg der Entzweiung über die Vereinigung, aber es ist ein Sieg, der sich in der Anerkennung gerade der verschiedenen künstlerischen Einheitsformen vollzieht. Die moderne Kunst *ist* nicht nur, was auch ihre radikalsten Werke weder sind noch sein können: ein Ganzes *ohne* Einheit; sie will auch, und ich meine, sie soll auch gar nichts anderes sein. In der disparaten Vielfalt ihrer Werke verzichtet sie auf die Idee einer einheitlichen und in ihrer Einheit verbindlichen Erschließung der Welt.

d) Ein Wort zur Methode

Dennoch könnte meine thematische Bevorzugung der interferentiellen vor der integrativen Kunst weniger aus normativen, sondern aus methodischen Gründen bedenklich erscheinen. Ist doch, abgesehen von den vergangenen hundertfünfzig Jahren, die überwältigende Mehrheit der Kunstwerke integrativ und nicht interferentiell verfaßt: kann es da angehen, die integrale Einheit des Kunstwerks ausgehend von der Auflösung ihrer Geschlossenheit zu beschreiben? Dieses Bedenken entspringt einer verkehrten Einschätzung. Eine prinzipielle Bevorzugung der interferentiellen gegenüber der integrativen Kunst wäre zwar *normativ* bedenklich: *methodisch* aber ist sie es nicht.

Nicht immer bilden die begrifflichen Verhältnisse das historische Verhältnis ab. Es mußte ein *interferentielles* Werk sein, an dem die ästhetische Einheit des Kunstwerks zuerst veranschaulicht wurde. Denn der Begriff des integrativen Kunstwerks ist ein *Gegenbegriff* zu dem des interferentiellen, der scharf erst formuliert werden kann, *nachdem* sich die künstlerische und kunsttheoretische Entdifferenzierung der ästhetischen Sphären vollzogen hat. So sehr die interferentielle Kunst historisch als Gegenbewegung gegen die ästhetische Integration entstanden ist, einen bestimmten Begriff – und, wie das Beispiel Giottos zeigt, ein gesteigertes Gefühl für die Leistung – dieser Integration kann es erst im Zuge des Ausbruchs aus den Formen starker ästhetischer Identität geben.[36] Andererseits, und auch das sollte die Gegenüberstellung von Johns mit Giotto und Rothko deutlich machen, ist dieser Ausbruch ohne die Präsenz von Modellen starker Identität weder zu leisten noch zu verstehen. Kunst ist nicht das eine oder das andere. Das Schicksal der interferentiellen Werke ist an den Widerpart der integralen gebunden. Ausschließlich interferentielle Kunst und Kunstwahrnehmung wäre weniger interferentiell. Darin liegt der heimliche Pakt zwischen interferentieller und integrativer Kunst gestern wie heute. Zu den Bedingungen dieses Pakts gehört, daß die integrative Kunst – die Kunst »ästhetischer Identität« – ihre Identität verändert, sobald ihr eine interferentielle zur Seite und gegenüber tritt. Ästhetische Identität ist dann nicht länger ein Zustand der Ungeschiedenheit der ästhetischen Dimensionen, sie wird zu einem Zustand der versuchten Reintegration *trotz* der entstandenen Differenz. War die interferentielle Kunst zunächst eine Antwort auf das Ganzheitspathos der traditionellen Kunst, wird die integrative in der Moderne zu einer Antwort auf die Werkform einer Einheit ohne Ganzes. Beide Male läßt die Gegenbewegung das Außerordentliche der Tendenzen erkennen, gegen die sie sich bewegt. Die Wahrheit, die Johns über Giotto lehrt, kehrt wieder in jener, die Rothko an Johns und Handke an Bernhard zu erkennen gibt: daß die Einheit eines Kunstwerks erst in der Differenz zu anderen Formen der Einheit ist, was sie ist. Wer nur einen Begriff dieser Einheit hätte, hätte keinen. Unsere Unterscheidung zwischen integrativen und interferentiellen, außerdem zwischen exklusiven und (stark oder schwach) inklusiven Kunst- und Werkformen war der Versuch, dem pluralistischen Zustand der Kunst Rechnung zu tragen, die weder historisch noch kritisch auf einen Typus der Einheit verpflichtet werden kann.

36 Adornos in der »Ästhetischen Theorie« vertretene dialektisch-hermeneutische Devise, »daß von den jüngsten Phänomenen her Licht fallen soll auf alle Kunst anstatt umgekehrt« (Adorno 1973, 533), ist hier vollkommen im Recht – wenn auch nicht sonderlich originell. Methodisch hat es Hegel nicht anders gemacht; sein Lob der griechischen Klassik ist von der Erfahrung der »romantischen« Künste durchtränkt.

Damit ist auch schon der viel gravierendere Einwand geschwächt, der hinter dem kunsttheoretischen Bedenken steht. Er betrifft die Behandlung der ästhetischen Natur. Die differenzierende Behandlung der Kunst könnte als unfreiwillige Aufdeckung einer kapitalen Einseitigkeit der Analyse des Naturschönen angesehen werden. Warum sollten wir der Naturwahrnehmung nicht zugestehen, was wir der Kunst gern zugebilligt haben: daß sie ästhetische Einheit sowohl *außer* einem Ganzen wie *in* einem Ganzen finden kann? Könnte es nicht auch in der Natur eine Koexistenz zwischen »interaktiver« und »integrativer« Einheitsbildung geben? Was spricht eigentlich für die Behauptung, die »volle« Erfahrung ästhetischer Natur sei nur im ganzheitslosen Raum ihrer Landschaft gegeben?

Auch hier ist zunächst an den methodischen Aspekt zu erinnern. Die Methode des zweiten Exkurses über die Kunst repräsentiert die Methode dieser Abhandlung im ganzen. Nachdem die ästhetische Entzweiung eingetreten ist, müssen alle Vereinigungsformen aus dieser Möglichkeit verstanden werden. Wir müssen das Integrale vom Interferentiellen und seinem Abstand zum Integralen her denken. Ich habe in den Abschnitten zu Metaphysik und Ideologie der Natur immer betont, daß Natur ästhetisch als Ganzes erfahren werden kann, daß sie es wurde und wird; die Beschreibung der »Unnötigkeit« dieser Erfahrung ist immer auch eine Mitbeschreibung ihrer – trotzdem – wahrnehmbaren Möglichkeit gewesen. Das ist das eine, Methodische. Das andere, Normative, meiner Beschreibung lag in der Tat darin, der anti-holistischen (man könnte auch sagen: nominalistischen) – Naturerfahrung einen ästhetischen Vorrang gegenüber der holistisch-metaphysischen zuzusprechen. Anders als im Fall der Kunst, wo ich für theoretische Enthaltung in der Frage eines prinzipiellen Vorrangs integraler oder interferentieller Formen plädiere, habe ich bei der Natur die These vertreten, daß nur die Wahrnehmung ihrer ganzheitslosen Einheit ihre freie, unbefangene, ohne Einschränkung *ästhetische* Wahrnehmung sei. Gewiß doch, ich habe die ästhetische Natur anders behandelt als die ästhetische Kunst. Wer aber das bedenklich findet, begeht eine Todsünde der Ästhetik sowohl der Natur als auch der Kunst: er setzt Natur und Kunst bedenkenlos gleich.

3. Ästhetische Natur und ästhetische Kunst

Wir sind jetzt vorbereitet für eine direkte Konfrontation zwischen ästhetischer Natur und ästhetischer Kunst. Der zusammenfassende Vergleich läßt eine Reihe unaufhebbarer Differenzen erkennen. Damit wird eine endgültige Antwort auf die Frage nach dem ästhetischen Vorrang von Kunst oder Natur möglich. Die beiden klassischen Gegenthesen sind beide falsch, weil sie beide wahr sind. Kunst ist ein Vorbild der Natur und Natur ist ein Vorbild der Kunst. Natur ist Vorbild für die Erzeugung und Wahrnehmung des prozessualen Eigenlebens künstlerisch erfundener Formen; Kunst ist Vorbild für die Wahrnehmung der Pluralität und Differenz der ästhetischen Dimensionen in der Natur.

a) Sieben Unterschiede

Ästhetische Natur und ästhetische Kunst haben gemeinsam, daß sie beide »Einheitsphänomene« des Ästhetischen sind. Sie sind nicht von einer, sie sind nur von mehreren oder allen ästhetischen Dimensionen her zu verstehen. Freilich kann sich ein glückendes Zusammensein der ästhetischen Aspekte an anderen Gelegenheiten ereignen, auf Festen, im Areal einer Stadt, in der Einrichtung eines Büros, in der Ausstrahlung einer Person usw.; Natur und Kunst sind also nicht die einzigen Einheitsphänomene, die sich der ästhetischen Wahrnehmung geben. Aber es sind diejenigen ästhetischen Objekte, deren *Begriff* nicht anders als über einen Begriff solcher Einheit gefaßt werden kann. Für Natur und Kunst ist die Möglichkeit ästhetischer Einheit *konstitutiv.* Für diesen Sachverhalt werde ich den Ausdruck »Einheitsphänomen« im folgenden reservieren.

Die Feststellung ihrer konstitutiven Gemeinsamkeit schafft die Basis einer Beschreibung der konstitutiven Verschiedenheit ästhetischer Natur und Kunst. Ich lege der vergleichenden Betrachtung die hier und im vorigen Kapitel entwickelten normativen Begriffe zugrunde. Ich stelle den Naturraum, der »wechselnde Attraktionen des Schönen und Erhabenen zeitigt«, dem Kunstwerk gegenüber, dem die integrative oder interferentielle Bündelung (oder, im Grenzfall, die imaginative Isolierung) ästhetischer Energien gelingt. Der Einfachheit halber nenne ich das stark oder schwach inklusive Kunstwerk für die Dauer des Vergleichs gelegentlich schlicht »Kunst« und den inklusiven Raum des Naturschönen schlicht »Natur«. Ich fasse den zentralen Unterschied in sieben einander wechselseitig erläuternden Thesen zusammen.

i. *Alle Natur enthält einen Bezug auf Kunst, nicht jedoch alle Kunst einen Bezug auf Natur.* Das Naturschöne ist ohne den imaginativen Bezug auf Werke der Kunst nicht möglich. Kunst hingegen ist möglich ohne jeden inhaltlichen Bezug auf Natur – wie z. B. in Johns' Flaggenbild. Der Begriff des Kunstwerks ist insofern elementarer als der des Naturschönen. Der *Begriff* des Kunstwerks wohlgemerkt; allein in einem *logischen* Sinn ist ästhetische Natur derivativ gegenüber ästhetischer Kunst. Daß Kunst »wesentlicher« sei als Natur oder daß sie ohne die Orientierung an Natur genauso *gut* auskommen kann, folgt daraus nicht.

ii. *Natur ist inklusiv, Kunst ist es meist.* Während das Naturschöne immer ein stark inklusives Phänomen ist, sind Kunstwerke meist stark *oder* schwach inklusive, manchmal sogar exklusiv imaginative Objekte. Für die Natur ist starke inklusive Einheit *konstitutiv;* Kunst ist zur starken oder schwachen Einheit konstitutionell *disponiert* – eine Disposition, die sich noch in den Verfahren der Reduktion bestätigt. Während Kunst prinzipiell auf der Suche nach ihrer Einheit als Kunst ist, ist die ästhetische Totalität im Raum der Natur immer schon gefunden. So variabel Natur in der Mannigfalt ihrer Erscheinungsweisen ist: viel variabler als alle Kunst, in der Form ihrer ästhetischen Einheit ist sie beständig: viel beständiger als alle Kunst.

iii. *Natur ist das primäre, Kunst das potenzierte Einheitsphänomen des Ästhetischen.* »Primäres« Einheitsphänomen ist das Naturschöne, weil es stets inklusiv ist und immer einen Bezug auf die Imagination der Kunst umfaßt. »Potenzierte« Einheitsphänomene sind die gelungenen Kunstwerke, weil sie nicht nur (meist) in einer Einheit ästhetischer Funktionen stehen, sondern sich reflexiv auf die Konstruktion ihrer Einheit beziehen und überdies auf die Konstruktion anderer Werke. Natur führt immer auch ein Gespräch mit Kunst, Kunstwerke führen immer ein Gespräch mit sich selbst, mit anderen Werken der Kunst – und oft genug mit Natur.

iv. *Der Natur ist das Werksein zufällig, der Kunst ist es notwendig.*

Das ist die zentrale Differenz zwischen beiden Größen; von ihr leiten sich alle anderen Unterschiede her. Eine stärkere Fassung wäre: Der Raum der Natur kennt keine Werke, das Objekt der Kunst aber ist ganz Werk. Das wäre jedoch zu stark. Denn die Natur »kennt« durchaus Werke, sie kann auch Werk des Menschen sein, wie andererseits die Kunst Werke hervorbringt, die als Objekte in freier Natur (wie in Architektur und Plastik) oder als Werke, die aus oder mit Natur formuliert sind (wie in Gartenkunst und Land Art), am Leben der Natur teilhaben oder selbst Teil der Natur sind. Die spezifische Schönheit der Natur aber erscheint erst da, wo ihre Bewegung nicht (allein) der Logik eines Werkes folgt, wie das spezifische Gelingen der Kunst allein da eintritt, wo sie einer solchen – sei es auch mit dem Zufall der Natur verfahrenden – Logik folgt. Die Logik künstlerischer Werke besteht in der integrativen oder interferentiellen Verbindung ästhetischer Verfahren und Funktionen. Der Künstler setzt die mit der Konstruktion des Werks geschaffenen Möglichkeiten in das (meist dauernde) Verhältnis des Werks. Das Naturschöne dagegen ist ästhetische Einheit außerhalb solcher Logik. Dieser Unterschied verändert das Verhältnis der ästhetischen Attraktionen im inklusiven Verbund entweder der Natur oder der Kunst. In der Natur sind sie miteinander gegeben, im Kunstwerk sind sie aneinander gebunden. Die Kontemplation der Natur z. B. ist *freie* Kontemplation; sie kann sich wenden, wohin sie will, sie muß nicht, um Kontemplation der Natur zu bleiben, zur korresponsiven oder imaginativen Auffassung wechseln. Die Kontemplation eines Kunstwerks dagegen ist *gebundene* Kontemplation; sie ist an die phänomenale Konstruktion des Werks gebunden und kann sich als Wahrnehmung seiner sinnlichen Energie – der gebündelten Energie eines *Werks* – nur halten, wenn sie aus dem imaginativen oder auch korresponsiven Erfassen kommt und sich wieder in es zurückspielen läßt. (So wie die Musik kann die Natur nicht spielen.) Am Kriterium des Werkcharakters unterscheidet sich auch die Bedeutung ästhetischer *Gattungen* in Natur und Kunst. Es ist die Besonderheit vieler Kunstwerke, daß sie die gewohnten Gattungsgrenzen überschreiten, es ist eine Besonderheit der imaginativen Natur, daß sie prinzipiell jenseits der Differenz der Gattungen steht. (So wie die Natur kann keine Musik das Gesetz ihrer Form überspielen.)

v. *Die Einheit der Natur ist okkasionell, die Einheit der Kunst ist strukturell.* Das ist die Kehrseite ihrer unterschiedlichen Stellung zum Werkcharakter. Natur und Kunst sind alternative Formen ästhetischer Prozessualität. Die »Interaktion« der ästhetischen Dimensionen im Raum der Natur ist etwas grundsätzlich anderes als ihre »Integration« oder »Interferenz« im Gefüge der Kunst. Die Einheit der Natur liegt in ihrem Zeit-Sinn, die Einheit des Kunstwerks dagegen in seiner Sinn-Zeit. Daß das Naturschöne bei der Gelegenheit – für die Zeit – seiner Betrachtung die wechselnden Attraktionen sinnfremder, sinnhafter und bildhafter Erscheinungen zeitigt, das ist seine Einheit. Das Kunstwerk dagegen ist das kalkulierte Entstehenlassen einer oder mehrerer ästhetischer Funktionen; kraft seiner artifiziellen Struktur ist es integrale oder interferentielle, inklusive oder exklusive Konstruktion imaginativen Sinns. Dieser Sinn ist im – sei es integrativ von Korrespondenz und Kontemplation getragenen, sei es interferentiell von ihnen umgewendeten, unterbrochenen, überstiegenen, gesprengten – Prozeß der innerkünstlerischen Mittel gegeben; er ist gegeben in der (kontinuierlichen oder diskontinuierlichen) Sinn-Zeit des Werks, an der die Zeit seiner Wahrnehmung Anteil nimmt. – Die Bestätigung dieser Analyse liefert der Vorgang der Projektion. Wenn ein inklusives Kunstwerk, wie integrativ oder interferentiell es sei, auf Natur projiziert wird, bleibt nur sein imaginativer Charakter übrig; in der temporalen Koexistenz der Natur löst sich die strukturelle Koexistenz des Kunstwerks in die ungebundene Interaktion ästhetischer Komponenten auf. Das ganze Werk ist nicht auf die gesamte Natur übertragbar. Wenn ich einen Nachthimmel im Schein der Kunst wie Giottos Himmel sehe, bleiben es gleichwohl die Erscheinungen *dieses* Himmels, die meine kontemplative Wahrnehmung lenken und bleibt es *dieser* Himmel, der mir interner Ausdruck meiner Lebenslage wird. Mit dem Kunstschein der Natur wird weder ihr bloßes Erscheinen noch ihr werthaftes Sein selbst zu einem Schein. Die gesamte Natur ist keine Projektion der Kunst.

vi. *Kunst will verstanden sein, Natur ist nicht zu verstehen.* Das Verstehen eines Kunstwerks ist das Verstehen seiner Konstruktion bzw. seines Kalküls; wo weder Konstruktion noch Kalkül gegeben ist bzw. Konstruktion und Kalkül nicht das ästhetisch Wesentliche sind, kann der Wahrnehmungsvollzug nicht selbst ein

Verstehensvollzug sein. Trotzdem schließt auch die ästhetische Naturwahrnehmung Vollzüge des Verstehens mit ein. Sowohl die existentiell ausdrucksbezogene wie auch die kunstbezogene Naturwahrnehmung ist eine Form des Verstehens – jedoch nicht der Natur. Das Verstehen gilt hier zum einen der eigenen Lebenssituation und zum andern dem imaginativen Potential der Kunst. In beiden Dimensionen eröffnet und variiert das Naturschöne menschlichen Sinn und *sein* Verstehen.[37] Das in der Wahrnehmung von Kunst geleistete Verstehen dagegen ist ein Verstehen ihrer Konstruktion als Kunst. Auch dieses Verstehen aber, jedenfalls soweit es sich um kontemplativ geschärfte und interferentiell gebrochene Werke handelt, geht nicht im imaginativen und korresponsiven Sinnverstehen auf. Um diese Konstruktionen zu verstehen, müssen wir außer Prozessen des Sinns einen Prozeß *mit* einfachem oder mehrfachem Sinn verstehen. Wir müssen versuchen, die ästhetische Logik des Werks zu verstehen. Weil es diese operative Logik in der Natur nicht gibt, kann es hier auch dieses Verstehen nicht geben.[38]

vii. *Natur ist ein Lebenszusammenhang, Kunst steht über und in Zusammenhängen des Lebens.* Wie sehr auch Natur im ästhetischen Verhältnis zum Zeichen von Wirklichkeit werden mag, sie bleibt Element einer selbständigen Sphäre des Lebens. Wie sehr auch Kunst zu einem Teil der Lebenswirklichkeit werden kann, sie bleibt ein Medium, an dem sich die Wirklichkeit des Lebens bricht. Naturschönes ist eine besondere Sphäre der lebensweltlichen Wirklichkeit, Kunst steht auf besondere Weise in dieser. An beider Stellung zur menschlichen Geschichte wird dies evident. Natur, die Gegenstand ästhetischer Betrachtung wird, ist nicht – wie alle Kunst – vorwiegend aus ästhetischer Einstellung entstanden. Natur verändert sich von selbst und wird durch den materialen Eingriff des Menschen verändert; Kunstwerke entstehen, dauern und überdauern allein in der Geschichte ihrer verstehenden Deu-

37 Selbst wenn es richtig wäre (wie Weizsäcker 1979, 15ff. erwägt), daß Natur gesetzeswissenschaftlich nicht allein erklärt, sondern *verstanden* werden kann, würde nicht folgen, ihre *ästhetische* Wahrnehmung sei ein Verstehen ihres Sinns.

38 Nur weil Menke-Eggers (1988) das ästhetische Verstehen mit einem hermeneutisch enggeführten Begriff dieses Verstehens identifiziert (den er ansonsten mit Recht kritisiert), kann er sagen, die Erfahrung des Kunstwerks sei notwendig die eines scheiternden Verstehens.

tung. Auch ästhetische Natur ist ein geschichtliches Verhältnis, aber nicht eines zu insgesamt geschichtlichen Objekten; die Werke der Kunst dagegen sind geschichtliche Objekte in einem geschichtlichen Verhältnis. Im Aspekt der historischen und biographischen Korrespondenz wird zwar auch die ästhetische Natur zu einem Ort der Geschichte, doch ihre Selbständigkeit und Veränderlichkeit – ihr Dasein als mehr oder weniger autonomer Lebenszusammenhang – hält Natur von Geschichte immer auch fern, hebt sie aus dem aus Deutung entstehenden und für Deutung bestehenden Leben heraus. Vielleicht werden Komplementarität und Gegensatz von Natur und Kunst nirgends so deutlich wie hier. Wir suchen in der Natur immer auch eine Wirklichkeit außerhalb der Geschichte, wir suchen in der Kunst immer auch eine Geschichte außerhalb der Wirklichkeit.

b) Doppelte Vorbildlichkeit

So viel ästhetische Natur und ästhetische Kunst auch gemeinsam haben, sie sind kategorial verschieden. Es muß daher so aussehen, als hätte sich die Frage nach dem ästhetischen Vorrang der Kunst vor der Natur oder der Natur vor der Kunst schon aufgelöst, bevor sie überhaupt neu gestellt werden kann. In gewisser Weise ist das auch so. Die gegenüberstellende Zusammenschau hat beide als ebenbürtige Phänomene erscheinen lassen. Weder der Kunst noch der Natur gebührt ein ästhetischer Vorrang. Trotzdem ist die alte Frage damit nicht ganz erledigt. Denn gerade in ihrer anerkannten Differenz können Kunst und Natur einander im Sinn einer wechselseitigen Bestärkung ein »Vorbild« sein. Natur ist ein Korrektiv der Kunst und Kunst ein Korrektiv der Natur. Aus Goethes Kant-Lektüre können wir die Formel entlehnen, daß Natur und Kunst, obwohl nicht »absichtlich *wegen* einander«, so doch ästhetisch »für einander« sind.[39]

Das war schon das Ergebnis des eingeschränkten Vergleichs zwischen Natur und Kunst im dritten Kapitel. Dieses Ergebnis läßt sich jetzt verallgemeinern. Dazu müssen die Bedingungen des Ver-

39 J. W. Goethe, Einwirkung der neueren Philosophie, in: ders. (1966), 25-31, 28.

gleichs geändert werden. Der Vergleich betrifft jetzt nicht allein die Imagination in Kunst und Natur, es treten aber auch nicht einfach die beiden anderen Dimensionen hinzu. Denn nicht die ästhetischen *Einheitsformen* von Natur und Kunst können füreinander vorbildlich sein. Kunst, wenn sie Kunst bleiben will, kann nicht die Einheit der Natur, Natur, wenn sie Natur bleiben soll, nicht die Einheit der Kunst erreichen. Der neue Vergleich darf sich also nicht auf den einzelnen naturschönen Raum und das einzelne kunstschöne Werk beziehen, er muß sich beziehen auf das Gegebensein ästhetischer Attraktionen in Kunst und Natur allgemein. Er betrifft die ästhetische Kunst in der Vielheit ihrer Werke und die ästhetische Natur in der Verschiedenheit ihrer Zeiten und Räume.

Nicht das einzelne Kunstwerk, wohl aber die Kunst als Ganzes ist ein Korrektiv aller ästhetischen Naturerfahrung: eine Erinnerung daran, daß wir Natur unbeschränkt ästhetisch nur erfahren, wenn wir sie als Einheit ohne Ganzes erfahren. Nicht die ästhetische Einheit der Natur, doch die Variabilität und Simultaneität aller ästhetischen Natur ist ein Korrektiv der Produktion und Rezeption gelungener Werke der Kunst: Erinnerung daran, wie sehr das Artikulationspotential einmaliger Konstruktionen an den Prozeß der werkinternen Artikulationsmomente gebunden ist. Ästhetische Natur ist Vorbild für die Erschaffung und Wahrnehmung des prozessualen Eigenlebens künstlerisch erfundener Formen; ästhetische Kunst ist Vorbild für die Wahrnehmung der Pluralität und Differenz der ästhetischen Dimensionen auch in der Natur. Zur Leidenschaft für die zerklüftete Landschaft der Kunst gehört diejenige für die kontingente Schönheit der Natur wie umgekehrt auch.

Damit ist die in der ersten Vergleichsthese festgehaltene logische Asymmetrie von Natur und Kunst durch die Aufdeckung einer normativen Symmetrie ergänzt. Das logische Verhältnis war dieses: Es muß einen Bezug auf gelungene Kunstwerke geben, damit es im vollen Sinn schöne Natur geben kann; es muß keinen inhaltlichen Bezug auf Natur oder Naturschönes geben, damit es gelungene Kunst geben kann. Die These der doppelten Vorbildlichkeit von Kunst und Natur stellt dieser deskriptiven Aussage den normativen Satz zur Seite: Es muß einen Sinn für gelungene Kunst geben, damit es im vollen Sinn schöne Natur geben kann; es muß einen Sinn für Naturschönes geben, damit es gelungene Kunst geben kann. Zwar muß es keinen inhaltlichen Bezug auf Natur geben, Natur muß in der Kunst nicht irgendwie »vorkommen«, damit diese zum Gelingen findet; ein ästhetisches Gespür aber für die positive Kontingenz der Natur und ihren Widerschein in den Werken der Kunst ist durchaus eine Bedingung dieses Gelingens. Man könnte hier statt von einem »inhaltlichen« von einem »ästhetischen« Bezug von Kunst auf Natur sprechen. Die These lautet dann: Kunst (und ihre Wahrnehmung) kann nur gelingen, wenn sie, direkt oder indirekt, bewußt oder unbewußt, einen ästhetischen Bezug zum Naturschönen hat. Gerade ein im Sujet seiner Bilder so naturferner Künstler wie Johns hat dies bezeugt. »I am concerned with a thing's not being what it was, with its becoming something other than what it is, with any moment in which one identifies a thing precisely and with the slipping away of that moment, with at any moment seeing or saying or letting it go at that.«[40] Und an anderer Stelle: »In der Natur entdeckt das Auge, wohin es auch blickt, immer etwas Neues. In meinem Werk sind ähnliche Möglichkeiten vorhanden.«[41]

All das zeigt, daß Kunst und ästhetische Natur trotz ihrer unterschiedlichen Stellung *in* der Geschichte doch auch eine *gemeinsame* Geschichte haben. Es ist die Geschichte ihrer ästhetischen Differenzierung. Diese gemeinsame Geschichte von Kunst und Natur könnte als Geschichte der späten Anerkennung ihres wechselseitigen Vorrangs, d. h. ihrer ästhetischen Ebenbürtigkeit geschrieben werden. Ihre Pointe wäre, daß die ästhetische Differenz zwischen Kunst und Natur zu den Erfindungen der Kunst gehörte – einer »Erfindung« freilich, deren Sinn es ist, nicht unter der Kontrolle der Erfinderin zu stehen, nicht nach ihrem Bilde geschaffen zu sein. Die ästhetische Kunst, so ist zu vermuten, hat das entfaltete Dasein des Naturschönen als ihren Antipoden erzeugt. Erst nachdem viele Kunstwerke interferentiell geworden sind und mit ihnen die Kunst als ganze in einem starken Sinn pluralistisch wurde, konnte die Natur zum interaktiven Prozeß der ästhetischen Dimensionen werden. Mit der Entdeckung der Variabilität und Simultaneität der Kunst kam es zur Entdeckung der *anders*-

40 Zitiert nach Imdahl (1969), 218.
41 R. Francis, Jasper Johns, München-Luzern: Bucher 1985, 109.

artigen Variabilität und Simultaneität der Natur. Die ästhetische Autonomie der Natur wäre somit eine irreversible Folge der ästhetischen Autonomie der Kunst. Denn wie die Kunst nach dem Auftreten interferentieller Werke nicht insgesamt zum Ideal integrativer Darstellung zurückkehren kann, ist die durch Kunst zerstörte Ganzheit der ästhetischen Natur durch keine Kunst wieder zu errichten. Gern würde man fortfahren: Seitdem ist der historisch durch Kunst freigegebene Raum des Naturschönen durch keine Kunst mehr zu zerstören.

Aber das ist bekanntlich nicht wahr. Der durch ästhetische Kunst erschlossene Freiraum der Natur ist durch Kunst sehr wohl zu zerstören. Nicht von ästhetischer, aber von technischer »Kunst«, möglicherweise im Bündnis mit der ästhetischen. So gewiß die Bedrohung der Natur auf das Konto der technischen Verfügung geht, wir dürfen ihren Anteil an der Befreiung der ästhetischen Natur – an der Befreiung des Menschen zur ästhetischen Wahrnehmung der »gesamten« Natur – nicht unterschlagen. Ästhetische *und* technische Kunst schaffen jene Distanz, aus der die Fremdheit der Natur begrüßt und ihre Kontingenz bejaht werden kann. Die Geschichte der ästhetischen Natur könnte nicht geschrieben werden ohne die Geschichte der technischen Kunst. Dieser »Kunst« freilich ist die Kontrolle der Natur in weit stärkerem Maß in die Wiege gelegt als ihrer liberaleren Schwester; es ist nicht einmal sicher, ob ihr Ziel überhaupt ein anderes sein kann.

4. *Die Zeit der technischen Kunst*

Auch die Technik ist ein »Korrektiv« der Natur, und gewiß das wirksamste von allen. Anders als die Kunst verändert sie das menschliche Naturverhältnis im Zuge einer Veränderung der naturhaften Gegebenheiten selbst. Im technischen Verhältnis kommt es nicht auf ihre phänomenale Verschiedenheit, sondern auf ihre praktische Veränderbarkeit an. Die technische Beziehung zur Natur steht damit im Kontrast zum ästhetischen Naturverhältnis, in dem es darauf ankommt, Natur sein zu lassen, wie sie zufällig ist. Wie die Natur heute zufällig ist, ist sie aber nicht von Natur allein, sondern wiederum durch technische Eingriffe in die Natur. Ihre Zufälligkeit ist nicht nur zufällig. Die Frage, ob der technische

Eingriff in Natur notwendigerweise ihre ästhetische Qualität beeinträchtigt oder zerstört, läuft auf die Frage hinaus, ob das Wesen der Technik in der Naturbeherrschung liegt. Ja und nein, lautet die Antwort.

a) Technik der Naturbeherrschung

Wie ich vereinfachend von »ästhetischer Natur« spreche, kann vereinfachend von »technischer Natur« gesprochen werden. Auch hier ist gemeint: das technische *Verhältnis* zur problematischen Natur. Da die heutige Technik weitgehend ein Ergebnis der Wissenschaften von der Natur ist, spielt in ihrem Gebrauch die in der Einleitung »kanonisch« genannte Natur durchaus in die Sphäre der »problematischen« herein. Wir müssen aber nicht die Frage erörtern, ob die kanonische Natur der Naturwissenschaften selbst bereits eine technische sei[42], um zu klären, welches Verhältnis zur lebensweltlichen Natur durch technisches Handeln entsteht. Unter »technischer Natur« sei daher problematische Natur verstanden, die zum Gegenstand technischen Handelns wird.
Technisches Handeln ist eine Form instrumentellen Handelns. Instrumentelles Handeln *im engeren Sinn* ist Mittelverwendung im Dienst eindeutiger Zwecke. Instrumentelles Handeln *im weiteren Sinn* ist Mittelfindung und Mittelverwendung zur Verwirklichung vorgegebener, jedoch nur ungefähr und vorläufig bestimmter Zwecke. In diesem Fall ist die Zweckverwirklichung selbst eine Form der Zweckbestimmung; von dieser Art ist z. B. die künstlerische Mittelverwendung. Meist aber ist instrumentelles Handeln auf die Gewinnung oder Verwirklichung scharf geschnittener Zwecke bezogen. Vieles im engeren Sinn instrumentelle Handeln ist aus instrumentellem Handeln im weiteren Sinn entstanden, vieles instrumentelle Handeln im weiteren Sinn (mit Ausnahmen wie dem künstlerischen) ist Vorbereitung eines solchen im engeren Sinn. *Techniken* sind erprobte Mittel für instrumentelles Handeln im engeren Sinn. Man kann auch sagen: Techniken sind Schemata instrumentellen Handelns, wobei das »Schema« oft nicht in bestimmten Handlungsabläufen allein, sondern in Geräten und Ap-

42 Hierzu Mittelstraß (1987), 48 ff.

paraturen besteht. Das technische Schema schreibt die gezielte Erreichung kausaler Wirkungen vor. Technisches *Handeln* ist die Verwirklichung vorgegebener Ziele mit Hilfe kausaler Strategien. Technisches *Wissen* ist ein »mit kausalen Strategien verbundenes Mittelwissen«[43], die heutige Technik »wissenschaftlich rationalisierte Verfügung über vergegenständlichte Prozesse«.[44]
Zusammenhang kausaler Wirkungen sein – das war der neuzeitliche Begriff der Natur. Auch wenn die Physik ihn lange aufgegeben hat, bleibt der Begriff der Kausalität zur Beschreibung der technischen Praxis in Kraft. Technische Natur ist – aus Kenntnis und Berechnung ihres gesetzmäßigen Verhaltens – durch kausale Strategien behandelte und nach Möglichkeit beherrschte Natur. In diesem Verhältnis verwandelt sich der alltäglich-sinnhafte Umraum der Natur in den Raum menschlicher Verfügung über einen Bereich von Objekten, der sich nach bestimmten Gesetzen verhält. Auch dieser Vorgang kann als ein Vorgang der Distanzierung beschrieben werden: die umgebende Natur, mit der die Menschen existieren, wird zur gegebenen Natur, mit der sie operieren. Dieser neutralisierte Gegenstandsbereich der Natur kann sich sowohl *innerhalb* der lebensweltlich erschlossenen Natur auftun als auch im ganzen *an ihre Stelle* treten; beim Ackerbau ist das erste, bei der Errichtung eines Staudamms ist das zweite, in den Laboratorien der Forschung ist ein drittes der Fall: die *Isolierung* der Natur von allem alltäglich-problematischen Dasein. So unterschiedlich diese Fälle auch sind, so unterschiedlich weit die verfügende Technik ihren Naturgegenstand aus der Welt des problematischen Handelns jeweils entfernt, etwas haben sie gemeinsam: mit Natur soll erreicht, aus der Natur soll gewonnen werden, was eine bestimmte menschliche Vorgabe erfüllt. Es geht um die Zurichtung der Natur im Dienst bestimmter Zwecke und Funktionen. In diesem Sinn ist jede auf Natur angewandte Technik eine Technik der Naturbeherrschung.
Jedoch ist dies ein eher schwacher Begriff der Naturbeherrschung. Einen starken Begriff – von Naturbeherrschung *im engeren Sinn* – erhalten wir erst, wo instrumentelle Beherrschung – Ausbeutung,

43 Mittelstraß (1982), 58.
44 Habermas (1970), 113. – Davon, daß Technik – wie Habermas zu Recht hervorhebt – auch soziales und politisches Handeln bzw. Wissen sein kann, sehe ich im folgenden ab.

Dienstbarmachung, Funktionalisierung – zum alleinigen Zweck der technischen Naturbehandlung wird. Mit der bloßen Feststellung, daß alle – *im weiteren Sinn* verstandene – Technik Naturbeherrschung *ist*, ist noch nicht gesagt, daß alle Technik auf Naturbeherrschung *zielt*, daß es im Sinn oder Wesen der Technik liegt, eine irreversibel objektivierte Natur zu erzeugen. Das Gegenteil ist richtig. So sehr Objektivierung im Wesen der Technik liegt, es liegt nicht in ihrem Wesen, diese Objektivierung als Selbstzweck zu betreiben. Damit technisches Handeln vollbringen kann, was es vollbringen soll, muß Natur objektiviert werden, aber ob das, was Technik vollbringen soll, seinerseits Objektivierung ist, ist eine Frage der menschlichen Zwecksetzung, nicht der verwendeten Technik allein. Es könnte, begrifflich gesehen, der Sinn technischen Handelns sein, ästhetische Natur entstehen zu lassen. Technische Natur, mit anderen Worten, ist kein absoluter Antipode der ästhetischen, so oft sie es faktisch sein mag. Wenn es stimmt, was Joachim Ritter und andere[45] immer wieder betont haben, daß die Distanz zur Objektivierung und die Distanz zur Ästhetisierung der Natur historisch von einem Stamm sind, ist es immerhin denkbar, daß die Objektivierung der Natur wenigstens teilweise in den Dienst ihrer Ästhetisierung tritt. Genausogut aber kann sich herausstellen, daß die Phase der Ästhetisierung nur eine kurze Phase in der Geschichte einer unaufhaltsamen Objektivierung der Natur gewesen ist. Ob es so kommt, liegt nicht in der Macht der Natur, sondern allein in der des Menschen. In Frage steht die Möglichkeit der Koexistenz objektivierender und ästhetisierender Orientierungen gegenüber der Natur.

b) Technik der Naturentfaltung

Um darauf eine Antwort zu erhalten, müssen wir die Differenz beider Größen etwas genauer betrachten. Wir müssen betrachten, wie Natur einerseits in der technischen Poiesis, andererseits der ästhetischen Praxis gegenwärtig ist.[46] Das ist ein weites Feld, das hier nicht annähernd abgeschritten werden kann. Der Gesichts-

45 Z. B. Groh/Sieferle (1981) u. Eder (1988), 230ff.

46 Zur naturbezogenen Verwendung der Poiesis/Praxis-Unterscheidung s. Eder (1988), 287 u. 306ff.

punkt, auf den ich mich konzentriere, ist die unterschiedliche *Zeitstruktur* einmal der technischen, einmal der ästhetischen Beziehung zur Natur.

Das technische Handeln in der Natur ist vollbringendes Handeln am Material der Natur. Bevor dieses Handeln etwas vollbringen kann, muß es die Umwandlung der Natur zu ihrem Material, d. h. zu berechenbaren Gegenständen und Ereignissen vollbringen. Natur muß zu einem Gegenstandsbereich werden und somit zu einem kalkulierbaren Raum »entgegenstehender« Dinge. In technischer Einstellung tritt Natur nicht als Konfiguration des gelebten Raums, sondern als Bereich von Objekten im gelebten Raum in Erscheinung, der aus der lebensweltlichen Artikulation der Natur mehr oder weniger stark herausgenommen sein kann.[47] Zwar steht auch dieses Handeln im Kontext praktischer Konzeptionen und erlebter Welt, aber nicht mit ihnen hat es zu tun, nicht auf sie ist es bezogen, es hat mit dem Erreichen von Zwecken zu tun, die durch diesen Kontext vorgegeben sind. Es ist zielorientiertes Handeln, das erfolgreich ist, wenn es gelingt, den gesetzten Zweck zu erreichen. Es ist ein Handeln im Versuch der Annäherung an das gesetzte Ziel durch Annäherung der Natur an den Zustand, der in diesem Ziel vorgeschrieben ist. Auf das Bewirken dieser Annäherung ist das technische Operieren konzentriert. Die Zeit der technischen Natur ist lineare Zeit.

Von dieser Zeitform habe ich oben die »andere Zeit« der ästhetischen Natur als eine Zeit der simultanen Erfahrung konträrer Stellungen zur gelebten Welt unterschieden. Dies ist eine Zeit mehrdimensional vollzugsorientierten Tätigseins; der Einfachheit halber können wir sie eine »simultane Zeit« nennen. Zwar konstituiert das technische Handeln keineswegs die einzige Form linearer Zeit, aber es läßt sie in seiner reinsten Form entstehen. Genauso ist die Zeit in ästhetisch wahrgenommener Natur nicht der einzige Zustand simultaner Zeit, aber eine seiner hervorragenden Formen. Die ästhetische Anschauung der Natur orientiert sich stets an der Phänomenalität des erlebten Raums, selbst dann, wenn sie seine sinnhaften Ordnungen kontemplativ unterläuft und imaginativ übersteigt. Sie bewegt sich also nicht allein *innerhalb* dieses

47 Nicht nur die imaginative, auch die instrumentelle Einstellung schafft somit einen »Raum im Raum« der Natur: vgl. oben S. 157.

Raums, sie läßt ihn im Wechsel seiner sinnfremden, sinnhaften und bilderfüllten Gegebenheit *als Raum* erscheinen. Sie läßt ihn als geschehenden Raum geschehen. Die Dinge in diesem Raum werden zu Medien solchen Geschehenlassens, nicht zu instrumentell distanzierten Objekten der Verfügung. Die Praxis der ästhetischen Naturwahrnehmung ist der Versuch einer von Zielvorgaben ungelenkten Aufmerksamkeit für die ungelenkte Varietät der Natur.

Auch das technische Handeln hat es natürlich mit simultanen Prozessen zu tun, mit der gleichzeitigen Gegebenheit von Objekten und Ereignissen ebenso wie mit gleichzeitigen Operationen an diesen. Jedoch handelt es sich hier um Simultaneität *in* der Zeit, nicht dagegen um »simultane Zeit«, d. h. nicht um eine Varietät gleichursprünglicher Begegnungsweisen, die miteinander interagieren. Die Zeit der technischen Naturbeherrschung ist Zeit, mit der im Rahmen eines Vorhabens gerechnet, die verbracht und verbraucht wird auf dem Weg zur Realisierung des Zwecks. Die Zeit der ästhetischen Praxis in der Natur dagegen ist eine, die man sich gegenüber dem instrumentellen Tätigsein »nimmt«. Darin liegt, daß die Erfahrung linearer Zeit durchaus eine Bedingung der Erfahrbarkeit der gleichzeitigen Zeit ist. Wir müssen über lineare Zeitverhältnisse verfügen, um sie zugunsten der simultanen verlassen zu können.

Es wird jetzt deutlicher, worin die »andere Zeit« des Naturschönen besteht. Sie besteht im erfüllten Abstand von rein vollbringendem Tun. Dieser Abstand, wie gesagt, ist ein Abstand nicht allein vom technischen Handeln, sondern von instrumentellen Orientierungen aller Art. Es ist ein Abstand für »selbstzweckhaftes« Handeln, das in der Natur auf besondere Möglichkeiten trifft. Man könnte versucht sein, die lineare Zeit – z. B. technischen Handelns – als erfüllende, die simultane Zeit – z. B. ästhetischer Naturanschauung – hingegen als erfüllte Zeit zu beschreiben. Aus einer Reihe von Gründen aber wäre dies zu einfach. Erstens besteht die erfüllte Zeit des Naturschönen nicht darin, daß hier bestimmte Handlungsziele erfüllt würden, sondern darin, daß keine Ziele dieser Art da sind bzw. den Aufenthalt dominieren.[48] Zweitens ist

48 Ausflugsziele sind eigentlich Orte, an denen man kein Ziel mehr hat: für viele die große Schwierigkeit beim Aufenthalt an diesen Orten.

»simultane« nicht notwendig auch »erfüllte« Zeit; davon handelten die Studien zur Ambivalenz der ästhetischen Natur. Drittens muß die lineare Zeit vollbringenden Handelns nicht unbedingt existentiell »leere« Zeit sein.[49] Leer ist sie nur, wenn es in ihr um nichts anderes geht als um das Erreichen des Ziels, wenn nicht auch die Formen dieses Erreichens als wertvoll wahrgenommen werden können, wenn nicht auch der Weg das Ziel des Handelns sein kann. Zielorientiertes Handeln kann zugleich vollzugsorientiert und somit auch die lineare Zeit eine in gewissem Grad erfüllte sein.

Die Moral dieser Unterscheidungen betrifft das technische Handeln. Daß sich das technische Handeln in linearer Zeit abspielt, heißt weder, daß es notwendigerweise entfremdet noch daß es notwendigerweise zerstörend ist. Es kann vollzugsorientiert sein und zugleich sinnvollen Zwecksetzungen unterstehen. Als möglicherweise selbstzweckhaftes und an außertechnischen Zielen orientiertes steht es nicht prinzipiell jenseits der Sphäre ästhetisch inklusiver Wahrnehmung. Es können ästhetische Wahrnehmungen sein, die das technische Handeln in seinem Vollzug kontrollieren. Der technische Vollzug ist nicht aus innerer Logik blind für Kontexte eines nicht zielorientierten Daseins; deswegen kann er auf die Hervorbringung entsprechender Zeitformen zielen. Zwar kann technisches Handeln das Geschehen schöner Natur nicht direkt bewerkstelligen, aber es kann Gebilde ins Leben rufen und Gelände erstellen, in denen es zugelassen, in denen es freigegeben ist.

Eine Technik der Naturerhaltung und vielleicht sogar der Naturgewinnung – sagen wir: eine Technik der Naturentfaltung – müßte erstens nichttechnische Ziele haben und zweitens in ihrem Vollzug zur Wahrnehmung dieser Ziele in der Lage sein. Wenn die vorangegangenen Überlegungen triftig waren, ist dies immerhin möglich. Auch diese »zurückhaltende« Technik wäre eine naturbeherrschende Technik, jedoch nur in der schwächeren Bedeutung. Auch sie wäre zielorientierte Arbeit am Material der Natur, freilich mit besonderen Vollzugsformen und mit Zielen einer besonderen Art. Sie dürfte nicht instrumentelles Handeln im engeren Sinn, sie müßte instrumentelles Handeln im weiteren Sinn sein. Die schonende Technik der Natur müßte selbst eine *ästhetische Technik*

49 Zur Opposition von erfüllter vs. leerer Zeit s. Benjamin (1974b).

sein. Jedoch eine *nichtkünstlerische* ästhetische Technik: sie dürfte nicht versuchen, die Natur, auf die sie zielt, als ihr Werk entstehen zu lassen. Technik, die Natur in ihr Werk verwandeln möchte, ist bloß die subtilste Form der Naturzerstörung.
Die Aufgabe ist paradox genug. Die ästhetische Technik der Natur muß herzustellen versuchen, was nicht hergestellt werden kann. Ihr Herstellen hätte ein Zum-Entstehen-Bringen zu sein, das keinen fertigen Zielzustand kennt: es müßte eine Herstellung naturgebundener Anfangszustände sein. Am einfachsten ist es natürlich, man läßt Bereiche der Natur so, wie sie sind; allein bei dieser »Technik« des Nichtstuns ist der Abstand zur Naturbeherrschung vollkommen. Eine anspruchsvollere Möglichkeit ist der Einsatz »verschwindender« Techniken, mit denen versucht wird, naturwüchsige Areale zu erhalten oder wieder aufkommen zu lassen, ohne sie nach menschlichem Bild zu formen oder mit einer planvollen Choreographie zu versehen. Auch letzteres aber ist eine genuine Möglichkeit einer ästhetischen Technik der Natur: den naturhaften Raum nach Vorbildern wie dem englischen Garten zwischen interaktiver und interferentieller Einheit changieren zu lassen. Es ist schwer zu sehen, wie eine Hierarchie zwischen diesen und weiteren Möglichkeiten zu begründen wäre – kommt es doch auf die jeweilige Naturumgebung an, welche Form der Naturerhaltung die angemessene ist. Wie freie Natur nicht notwendig unberührte Natur ist, ist alleingelassene Natur nicht unbedingt die anziehendere Natur (geschweige denn die ökologisch bessere). Es gibt keinen ästhetischen Grund, unberührte oder relativ freie Natur um jeden Preis technisch unberührt zu lassen. Die ästhetische Technik der Natur kann durchaus ein Korrektiv der Natur, jedenfalls bestehender Naturzustände sein. Was eine ästhetische Technik der Natur jedoch vor allem zu korrigieren hätte, ist weniger der unkontrollierte Gang der Natur, sondern vielmehr die durch unkontrollierte technische Kontrolle vollbrachte Liquidation der freien Natur. Bei dem Schutz der Natur vor solcher Liquidation geht es nicht zuletzt um einen Schutz der hervorragenden Lebensmöglichkeit des Menschen, die das Naturschöne ist. Ästhetische Technik der Natur wäre eine Technik der Produktion »simultaner Zeit«. Sie wäre der Versuch, mögliche Orte erfüllter menschlicher Praxis zu erhalten oder wieder entstehen zu lassen.

Das mögliche Bündnis zwischen objektivierter und ästhetisierter Natur steht auf schwankendem Boden. Es wird von divergenten Einstellungen getragen, die sich zwar aneinander annähern, die jedoch nicht ineinander aufgehen können. An der technischen im Unterschied zur ästhetischen Beurteilung von Naturzuständen wird dies sichtbar. Das technische Urteil bleibt auch dann eine Abwägung der Eignung von Mitteln zu Zwecken, wenn die Zwecke vorläufig oder wesentlich unscharf sind; es ist dann eine Einschätzung von Wirkungen in bezug auf mögliche Zwecke. Die Beurteilung dieser Zwecke selbst ist kein technisches, sondern ein ethisch-praktisches Urteil, im Fall der Arbeit an freier Natur überdies eines, daß sich auf ästhetische Wertungen stützt – wodurch besondere Schwierigkeiten entstehen. Schon beim kunstkritischen Urteil ist zwar ein berechtigter Geltungs*anspruch*, aber keinerlei verbindliches Kriterium gegeben. Erst recht scheint im Fall der Natur, wo es über den ökonomischen Nutzen und die physiologische Erträglichkeit hinausgeht, eine Basis einsichtiger Beurteilung zu fehlen.

Der letzte Vergleich zwischen Kunst und Natur also betrifft die mit ihrer Wahrnehmung verbundenen Formen des Urteils. Das technische Urteil ist ein objektives Urteil: technisch möglich ist, was sich mit kausalen Strategien bewirken läßt, technisch sinnvoll ist, wodurch Zielzustände auf möglichst einfache Weise bewirkt werden können. Das ästhetische Kunsturteil ist intersubjektives Urteil mit objektiver Komponente: gelungen sind Kunstwerke, die kraft ihrer imaginativen Artikulation (meist auch) eine hohe korresponsive Energie und/oder kontemplative Sinnlichkeit besitzen. Intersubjektiv ist dieses Urteil, weil es sich weder (wie das technische) auf empirische noch (wie das moralische) auf normative Kriterien stützt, sondern an eine hypothetische Gemeinschaft von Rezipienten bloß appelliert; eine objektive Komponente besitzt es, weil es dieses Ansinnen durch kunstkritische Interpretationen rechtfertigen kann.[50] Das Urteil über ästhetische Natur – über anwesende oder mangelnde Naturschönheit – dagegen ist ein

50 Zur Logik dieser Interpretation und der auf sie gestützten Begründung s. Seel (1985), Kap. III.

intersubjektives Urteil *ohne* objektive Komponente. Die Betrachtung der Urteilsformen, die den drei ästhetischen Naturverhältnissen angehören, läßt keinen anderen Schluß zu.[51] Nur das korresponsive Urteil über Natur war auch als ein objektives Urteil zu beschreiben; diese Objektivität jedoch erwies sich als abhängig von den existentiellen Entwürfen, die die Natur eröffnet, denen sie entspricht oder widerstreitet. Das kontemplative Urteil ist rein intersubjektiv, es kann außer einer graduellen Abstufung seiner Schönheitsfeststellung nichts Maßgebendes über seinen Gegenstand sagen. Das imaginative Urteil schreibt zwar der Natur einen kunstförmigen Charakter zu und bewertet Natur um so höher, je dichter sie solche Charaktere entwickelt; da diese Gestaltungen aber keiner dauerhaften Werkstruktur entspringen, kann es zu keiner dezidierten Interpretationsaussage kommen. Wir stoßen hier auf einen weiteren Unterschied zwischen ästhetischer Natur und ästhetischer Kunst, die mit ihrer Stellung zur Werkverfassung zusammenhängt. Für die Bewertung von Kunst läßt sich auch argumentieren, für die Bewertung von Natur läßt sich nur werben.

Trotzdem, ja gerade deshalb, läßt sich ästhetisch für die Anerkennung freier Natur argumentieren. Denn so verschieden die Urteile über das Naturschöne auch sein mögen und so schwierig es sein mag, hier auf dem Weg des Austauschs von Urteilen Einigkeit zu erzielen, in einem Punkt ist die Einigung nicht schwer. Damit es überhaupt Naturschönes geben kann, muß es freie Natur geben. Der Begriff der freien Natur ist aber selbst ein normativer Begriff. *Diese* Norm könnte eine vernünftige Technik und Politik gegenüber der Natur durchaus tragen. Ihre Formulierung stützt sich nicht auf individuelle Präferenzen, sie ist im Nachweis begründet, daß freie Natur die Bedingung der Möglichkeit des Naturschönen ist. Das ist eine wichtige Konsequenz der im vierten Kapitel vorgenommenen Unterscheidung zwischen der schön/erhabenen und der freien Natur. Ein starker Begriff des Schutzes und der Schonung der Natur kann ästhetisch – durch die Ästhetik – begründet werden, ohne bestimmte inhaltliche Bewertungen – auf der Ebene des ästhetischen Urteils – in Anspruch nehmen zu müssen. Es ist gar nicht so wichtig, ob die technisch behandelte Natur in jedem Fall meinen oder deinen Sinn fürs Naturschöne erfüllt; würde sie

51 Vgl. die Abschnitte 5 der Kapitel I-III.

nur den ästhetischen Auftrag der Erhaltung oder Zulassung *freier* Natur erfüllen, würde sie auch meinen und deinen Sinn für Natur über kurz oder lang erfüllen. Sowenig das Kriterium der Autonomie der Natur also eine Intersubjektivität einzelner *Stellungnahmen* garantieren kann, so sehr könnte es doch eine Intersubjektivität des *Bezugs* auf die Sache der Freiheit (in) ästhetischer Natur garantieren. Die mögliche Intersubjektivität der ästhetischen Natur betrifft das gemeinsame Interesse an freier Natur im unterschiedlichen Interesse an den Formen ihrer Schönheit.

VI.
Die Moral des Naturschönen

Als ein einzigartiger Modus erfüllter Zeit ist das Naturschöne eine ausgezeichnete Lebensmöglichkeit des Menschen. Diese Lebensmöglichkeit haben die vorangegangenen Kapitel ausführlich von innen erkundet; jetzt kommt es darauf an, sie von außen, in ihrem Wert auch für die nichtästhetische Praxis zu betrachten. Die ästhetischen Qualitäten der Natur, so zeigt sich, haben eine ethische Bedeutung. Das Naturschöne ist nicht nur ein Korrektiv der Kunst und der sonstigen ästhetischen Praxis, als Teil eines guten Lebens ist es ein Korrektiv individueller und kollektiver Ideale der Existenz. Unter modernen Bedingungen kann nur diejenige Lebensführung gelingen, die zugleich in der Möglichkeit der bewußten Intensivierung, der bewußten Variation und der bewußten Suspension ihrer primären Orientierungen steht.

Auch dies kann als das Ergebnis einer Neubeschreibung des ästhetischen Interesses an der Natur verstanden werden. Wie sich die Ästhetik der Natur als Teil einer allgemeinen Ästhetik erwiesen hat, erweist sich die allgemeine Ästhetik ihrerseits als Teil einer allgemeinen Ethik. Das Thema ästhetischer Natur macht diesen Zusammenhang stellvertretend deutlich. Die ästhetische Erfahrung der »gesamten« Natur ist eine exemplarische Erfahrung der Form guten Lebens. Die ästhetische Attraktion der Natur ist von dieser ethischen Relevanz nicht zu trennen. Erst mit der Ethik der Natur ist alles über die Ästhetik der Natur gesagt.

Mit der als Teil einer eudämonistischen Ethik interpretierten Ästhetik der Natur kommt diese außerdem als ein im engeren Sinn moralisches Problem in den Blick. Zwar betrifft die »Moral«, von der dieses Kapitel handelt, vorwiegend Zusammenhänge der Lebensführung, also des gelingenden individuellen Lebens; aus dieser in einem weiten Sinn verstandenen Moral jedoch entspringt schließlich eine zusätzliche Begründung der naturbezogenen Moral im engeren Sinn des Worts. Der gebotene »Respekt vor der Natur« erweist sich als Respekt vor einer unersetzlichen Lebensmöglichkeit des Menschen.

»Moral des Naturschönen« heißt soviel wie: ethischer Wert der erfüllten ästhetischen Orientierung gegenüber der Natur. Meine Behauptung ist, daß das Naturschöne solchen Wert hat. Seine Gegenwart ist eine ausgezeichnete Situation guten Lebens und somit die ästhetische Einstellung zur Natur eine wichtige Komponente gelingender Lebensführung. Ästhetische Naturanschauung ist aber nicht allein eine wichtige *Komponente*, ihre Analyse bietet zugleich ein vorzügliches Modell der allgemeinen *Struktur* gelingender Existenz. Daher ist die ästhetische Naturwahrnehmung zum einen ein ethisches *Korrektiv* der nichtästhetischen Praxis, zum andern ein theoretisches *Modell* der Explikation gelingender Praxis.[1]

a) Das Ethische im Ästhetischen

Die Frage nach dem Ethischen im Ästhetischen ist eine Frage nach dem Sinn unseres ästhetischen »Sinns für den Sinn«. Sie fragt nicht einfach, inwiefern sich die ästhetische Anschauung lohnt – darauf hat die Beschreibung der Formen dieser Anschauung eine hinreichende Antwort gegeben; sie fragt danach, wie sich die ästhetische Anschauung im Verhältnis zu *anderem* Lohnenden lohnt. Daß es gut ist, freier Natur in unbefangener ästhetischer Einstellung zu begegnen, haben unsere Betrachtungen gezeigt; welche Bedeutung dieses Gutsein hat, ist eine andere, ist jetzt unsere Frage. Meine Antwort wird sein, daß es in seiner ästhetischen Bedeutung auch eine ethische hat.

Nun ist vieles, was unzweifelhaft gut ist, nicht deswegen schon ethisch gut, auch nicht im weitesten Gebrauch des Wortes »ethisch«. Ein kühles Bier etwa ist einfach gut gegen den Durst. Auch ist nicht alles, was »in sich« gut ist, darum schon ethisch gut; der gute Geschmack und die angenehme Wirkung des Biers gehören nicht dazu. Ethisch gut – in der Bedeutung, die ich hier zugrunde lege und gleich näher erläutern werde – sind Handlungen und Handlungssituationen, die eine Form guten Lebens darstel-

1 Ich lasse im folgenden offen, wie es mit der ethischen Bedeutung der weiteren Formen des Ästhetischen steht; zur Kunst vgl. Anm. 5 des Schlußworts.

len, ohne deren Erreichbarkeit das Gelingen menschlichen Lebens eingeschränkt oder unmöglich wäre. Ein gutes Leben ohne Bier ist immerhin möglich. Mit etwas satirischem Temperament könnte man daraus folgern, daß zwar nicht Bier (oder ein anderes alkoholisches Getränk), aber wenigstens die Erreichbarkeit von Getränken ethisch gut sei, da es ohne etwas zu Trinken kein gutes Leben gebe. Das ist natürlich absurd; nicht jede Bedingung des *Lebens* – wie Essen und Trinken und vieles andere – ist auch schon eine spezifische und allgemeine Bedingung *guten* Lebens. Das schließt nicht aus, daß z. B. Getränke – alkoholische nicht zuletzt – wichtige Ingredienzen gelingender Praxis sein können. In ethischer Bedeutung gut kann aber überhaupt kein *Gegenstand* (auch keine Klasse von Gegenständen) sein, sondern allein die Verfassung lebensweltlicher *Situationen.* Ethisch gut sind Situationen und Handlungen, die in sich selbst Zustände bzw. Vollzüge gedeihlichen Lebens sind. Unsere Vermutung lautet also, daß das ästhetische Interesse an der Natur ein mögliches ethisches Interesse einschließt, weil es nicht-beliebigen Situationen guten Lebens gilt.

Das »Ethische im Ästhetischen« läge demnach in allgemein wertvollen, durch ästhetische Qualitäten eröffneten Formen des Lebens. Die »Intersubjektivität der ästhetischen Natur« wäre zugleich ethische Intersubjektivität. Im Fall des Naturschönen, so werde ich zu zeigen versuchen, ist diese ethische Relevanz des Ästhetischen überdies in einer starken Form gegeben. Das Naturschöne ist eine allgemeine Möglichkeit guten Lebens, an der sich die konstitutive *Form* dieses Lebens zeigt. Der Schritt von der Ästhetik der Natur in eine Ethik des guten Lebens ist von den beiden folgenden Annahmen getragen:

i. Das Naturschöne ist nicht irgendein Gutes, sondern ethisch Gutes, d. h. eine allgemeine Situation gelingenden Lebens.

ii. Das Naturschöne ist nicht irgendein ethisch Gutes, sondern eine für die Form solchen Gelingens überhaupt paradigmatische Situation.

Die Richtung beider Thesen wird deutlicher im Blick auf andere Theorien des Zusammenhangs von Ästhetik und Ethik. Auch Schopenhauer interpretiert die Ästhetik letztlich als einen Teil der Ethik. Er beschreibt die ästhetische Einstellung als Spielform der, wie er meint, schlechthin richtigen Einstellungen zum Leben – der

Resignation. Folglich läßt Schopenhauer das dritte, der Ästhetik gewidmete Buch von »Die Welt als Wille und Vorstellung« direkt in den vierten, ethischen Teil münden. Die ästhetische »Erkenntniß des Wesens der Welt«, wird dem Künstler »nicht, wie wir es im folgenden Buche bei dem zur Resignation gelangten Heiligen sehen werden, Quietiv des Willens, erlöst ihn auch nicht auf immer, sondern nur auf Augenblicke vom Leben, und ist ihm so nicht der Weg aus demselben, sondern nur einstweilen ein Trost in demselben; bis seine dadurch gesteigerte Kraft, endlich des Spieles müde, den Ernst ergreift«.[2] Ästhetische Anschauung ist hier eine Vorstufe der entsagenden »Erlösung«[3] von allen Übeln, ein Durchgangslager auf dem Weg zum eigentlichen Ziel der Abwendung von den Trugbildern des Willens zum Leben. Das bedeutet, daß Schopenhauer die Möglichkeit ästhetischer Wahrnehmung, nachdem er sie zuerst an die theoretische Anschauung verraten hat, im zweiten Schritt auch noch an die ethische Disziplinierung verrät. Ästhetische Anschauung, scheinbar *um ihrer selbst willen* vollzogen, erweist sich bei zweiter, ethischer Betrachtung als das geeignetste *Mittel* der Erlangung echter Absolution.[4]

Anders als es diese asketische Funktionalisierung will, ist das Naturschöne jedoch weder eine Vorstufe noch ein Ersatz, sondern eine Gegenwart des Guten. Freilich hat »das Gute« hier eine durchaus vormoralische Bedeutung; es benennt eine Qualität bestimmter Lebensmöglichkeiten, die erstrebenswert sind, weil ihre Gegenwart die erfüllte Zeit selbstgenügsamen Daseins bietet. In Kierkegaards Abhandlung über das Ästhetische/Ethische steht alle Orientierung an derart Gutem zunächst allein auf der Seite einer »ästhetischen« Lebensführung, die sich an relativen und damit letztlich vergeblichen Glücksmöglichkeiten orientiert. Der ästhetischen Option für das »Genießen« des Lebens unter diesem oder jenem Aspekt stellt Kierkegaard die ethisch-absolute Wahl des Individuums entgegen, in der kontinuierlichen Verantwortung für den eigenen Lebensweg zu leben. Das ethische Subjekt wählt nicht (wie das ästhetische) dieses oder jenes Leben, es wählt die Freiheit zu diesem oder jenem Leben – und mit der Freiheit die

2 Schopenhauer (1977), I.335.

3 Ebd., I.334.

4 Vgl. Nietzsches Einspruch in der »Götzen-Dämmerung«, Nr. 21 (Nietzsche, 1980e, 125).

moralische Verantwortung für es. Der Gegensatz zum so verstandenen Guten ist nicht das Widrige oder Schlechte, er liegt im Bösen. So sehr aber das ethische Leben im zweiten Teil von »Entweder – Oder« in Opposition zum ästhetischen auftritt, es handelt sich um keine vollständige Disjunktion. »Ich bin kein ethischer Rigorist«, sagt der Vertreter der ethischen Lebensart, »der für eine formale abstrakte Freiheit begeistert ist; wenn die Wahl nur erst gesetzt ist, kehrt alles Ästhetische wieder, und Du wirst sehen, daß damit erst das Dasein schön wird und daß es einem Menschen erst auf diesem Weg gelingen kann, seine Seele zu retten und die ganze Welt zu gewinnen, die Welt zu gebrauchen, ohne sie zu mißbrauchen.«[5] Der Kontrahent ist aufgefordert, sich loszureißen von den »Illusionen der Ästhetik (. . .), um zum Ernst des Geistes zu erwachen«, in dem das Ästhetische eine neue, eine »dienende« Rolle gewinnt.[6] Die »wahre Lebenskunst«[7] schließt eudämonistische Orientierungen ein, ist hingegen nicht von ihnen beherrscht. Man könnte hier von einer optimistischen Funktionalisierung sprechen. Wenn die ethische Wahl getroffen ist, nur dann freilich, kann auch »das Ästhetische« ein Bestandteil des ethisch Guten sein.

Nur aus der *Opposition* des Ethischen zum Ästhetischen aber, sagt Kierkegaard, kann die mögliche Konjunktion beider Größen verstanden werden. Wenn die ethische Wahl vollzogen ist, kann das ästhetische Leben Teil eines guten Lebens sein – so stellt es Kierkegaard dar. Die Auffassung, die ich entwickeln möchte, lautet anders: Nur von der möglichen *Konjunktion* des Ethischen mit dem Ästhetischen her kann die Opposition zwischen einer *im weiten Sinn* und einer *im engeren Sinn* ethischen Orientierung verstanden werden. Wenn sich im Ästhetischen eine genuine Lebensmöglichkeit der Menschen zeigt, ist ihrer moralischen Rücksicht die *Anerkennung* dieser Existenzform aufgegeben. Wenn das Ethische im Ästhetischen wahrgenommen wird, ist ein besseres Verständnis des Ethischen gewonnen: auch dort, wo dieses nicht zugleich ein Ästhetisches ist – so soll es hier dargestellt werden.

Nietzsche dagegen hat das Ethische auf das (weit verstandene) Ästhetische reduziert. Was gut ist, liegt allein in der Macht des wertschaffenden oder wertwählenden Willens; alle Normen des Guten

5 Kierkegaard (1988), 729; vgl. 782 u. 840f.
6 Ebd., 778 u. 790.
7 Ebd., 823.

oder Richtigen leiten sich aus einem elitären Geschmack für das Außergewöhnliche her.[8] Die Willkür ästhetischer Entscheidungen gibt bei Nietzsche die Basis aller ethischen Orientierung ab. Wenn die ästhetische Wahl souverän vollzogen ist, kann auch das Ethische wieder ein dienender Teil des Lebens sein. So sehr das ein Verkennen der Moral ist, zugleich ist es ein neuer Verrat an der ästhetischen Praxis. Wären ästhetische Einstellungen der Grund (oder auch, idealistisch, die Krone) aller kulturellen Orientierung, wären sie nicht, was sie sind: gesonderte Einstellungen innerhalb eines differenzierten Orientierungszusammenhangs, die ihren Reiz allein aus Bezug und Abstand zur nichtästhetischen Praxis erhalten. Wie bisher müssen wir versuchen, die Nivellierung des Ästhetischen zu vermeiden, ohne es in eine Isolierung von der außerästhetischen Praxis zu führen. Auch wenn das Naturschöne eine exemplarische Lebensmöglichkeit ist, selbst wenn es sich als taugliches Modell der Erläuterung der allgemeinen Form gelingenden Lebens erweisen sollte, führt dies nicht zu einem allein ästhetischen Begriff guten Lebens. Auch wenn die Ästhetik Teil einer weit gefaßten Ethik ist, sind Ethik und Ästhetik noch lange nicht »Eins«, wie es der frühe Wittgenstein in Anlehnung an Schopenhauer kundgetan hat.[9]

b) Zweite Korrespondenz

Was aber soll es heißen, das Naturschöne stelle eine zugleich genuine und exemplarische »Lebensmöglichkeit« des Menschen dar? Widerspricht diese Annahme nicht unserer Beobachtung, daß die ästhetische Natur gerade kein sinnhaft durchgestimmter Existenzraum ist, daß sie gerade wegen ihrer unausweichlichen Ambivalenz und Fremdheit anziehend ist? – Dieser Einwand enthält eine Neuauflage des Vorbehalts, der schon am Ende des ersten Kapitels zurückzuweisen war. Dort entstand der Anschein, es sei ein Widerspruch, das kontemplative Absehen von aller Relevanz wiederum als sinnvolles Tun zu bezeichnen. Dieser Vorbehalt läßt sich verallgemeinern. Er lautet dann: Wann immer die ästhetische *An-*

8 Z. B. Nietzsche (1980d), Nrn. 31 ff., 211 u. 225; ders. (1980e), 127f.; zu den Voraussetzungen dieser Interpretation s. Seel (1989b), 257ff.

9 Wittgenstein (1971), 6.421.

schauung der Natur einen Sinn für den Menschen hat, hat auch die *Natur* in dieser Anschauung für den Menschen Sinn. Ästhetische Natur, hieße das, wäre letztlich immer eine dem Menschen »korrespondierende« Natur; der Begriff der »Korrespondenz«, hieße das, wäre nicht bloß einer unter anderen Leitbegriffen, er wäre der heimliche Grundbegriff der gesamten bisherigen Betrachtung. Kontemplation und Imagination, so gesehen, wären nichts weiter als besondere Varianten der ästhetischen Korrespondenz mit Natur.

Daran ist so viel richtig, daß ein existentielles Interesse nicht allein an der korrespondenzorientierten, sondern ebenso an der kontemplativen und imaginativen Betrachtung besteht. Jedoch macht dieser Umstand weder die ästhetische Kontemplation noch die ästhetische Imagination zu Fällen jenes im engeren Sinn existentiellen ästhetischen Interesses, als welches ich die Korrespondenzwahrnehmung beschrieben habe. Sowohl Kontemplation wie Imagination sind von dem Interesse geleitet, Natur *nicht* als Raum der augenblicklichen existentiellen Situation zu sehen. Allein in der Korrespondenzbeziehung nehmen wir Natur als aktuellen Existenzraum wahr; deswegen konnte sie vereinfachend als »existentielle« ästhetische Wahrnehmung angesprochen werden. Daraus jedoch, daß Natur in kontemplativer und imaginativer Einstellung nicht als augenblickliche Lebenssituation *wahrgenommen* wird, folgt in keiner Weise, daß die Möglichkeit dieser Wahrnehmung keine Lebensmöglichkeit *ist*. Dieser Fehlschluß liegt dem Einwand zugrunde. Die Lebensmöglichkeit des Naturschönen steht innerhalb und außerhalb sinnhafter Korrespondenz mit Natur. Der Sinn dieser Naturbeziehung ist es gerade, nicht in der Anschauung nur des situativen Sinns und nicht allein in sinnorientierter Anschauung zu sein. Weil die Natur auch unseren Sinn für die Überschreitung des pragmatisch gegebenen und selbst des imaginativ vorstellbaren Sinns aktiviert, durchbricht ihre Anschauung immer wieder die kommensurable oder inkommensurable Entsprechung einer situationsinternen Korrespondenz. Trotzdem ist es durchaus berechtigt, die zugleich sinnhafte, sinnfremde und bildhafte Attraktion des Naturschönen als Zustand der Korrespondenz mit ihrer gesamten Wirklichkeit zu interpretieren. Nur ist dann von einer anderen, einer *zweiten Korrespondenz* die Rede: einer Korrespondenz mit der Natur, die – in unserer bisherigen

Terminologie gesprochen – korresponsive wie anti-korresponsive Wahrnehmungsqualitäten gleichermaßen und gleichzeitig umfaßt. Nur darin »entspricht« die kontingente Natur dem uneingeschränkten ästhetischen Sinn, daß sie allen inhaltlichen Sinnerwartungen und sogar der Sinnerwartung selbst immer wieder nicht entspricht. Der Freiheit der Natur entspricht unsere Freiheit sowohl *zum* eigenen Entwurf als auch *vom* eigenen Entwurf. Nicht die gesamte *Erscheinung* der Natur, wohl aber unsere *Begegnung* mit der Varietät ihrer Erscheinungsweisen gewinnt hierdurch den übergreifenden Sinn einer Verwirklichung dieser Freiheit. Eine Situation, in der die ästhetischen Attraktionen »interagieren«, ist eine Wirklichkeit im Zustand »zweiter Korrespondenz«.

Bereits im IV. Kapitel war von einem »existentiellen Interesse zweiter Ordnung« die Rede, das es zu verstehen gelte, um die gesamte Attraktion der Natur zu verstehen.[10] Dies ist ein Interesse an einem Spielraum des Lebensvollzugs, der nicht in der situativen Erfüllung bestimmter Entwürfe, und seien es die besten, allein gegeben sein kann. Es ist ein Lebensinteresse gegenüber den Lebensinteressen, denen wir uns zu einem bestimmten Zeitpunkt verschrieben haben oder verschreiben könnten. Es wäre ganz falsch, dieses Interesse einfach als ein »höheres« zu verstehen, das einem reflektierteren existentiellen Entwurf entspringe, dem die schön/erhabene Natur eigentlich korrespondiere. Denn es ist unangemessen, hier überhaupt von einer inhaltlichen Lebenskonzeption zu sprechen. Es gibt keinen existentiellen Entwurf in Distanz zum eigenen Entwurf. Trotzdem gibt es eine Distanz zum eigenen (oder gemeinsamen) Entwurf, die eine Bedingung der Veränderbarkeit und somit des Gelingens inhaltlicher Lebensentwürfe ist. Das existentielle Interesse zweiter Ordnung entspringt der Erfahrung, daß die Angewiesenheit auf orientierende Entwürfe in der Angewiesenheit auf Distanz zu ihnen steht. Die Wirklichkeit des Naturschönen zeichnet sich nun dadurch aus, daß sie beides gegenwärtig sein läßt: die ausdruckhafte Gegenwart einer verlockenden Lebenssituation und die anschauliche (kontemplative oder imaginative) Distanz zur ästhetischen Identifikation mit ihr. Im sinnfälligen Zugleichsein dieser Positionen ergibt sich die zweite

10 Kap. IV.1.c, S. 197.

Korrespondenz. Sie besteht nicht wie die erste zwischen Entwurf und Welt, sie besteht zwischen menschlicher Orientierungs*freiheit* und phänomenaler Welt. Zur Anziehung des Naturschönen gehört, daß es in der Intensivierung oder Erweiterung unserer Entwürfe über unsere Entwürfe hinausgeht. Seine Wirklichkeit ist »transkonzeptionell«. Nur deswegen konnte es am Ende von Kap. IV.I heißen, der naturschöne Zustand erfüllter Zeit sei Zustand erfüllter Freiheit.[11]

Mit der Aussage, das Naturschöne sei eine exemplarische Situation guten Lebens, ist also nicht die korresponsive Exemplarität gemeint, in der die sinnhafte Natur zum positiven oder negativen Beispiel einer konkreten Lebenskonzeption wird[12], sondern eine überkonzeptionelle Exemplarität der »gesamten« Natur. Das Naturschöne, darauf zielt die ethische Fortführung unserer ästhetischen Analysen, ist ein beispielhaftes Gegebensein der Form guten Lebens, die nicht an bestimmte Lebensentwürfe gebunden ist, vielmehr von diesen Entwürfen beachtet oder verfehlt werden kann. Das Naturschöne ist ein Beispiel dieser Lebensform, weil es eine Situation nicht allein der negativen Freiheit von inneren und äußeren Zwängen, sondern der positiven Freiheit eines mehrdimensional vollzugsorientierten Tätigseins ist. Paradigmatische Situationen guten menschlichen Lebens aber sind Situationen verwirklichter Freiheit.

Jedoch sind diese Vermutungen nur dann aussichtsreich, wenn die Diagnose der Freiheit in schön/erhabener Natur nicht allein eine erfüllte *ästhetische* Freiheit, sondern die ästhetisch erfüllte *Freiheit* des einzelnen betrifft. Mit anderen Worten: Die ethische Exemplarität der ästhetischen Erfahrung ist nur gegeben, wenn die ästhetische Freiheit nicht eine Form der Freiheit neben anderen ist, sondern vielmehr die Modifikation einer Struktur, die für Zustände positiver Freiheit allgemein kennzeichnend ist. Nur dann ist es möglich, die im Naturschönen gegebene Interaktion

11 Die Kritik an Bloch in Kap. II.4.b kann jetzt im Vorwurf einer *Totalisierung der ersten Korrespondenz* zusammengefaßt werden. Bei Bloch ist das Naturschöne insgesamt als Ausdruck einer ultimativen Einrichtung des Lebens gedacht, statt als ein *unter anderem* ausdruckhafter Freiraum der fragilen und befremdlichen Selbstbegegnung des Menschen im Zustand zweiter Korrespondenz.

12 S. Kap. II.5.

ästhetischer Stellungen zum primären Lebensvollzug als Beispiel eines ausgezeichneten Spielraums in *allen* Kontexten des Handelns zu interpretieren. Nur dann darf die ästhetische Freiheit als Version ethischer Freiheit aufgefaßt werden. So verhält es sich auch – jedenfalls kann es sich so verhalten. Wie sich noch zeigen wird, muß die ästhetische Freiheit zwar nicht als Affirmation ethischer Freiheit verstanden werden, aber sie kann so wahrgenommen werden – und sie sollte es. Denn sie ist nur dort als geglückte Freiheit gegeben, wo sie als ästhetische Zeichen einer ethischen ist.

Wieder ist eine entscheidende Beobachtung bereits im vierten Kapitel erfolgt; sie muß aus der Analyse der dreifachen ästhetischen Distanz zur alltäglichen Praxis nur herausgelesen werden. Die Kontemplation, so hieß es dort[13], verhalte sich dem lebensweltlich engagierten Handeln gegenüber »abstinent«, die Imagination verhalte sich »transzendent«, die Korrespondenzwahrnehmung dagegen sei »immanent« auf seinen Horizont bezogen. Die Kontemplation nimmt Abstand vom Sinn allen tätigen Seins, die Imagination nimmt Abstand von der Teilnahme an ihm, die Korrespondenz ist nur zugänglich aus dieser Teilnahme selbst. Kontemplation und Imagination sind folglich Sonderpraktiken neben der Praxis tätigen Lebens, während Korrespondenzwahrnehmung und Korrespondenzerzeugung ihre Vollzüge aus einer geringen Distanz von innen begleiten.[14] »Tätiges Leben«, »alltägliche Praxis«, »pragmatische Involviertheit« meint dabei stets ein situationszentriertes Handeln im Horizont einer durch individuelle Entwürfe und Werte zwar variierten, aber von den Deutungen und Konventionen einer intersubjektiven Kultur getragenen Welt. Es ist ein in seinen Zweck und Vollzug vertieftes Handeln, für das weder die Grenzen dieses Raums noch die Grenzen dieses Sinns überschreitbar sind. In der mehrdimensionalen ästhetischen Anschauung dagegen ist ein solches transzendierendes Bewußtsein *zusammen* mit einer immanenten Anschauung des lebensweltlichen Horizonts gegeben.

13 S. 191.

14 Natürlich können Kontemplation und Imagination in alle anderen Praktiken fast beliebig *eingeschaltet* werden; sie stellen dann aber, im Unterschied zum korrespondenzorientierten Bewußtsein, eine (mehr oder weniger starke) *Unterbrechung* dieser Praktiken dar.

Aber nicht nur in der ästhetischen Praxis steht neben der Position tätig-beteiligten Lebens eine doppelte Position außerhalb dieser Beteiligung offen. Die drei Formen ästhetischer Einstellung bezeichnen nicht allein die prinzipiell möglichen Stellungen des *ästhetischen* Bewußtseins zum tätigen Leben, sie sind Spielarten des prinzipiell möglichen *Bewußtseins* zu und in ihm. Die ästhetischen Stellungen zur Welt sind Modi der Grundstellungen des Menschen zur alltäglich gelebten Welt. Nur weil es so ist, kann das ästhetische Verhältnis dieser Stellungen eine orientierende Bedeutung für die Praxis diesseits ästhetischer Verhältnisse haben. Das also ist die dritte These, über die der Weg von der Ästhetik der Natur in eine eudämonistische Ethik führt:
Im günstigen Verhältnis der ästhetischen Stellungen zur Welt ist eine Form *überhaupt* günstiger Stellung zur Welt gegeben. Gelingendes Dasein ist nur als Teilhabe-an, Abstand-zu und Aussicht-auf subjektive wie intersubjektive Konzeptionen und Konventionen der innerweltlichen Orientierung möglich.

2. Ethische Unterscheidungen

Die Entfaltung der drei programmatischen Thesen muß mit einer begrifflichen Zwischenbetrachtung beginnen. Es kommt darauf an, den Begriff des »Ethischen« zu klären, den ich verwende, wenn ich sage, daß die ästhetische Erfahrung der Natur zugleich eine ethische sei. Ich habe den Begriff von Anfang an in einem weiten Sinn gebraucht, dem ein ebenso berechtigtes enges Verständnis gegenübersteht. Die Unterscheidung dieser beiden Bedeutungen erlaubt es, sowohl die im weiten Sinn »ethische« als auch die im engen Sinn »moralische« Erfahrung als wesentliche Dimensionen »existentieller« Erfahrung zu verstehen. Das führt zu einer ersten Prüfung der existentiellen und ethischen Relevanz der ästhetischen Naturerfahrung.

a) Zweierlei »Moral«

Das Wort »Moral« hat zwei Grundbedeutungen. In einem weiten Sinn verstanden, meint es eine *Moral der Lebensführung*, im engeren Sinn dagegen meint es eine *Moral der Rücksicht auf andere.* Eine Moral der Lebensführung kann eine Moral der Rücksicht auf andere einschließen oder auch nicht; eine Moral der Rücksicht auf andere kann in verschiedene Moralen der Lebensführung eingebettet sein oder sich auf diese stützen. Eine Moral der Lebensführung, auch wenn sie Prinzipien der Rücksicht auf andere (oder alle anderen) mit einschließt, betrifft Formen des individuellen guten Lebens; das Gute, um das es ihr geht, ist das, was für jeden gut ist. Eine Moral der Rücksicht auf andere betrifft Formen des Zusammenlebens unter den Individuen; das Gute, um das es ihr geht, ist das, was im Miteinander der Menschen richtig ist. Die Sokratische Frage, »wie man leben soll«, kann als Leitfrage beider Arten praktischer Orientierung gelten.[15] Sie gewinnt jedoch einen jeweils anderen Sinn. Entweder sie fragt danach, welche Art des Lebens jeder im wohlverstandenen Eigeninteresse wählen sollte – dann betrifft sie das menschenmögliche Glück. Oder sie fragt danach, zu welchen Handlungsweisen jeder im sozialen Leben berechtigt bzw. verpflichtet ist – dann betrifft sie den unter den Menschen gebotenen Respekt. Moralische Orientierungen, mit einem Wort, können sich (in einem weiten Sinn) auf das individuell Gute oder (in einem engen Sinn) auf das sozial Richtige beziehen.[16]

Was die beiden Formen der Moral unterscheidet, wird auch am Charakter der Normen deutlich, an denen sich die Handelnden jeweils orientieren. Die einen Normen sagen, was um eines guten Lebens willen erstrebenswert ist, die anderen schränken den eigenen Handlungsspielraum mit Rücksicht auf die Lebensmöglichkeiten der anderen ein. Haben die ersten den Charakter von Empfehlungen oder Ratschlägen, haben die zweiten den von Geboten

15 Williams (1985), Kap. I; zum folgenden s. Mackie (1983), 133f., Tugendhat (1984), 43ff., Rawls (1979), 42ff. In Anlehnung an Rawls nenne ich das individuell Gute oft einfach »das Gute« und das sozial Richtige oft einfach »das Richtige«.

16 Die Frage hingegen, »Wie soll *ich* leben?«, ist nicht unbedingt eine moralische Frage. Sie kann es natürlich sein, wenn der Einzelne eine der beiden moralischen Grundfragen an sich selbst adressiert. Sie kann aber auch die Überlegung oder Entscheidung betreffen, wie ich mein *persönliches* Leben gestalten will – auch wenn dies innerhalb moralischer Orientierungen aller Art geschehen soll, bleibt ein weites Feld außermoralischer Erwägungen offen.

und Verboten.[17] Ergibt sich bei der Mißachtung der ersteren gleichsam von selbst eine Sanktion (durch Einbußen im eigenen Wohlergehen), ist die offenkundige Übertretung der letzteren mit verschiedenen Arten sozialer Sanktionen verbunden. Beide wiederum, die Moral der Lebensführung und die der intersubjektiven Anerkennung, können entweder partikularistisch oder universalistisch sein: Moralen entweder einer bestimmten oder aber jeder möglichen Klasse und Kultur. Sie gelten entweder dem, was für »unsereinen« oder dem, was überhaupt – für alle Menschen – das Gute und Richtige ist. Hier zeigt sich eine weitere Asymmetrie. Während es sich bei einer partikularistischen Moral der wechselseitigen Anerkennung nach heutigem Verständnis um eine grundlos eingeschränkte und somit verkehrte Moral handelt, scheint es höchst zweifelhaft, ob dasselbe für das Ethos der Lebensführung gesagt werden kann. Dem Universalismus der Anerkennung scheint nicht unbedingt ein Universalismus der Lebensführung zu entsprechen. Die heute vorherrschende Meinung ist vielmehr, daß dem Universalismus der Anerkennung ein Universalismus der Lebensführung weder entsprechen kann noch entsprechen soll. Die Überlegungen dieses Kapitels werden bemüht sein, Zweifel an diesem Vorurteil zu säen – die Entscheidung über Möglichkeiten und Konsequenzen dieses zweiten Universalismus hebe ich jedoch für das Schlußwort auf.

Den beiden Bedeutungen von »Moral« entsprechen zwei Bedeutungen philosophischer Ethik. Ihr Thema kann primär das gute Leben der Menschen oder primär das richtige Zusammenleben der Menschen sein.[18] Sie wird dann eher eine teleologische oder eine deontologische, man kann auch sagen: eher eine »Strebensethik« oder eine »Sollensethik« sein.[19] Theorien des Moralischen lassen sich danach unterscheiden, welche der beiden Dimensionen, das individuell Gute oder das sozial Richtige, sie als Grundbegriff wählen. Die antike Ethik war bekanntlich eine »Ethik des Guten«; sie versucht die Normen des intersubjektiv Wertvollen und Gerechten aus einer Theorie gelingenden Lebens zu entwickeln. Die

17 Natürlich sind diese Dimensionen im Alltag sehr häufig vermischt; was im Alltag »Moral« heißt, ist fast immer diese Mischung.

18 Vgl. Nagel (1986), Kap. X, u. Spaemann (1989), 15 ff. u. 99ff.

19 So Krämer (1983); für eine differenzierte Unterscheidung der beiden Ethiktypen s. ders. (1986) u. Angehrn (1985).

moderne Ethik in der Tradition Kants dagegen ist bekanntlich eine »Ethik des Richtigen«; für sie legen die Normen des sozial richtigen Handelns den Spielraum gelingenden Lebens (weitgehend negativ) fest. Eine Ethik des Guten versucht das sittliche Band zwischen den Menschen aus der Gemeinsamkeit ihrer evaluativ gedeuteten Lebensform zu bestimmen, eine Ethik des Richtigen dagegen aus der wechselseitigen Anerkennung ihrer Autonomie, unabhängig von aller weiteren Bewertung der Formen ihres Lebens. Ist im einen Fall das Gute das Kriterium des Richtigen, ist im anderen Fall das Richtige das Kriterium des Guten. Platon und (etwas weniger radikal) Aristoteles haben ausgehend vom Grundbegriff des Guten die These einer konstitutiven Identität des Guten-und-Richtigen vertreten – das individuell gelungene Leben ist ein im engeren Sinn moralisch richtig geführtes Leben und vice versa. Die neuzeitliche Ethik hat dagegen ausgehend vom Grundbegriff des Richtigen die These einer unvermeidlichen Differenz beider Aspekte vertreten – ein im engeren Sinn moralisch richtiges ist nicht notwendigerweise auch ein individuell gutes Leben. Wie immer diese klassischen Alternativen – Primat des Guten vs. Primat des Richtigen; prinzipielle Identität vs. prinzipielle Differenz beider Größen – einzuschätzen sind, fest steht: die Ethik hat zwei Themen, aber nur ein Problem: wie sich ihre beiden Grundthemen zueinander verhalten.[20] Will sie eine doppelte Moral vermeiden, muß sie der Doppelheit aller Moral Rechnung tragen.

Vor diesem Hintergrund möchte ich mich vorerst mit einer rein terminologischen Konsequenz begnügen. Ich werde das Adjektiv *»ethisch«* künftig für »moralisch im weiteren Sinn«, den Ausdruck *»moralisch«* dagegen für »moralisch im engeren Sinn« reservieren. »Ethische« Orientierungen, Regeln, Einsichten usw., so verstanden, betreffen generelle Möglichkeiten guten oder gelingenden Lebens; »moralische« Orientierungen, Regeln, Einsichten usw., so verstanden, betreffen allgemeine Richtlinien sozialen Respekts.[21] (Schopenhauer z. B. spricht vom Ethischen eher in der

20 Zur gegenwärtigen Renaissance der Ethik des Guten s. Wolf (1984), MacIntyre (1985), Taylor (1986), Nussbaum (1986), Spaemann (1989), Rentsch (1990) und meinen Kommentar in Seel (1991 a).

21 Terminologisch dieselbe Unterscheidung, allerdings mit anderem Inhalt und anderer Absicht, trifft Williams (1985), 6ff.

weiten, Kierkegaard dagegen vorwiegend in der engen, Nietzsche wiederum in der weiten Bedeutung.) Dagegen werde ich das Substantiv »Moral« weiterhin für beides gebrauchen: sowohl für die (im weiten Sinn) »ethische« als auch die (im engen Sinn) »moralische« Orientierung. Entsprechend halte ich das Wort »Ethik« für die beiden Schwerpunkte moralphilosophischer Betrachtung frei: für die Analyse der Struktur gelingenden Lebens und die Analyse der Verfassung sozial gerechten Handelns. Sinn dieser Regelung ist ein bequemes Unterscheiden der beiden Bereiche der Moral bei gleichzeitiger Sorge um ihren Zusammenhang.

b) Kreise der Lebenserfahrung

Die Moral des Naturschönen, so läßt sich jetzt sagen, ist eine *ethische* Moral. Die schön/erhabene Natur ist eine Möglichkeit guten Lebens, nicht für einige, sondern für alle. Damit ist ausgesprochen, daß uns das Naturschöne als ein Probierstein eines – gegen alle klassisch-modernen Vorbehalte durchgeführten – Universalismus der Lebensführung dienen kann. Diese Durchführung bedarf einer genaueren Klärung des Verhältnisses existentieller und ethischer Orientierung; hier liegt der Schlüssel zur Wahrnehmung des Ethischen im Ästhetischen. Aus dem Zusammenhang existentieller und ethischer Erfahrung wird einsichtig, inwiefern das Naturschöne eine eminente existentielle *und* ethische Erfahrung ist.

Ich beginne mit der existentiellen Erfahrung. Neben der kognitiven und der instrumentellen Erfahrung kann die existentielle als dritte Grundform menschlicher Erfahrung gelten.[22] Existentielle Erfahrungen sind Erfahrungen, in denen uns Situationen des Handelns als gute oder schlechte, aussichtsreiche oder aussichtslose Möglichkeiten des eigenen Lebens bekannt werden. Es handelt sich um eine Form der Werterfahrung; erfahren wird der subjektive Wert der Situationen, in denen wir uns befinden oder befunden haben. Der Gesichtspunkt dieser Bewertung ist am einfachsten durch die Frage bezeichnet, ob es für das eigene Leben gut oder wichtig ist, in einer Situation der betreffenden Art gewesen zu sein oder weiterhin zu sein. Darin liegt, daß die Rede vom exi-

22 Die Betrachtungen dieses Abschnitts stützen z. T. auf Seel (1991c).

stentiell Guten zwei Grundbedeutungen hat. Gut in der einen Bedeutung sind Situationen, in denen ein erfreuliches Leben möglich ist. Gut in der anderen Bedeutung sind Situationen, deren *Erfahrung* für die Gestaltung des eigenen Lebens wichtig ist. Die einen können existentiell *unmittelbar*, die anderen existentiell *mittelbar* gute Situationen heißen. Beide Bewertungen gehören zusammen. Das existentiell unmittelbar Gute ist auch mittelbar gut, an ihm erfüllt sich eine gegebene oder gefundene Konzeption des Lebens. Das existentiell mittelbar Gute dagegen, das nicht zugleich unmittelbar Gutes ist, ist gut für die künftige Orientierung auf unmittelbar Gutes. Existentielle Erfahrung, mit einem Wort, ist das Bekanntwerden mit dem unmittelbaren Wert von Handlungssituationen in ihrem mittelbaren Wert für die Ausrichtung des eigenen Lebens.

Die Gegenwart des Naturschönen ist in diesem Sinn unmittelbar und mittelbar gut, ihre Erfahrung also eine positive existentielle Erfahrung. Wenn unsere Betrachtungen zur ästhetischen Freiheit in der freien Natur richtig waren, ist das Naturschöne darüber hinaus Schauplatz einer potenzierten existentiellen Erfahrung, insoweit sie nicht nur eine Erweiterung der eigenen Lebenskonzeption, sondern außerdem einen Spielraum in und zu dieser Konzeption eröffnet. Die korresponsive ästhetische Erfahrung entspricht genau dem soeben vorgestellten Typus einer existentiellen Erfahrung erster Stufe; sie ist eine ästhetische – auf das Anschaulichwerden der involvierten Entwürfe bezogene – Modifikation dieser Entwürfe. Imaginative und kontemplative Erfahrung dagegen sind Lebenserfahrungen zweiter Stufe: keine Erfahrungen der aktuellen Existenzsituation und ihrer Entsprechung oder Nichtentsprechung mit dem jeweiligen Entwurf, eine Erfahrung vielmehr der reflexiven oder strikten Distanz zu beiden. Man könnte hier von indirekter existentieller Erfahrung sprechen. Die Situationen kontemplativer Abwesenheit und imaginativer Projektion sind unmittelbar gut als Gelegenheiten eines vollzugsorientierten Tätigseins und mittelbar gut als Ausrichtung des eigenen Lebens über den Umkreis der gewählten Orientierungen hinaus. Gegenüber der *direkten* existentiellen Erfahrung (erster Stufe) und der *indirekten* existentiellen (zweiter Stufe) liegt eine *potenzierte* existentielle Erfahrung vor, wenn die Modi ihres direkten und ihres indirekten Vollzugs gleichzeitig aktualisiert werden: wenn die

Erschließung einer Handlungssituation zugleich die Eröffnung eines Spielraums zur primären Deutung dieser Situation erlaubt. Die ästhetische Erfahrung freier Natur – nicht allein in ihrer schönen, sondern auch in ihrer schrecklichen Ambivalenz – fällt unter diesen Typus. In ihm wird Wirklichkeit nicht allein im Zustand (positiver oder negativer) erster Korrespondenz mit alten oder neuen Bedürfnissen und Idealen erfahren, sie stellt sich in einem (befreienden oder beklemmenden) Zustand einer zweiten Korrespondenz mit der Fragilität und Freiheit menschlicher Lebensvollzüge dar. Entsprechend ist die »erfüllte Zeit« in naturschöner Landschaft anschaulich gesteigerte Entsprechung und anschaulich gewährte Überschreitung unserer Sicht der Dinge, unserer Idee vom Leben.

Inwiefern aber ist das zugleich eine ethische Erfahrung? Die Antwort ist einfach: weil dies eine Situation ist, die nicht allein für mich oder dich, für Abend- oder Morgenländer, sondern für alle (unmittelbar und mittelbar) gut ist. Ethische Erfahrung ist existentielle Erfahrung, die in ein Bekanntsein mit der Qualität intersubjektiver Lebensmöglichkeiten mündet.

Ethische Erfahrung wäre somit *nichtrelative existentielle Erfahrung.* »Nichtrelativ« aber kann mehrerlei bedeuten: nicht *personen*relativ, nicht *kultur*relativ und schließlich *überhaupt nicht* an das menschliche Wollen gebunden. Letzteres kommt nicht in Frage, da es sich sonst gar nicht um einen Modus existentieller Erfahrungen handeln würde. Dagegen ist es sinnvoll, bereits die kulturrelative existentielle Erfahrung als ethische Erfahrung zu verstehen; das subjektive Bekanntwerden mit aussichtsreichen Lebensmöglichkeiten ist hier zugleich die Entdeckung oder Übernahme der intersubjektiven Wertvorstellungen einer größeren Gemeinschaft. Ich möchte dies als ethische Erfahrung im schwachen Sinn bezeichnen; sie ist ein Bekanntwerden mit (Aspekten) einer *partikularen Lebensform.* Ethische Erfahrung im starken Sinn dagegen ist das Bekanntwerden mit Lebensmöglichkeiten, die überhaupt, d. h. für alle Menschen, mittelbar und unmittelbar gut sind; sie ist die Entdeckung (von Aspekten) einer *universalen Lebensform* des Menschen.[23] Während ich unter »ethischer Erfahrung«

23 Wie die existentielle kann die ethische Erfahrung natürlich ebenso eine negative sein: nicht der Realität, sondern des Verstelltseins bzw. der Zerstörung gedeihlicher Lebensweisen.

im folgenden die Erschließung partikularer *oder* universaler Lebensformen verstehen werde, werde ich den Ausdruck »nichtrelativ« ausschließlich in jenem starken Sinn gebrauchen, der sich auf »transzendierende« Werterfahrungen bezieht. Denn darauf will ich ja hinaus: daß das Naturschöne eine irrelative – weder auf bestimmte Personen noch Kulturen beschränkte – Erfahrung guten Lebens und darin ein vorzügliches Beispiel der Form dieses Lebens ist.

Freilich könnte die Rede von »nichtrelativen existentiellen Erfahrungen« widersinnig erscheinen. Klingt das doch wie: nichtrelative relative Erfahrung. Rein existentielle Erfahrungen sind definitionsgemäß immer relativ; es ist mein und nicht dein Erlebnis, das sie auslöst, meine und nicht deine Wertung, die sie begleitet, meine und nicht deine Einstellung, in die sie mündet. Wie oben festgehalten, wird hier der subjektive Wert der Situationen erfahren, in denen wir uns befinden oder befunden haben. Das schließt aber nicht aus, daß das subjektiv als wertvoll Empfundene ganz oder teilweise objektiv wertvoll ist. So verhält es sich im Prozeß ethischer Erfahrung; sie ist subjektiv geleistete und gefärbte Erschließung einer objektiven Qualität lebensweltlicher Situationen. Es wäre ein schwerer Fehler, die ethische (wie auch die moralische) Erfahrung buchstäblich als subjekt-neutrale Erfahrung zu interpretieren; damit ginge der spezifisch praktische Sinn dieser Erfahrung verloren. Ethische Erfahrung ist nur aus der subjektiven Beteiligung an Situationen zu verstehen, die sich als Lebenslagen erweisen, deren Qualität nicht an private Wertentscheidungen gebunden ist. Die personen-irrelative Beurteilung dieser Situationen ist von ihrer personen-relativen Wahrnehmung nicht zu trennen. Ethische Erfahrung hat immer eine personenrelative Komponente, nur geht sie in dieser nicht auf; sie ist personale Erschließung allgemeiner Formen des Lebens.[24]

Das Naturschöne gibt ein gutes Beispiel, wie sich relative und nichtrelative Wertungen hierbei zueinander verhalten. Blick aus dem Fenster: Ein kalter Novembertag, der See liegt still in verschneiter Landschaft, unter Nebelzonen, durch die Schatten einer irgendwo strahlenden Sonne sickern. Ich mag es ganz besonders,

24 Deswegen ist der Ausdruck »agent-neutral« als Gegensatz zu »agent-relative«, den Nagel (1986), 152 f. im Anschluß an D. Parfit für die entsprechenden Wertungen vorschlägt, nicht sehr glücklich.

wenn es so ist. Der Badefreuden ohnehin abhold, freut es mich, wenn nichts vom Raum der Landschaft ablenkt, der einen mit Kälte umfaßt, der seine Ansichten in Kohle und Tusche malt und mit der hinzugefügten Kreide alles für das bloße Schauen verfremdet. Diese Beschreibung gibt teils meine Vorlieben wieder, teils hat sie die fragile Allgemeinheit einzelner ästhetischer Urteile. Weder auf die Kundgabe von Neigungen noch auf die Tragfähigkeit ästhetischer Urteile kann sich die These vom irrelativen Wert des Naturschönen stützen. Die leidlich freie Natur hat ein zu großes Herz für verschiedene Arten des Gefallens, als daß ein ganz bestimmtes – subjektives oder auch intersubjektives – Gefallen mit stärkster Allgemeinheit rechnen könnte. Man könnte die Novemberlandschaft ganz anders beschreiben, auch mein spezielles Faible für dieses Wetter nicht teilen und trotzdem hinsichtlich ihrer Schönheit übereinstimmen – auch so ist die in Kap. V.5 festgehaltene »Intersubjektivität der ästhetischen Natur« zu verstehen. Die ethische Pointe aber ist damit noch nicht erreicht. Sie tritt erst hervor, wenn wir nicht dieses oder jenes (gleichwie gedeutetes) Schöne zum Beispiel nehmen (worüber man ja wiederum geteilter Meinung sein kann), sondern die Erfahrung von Naturschönem überhaupt, sei es nun dieses oder jenes. Dann wird sichtbar: Nicht unbedingt *diese* Situation – manchen wäre es einfach zu kalt oder sie empfänden Heimweh nach Dünen, Steppen oder der Landschaft der Städte –, aber eine Situation *dieser Art*, in der positive Korrespondenz, glückende Imagination und selbstvergessene Kontemplation frei koexistieren, wäre für jeden gut. Meine Erfahrung dieser Situation ist so zugleich ein Bekanntsein mit einer überhaupt guten Situation des Lebens – wenn auch nicht unbedingt ein Bewußtsein dieses Bekanntseins. Ein solches Bewußtsein ist selbst kein natürliches Ingredienz dieser Erfahrung, es ist das Resultat einer – ethischen, philosophischen – Reflexion auf ihren Gehalt.

Eine Situation dieser Art ist für alle gut, weitgehend unabhängig davon, welcher Konzeption des Lebens sie sich im einzelnen verschrieben haben. Die evaluative Universalität der naturschönen Situation ist keine Universalität der Entwürfe, denen Natur in dieser Situation korrespondiert. Obwohl es überall intersubjektive Entwürfe eines guten Lebens gibt, ja obwohl bei genauer Betrachtung die Intersubjektivität der Lebenserfahrung primär ist gegenüber der Subjektivität privater Lebensvorstellungen (weil es nur in einer gemeinsamen Welt einsame existentielle Erfahrungen gibt[25]), kann sich die Annahme einer ethischen Universalität der Lebensführung nicht auf eine starke Allgemeinheit dieser Konzeptionen stützen. Lebens*konzeptionen* sind unweigerlich relativ; es ist geradezu ihr Sinn, den speziellen – sozialen und wirtschaftlichen, regionalen und historischen, alters- und traditionsbedingten – Daseinsbedingungen einer Person, Gruppe, Klasse oder Kultur produktiv Rechnung zu tragen. Lebensformen dagegen müssen keineswegs von ihren Angehörigen oder Repräsentanten mit konkreten Lebensvorstellungen gleichgesetzt werden und somit partikulare und exklusive Gemeinschaften sein. Der ethische Gehalt einer universalen Lebensform kann mit keinem solcher Lebensideale gleichgesetzt werden. Universale Lebensformen sind keine universalen Lebenskonzeptionen, es sind vielmehr ausgezeichnete – für alle vorteilhafte – *Weisen des Habens und Entwickelns prinzipiell unterschiedlicher Konzeptionen* des praktischen Verhaltens zu sich und der Welt.

Damit ist auch für den Begriff ethischer Erfahrung eine Entsprechung zur existentiellen Differenz einer Erfahrung erster und zweiter Stufe gefunden. Starke ethische Erfahrung schließt die Ebene zweiter Stufe immer mit ein; sie ist nicht allein Bestätigung oder Korrektur einer Lebenskonzeption, sie ist auch Bestätigung oder Entdeckung einer gegenüber subjektiven wie intersubjektiven Konzeptionen und Konventionen bestehenden Freiheit.[26] Deswegen mußte es heißen, die ethische Qualität der naturschönen Situation sei »weitgehend« unabhängig von der genauen Art existentieller Konzeptionen, die in ihr bestätigt oder erweitert werden. Vollkommen unabhängig von ihrer Art ist sie nicht – es gibt Lebensentwürfe, in denen Selbstdistanz nicht vorgesehen ist: ihnen ist die ästhetische Erfahrung der gesamten Natur verschlossen. Der am Beispiel der Natur gewonnene ästhetische Begriff guten Lebens ist daher nicht neutral gegenüber allen Konzeptionen des Lebens, obwohl er keine bestimmte solche Konzeption zur Voraussetzung hat. Das Naturschöne ist eine Situation guten Lebens, für die unsere

25 Vgl. Seel (1991c).

26 Dies ist eine Verschärfung des Unterschieds zwischen »schwacher« (unmittelbarer) und »starker« (mittelbarer) ethischer Wahl, wie ihn Taylor (1985) sehr einleuchtend formuliert.

Lebensvorstellungen – zu unserem Vorteil – offen, aber auch – zu unserem Nachteil – verschlossen sein können.
Als Form potenzierter existentieller Erfahrung ist die ästhetisch-ethische Erfahrung des Naturschönen »transkonzeptionell«: sie schließt eine starke ethische Erfahrung der Form guten – weil mehrdimensional und positiv freien – Lebens mit ein. Potenzierte existentielle Erfahrung ist stets auch starke ethische Erfahrung: die Erfahrung (der Ermöglichung oder Verunmöglichung) existentieller und ethischer Freiheit, die Erfahrung einer Existenzweise, in der nicht nur mir, sondern überhaupt ein gedeihlicher Spielraum des Daseins gegeben ist.
Somit wäre die Erfahrung des Naturschönen eine paradigmatische ethische Erfahrung. Ein Moment des Exemplarischen freilich kommt auch der einfachen existentiellen Erfahrung bereits zu. Während aber diese existentielle Erfahrung exemplarisch ist allein bezüglich des involvierten (individuellen oder kollektiven) Lebensentwurfs, kann die Situation starker ethischer Erfahrung als Beispiel wirklicher Freiheit und erfüllter Zeit innerhalb wie außerhalb der primären Lebensorientierungen zählen. Situationen, die so ausgezeichnet werden können, sind Beispiele der Struktur gelingenden Lebens überhaupt. Wie wir von unseren existentiellen Entwürfen nichts ohne das Kennen von Beispielen (und das alltägliche Erzählen von Beispielgeschichten und die künstlerische Imagination von Beispielmöglichkeiten) guter bis miserabler Lebenssituationen wüßten, wie wir von den intersubjektiven und universalen Möglichkeiten guten Lebens nichts wüßten ohne die exemplarischen alltäglichen und ästhetischen Artikulationsformen dieser Erfahrung, wüßte auch die ethische Theorie nichts von ihrem Thema, könnte sie nicht auf paradigmatische Situationen verweisen, in denen nichtrelative Bedingungen des Guten weder Vorschein noch Nachschein, sondern Wirklichkeit sind.

c) Exkurs über moralische Erfahrung

Das Naturschöne mag eine ethische Erfahrung sein, eine moralische ist es ganz gewiß nicht. Trotzdem ist ein Blick auf die zusätzliche Dimension moralischer Erfahrung hilfreich. Zum einen ist es der ethischen Erfahrung wesentlich, daß sie zugleich moralische Erfahrung sein kann. Zum andern kennzeichnet es die ethische Erfahrung des Naturschönen, daß sie das Bewußtsein für das moralische Problem des richtigen Umgangs mit der Natur schärft.

Auch moralische Erfahrungen sind ethische und folglich immer auch existentielle. Sie betreffen aber nicht nur meine eigene Lebensführung, sie betreffen nicht nur eine allgemein günstige Lebensform, sie betreffen die (mir oder anderen, von mir oder anderen) gewährte oder verweigerte Rücksicht auf essentielle Lebensmöglichkeiten des Menschen. Die Erläuterung existentieller und ethischer Erfahrung führt daher scheinbar direkt auf ein bestimmtes Verständnis der moralischen. Wenn existentielle Erfahrung das Bekanntwerden mit dem unmittelbaren Wert von Handlungssituationen in ihrem mittelbaren Wert für die Ausrichtung des eigenen Lebens und ethische Erfahrung das Bekanntwerden mit dem unmittelbaren Wert von Handlungssituationen in ihrem allgemeinen Wert für die Ausrichtung menschlicher Lebensführung ist, ist moralische Erfahrung zumindest dies: das Bekanntsein oder Bekanntwerden mit nichtrelativen Lebensmöglichkeiten, die für alle anderen so wichtig sind wie für mich selbst. Jedoch ist das nicht alles. Dazu gehört die Einsicht, daß es keinen Grund gibt, den anderen zu verwehren, was für mich selbst wie für alle anderen ein sinnvolles Ziel ist: daß sie das gleiche Recht auf Grundmöglichkeiten eines gedeihlichen Lebens haben wie ich selbst und folglich: daß ich verpflichtet bin, dieses Recht zu achten, wenn ich erwarte, daß es mir gegenüber geachtet wird.[27] Moralische Erfahrung ist grundsätzlich die einer trotz der Verschiedenheit ihrer Lebensumstände und Fähigkeiten gegebenen Gleichheit der Menschen in ihrem Streben nach einem gelingenden Leben – mit der entscheidenden Konsequenz der Anerkennung dieses Maßes auch im eigenen Handeln. Innerhalb einer partikularen Lebensform kann diese

27 Das ist eine mögliche Interpretation des Satzes in der »Grundlegung zur Metaphysik der Sitten«, in dem Kant sagt, daß die menschliche Natur als Zweck an sich selbst existiert, »so stellt sich notwendig der Mensch sein eigenes Dasein vor« (Kant 1968d, 75 [BA 87]) – allerdings ist es eine eudämonistische, vom Wollen jedes einzelnen aus argumentierende, also gegen den Strich des Texts gelesene Interpretation. Zu der negativen Begründung der Einnahme des moralischen Standpunkts (dem Aufweis, daß es keinen Grund gibt, den anderen zu verwehren, was für sie so wichtig ist wie für mich selbst) vgl. Wellmer (1986), 139f., u. Tugendhat (1989), 159ff.

Anerkennung durchaus selbst partikulare Züge haben: wenn »alle«, denen die moralische Rücksicht gilt, allein die Angehörigen dieser Lebensform sind. Jedoch kann gerade auch eine in ethischer Bedeutung partikulare Lebensform zugleich ein universalistisches Moralverständnis entwickeln, d. h. die moralische Anerkennung tatsächlich allen Menschen gewähren, gleich welcher partikularen Kultur sie zugehörig seien. Durch diese Anerkennung – wenn sie nicht allein eine Leistung einzelner, sondern einer Gesellschaft mit ihren Institutionen ist – erweist sich die partikulare Kultur als Teil einer universalen Lebensform des Menschen. Sie hat dann als partikulare zugleich eine reflexive Distanz zu ihrer weiterhin bejahten Partikularität gewonnen. Der moralische Universalismus muß also nichts sein, was einfach über den partikularen Lebensformen steht, er ist etwas, was in ihnen besteht, sobald diese in der Lage sind, ihre evaluativen Traditionen und Ideale als besondere – und ihnen besonders wertvolle – Konzeptionen individuellen und gemeinsamen Lebens zu verstehen, die gleichwohl kein *erschöpfendes* Regulativ einer gelingenden Existenz- und Sozialform sein können. Wie es nicht-personenrelative nur zusammen mit personenrelativen Erfahrungen und Wertungen gibt, so gibt es die universale Lebensform allein im Kontext einer Vielfalt von partikularen. Das aber ist die Basis echter moralischer Anerkennung: beim anderen als eine möglicherweise sehr andere Version des Guts freier Lebensführung und Vergesellschaftung zu respektieren, was wir im *eigenen* Lebenszusammenhang als *allgemeine* Bedingung menschlichen Wohlergehens erkennen.

Moralische Unparteilichkeit ist somit Parteilichkeit für das Gute oder genauer: für die universale Möglichkeit des Guten. Wenn es plausible allgemeine Aussagen über die Form guten Lebens gibt, darf die moderne Ethik so platonisch-aristotelisch schon sein. Moralisches Handeln ist deswegen noch lange kein Herbeiführen des Guten (für alle oder möglichst viele); das gute Leben, wie Aristoteles wußte, ist nichts, was von außen herbeigeführt werden kann (nur *Bedingungen* des Glücks können erhalten oder herbeigeführt werden). Es ist ein Handeln im unbedingten Respekt vor der Glücks*möglichkeit* der anderen. Es ist Handeln im Respekt vor Grundmöglichkeiten personalen Lebens. In konkreten moralischen Erfahrungen freilich spielt der grundsätzliche Aspekt der

Gleichheit oft keine dominierende Rolle, sondern bildet den Hintergrund, auf dem etwas als moralisch bedeutsam wahrgenommen wird. Konkrete moralische Erfahrungen sind solche von Situationen der gewährten oder verweigerten Respektierung nichtrelativer Lebensmöglichkeiten bzw. der Erweiterung, des Schutzes oder der Verletzung dieser Möglichkeiten selbst. Wenn also die freie Natur eine solche Möglichkeit ist, hat die ethische Erfahrung des Naturschönen durchaus eine im engeren Sinn moralische Konsequenz. Sie bringt zu Bewußtsein, daß Natur nicht allein ein notwendiges Lebensmittel, sondern zugleich eine ausgezeichnete – und unbedingt zu erhaltende – Lebensmöglichkeit ist.[28]

3. Drei Aspekte guten Lebens

Die These eines nicht relativen ethischen Gehalts ästhetischer Naturerfahrung ist begründet, wenn sich an der Struktur des Naturschönen eine allgemeine Struktur guten Lebens aufzeigen läßt. Das soll in diesem und dem folgenden Teilkapitel geschehen. Ich beginne mit einer weiteren, einer letzten Neubeschreibung der drei ästhetischen Dimensionen, in der sie als genuine Möglichkeiten guten Lebens erkennbar werden. Im Zuge dieser Beschreibung bestätigt sich die im IV. Kapitel formulierte Auffassung der evaluativen Interdependenz dieser Dimensionen noch einmal aus anderer Warte. Zum andern erweisen sich die drei ästhetischen Einstellungen als besondere *Varianten* einer abstinenten, einer transzendenten und einer immanenten Stellung zur Lebenswelt; *ästhetische* Kontemplation, *ästhetische* Imagination und *ästhetische* Partizipation sind nicht die einzigen Formen des Spielraums, in dem gelingendes Leben möglich ist.

a) Das kontemplative Leben

Daß Kontemplation nicht nur eine periphere Wahrnehmungsform, sondern eine Lebensform sein kann, ist ein alter Gedanke. Der antiken und Teilen der christlichen Ethik galt das kontempla-

28 Ich komme darauf in Abschn. VI.5 zurück.

tive Dasein nicht als ein Lebensideal unter anderen, vielmehr als Krönung eines guten und erfüllten Lebens. Für Aristoteles besteht ein gutes Leben in der Kontinuität von Handlungen, die nicht (nur) wegen etwas anderem, sondern um ihrer selbst willen vollzogen werden. Unter diesen Tätigkeiten – deren es viele gibt – ragt die theoretische Kontemplation heraus, erstens, weil sie ein rein vollzugsorientiertes Handeln ist und zweitens, weil sie nicht nur ein vernünftiges, also dem höchsten Vermögen des Menschen entsprechendes, sondern ein auf den – göttlichen – Grund der Vernunft selbst gerichtetes Schauen ist. Deswegen ist »unter allen tugendgemäßen Tätigkeiten die der Weisheit zugewandte eingestandenermaßen die genußreichste und seligste«.[29] »Wer das Erkennen um seiner selbst willen wählt«, schreibt Aristoteles im ersten Buch der »Metaphysik«, »der wird die höchste Wissenschaft am meisten wählen, dies aber ist die Wissenschaft des im höchsten Sinne Erkennbaren, im höchsten Sinne erkennbar aber sind das Erste und die Ursachen (ta prota kai ta aitia); denn durch diese und aus diesen wird das andere erkannt, nicht aber sie aus dem Untergeordneten.«[30] Daraus folgt, daß die Menschen diese Wissenschaft »nicht um irgendeines anderweitigen Nutzens suchen; sondern, wie wir den Menschen frei nennen, der um seiner selbst willen, nicht um eines anderen willen ist, so auch diese Wissenschaft als allein unter allen freie; denn sie allein ist um ihrer selbst willen«.[31] Nur das in denkender Tätigkeit verbrachte Leben ist ein von allen Kontingenzen des Lebens freigesetztes Leben. Während die Ausübung der übrigen Tugenden eine, wie Aristoteles sagt, spezifisch »menschliche« eudaimonia gewährt, ist »diejenige, die das Leben nach der Vernunft gewährt, abgetrennt und göttlich (kechorismenos)«.[32]

Auch wenn hier von der theoretischen und nicht von der ästhetischen Kontemplation die Rede ist, das Merkmal dieses »Abgetrenntseins« haben sie beide gemeinsam. Die rein ästhetische Kontemplation vertieft den Abstand, den die theoretische Betrachtung

29 Eth. Nic. X.7, 1177a 24f. (Aristoteles 1972, 249). – Zur Interpretation des Buchs X der Nikomachischen Ethik s. Ackrill (1980), Ritter (1977), Nussbaum (1986), 373-377.

30 Met. I.2, 982a 32-982b 4 (Aristoteles 1982, 10ff.).

31 Met. I.2, 982b 24-28 (ebd., 12ff.).

32 Eth. Nic. X.8, 1178a 22f. (Aristoteles 1972, 253).

von allen pragmatischen Vollzügen gewinnt, indem sie sich auch der deutenden Erfassung der ihr gegebenen Phänomene enthält. Dadurch verwandelt sich das Glück der freien Vernunfttätigkeit in das eines ungebundenen und selbstbezogenen sinnlichen Vernehmens. Da diese Aufmerksamkeit nicht einmal, wie die rein theoretische, das Ergebnis gewonnener Einsichten kennt, ist es reineres selbstzweckhaftes Tätigsein – reinere »Muße« auch – als selbst die »denkende Tätigkeit« der theoria, von der Aristoteles sagt, daß nur ein Gott sie vollkommen beherrscht.[33] Das Glück dieser »sinnenseligen« Aufmerksamkeit ist sogar, wenn Valérys Skepsis gegen die Metaphysik von Platon bis Schopenhauer berechtigt ist[34], ein exklusiv menschliches Glück, menschlicher als alle Theorie des Einen und Allen, die wir, gäbe es sie, mit leiblich anders organisierten Wesen teilen könnten. Wenn es aber so ist, daß die ästhetische Kontemplation »abgetrennt« und *nicht* »göttlich« ist, ist die Auffassung des allgemeinen Werts dieser Tätigkeit nicht länger in der Weise zu begründen, wie es bei Aristoteles für die theoretische Anschauung geschieht. Als das am reinsten vollzugsorientierte Tun bleibt ästhetische Kontemplation zwar ein ausgezeichneter Modus selbstgenügsamer Tätigkeit, kann aber nicht länger als jene übermenschliche Krönung menschlichen Glücks aufgefaßt werden, die das denkende Anschauen für Aristoteles (und Platon) war. Die Zeit ästhetischer Kontemplation wird von einem notwendigen zu einem bloß möglichen Telos menschlichen Strebens. Mit der ästhetischen Profanierung wird Kontemplation, für sich betrachtet, von einem absoluten zu einem relativen Gut.

Trotzdem ist auch die neuzeitlich verstandene Kontemplation als Angelpunkt richtigen Lebens aufgefaßt worden. Im Ersten Hauptstück von »Menschliches, Allzumenschliches« malt sich Nietzsche aus, wie eine von den Direktiven des moralischen Sollens befreite, unter dem alleinigen »Einflusse der reinigenden Erkenntnis« veredelte Lebensweise aussehen könnte: »Man lebte zuletzt unter den Menschen und mit sich wie in der Natur, ohne Lob, Vorwürfe, Ereiferung, an Vielem sich wie an einem Schauspiel weidend, vor dem man sich bisher nur zu fürchten hatte. Man wäre die Emphasis los und würde die Anstachelung des Gedankens, dass

33 Eth. Nic. X.7, 1177b 25ff. u. X.8, 1178b 5ff.

34 Vgl. Kap. I.4.c.

man nicht nur Natur oder mehr als Natur sei, nicht weiter empfinden. Freilich gehörte hierzu (. . .) ein gutes Temperament, eine gefestete, milde und im Grunde frohsinnige Seele, eine Stimmung, welche nicht vor Tücken und plötzlichen Ausbrüchen auf der Hut zu sein brauchte und in ihren Aeusserungen Nichts von dem knurrenden Tone der Verbissenheit an sich trüge, – jenen bekannten lästigen Eigenschaften alter Hunde und Menschen, die lange an der Kette gelegen haben. Vielmehr muß ein Mensch, von dem in solchem Maasse die gewöhnlichen Fesseln des Lebens abgefallen sind, dass er nur deshalb weiter lebt, um immer besser zu erkennen, auf Vieles, ja fast auf Alles, was bei den anderen Menschen Wert hat, ohne Neid und Verdruss verzichten können, ihm muss als der wünschenswertheste Zustand jenes freie, furchtlose Schweben über Menschen, Sitten, Gesetzen und den herkömmlichen Schätzungen der Dinge genügen.«[35]

Nietzsches noch deutlich in Schopenhauers Bann stehende Phantasie reklamiert den Zustand kontemplativer Freiheit, von dem Aristoteles sagt, daß allein die Götter sich in ihm zu halten vermögen, zwar nicht für alle, aber doch für einige Menschen. Weil er dabei ästhetische und theoretische Kontemplation konfundiert, fällt es ihm leicht, den Eindruck zu erwecken, die kontemplative Einstellung stünde *über* aller praktischen Orientierung des Menschen, statt, wie es jedenfalls für die ästhetische zutrifft, für ihre Weile *außerhalb* nicht nur der herkömmlichen, sondern überhaupt einer – herkömmlichen oder neuartigen, gültigen oder ungültigen – »Schätzung der Dinge« zu stehen. Nietzsche suggeriert, daß der Standpunkt der Kontemplation eine höhere Schätzung der irdischen Angelegenheiten sowie eine allem sonstigen Freisein überlegene Freiheit erzeuge; er stilisiert das kontemplative zum schlechthin erhabenen Bewußtsein. Dies wäre jedoch nur plausibel, wenn das kontemplative Bewußtsein weiterhin, wie die Tradition es verstand, als Gewahren der übersinnlichen Seinsordnung aufgefaßt werden dürfte. Das Gegenteil aber meint Nietzsche, wenn er sich ausmalt, »man lebte zuletzt unter den Menschen und mit sich wie in der Natur«. Auch Nietzsche versteht unter Natur das nicht selbst Sinnhafte, das, was seinen Wert allein durch die engagierte oder distanzierte Anschauung des Menschen gewinnt;

35 Nietzsche (1980a), 54f.

auch für Nietzsche »reinigt« die Kontemplation die Wahrnehmung von der immanenten Bedeutsamkeit der Dinge des Lebens. Deswegen freilich taugt sie gerade nicht zum alleinigen, dauerhaften Lebensideal. Ihm nachzukommen, wäre der Versuch eines Lebens außerhalb – nicht einfach der üblichen, sondern überhaupt jeder von Sinnhaftem und Geltendem getragenen Orientierung. Möglich aber ist der kontemplative Abstand – das kontemplative »Außerhalb« – allein *innerhalb* solchen Lebens: als Versuch, den Kreis des Bewußtseins auch über die sinnhafte Gliederung der gelebten (und auch der imaginierten) Welt hinausreichen zu lassen. Das kontemplative Leben ist eine Form der befreienden Unterbrechung der Teilnahme am Leben »unter den Menschen«; würde es als Ersatz für dieses Dasein oder als Überwindung aller kulturellen Schranken verstanden, wäre ein katastrophaler Weltverlust die unvermeidliche Folge. Die »Welt ohne Sinn« ist keine zureichende Form des Lebens. Nur als partieller ethischer Wert hat die ästhetische Kontemplation überhaupt Wert.

Analoges trifft für die von der ästhetischen Kontemplation ihrerseits »abgetrennte« Tätigkeit der *theoretischen* Betrachtung zu, wenn wir darunter ein im weiten Sinn philosophisches Nachdenken verstehen. Um Element eines gelingenden Lebens zu sein, muß die theoretische Beschäftigung im Begreifen von Praxisformen liegen, denen selbst ein autonomer interner Sinn zukommt oder wenigstens zukommen kann. Theorie als Selbstzweck ist nur möglich, wo sie nicht der einzige mögliche Selbstzweck ist. Das Glück der Theorie ist prinzipiell ein begleitendes Glück; es nimmt Abstand von der Teilnahme an allem übrigen Tun, um sich reflexiv auf dieses zu wenden.[36] Darin tritt nochmals der Unterschied zwischen theoretischer und ästhetischer Kontemplation hervor. Jede hält einen anderen Abstand zur sonstigen Praxis. Die Abstinenz der philosophischen Theorie ist Abstinenz durch mehr oder minder extreme *Reflexion*, die Abstinenz der ästhetischen Kontemplation dagegen ist Abstinenz durch extreme *Anschauung*. Die philosophische Reflexion tritt aus dem teilnehmenden Leben heraus,

36 Das ist nicht weit von dem entfernt, was Aristoteles über das genuin *menschliche* Wohlergehen sagt. Dieses besteht in der Ausübung einer *Reihe* selbstzweckhafter Tätigkeiten, von denen die philosophische wiederum nur eine – allerdings: die höchste, die übermenschliche – ist. Hierzu Ackrill (1980), bes. 21 u. 27f.

um *über es* zu sprechen, die reine ästhetische Anschauung tritt einfach heraus. Die Abstinenz der sinnlichen Aufmerksamkeit für das Spiel der Erscheinungen ist radikaler als die theoretische Virtualisierung alles Geltenden es sein kann.

Das Radikalere ist aber nicht an sich das Bessere. Als Formen der Suspension der sonstigen Lebenstätigkeit sind ästhetische Kontemplation und philosophische Reflexion gleichgewichtige Aspekte eines möglichen guten Lebens. Als *alleiniges* ethisches Ideal ist (ästhetische oder theoretische) Kontemplation wertlos. Ein allein ästhetisches oder allein theoretisches kontemplatives *Teil*ideal guten Lebens hingegen macht dieses ärmer als möglich: es schließt entweder die freie sinnliche Abwesenheit oder die freie begriffliche Befragung aus dem Spielraum des Guten aus.

b) Das imaginative Leben

Vier Jahre nach seinem Lob des kontemplativen Daseins – 1882 – formuliert Nietzsche *seine* Version der Dialektik der Kontemplation. Unter dem Stichwort »Wahn der Contemplativen« heißt es in der »Fröhlichen Wissenschaft«: »Die hohen Menschen unterscheiden sich von den niederen dadurch, daß sie unsäglich mehr sehen und hören und denkend sehen und hören – und eben diess unterscheidet den Menschen vom Thiere und die oberen Thiere von den unteren. Die Welt wird für Den immer voller, welcher in die Höhe der Menschlichkeit hinaufwächst; es werden immer mehr Angelhaken des Interesses nach ihm ausgeworfen; die Menge seiner Reize ist beständig im Wachsen und ebenso die Menge seiner Arten von Lust und Unlust, – und der höhere Mensch wird immer zugleich glücklicher und unglücklicher. Dabei aber bleibt ein Wahn sein beständiger Begleiter: er meint, als Zuschauer und Zuhörer vor das grosse Schau- und Tonspiel gestellt zu sein, welches das Leben ist: er nennt seine Natur eine contemplative und übersieht dabei, daß er selber auch der eigentliche Dichter und Fortdichter des Lebens ist. (. . .) Wir, die Denkend-Empfindenden, sind es, die wirklich und immerfort etwas machen, das noch nicht da ist: die ganze ewig wachsende Welt von Schätzungen, Farben, Gewichten, Perspectiven, Stufenleitern, Bejahungen und Verneinungen. Diese von uns erfundene Dichtung wird fortwährend von den sogenannten practischen Menschen (unsern Schauspielern wie gesagt) eingelernt, eingeübt, in Fleisch und Wirklichkeit, ja Alltäglichkeit übersetzt. Was nur Werth hat in der jetzigen Welt, das hat ihn nicht an sich, seiner Natur nach, – die Natur ist immer wertlos: – sondern dem hat man seinen Wert einmal gegeben, geschenkt, und wir waren diese Gebenden und Schenkenden. Wir erst haben die Welt, die den Menschen etwas angeht, geschaffen!«[37]

Nicht im Namen der alltäglichen Wirklichkeit weist Nietzsche das kontemplative Ideal in die Schranken, sondern im Namen der imaginativen Weltproduktion. Alles, was überhaupt Wert hat, ist dem Schaffen des erfindenden Geistes entsprungen; also ist das imaginative Tätigsein die höchste Form der Existenz. Weil die – meist unbemerkte – Projektion »erdichteter« Bilder das Wesen der menschlichen Lebenswelt ist, ist das »Machen« projizierbarer Werke oder Bilder, Begriffe oder Urteile das eigentlich souveräne Tun. Im Blick auf die Kontemplation ist daran wenigstens soviel wahr, daß die gedeutete Welt und die wirklichkeitsbildende Macht entsprechender Deutungen eine Voraussetzung der ästhetischen oder theoretischen Anschauung ist. Es ist der Wahn der Kontemplativen, daß nur ihnen die wahre Welt – oder der wahre Wert der Welt – zugänglich sei. Das ist aber auch alles, was an Nietzsches Stellungnahme einleuchtend ist. Seine Kritik der verabsolutierten Kontemplation nämlich zahlt den Preis verabsolutierter Imagination. Es ist der Wahn der Imaginativen, daß erst sie die Welt oder den wahren Wert der Welt geschaffen hätten. Abwegig ist bereits der Glaube, es sei die – objektivierte oder gelebte – Welt nichts als ein Abfallprodukt unserer Bilder der Welt. Aus der Tatsache, daß das, was für den Menschen Wert hat, allein für den Menschen – und nicht von menschenabgewandter Natur aus – Wert hat, folgt nicht, daß jeder Wert – gar jeder Wahrheitswert – »ursprünglich« das Produkt willkürlicher Setzungen sei, genausowenig wie aus dem konventionellen Charakter sprachlicher Zeichen folgt, es sei alles, was im Gebrauch dieser Zeichen gesagt werde, bloß Ausdruck »eigentlich« beliebiger Konvention. Wir brauchen aber gar nicht erkenntnistheoretisch oder sprachphilosophisch subtil zu werden, um Nietzsches Universalismus der Imagination in die

37 Nietzsche (1980b), 539f. (Nr. 301).

Schranken zu weisen. Ausgerechnet die bloße ästhetische Kontemplation, die er gegenüber der machtvollen Imagination in den zweiten Rang verweisen möchte, ist ein hinreichender Beweis dafür, daß nicht jeder Wert, den die Dinge der Welt für den Menschen haben, vom Menschen auch geschaffen ist. So sehr man sagen kann, der Sinn für die sinnliche Kontemplation sei eine kulturelle Leistung, das, worauf er sich (diesseits der Kunst) richtet, ist gerade nicht geleistet. Da das profane kontemplative Wahrnehmen alles imaginative Vermögen in selbstgenügsamer Anschauung durchbricht, kann nicht aller truglose Reiz des Daseins allein diesem Vermögen entstammen.

Der Gedanke einer Geburt der menschlichen Welt aus dem menschlichen Bild von der Welt mitsamt der von Nietzsche gezogenen Konsequenz der ethischen Überlegenheit des weltenstiftenden Tuns der »höheren Menschen« geht auch aus anderen Gründen nicht auf. Das Hauptargument gegen den Führungsanspruch der Kontemplation zieht auch gegen den der Imagination. Hätte das von Nietzsche verspottete »Practische« selbst keinen eigenen Wert, hätte ihn auch die imaginative Distanzierung dieses Praktischen nicht; es gäbe gar nichts zu distanzieren; alle Distanzierung des Praktischen wäre bloß ein Abrücken von alten Inszenierungen; alle durch imaginative Tat geschaffene Öffnung und Aussicht beträfe nur wieder verstaubte Bilder des Lebens. Wäre das Leben im Grunde ein Schauspiel, hätten Schauspiele in ihm keinerlei Wert. In einer der Imagination verpflichteten »vis creativa«[38] ginge es zu wie in der Sage vom König Midas, dem alles zu Gold wurde, was er berührte und der darum ein jämmerliches Ende fand. Jede Situation wäre eigentlich nur das von den Kreativen entworfene Bild dieser Situation, jede Imagination eine Imagination von Imaginärem. Der Elitismus der Imagination ist ebensowenig zu halten – und ebensowenig zu leben – wie derjenige der Kontemplation. Die »höheren Menschen«, könnten sie wirklich die Höhe einer außerpragmatischen Existenz erreichen, wären verurteilt, hinter dem Glas zu leben, durch das sie sich einen geistreichen Reim auf die Phänomene machen, die sie für ihre Schöpfungen halten; vielleicht hätten die »practischen Menschen« ein dürftiges Vergnügen an *dieser* Szene. Wer nur die imaginative Überschreitung der Le-

38 Nietzsche (1980b), a. a. O.

bensverhältnisse als sinnvoll anerkennt, verliert jeden Sinn für diese Überschreitung. Nur als partieller Wert hat die ästhetische Imagination überhaupt Wert.

Das imaginationsintensive Leben muß jedoch gar kein ästhetisches sein, auch dann nicht, wenn man den Begriff des Ästhetischen oder »Kreativen« so überdehnt, wie Nietzsche es tut. Es kann einfach ein imaginäres Leben sein. So sehr es zu einem schlechten Leben gehört, daß es sich in phantasierte Alternativen flüchtet, so sehr gehört es zu einem guten, daß es sich in phantasierten Alternativen ergeht. Dieses Phantasieren ist ein Aufenthalt in unerreichbaren, vergangenen, verlorenen Möglichkeiten des Lebens oder in solchen, die zwar von den Phantasierenden mit Freuden vorgestellt, keinesfalls aber als wirklich gewollt oder gewünscht werden müssen. Zur gelingenden Existenz gehört das fingierende Erleben des noch nicht, des nicht mehr und des niemals gelebten Lebens – auch wenn die Intensität dieser Phantasien alleine kein Kriterium dieses Gelingens ist.

Neben der Kunst ist das imaginäre Leben die andere Form einer imaginierenden Variation der tatsächlich gelebten Wirklichkeit. Auch seine Phantasien schaffen – wie Kunstwerke und ihre projektive Aktualisierung – einen Raum im Raum, eine Zeit in der Zeit der Existenz. So sehr das imaginative und das imaginäre Leben unabhängig voneinander geführt werden können, im Kino, beim Romanelesen, bei vielen anderen Gelegenheiten kommen sie gerne zusammen. Daß das imaginäre Leben direkter als das imaginative zum Verlust sinnvollen Lebens führt, wenn es zum einzig wichtigen wird, bedarf keiner Worte; trotzdem stellt es einen genuinen Aspekt gelingenden Lebens dar. Kafka sah in ihm eine Weise, zur eigenen Erbauung selbst den Dämonen des eigenen Daseins ein abwechslungsreiches Leben zu gewähren. »Sancho Pansa, der sich übrigens dessen nie gerühmt hat, gelang es im Laufe der Jahre, durch Beistellung einer Menge Ritter- und Räuberromane in den Abend- und Nachtstunden seinen Teufel, dem er später den Namen Don Quixote gab, derart von sich abzulenken, daß dieser dann haltlos die verrücktesten Taten aufführte, die aber mangels eines vorbestimmten Gegenstandes, der eben Sancho Pansa hätte sein sollen, niemandem schadeten. Sancho Pansa, ein freier Mann, folgte gleichmütig, vielleicht aus einem gewissen Verantwortlichkeitsgefühl, dem Don Quixote auf sei-

nen Zügen und hatte davon eine große und nützliche Unterhaltung bis an sein Ende.«[39]
Ästhetisch-kunstbezogene und frei phantasierende Imagination sind keine gleichgewichtigen Aspekte möglichen guten Lebens. Größeres Gewicht hat die ästhetische Imagination, zum einen, weil sie auf intersubjektive Anschauungsmedien gerichtet ist, zum andern, weil sich das vorästhetische Imaginieren sehr stark in ästhetisch vorgearbeiteten Formen vollzieht. (Hier, für das freie Imaginieren – aber auch nur hier – stimmt die These einer grundsätzlichen Abkünftigkeit des normalen Lebens von der ästhetischen Innovation.) Als *alleiniges* ethisches Ideal jedenfalls ist die Hingabe an die Imaginationen der Kunst so wertlos wie die Identifikation mit einem imaginären Leben. Ein allein kunstbezogenes oder allein imaginäres *Teil*ideal guten Lebens dagegen macht dieses ärmer als möglich: es schließt entweder die prinzipiell öffentliche oder die prinzipiell private Imagination aus dem Spielraum des Guten aus.

c) Das korresponsive Leben

Wie das imaginäre ist das korrespondenzbewußte Wahrnehmen nicht unbedingt Moment eines *guten* Lebens. In der negativen ästhetischen Korrespondenz ist eine Anschauung verfehlten oder verhinderten eigenen Lebens gegeben. Der Sinn dieser Wahrnehmung liegt nicht in sich selbst, eher liegt er in der Anstrengung, sich das Schlechte nicht als Behagliches vormachen zu lassen. Um so mehr liegt der Selbstzweckcharakter der *positiven* Korrespondenzwahrnehmung auf der Hand. Hier gilt die ästhetische Anschauung erfüllten oder eröffneten Vorstellungen des Wohlergehens. Worauf diese Aufmerksamkeit gerichtet ist, ist etwas, das auch ohne diese Aufmerksamkeit bestehen und wirksam sein kann. Ästhetische Korrespondenz ist oft nicht allein für mich und für kurze Zeit, sondern zugleich für andere und auf Dauer gegeben.[40] Gewiß gibt es idiosynkratische und momentane Korrespondenzen, ihr Vorkommen jedoch ist abkünftig gegenüber Ausdrucksformen,

39 F. Kafka, Die Wahrheit über Sancho Pansa, in: ders., Sämtliche Erzählungen, hg. v. P. Raabe, Frankfurt: Fischer 1970, 304.

40 Vgl. oben Kap. II.2.a. u. II.5.

die zum einen bleibend und zum anderen intersubjektiv zugänglich sind. Positive private Korrespondenz ist eingebettet in positive soziale Korrespondenz – nur wo es Geschmack gibt, gibt es auch den »ganz persönlichen« Geschmack, der oft genug unbemerkter sozialer Geschmack ist.[41] Der primäre Sinn existentieller Korrespondenzerfahrung, so können wir jetzt sagen, ist derjenige schwacher ethischer Erfahrung.

Wo alles Korrespondenzbewußtsein zu einem rein subjektiven Empfinden wird, ist eine destruktive Dialektik der Korrespondenz in Gang. Die ästhetische Korrespondenz ist dann nicht länger Widerschein existentiellen Seins, sondern nurmehr Bestehen eines existentiellen Scheins. Das Problem unseres Humphrey-Bogart-Jüngers war diese Gefahr: die ästhetisch erzeugte Korrespondenz schon für das Leben zu halten, mit dem sie bloß imaginär korrespondiert. Die nahtlose Vereinigung des korresponsiven mit dem imaginären Leben ist eine Pervertierung beider Modi der Existenz. Ein anderer Irrweg des korresponsiven Geschmacksempfindens liegt im Versuch der stilisierenden Vervollkommnung der eigenen Situation. Nichts ist unstimmiger als ein stimmiges Leben. Auch intersubjektive Korrespondenzverhältnisse können so pervertieren. Das Gefangensein in der Anschauung des eigenen Entwurfs wird dann zum Gefangensein in einer festgelegten Choreographie sozialen Verhaltens. Totale Korrespondenz ist nicht länger ein gestaltender, sie wird zum gebietenden Ausdruck: im Namen – im Anschein – einer vermeintlich irreversiblen Konzeption richtigen Lebens. Nur als partieller Wert also hat ästhetische Korrespondenz überhaupt Wert.

Wie bei Kontemplation und Imagination steht auch im Fall der Korrespondenz dem ästhetischen ein nichtästhetischer Leitwert selbstgenügsamen Handelns gegenüber. Nichtästhetische Korrespondenz – das ist interpersonale Kommunikation. Die »Korrespondenz« verläuft hier nicht zwischen Subjekt und Objekt, sondern ist sprachlich getragene Korrespondenz zwischen Subjekt und Subjekt in einer gemeinsamen Situation. Dem sinnhaft erscheinenden Ereignisraum der äußeren Welt steht hier das intentionale dialogische Ausdruckshandeln gegenüber. Auch dabei vollzieht sich ein performatives Artikulieren gegebener Situa-

41 Bourdieu (1984).

tionen, allerdings nicht durch anschauliche Entsprechungen zwischen Gestimmtheit und Umgebung, sondern durch das wechselseitige sprachliche Handeln selbst. Ist negative ästhetische Korrespondenz die sinnenfällige Dissonanz zwischen Subjekt und Situation, so scheitert Kommunikation, wenn es den Beteiligten mißlingt, in der Gesprächssituation eine Gemeinsamkeit des Bezugs auf Situation und Sache zu etablieren. Kommunikatives Handeln kann als Selbstzweck nur gelingen, wenn in Unterhaltung, Argumentation oder auch Polemik ein gemeinsamer Horizont gesprächsrelevanter Voraussetzungen wachgehalten, gebildet, mitgesagt, korrigiert, ergänzt und umgestaltet werden kann. Wie die positive ästhetische Korrespondenz ist auch die gelingende Kommunikation eine Intensivierung jeweiliger Sichten der Dinge, jeweiliger Orientierungen im Handeln. Jedoch ist kommunikative Korrespondenz nicht allein intersubjektiv, sondern darüber hinaus interaktiv.[42] Das schließt durchaus ein, daß gelingende interpersonale Kommunikation einen manchmal hohen Grad an bleibender, möglicherweise unauflösbarer Diskrepanz zwischen den Beteiligten und ihren Meinungen vertragen kann. Kommunikation gelingt, wenn es gelingt, einen gemeinsamen Gesprächszusammenhang zu etablieren und zu regenerieren, unabhängig davon, ob es im einzelnen zu weitreichenden Einverständnissen kommt.

Im Kontext unserer Frage weniger nach allgemeinen *Bedingungen*, vielmehr nach allgemeinen *Vollzugsformen* gelingenden Lebens ist also Kommunikation nicht in erster Linie als ein Einigungshandeln, sondern primär als ein Aktualisierungshandeln zu verstehen. Nicht »Problemlösung« oder »Handlungskoordination« (wie es bei Habermas heißt[43]) ist das – externe – Telos dieser Kommunikation, ihr – internes – Telos ist die interaktive Teilnahme an einer gemeinsamen Lebensform. Diese Teilnahme schließt die interaktive Herausbildung, Tradierung, Transformation des Gemeinsamen, der Kultur, der Lebenswelt, an der sie Teilnahme ist, ebenso mit ein wie die Koordination von Interessen und Plänen und alle sonstige Thematisierung persönlicher und sachli-

42 Daß auch ästhetische Korrespondenz kommunikativ sein kann (aber keineswegs sein muß), hat Kap. II. 5. vermerkt.

43 Habermas (1981), z. B. I 33, 37, 385 f.

cher Fragen. Aber indem es ihr um dieses oder jenes geht, geht es ihr um diese Teilnahme selbst.[44] Es geht ihr um den Erhalt, die Erweiterung und Fortbildung einer bestehenden kommunikativen Sittlichkeit, und um mehr als das: um den Prozeß der internen Artikulation der gemeinsamen Lebenswelt. Selbstzweckhaftes kommunikatives Handeln ist interaktive Exploration einer intersubjektiven Welt – und das subjektive Sichdarbieten in ihrem Kreis.

Diese »Welt«, von der hier die Rede ist, meint soziokulturelle Orientierungszusammenhänge begrenzter Reichweite. Es ist eine Welt *kommunalen Lebens.*[45] So sehr die Gemeinsamkeiten dieser kleinen Lebensformen vielfach in partikularen Wertvorstellungen bestehen, die kommunikative *Teilnahme* an kommunalem Leben hat universalen ethischen Wert. Nur in ihrem Kontext können sinnvolle existentielle Konzeptionen gefunden, erprobt und verändert werden[46], nur in ihrem Kontext bildet sich die Fähigkeit zur transsubjektiven und transkonzeptionellen Freiheit der Lebensführung aus. Das kommunale Leben ist unter heutigen Bedingungen oft selbst bereits transkonzeptionell; eine Vielfalt einsamer und gemeinsamer Lebenskonzeptionen kann in seinem Umkreis mehr oder weniger gut koexistieren. Trotzdem ist die Teilnahme an kommunikativer Praxis kein inklusives Lebensideal, keines, das die anderen Aspekte guten Lebens mit einschließen könnte. Auch das kommunale Leben ist ein partialer Wert guten Lebens. Zwar kommt dem kommunikativen Leben eine auffällige Sonderstellung unter den anderen Werten zu: es ist der einzige Wert, ohne den ein gelingendes Leben unmöglich ist, während jeder *einzelne* andere Wertaspekt ohne die Folge dieser Unmöglichkeit wegfallen könnte. Das kommunale Leben stellt somit auch für sich besehen

44 Daß es so sein kann und so sein soll, ist natürlich auch bei Habermas gesehen: ders. (1981), I.28 u. 438. Das vollzugsorientierte alltägliche kommunikative Handeln kommt dem ziemlich nahe, was Heidegger in »Sein und Zeit« zum »Gerede« heruntergespielt hat, vgl. Heidegger (1979), §§ 25 ff. u. 35; zur soziologischen Rehabilitation des »Geredes« s. Keppler (1987) u. (1988), zur philosophischen s. Brunkhorst (1989), 330ff.

45 Ich übernehme diesen Ausdruck von Theunissen (1982), 42.

46 In Erinnerung an Nietzsches Überbewertung der Imagination ist zu bedenken, daß kaum ein existentieller »Entwurf« in einem starken Sinn »entworfen« ist: viele sind mit sukzessiven biographischen und sozialen Modifikationen (aus sozialen oder auch ästhetischen Kontexten) »übernommen«.

ein *unbedingtes* Element guten Lebens dar. Auch es aber kann die allgemeine Form dieses Lebens nicht allein repräsentieren.

Denn es gibt auch eine Dialektik der kommunikativen Korrespondenz. Wie in den anderen Fällen einer verkehrten Verabsolutierung ethischer Ideale kann auch sie als Pervertierung durch alleingelassenes Gelingen beschrieben werden. Zwar ist kommunikatives Handeln durch eine Struktur der wechselseitigen Distanzierung der jeweils eigenen Einstellung und Ansicht gekennzeichnet, aus der sich die Vergegenwärtigung und Umbildung gemeinsamer Deutungen ergibt; zwar schließt es ein reflektiertes Verhältnis zur eigenen Lebenskonzeption und selbst zum kommunalen Welthorizont mit ein: aber für diese Reflektiertheit, für diesen Spielraum gegenüber der eigenen und gemeinsamen Ansicht kann das kommunikative Gelingen allein nicht sorgen. Ein kommunales Leben, das nicht durch kontemplative und imaginative Abstinenz und Aussicht positiv gebrochen werden könnte, würde zu einem Abschleifen, ja einem Verlust jener Distanzen und Differenzen führen, aus denen es einen wesentlichen Teil seiner vollzugsorientierten Freizügigkeit bezieht. Gelingende Kommunikation müßte – statt eines Tuns, dem es darum geht, Dissens im Kontext von Konsens und Konsens im Kontext von Dissens zu ermöglichen – als ein permanentes Verfehlen absoluter Gemeinsamkeit beschrieben werden. In der kontemplativen und imaginativen Distanz zum involvierten Leben dagegen ist ein positives Bewußtsein der Unmöglichkeit solcher Gemeinsamkeit gegeben. Die Erfahrungen der Freiheit *in* der Gemeinsamkeit kommunalen Lebens und die der Freiheit *ihm gegenüber* – einer Freiheit zur zwanglosen Teilnahme wie zur zwanglosen Distanznahme – sind gleichursprünglich.

Wie in den Bemerkungen zur Intersubjektivität der ästhetischen Praxis deutlich geworden ist, kann das kommunikative Leben an die außerkommunikativen Formen des Guten durchaus *anschließen* – was ist der Austausch imaginativer und kontemplativer Urteile anderes als kommunikatives Handeln? –, es kann sie jedoch niemals ohne Vergewaltigung *einschließen*, in seinen Kreis integrieren. Das kontemplative und das imaginative Tätigsein ist ein Leben außerhalb des kommunalen Lebens, das im kommunalen Leben als Bedingung *seines* Gelingens anerkannt werden muß, selbst wenn es – wie in der ästhetischen Kontemplation, oft in der

Kunst und manchmal in der Philosophie – ein solches Gelingen nicht intendiert. Die Möglichkeit dieses Außerhalb ist für ein gutes Leben so nötig wie für das bloße Leben die Luft zum Atmen. Totale Kommunikation wäre ein Ersticken in der Gemeinsamkeit des kulturellen Horizonts. Nur als partieller Wert hat das kommunikative Leben fundamentalen ethischen Wert.

Kommunikative und ästhetische Korrespondenz sind keine gleichgewichtigen Aspekte gelingenden Lebens. Die Teilnahme am kommunikativen Leben ist die Basis für ein freies ästhetisches Korrespondenzempfinden, nicht aber umgekehrt. Ist das Verweilen in ästhetischen Korrespondenzen als alleiniges Lebensideal vollkommen sinnlos, so ist das Ideal eines allein kommunikativen Lebens lediglich beschränkt. Ein allein kommunikatives *Teil*ideal korresponsiven Lebens macht dieses weit ärmer als möglich, ein allein ästhetisches *Teil*ideal dagegen würde es unmöglich machen. Denn ohne gelingende Kommunikation gibt es kein gelingendes Leben. Es zeigt sich hier ethischer Vorrang einer nichtästhetischen Partizipation an intersubjektiven Lebensformen vor den übrigen fünf Grundaspekten gelingender Praxis. Diese Asymmetrie ist der Punkt, an dem sich innerhalb des Ethischen eine Asymmetrie zwischen dem Schönen und dem Guten öffnet.

d) Eine Asymmetrie zwischen dem Schönen und Guten

Bevor ich diese beleuchte, möchte ich einige Konsequenzen aus der ethischen Neubeschreibung der drei ästhetischen Dimensionen ziehen. Das erste Ergebnis ist, daß die Grunddimensionen ästhetischer Wahrnehmung ihrerseits als Dimensionen ethischer Orientierung verstanden werden können. In ästhetischer Bedeutung kontemplatives, imaginatives und korresponsives Tätigsein sind Varianten eines ebenso möglichen nichtästhetischen Vollzugs der Kontemplation, der Imagination, der Korrespondenz. Das gute, weil gelingend vollzugsorientierte Leben ist keineswegs nur ein ästhetisches Leben. Auch das zweite Ergebnis enthält die Verallgemeinerung eines zunächst an ästhetischen Verhältnissen beobachteten Zusammenhangs. Die Quintessenz der Theorie der Landschaft im vierten Kapitel hätte auch so lauten können: Nur als partieller Wert hat jede der drei ästhetischen Attraktionen in der »gesamten« Natur überhaupt Wert. Die Quintessenz des neuerlichen Durchgangs lautet: Nur als partielle Ideale haben fünf der sechs ins Auge gefaßten Aspekte guten Lebens für ein im ganzen gutes Leben überhaupt Wert. Die Folgerung im vierten Kapitel war: Was in der Begegnung mit Natur ästhetisch irrelativen Wert hat, ist eine – schön/erhabene – *Struktur der Interaktion* differenter Einstellungen und Attraktionen. Jetzt lautet die Folgerung: Was für die individuelle Lebensführung des Menschen irrelativen Wert hat, ist eine – eudämonistische – *Struktur der Interaktion* differenter Stellungen zur Welt und vollzugsorientierter Tätigkeiten in ihr.

An dieser Parallele wird die erwähnte Asymmetrie zwischen dem Schönen und dem Guten deutlich. Sie tritt zutage, wenn wir den umfassenden ästhetischen Begriff guten Lebens, von dem wir, angeregt durch das Beispiel des Naturschönen, ausgegangen sind, gegen den umfassenden ethischen Begriff des Guten halten, den wir im Zuge der Neubeschreibung gewonnen haben. Der umfassende ästhetische, so zeigt sich jetzt, ist ein eingeschränkter ethischer Begriff des Guten. Der Unterschied zwischen ästhetischem und (vollem) ethischem Verständnis des Guten liegt aber nicht allein darin, daß dem ersteren wichtige Aspekte entgehen, sondern auch darin, daß die drei Dimensionen gelingenden Lebens in der ästhetischen Schätzung vollkommen gleichberechtigt sind, während sie es in einer umfassenden ethischen Schätzung gerade nicht sind. Die umfassende ethische Einstellung erkennt einen Primat des kommunikativen Lebens an: sie versteht das Ziel der Lebensführung als ein *Offenhalten* des kommunalen Lebens auch für die Formen der Distanz zu ihm. Das auf die ästhetischen Wertaspekte – und *ihre* Interaktion – eingeschränkte Lebensideal erkennt dagegen keinen Primat des kommunalen Lebens vor dem imaginativen und kontemplativen an; würde es überhaupt einen Primat anerkennen, würde es einer der beiden letzteren Aspekte sein. Die umfassend ethische Idee guten Lebens ist die eines von gelingenden kommunikativen Beziehungen *getragenen* Lebens. Die allein ästhetische Idee guten Lebens dagegen ist die eines nach Belieben vollzogenen Wechsels zwischen den Stellungen innerhalb der gelebten Welt. Dies läßt sich durchaus als eine extreme Modifikation der umfassenden ethischen Einstellung begreifen. Sobald man aber die Bestimmung um ein Geringes verschärft und sagt: die ästhetische Idee guten Lebens ist die eines *generell* (und nicht etwa nur *okkasionell*) nach Belieben vollzogenen Wechsels zwischen den Stellungen innerhalb der gelebten Welt, ist die Kluft zwischen dem Ästhetischen und dem Ethischen vollkommen. Dann ist das Ästhetische nicht länger eine Option *innerhalb* des Ethischen, sondern *außerhalb* seines Horizonts. Dann gilt ein strenges Entweder-Oder, und zwar bereits vor jeder starken moralischen Deutung des ethischen Lebens.

In einem vormoralischen Sinn steht die auf ästhetische Werte reduzierte[47] Lebensführung außerhalb des Ethischen, weil diese Form des Lebens zwar eine individuell mögliche Existenz, aber gewiß keine allgemeine Form *guten* Lebens ist. War es also falsch zu sagen, die »potenzierte existentielle Erfahrung« des Ästhetischen *sei* bereits starke ethische Erfahrung (S. 308)? Ich denke nein. Es wäre nur falsch zu folgern, inklusive ästhetische Erfahrung wäre als solche bereits die *positive* ethische Erfahrung; es wäre falsch zu folgern, eine ausschließlich an ästhetischen Werten orientierte Lebensführung könnte das Beispiel einer *gelingenden* Existenzform sein. Ein dominant (und konsequent) ästhetisches Leben dürfte vielmehr Beispiel eines im ganzen mißlingenden Lebens sein; der Ausfall kommunaler Solidarität ist durch keine ästhetische Raffinesse zu kompensieren. Eine auf ästhetische Einstellungen reduzierte Existenz stünde in der negativen ethischen Erfahrung der Unerreichbarkeit wirklichen Glücks oder wirklicher Freiheit. – Ein reflektierter Ästhetizismus könnte diese Diagnose akzeptieren; er könnte die ästhetische Existenz als diejenige Lebensform interpretieren, die darauf verzichtet, ja sich weigert, am allgemeinen Streben nach Glück und Wohlergehen teilzunehmen. So wendet der Held der »Recherche« den Satz Hegels, die Epochen des Glücks seien leere Blätter im Buch der Geschichte, auf das eigene Leben an. »Die glücklichen Jahre sind die verlorenen, man wartet auf einen Schmerz, um an die Arbeit gehen zu können.« – »Ein Schriftsteller kann sich ohne Furcht an eine lange Arbeit begeben. Der Verstand kann ruhig sein Werk beginnen, auf seinem Wege

47 Hier und im folgenden ist stets von jener *komplexen* Reduktion die Rede, die das zum Ideal erhobene ästhetische Leben nicht seinerseits auf eine seiner Dimensionen reduziert, sondern der umfassenden ethischen Orientierung eine durchaus reiche ästhetische gegenüberstellt. Man könnte dies gegenüber dem naiven einen reflektierten Ästhetizismus nennen.

werden ihm genügend Leiden begegnen, die seine Vollendung bewirken. Was das Glück anbelangt, so dient es fast nur einem nützlichen Zweck: das Unglück möglich zu machen.«[48]

Kierkegaard hätte das mit der Bemerkung kommentiert, wer das ästhetische Leben wähle, wähle die »Verzweiflung«: er gehe soziale und kommunikative Beziehungen nur hypothetisch ein, soweit sie seinen Geschmack zu reizen vermöchten, er könne keine ernsthafte Teilnahme an intersubjektiven Handlungszusammenhängen etablieren, weil dies für ihn nur eine abrufbare Option im Spiel des Lebens wäre. Kierkegaard hätte recht: nur innerhalb »des Ethischen« ist das »Ästhetische« eine eudämonistische Option. Er hätte sogar recht mit der Behauptung, niemand verliere Entscheidendes durch den Schritt vom ästhetischen ins umfassend ethische Leben. Die ästhetische Option nämlich gewinnt erst hier den radikalen Sinn eines Bruchs mit dem bruchlosen Verweilen im alltäglichen Dasein; ohne eine vorbehaltlose Beteiligung an Formen kommunalen Lebens bliebe dieser Bruch ohne Kraft. Deshalb führt Marcel seinen Gedanken weiter: »Wir müssen im Glück sehr süße und sehr starke Bande des Vertrauens und der Zuneigung knüpfen, damit ihr Bruch uns jene unschätzbare, schmerzhafte Zerreißung schafft, die wir Unglück nennen. Wenn man nicht glücklich gewesen wäre, und sei es auch nur durch die Hoffnung, würde einen das Unglück jeweils ohne Grausamkeit und damit fruchtlos treffen.« Nur denen, die an den Freuden und Leiden des kommunalen Lebens teilnehmen, können die Freuden und Leiden ihrer ästhetischen Transzendierung zuteil werden. Nur innerhalb des Ethischen ist das Ästhetische eine starke Option. Eine bloß ästhetische Existenz hätte keinen Sinn für die Grausamkeit des Schriftstellers, der sich der distanzierten Darstellung der Liaison von Glück und Leiden widmet.[49] Daß Marcel, der sich in der Diskretion der Guermanteschen Bibliothek gerade zum Künstler habilitiert, dies auf die Pointe einer Funktionalisierung des Glücks bringt, markiert lediglich die Pointe der künstlerischen Existenz. Das kommunale Glück ist ihr übergreifendes Telos nicht; aber das

48 Proust (1967), 4004 u. 4001.

49 In einer Fußnote zur theoretischen Reflexion des Helden spricht Proust dies lakonisch aus: »Unsere Leidenschaften skizzieren unsere Bücher, die Ruhepausen zwischen ihnen bewirken die endgültige Niederschrift.« (Ebd., 4002)

Glück der künstlerischen Arbeit – selbst wenn es das heroische eines permanenten Scheiterns ist – kommt ohne die wie immer glückliche Partizipation an diesem Telos nicht aus. Beckett reproduziert und verschärft die Proustsche Position nur noch einmal, wenn er proklamiert, »(that) to be an artist is to fail, as no other dare fail, that failure is his world, and the shrink from it desertion, art and craft, good housekeeping, living«.[50]

Natürlich steht das Ideal eines weitestmöglich ästhetischen Lebens auch deswegen außerhalb des Ethischen, weil es keinen kontinuierlichen Sinn für die Verpflichtung gegenüber der Autonomie anderer hat. Das ausschließlich ästhetische Leben ist eine außermoralische Orientierung, eben deshalb, weil das kommunale Leben für es keine prinzipielle, sondern allein eine fakultative Bedeutung hat. Dem ästhetischen Subjekt ist es jederzeit möglich und (nach seinen eigenen Standards) erlaubt, die Rücksicht auf andere zugunsten einer kontemplativen und imaginativen Haltung zu unterbrechen oder zu verlassen, also zur Disposition zu stellen, was moralisch gesehen außer Disposition stehen muß. Prinzip einer universalistischen moralischen Anerkennung ist der allen gewährte Schutz eines *freien* Zugangs zu einem *freien* kommunalen Leben (welcher regionalen, kulturellen, ethnischen Ausprägung auch immer). Deswegen enthält moralische Einstellung immer die Anerkennung eines Vorrangs des kommunikativ-kommunalen Lebens; für sie erfolgt die Respektierung auch des kontemplativen und imaginativen Tätigseins im Namen der Prosperität dieses Lebens. Daraus folgt aber auch, daß eine umfassende ästhetische Einstellung keineswegs als solche außermoralisch ist. Gewiß, durch den Zeitpunkt ihrer Einnahme kann sie es von Fall zu Fall werden, und durch die Generalisierung ihrer Haltung wird sie es notwendigerweise; aber nur ein konsequent ästhetisches Lebens*ideal*, nicht bereits das konsequent ästhetische Lebens*interesse* steht per se außerhalb des Moralischen. In vielen Situationen ist eine radikal ästhetische Orientierung keine Verletzung moralischer Standards; wir wissen auch niemals im voraus mit Sicherheit, in welchen. Das bedeutet, daß es eine konstitutive Spannung zwischen ästhetischer und moralischer Autonomie auch *innerhalb* des uneingeschränkt

50 S. Beckett/G. Duthuit, Drei Dialoge, in: H. Engelhardt/D. Mettler (Hg.), Materialien zu Samuel Becketts Romanen, Frankfurt: Suhrkamp 1976, 11-27, 25.

verstandenen Ethischen gibt. In diesem Konflikt zu stehen, heißt nicht schon (wie Kierkegaard es nahelegt), außerhalb des Ethischen zu stehen. Dieser Konflikt ist ein gutes Stück des (umfassenden) ethischen Lebens selbst. Es von solchen Konflikten – aus moralischen Motiven – bereinigen zu wollen, wäre der Anfang einer Bereinigung des Guten vom Guten. Der Konflikt zwischen dem Schönen und dem moralisch Guten gehört der Orientierung am Guten-und-Richtigen zu. Nicht selten hat der Sinn für das Schöne einen Sinn für moralisch Richtiges geöffnet, das bis dahin unbekannt war. So oft der ästhetische Sinn für den moralischen blind gemacht hat, so oft hat er ihn auch sehend gemacht.

Flauberts Besuch auf der Leprastation ist ein gutes Beispiel – sowohl für den Kontrast zwischen ästhetischer und moralischer Einstellung als auch für die Möglichkeit, die in diesem Kontrast für eine ästhetisch und moralisch reflektierte Lebensführung liegt. Ich habe bestritten, daß seine Betrachtung ästhetizistisch sei, aber in gewisser Weise ist sie es doch. Sie ist es freilich – wenn die Interpretation in Kap. IV.2.c. angemessen war – nicht »außerhalb«, sondern »innerhalb« des Ethischen. Sobald wir annehmen, daß Flaubert für die Kranken unmittelbar etwas hätte tun können, wäre seine Einstellung moralisch kaum tolerabel; da er aber nichts hätte tun können (es sei denn um den Preis der Aufgabe seiner gesamten bisherigen Existenz und Identität, was zwar eine moralische Möglichkeit, aber keine haltbare moralische Forderung wäre), ist sie es durchaus. Und sogar etwas mehr als das. Wo die nur Moralischen die Augen abwenden und zur Brieftasche greifen, sieht der Schriftsteller mit ganzer Kraft hin. Das ist, jedenfalls in dieser Situation, selbst eine nahezu moralische Leistung.

4. Ästhetische Natur als ethische Erfahrung

Wir können jetzt sagen, was die Moral des Naturschönen ist. Die ästhetische Erfahrung der »gesamten« Natur ist eine Begegnung mit der Form guten Lebens, also eine starke ethische Erfahrung. Es ist die Form guten Lebens, gleichzeitig in der Möglichkeit der gelingenden Teilhabe, des gelingenden Abstands und der gelingenden Aussicht gegenüber partikularen intersubjektiven Lebensweisen zu stehen. Eine Situation, in der diese Möglichkeit gegeben ist,

ist eine Situation erfüllter Zeit. Ein individuelles Leben, das sich in der Reichweite solcher Situationen vollzieht, ist ein gutes Leben. Eine Welt, in der die erreichbare oder erwartbare Nähe solcher Situationen Wirklichkeit ist, wäre eine freie menschliche Welt. Auf jeder dieser Ebenen – Situation, Leben, Welt – zeigt die Wirklichkeit gelingenden Lebens die Struktur einer Einheit ohne Ganzes. Der im vierten Kapitel genommene »Rückblick auf die Natur der Landschaft«, so wird damit deutlich, war bereits ein Ausblick auf die allgemeine Struktur gelingenden Lebens.

a) Teilhabe, Aussicht, Abstand

Ein weiteres Ergebnis der voranstehenden Überlegungen freilich könnte diese Feststellung abwegig erscheinen lassen. Das gute Leben muß überhaupt kein ästhetisches Leben sein. Zwar wäre ein Leben ohne ästhetisches Bewußtsein erheblich ärmer, als es sein könnte, aber die ästhetischen Aspekte können von der beschriebenen Struktur guten Lebens auch abgezogen werden, ohne daß sich diese Struktur selbst auflösen müßte. So sehr ein *reicher* Begriff guten Lebens alle ästhetischen Dimensionen mit einschließen wird, so sehr könnte ein *bescheidener* Begriff auch ohne ästhetische Bestimmungen auskommen. Denn für den nötigen »Abstand« zum kommunalen Leben kann zur Not allein die theoretische Kontemplation, für die nötige »Aussicht« kann zur Not auch das bloße Imaginieren sorgen. Dieses Ergebnis ist jedoch für unser Vorhaben einer ästhetisch motivierten Explikation des ethisch Guten alles andere als desaströs. Denn die These dieses Kapitels ist ja nicht, daß *nur* ein ästhetisches Leben (oder nur ein Leben unter *Einschluß* differenzierten ästhetischen Bewußtseins) ein gutes sein könne, sondern vielmehr, daß sich ausgehend vom inklusiven ästhetischen Phänomen der Natur ein nichtrelativer *Begriff* des Guten gewinnen und erläutern lasse, der, wie sich jetzt zeigt, weniger auf ein »bescheidenes« als auf ein »reiches« Verständnis zielt.[51] Das

51 Für einen solchen reichen Begriff sind nicht allein die Differenzen zwischen den drei *Dimensionen* guten Lebens, sondern ebenso die Differenzen zwischen ihren – im Zuge der ethischen Neubeschreibung unterschiedenen (ästhetischen vs. nichtästhetischen) *Varianten* konstitutiv. Eine vollständige Entfaltung müßte auch den Wert dieser Differenzen eigens entfalten.

Naturschöne war zu bestimmen als eine Situation der (korresponsiven) Eröffnung einer konkreten Möglichkeit guten Lebens, der freien – nacherfindenden oder auch erfindenden – (imaginativen) Konfrontation mit Darstellungen erlebter Welt und eines (kontemplativen) Daseins im anschauungserfüllten Abstand von allen kognitiven und normativen Erfordernissen des Lebens. Es war zu bestimmen als eine Situation, in der diese Möglichkeiten einander wechselseitig bedingen. Nochmals also: *Das Naturschöne ist diejenige lebensweltliche Wirklichkeit, die zugleich anschauliche Intensivierung, anschauliche Präsentation und anschauliche Suspension eines nicht allein subjektiven Entwurfs vom Leben, einer nicht allein subjektiven Sicht der Dinge ist.*

Aus dieser Bestimmung eine allgemeinere – ethische – herauszuheben, war das Verfahren dieses Kapitels. Ich habe die Korrespondenzanschauung als Form der immanenten Teilhabe an kommunaler Praxis, die imaginative Anschauung als Form des variierenden Aussichtnehmens auf mögliche Lebensformen und die kontemplative Anschauung als Form des sinnlichen oder begrifflichen Abstandnehmens von der Haftung am innerweltlichen Sinn interpretiert. Zugleich hat sich jede der mit diesen Grundeinstellungen verbundenen Tätigkeiten als eine genuine Möglichkeit vollzugsorientierten Handelns erwiesen. Daraus ergibt sich die folgende Bestimmung der allgemeinen Struktur guten Lebens: Ein gutes Leben ist durch Situationen gekennzeichnet, in denen die einzelnen zugleich in der Möglichkeit gelingender Teilhabe-an, gelingender Aussicht-auf und gelingenden Abstands-zu konkreten Formen intersubjektiven Lebens stehen. *Gelingendes menschliches Dasein spielt sich in derjenigen Wirklichkeit ab, in der zugleich eine Teilnahme-an, ein Abstand-zu und eine Aussicht-auf Formen partikularen intersubjektiven Lebens möglich ist.*

Die beiden hervorgehobenen Sätze halten sowohl die Strukturanalogie als auch die Strukturdifferenz zwischen der allgemeinen Form guten Lebens und ihrer spezifisch naturästhetischen Erfüllung fest. Gemeinsam ist beiden Situationen – der des Naturschönen und der eines guten Lebens im allgemeinen – der simultane und variable Zugang zu unterschiedlichen Grundeinstellungen gegenüber der alltäglichen Realität; gemeinsam ist ihnen – wie es in Kap. IV.1.c. hieß – der Zustand einer mehrfachen Freiheit »von« etwas, die zugleich Freiheit »für« und Freiheit »in« etwas ist. Unterschiedlich aber ist die Art, in der diese zugleich bestehenden Möglichkeiten eines freien Lebensvollzugs jeweils Wirklichkeit sind. Im Fall des Naturschönen ist dies, abgesehen von der Beschränkung auf anschauende Leistungen, ein streng *gleichgewichtiges Zugleichsein* der drei prinzipiellen Stellungen zur Lebenswelt. Daß Teilnahme, Aussicht und Abstand »zugleich« möglich sind, heißt jedoch nicht notwendigerweise, daß sie jederzeit gleichzeitig und gleichgewichtig realisiert werden müßten. Das ist vielmehr der ästhetische Sonderfall, der ein Sonderfall bleibt, auch wenn er »innerhalb des Ethischen« wahrgenommen wird.[52] Der oben erörterte Normalfall ist der eines kommunalen Lebens, das für Transzendierungen der einen oder anderen Art *offen* ist. Die Zeitstruktur des Naturschönen liefert also keinen Normalbegriff, sondern durchaus einen Extrembegriff der Vollzugsstruktur eines guten Lebens. Die Analyse dieses Extremfalls aber öffnet den Blick dafür, daß auch die Normalität des Guten nicht ganz so harmonisch und unitarisch verfaßt ist, wie das gern vorgestellt wird.

Sowohl der naturästhetische als auch der allgemeine Begriff guten Lebens zeichnen eine bestimmte Struktur möglicher *Situationen* menschlichen Daseins aus. Nicht die »Situation des Menschen« wird damit zum Anhaltspunkt ethischer Betrachtungen erhoben; dieses Verfahren ist wenig aussichtsreich, da die »Situation des Menschen« diejenige ist, in der sich gutes wie schlechtes Leben gleichermaßen abspielt. Die Situationen, von denen eine Ethik guten Lebens sinnvollerweise ausgehen kann, sind exemplarische Situationen »erfüllter Zeit« innerhalb der menschlichen Praxis.[53] Der durch Beispiele dieser Art erläuterte Begriff der Situation guten Lebens ist geeignet, den Begriff des gelingenden individuellen Lebens zu klären.[54] Das gelingende Leben kann als eines verstanden werden, das in der Reichweite von Situationen erfüllter Zeit verläuft oder (bislang) verlaufen ist. Ein gelingendes Leben befindet sich also nicht ständig in Situationen guten Lebens; das kann es

52 Man könnte im Ästhetischen von einer *faktischen*, im Ethischen (allgemein) dagegen von einer *potentiellen* Gleichzeitigkeit sprechen.

53 Das ist ein methodischer Unterschied zu dem Vorgehen von Rentsch (1990).

54 Dieses »von unten« kommende Verfahren scheint mir aussichtsreicher als die »von oben«, bei der Frage nach dem »Ganzen« des Lebens einsetzende Analyse, der z. B. Spaemann (1989) den Vorzug gibt.

nicht geben, weil das Gute ein kontrastives Verhältnis ist, wir also vom Guten nichts wüßten, wenn uns nichts Schlechtes widerfahren wäre und widerfahren könnte. Vor diesem Hintergrund kann der Satz, ein gelungenes Leben sei ein »in der Reichweite« des Guten vollzogenes Leben, schwach oder stark gelesen werden. Im starken Sinn ist es ein Leben, das häufig in solchen Situationen ist oder war. In einem (sehr) schwachen Sinn ist es ein Leben, dem auch in unmittelbar betrüblichen, mißlichen, fatalen Lebenslagen die existentielle Erfahrungsfähigkeit und – damit zusammenhängend – die Hoffnung nicht abhanden kommt, es könnten sich diese *unmittelbar* schlechten Situationen in Zukunft noch als wenigstens *mittelbar* gute Situationen erweisen. Wie es damit steht, ist weniger eine Frage der Beurteilung eines Lebens nach seinem Ende, es ist in erster Linie eine Frage seiner überlegenden und erzählenden Begleitung. Die existentielle und ethische Bewertung eigener und fremder Lebenslagen ist nicht primär eine Bewertung ex post, also dessen, was war, sie ist primär eine Bewertung ex ante: eine Bewertung individueller Lebens*aussichten*, dessen, was ist und was sein könnte, vor dem Hintergrund eines stets neu zu gewinnenden Verständnisses dessen, was war.

Nun betrifft freilich der *allgemeine* Begriff des Guten, um den es hier geht, nicht das, was einer individuell erstrebt, sondern die Form, in der es ihm möglich ist, zu erstreben, was immer er im einzelnen erstrebt. Wie Ernst Tugendhat und Robert Spaemann hervorgehoben haben, ist der Begriff gelingendes Lebens insoweit ein formaler Begriff.[55] Wenn eine bestimmte Weise des Strebens nach dem Glück das ist, was überhaupt für das Individuum gut ist, muß schon das Erreichen dieser vorzüglichen Form, das eigene Beste zu erstreben, bereits ein Gelingen seines Daseins sein, gleich ob das im einzelnen Erstrebte erreicht oder nicht erreicht wird. Trotzdem ist es für den einzelnen natürlich alles andere als gleichgültig, ob das Erstrebte erreicht oder nicht erreicht wird. Es ist also auch hier ein schwacher und ein starker Begriff des Gelingens zu unterscheiden. Der schwache Begriff betont die erreichte oder bewahrte *Freiheit* im Erstreben des eigenen Guten; der starke Begriff fügt die Bedingung des *Erreichens* des Erstrebten hinzu. Unsere Bestimmung trägt ihnen beiden Rechnung. Nur diejenige Lebens-

55 Tugendhat (1984), 50ff.; Spaemann (1989), 28.

führung *kann* in einem starken Sinn gelingen, die zugleich in der Möglichkeit der *bewußten* Intensivierung, der *bewußten* Variation und der *bewußten* Suspension ihrer Orientierungen steht. Die Verwirklichung dieser *Voraussetzung* starken existentiellen Gelingens ist aber selbst eine – wenngleich eine deutlich schwächere – Form dieses Gelingens. Gelingendes menschliches Dasein spielt sich in derjenigen Wirklichkeit ab, in der zugleich die Teilnahme-an, ein Abstand-zu und eine Aussicht-auf Formen intersubjektiven Lebens *möglich* ist – gleich ob dies immer eine *gelingende* Teilnahme oder Distanznahme ist. Ein im ganzen gelingendes Leben, mit anderen Worten, muß kein im ganzen glückliches Leben sein – manchmal liegt das menschliche Glück in der geglückten Freiheit allein. Jedoch ist eine vollständige Disjunktion des Glücks und der Freiheit kaum denkbar; wer die eigene Freiheit nie als glücklich erfüllte Freiheit erfahren hätte, hätte nie das konstitutive Gut der Freiheit erfahren.[56] So wie in moralischer Hinsicht der Begriff der Gleichheit – des gleichen Rechts auf individuelle Freiheit – grundlegend ist, ist es in individualethischer Hinsicht derjenige der Freiheit.[57] Die Welt, in der ein für die einzelnen gutes Leben wenigstens möglich ist, ist eine, die ihnen im alltäglichen Leben den Spielraum gewährt, ihm gegenüber zugleich in der Möglichkeit der (gelingenden oder mißlingenden) Teilnahme, des (gelingenden oder mißlingenden) Abstands und der (gelingenden oder mißlingenden) Aussicht zu stehen.

Damit, die eingeklammerten Zusätze zeigen es an, sind wir wieder beim Thema der Ambivalenz. So wie die freie Natur gerade da, wo sie fraglos gegeben ist, in der Ambivalenz ästhetisch erfüllter und *nicht* erfüllter Anschauungen steht, so steht die Freiheit menschlicher Lebensführung auch da, wo sie fraglos gewonnen ist, notwendig in der Ambivalenz erfüllter und *nicht* erfüllter Zeit. Gelingendes Leben steht in der Ambivalenz seines Gelingens. Dies kann gar nicht anders sein, weil das Erreichen nichtrelativer Orientierungen stets zusammengeht mit dem Erreichen und Verändern von relativen – individuellen, kollektiven, jedenfalls partialen – Orientierungen, von denen nicht im voraus feststeht, ob sie mit dem – ethisch oder moralisch – nichtrelativ Guten vereinbar sind.

56 Vgl. die eingehende Erörterung des Glücksbegriffs bei Angehrn (1985).

57 S. hierzu Dworkin (1984), 429-447, der allerdings die ethisch-moralische Komplementarität von Freiheit und Gleichheit verkennt.

Dies kann gar nicht anders sein, weil die Verwirklichung jedes individuellen Lebensentwurfs, wenn sie nur irgendwie glückt, ein Moment des Scheiterns am ursprünglichen Entwurf – oder dieses Entwurfs selbst – mit einschließt; im gelingenden Leben erfüllt sich immer etwas mehr und etwas anderes als das erstrebte oder erhoffte Glück. Dies kann nicht anders sein, wenn das Glück und Gelingen, von dem die Ethik spricht, das bewußter, sterblicher und geschichtlich lebender Wesen ist, die nicht wissen können, was aus ihrem Leben noch wird. Das menschliche Glück oder Gelingen ist verlierbares Glück und Gelingen: nur das nennen wir Glück und Gelingen.[58] Glück*seligkeit* – das unzerstörbare und unverlierbare Glück – wäre kein menschliches Glück. Gerade das gute menschliche Leben ist eines im Bewußtsein der Fragilität dieses Lebens.[59] Ein gelingendes menschliches Leben kann sich daher nur in der Anerkennung dieser Fragilität vollziehen. Diese Fragilität betrifft nicht allein die äußeren Umstände der Existenz, also die bei Aristoteles immer wieder angesprochenen »Glücksgüter«, sie betrifft auch die interne Struktur ethisch vernünftiger Lebensführung selbst. Die Positionen der Teilhabe und des Abstands und der Aussicht zu favorisieren, ist nicht einfach die beste Weise, auf die Ambivalenz des Guten eingestellt zu sein, darin zeigt sich vielmehr die Fähigkeit, in dieser Ambivalenz die Bedingung seiner Möglichkeit zu erkennen.

Die Ambivalenz der ästhetischen Natur war dafür ein Beispiel. Deswegen ist ihre Erfahrung ein Korrektiv nicht nur der ästhetischen, sondern aller menschlichen Praxis. Das profane ästhetische Bewußtsein der Natur ist ein Korrektiv gegenüber dem ebenso »natürlichen« wie illusionären Ideal der Ambivalenzbeseitigung und Kontingenzüberwindung – die Erinnerung daran, daß Gelingen und Glück Zustände bejahter und bewältigter und nicht etwa beseitigter Zufälligkeit sind. Das Naturschöne – »innerhalb des Ethischen« erfahren – ist eine paradigmatische Erfahrung ethischer Totalität: der Einheit nicht nur menschlicher Situationen des Glücks, zugleich der Einheit eines gelingenden Lebens und der Verfassung einer freien menschlichen Welt.

58 Die gegenteilige Auffassung vertritt Spaemann (1989), 94f., 116, 137f.; vgl. ders. (1978), 18f.

59 Das ist Martha Nussbaums Leitmotiv: Nussbaum (1986).

»Ja, mein junger Freund«, läßt Kierkegaard das ethische Subjekt dem ästhetischen sagen, »es gehört viel ethischer Mut dazu, im Ernst sein Leben nicht in den Differenzen haben zu wollen, sondern in dem Allgemeinen. Unsere Zeit bedarf in dieser Hinsicht einer Erschütterung, die wohl auch nicht ausbleiben wird; denn er wird wohl kommen, der Augenblick, da sie sehen wird, wie die in ästhetischem Sinne ausgezeichnetsten Individuen, eben die, deren Leben in den Differenzen liegt, über diesem verzweifeln, um das Allgemeine zu finden.«[60] Wie aber, wenn das Allgemeine »*in* den Differenzen« ist? Und die moralische Achtung der andern ein Respekt vor der in diesen Differenzen möglichen qualitativen Freiheit? Dann wäre Kierkegaards Glaube an ein Allgemeines, das jenseits »der Differenzen« liegt, also ohne Bezug auf sie zu bestimmen ist, womöglich die falsche Antwort auf den ästhetischen Relativismus, der »außerhalb des Ethischen« bleibt. Es wäre verkehrt zu meinen, das Gute müsse ein Ganzes sein oder könne gar nicht sein. Wenn unsere Betrachtungen richtig waren, *ist* es verkehrt: ist es für das gute individuelle Leben – seine konkreten Situationen, seinen biographischen Zusammenhang, seine intersubjektive Welt – bezeichnend, Einheit *ohne* Ganzes zu sein. »Das Ganze ist das Unwahre«: als ethischer Satz jedenfalls ist dieser Satz wahr.[61]

Ich möchte die gegenteilige, z. B. von Kierkegaard vertretene Annahme, daß das Gute prinzipiell jenseits der Differenzen des auf verschiedene Weise immanenten, abstinenten und transzendenten Bewußtseins liege, eine *Ideologie* des Guten nennen. Sie ist Ausdruck eines unnötigen falschen Bewußtseins der Möglichkeit gelingenden Lebens. Die an den Theorien über das Naturschöne aufgespürten *ästhetischen* Ideologien, so wird jetzt sichtbar, sind in diesem Sinn zugleich *ethische* gewesen. Ob gesagt wird, das wahrhaft Schöne oder ob gesagt wird, das wahrhaft Gute sei erst in der überwundenen Entzweiung gegeben, es ist ein Gedanke, der damit ausgesprochen wird: daß die Erfahrung des wahrhaft Guten (einschließlich des Schönen) die Erfahrung der überwundenen Diskrepanz, des aufgehobenen Widerspruchs sei. Die Evidenz des

60 Kierkegaard (1988), 789.

61 Th. W. Adorno, Minima Moralia, Frankfurt: Suhrkamp 1973, 57.

Naturschönen aber spricht gegen diesen Befund. Die ästhetische Begegnung mit der Natur ist eine Aktualisierung inhaltlich unvereinbarer Stellungen zur Welt, die allein durch ein Verhältnis der evaluativen Interdependenz und temporalen Koexistenz aneinander gebunden sind. Eine Anschauung, die ein und denselben Phänomenbereich zugleich als sinnfern, sinnhaft und bildhaft artikulierten auffaßt, ist eine widersprüchliche Anschauung. Wenn ausgerechnet hierin die herausragende Schönheit eines landschaftlichen Raums besteht und wenn diese Schönheit zugleich als ethische Qualität zu interpretieren ist, kann diese Art widersprüchlicher Lebenslage – gelinde gesagt – nicht das entscheidende Hindernis eines erfreulichen Daseins sein. Eher liegt es nahe, bestimmte Arten solchen Widerspruchs zu den Bedingungen gelingenden Lebens zu zählen: diejenigen Arten, in denen das Widersprüchliche als eine Steigerung positiver Existenzmöglichkeiten aufgefaßt werden kann. Selbstverständlich kann auch das Gegenteil der Fall sein, daß der Widerspruch die Trübung oder Zerstörung (einer) der widerstreitenden Möglichkeiten bewirkt. Das unterscheidet ja die »schreckliche« Einheit und Ambivalenz der Natur von ihrer schön/erhabenen Kehrseite.[62] Daß aber dieser Widerspruch günstig oder ungünstig ausfallen kann, heißt schon, daß nicht er selbst das Ungünstige ist. Günstig oder ungünstig sind die Umstände, in denen er auftritt. Er kann also Zeichen gerade des Günstigen sein. So ist es in der Zeit des Naturschönen; sich in einem widersprüchlichen Verhältnis partieller Weisen gelingender Welterschließung zu befinden, ist wesentlich für den Glückszustand ästhetischer Freiheit. Es ist ein Glück des *zugelassenen* Widerspruchs. Ethische – und ästhetische als Teil der ethischen – Ideologien dagegen betreiben das Austilgen von Widerspruchserfahrung aus dem guten oder vernünftigen Leben. Die Ideologie des Guten will keinen Widerspruch innerhalb des Guten dulden. Das aber ist ein verfehlter ethischer Ernst, besteht doch jedes gelingende Leben darin, auf eine bestimmte Weise im eigenen Widerspruch zu sein.

Der »Widerspruch«, von dem hier die Rede ist, ist nicht der logische zwischen Aussage und Aussage, nicht der sachliche zwischen Aussage und Wirklichkeit, ebensowenig der praktische zwischen

62 Vgl. Kap. IV.2.b-c.

Regel und Befolgung, Vorsatz und Handlung, Selbstverständnis und Verhalten. Ich möchte ihn den *existentiellen Widerspruch* nennen; es ist ein Widerspruch zwischen inkompatiblen oder inkommensurablen Konzeptionen und Interessen, die ein Individuum gleichzeitig befürwortet bzw. verfolgt. Die strenge Inkompatibilität des Gesuchten ist der *negative* Fall solchen Widerspruchs: die individuellen Optionen und Ziele stehen einander gegenseitig im Weg – gewiß keine Bedingung gelingender Lebensführung. Die bloße Inkommensurabilität des Gesuchten dagegen ist der *positive* Fall existentieller Entzweiung: die betreffenden Optionen und Ziele eröffnen Möglichkeiten der Existenz, die einander durch den Kontrast bestärken – eine fundamentale Bedingung gelingenden Lebens. Die positive Inkommensurabilität von Lebensmöglichkeiten besteht in einem Verhältnis der evaluativen Interdependenz, so, daß keine der involvierten Orientierungen von der anderen integriert oder ersetzt werden kann. Man könnte auch von einem Verhältnis »positiver Unvereinbarkeit« sprechen; es wird jedoch da, wo es ein wirklich positives Verhältnis ist, von den Individuen gleichwohl als ein widersprüchliches erfahren: als ein Widerspruch, in dem zu leben sich lohnt. Ohne diesen Widerspruch, sagen die Leute, die nicht Kierkegaard (oder Schopenhauer[63]) gelesen haben, wäre das Leben um vieles ärmer. Die Leute haben recht. Gelingendes Leben besteht nicht in der Vereinigung aller prudentiellen Wertungen und Interessen, es vollzieht sich im Ergreifenkönnen diskrepanter und trotzdem kompatibler Möglichkeiten selbstgenügsamen Daseins.

Im Begriff des Guten als eines Zugleichseins von Teilhabe, Aussicht und Abstand gegenüber dem kommunalen Leben ist die Bedingung der nötigen existentiellen »Widersprüchlichkeit« gelingenden Lebens gewahrt. Das gelingende Leben ist nicht die Überwindung der Differenz dieser Positionen, es liegt in ihrer Bewahrung. Erneut ist zu sagen: »Diese Verschiedenheit ist die Einheit.«[64] Die Einheit guten Lebens – sei es einer Situation, einer Biographie oder einer kulturellen Welt – ist eine Einheit nicht nur des zugelassenen existentiellen Widerspruchs zwischen inkom-

63 Oder Nietzsche, der daraus die These der tragischen Verfassung seines höheren Menschen strickt, was nur plausibel ist, wenn man als heimliche Norm des Guten eben doch eine Harmonie der Werte denkt.

64 Vgl. das analoge Argument in Kap. IV.1.b, S. 193.

mensurablen Werten, sondern ebenso des bejahten ethischen Widerspruchs zwischen den drei irreduziblen Dimensionen selbstgenügsamer Tätigkeit. Der Schauplatz guten Lebens, so können wir daher – wiederum in Erinnerung an das Beispiel des Naturschönen – sagen, ist eine in diesem Sinn widersprüchlich artikulierte Welt (naheliegender Möglichkeiten) freien vollzugsorientierten Handelns, oder einfach: eine lebendig artikulierte Welt.

In allen Größenordnungen, für die dieses Artikuliertsein analysiert werden kann – der »Situation«, der »Biographie«, der gelebten »Welt« – ist immer schon die vierte Größe des Subjekts im Spiel. Wem, wenn nicht ihm, sollte der situative Aufenthalt, die Geschichte eines Lebens, das Sein in der Welt »gelingen«. Eine Abhandlung über das moderne ästhetische Verhältnis zur Natur und seine ethische Exemplarität ist daher eine spiegelschriftliche Abhandlung zur Identität des modernen Subjekts. Wie das Subjekt die Pointe der Landschaft war, so ist naturgemäß das Subjekt die Pointe einer von der Analyse des Naturschönen aus einsetzenden Explikation gelingenden Lebens. Auch gelingende Identität wäre als Struktur einer »Einheit ohne Ganzes« zu beschreiben. Ein evaluativer Begriff des Personseins wird nicht eine bestimmte Stellung der Person zu sich, den anderen und der Welt auszeichnen können, auch nicht ein bestimmtes Wissen über sich, die anderen, die Welt, sondern vor allem die Fähigkeit, die Interaktion zwischen grundlegenden Stellungen zu sich, den anderen, der Welt zu vollziehen. Die Einheit der Person liegt nicht primär in den Entwürfen, die sie erwählt oder die sie sich gibt, nicht in dem Wissen, das sie erwirbt, nicht den Tugenden und Untugenden, die sie entwickelt, sie liegt zuerst in der Fähigkeit, diese Interaktion zu vollziehen und geschehen zu lassen.

In einer extremen, eher das Erleiden als das Tun betonenden Fassung ist es diese Lehre, die der Erzähler der »Recherche« im Rückblick auf die Gänge durch das Land um Combray gewinnt. »So habe ich durch die Gegend von Guermantes diese verschiedenen Zustände unterscheiden lernen, die in meinem Innern zu gewissen Zeiten aufeinanderfolgen und schließlich jeden Tag sich in der Weise teilen, daß mit der Pünktlichkeit eines Wechselfiebers der eine den andern vertreibt; dicht beieinanderliegend haben sie doch so wenig miteinander zu tun, es besteht so gar keine Verbindung zwischen ihnen, daß ich nicht mehr verstehen kann und mir überhaupt nicht vorstellen kann, was ich mir in dem einen gewünscht, was gefürchtet habe, und was in dem andern getan.«[65] An der inkommensurablen Varietät der Natur erfährt der Erzähler die inkommensurable Varietät seiner selbst. »Daher bleiben die beiden Spaziergänge, der nach Méséglise und der nach der Seite von Guermantes, für mich mit vielen kleinen Etappen desjenigen von den vielen verschiedenen Leben, die wir nebeneinander führen, verknüpft, das die meisten Peripetien mit sich bringt und am episodenreichsten ist, nämlich dem geistigen Leben.«

Die ästhetische Natur verschafft dem Schriftsteller eine unentbehrliche Metapher und dem Philosophen ein vorzügliches Modell der Beschreibung menschlichen Daseins. Sie leistet diesen Dienst, weil sie zugleich mehr ist als Metapher und Modell, nämlich eine ausgezeichnete *Komponente* einer unbeengten Wirklichkeit guten Lebens. Zwar ist ein gutes Leben ohne frei erfahrene Natur wenigstens denkbar; trotzdem gibt es keinen Grund, auf die ästhetische Freiheit in der Natur zu verzichten, wie es – weil es – keinen guten Grund gibt, statt der »reichen« die »bescheidene« Form gelingenden Lebens zu wählen. Denn nicht nur das ästhetische, auch das ethische Bewußtsein wäre um vieles ärmer, würde – oder müßte – es Anschauung der positiven Kontingenz des Naturschönen meiden. Ohne ein Gefühl für die Landschaft der Natur oder wenigstens der Stadt wäre uns der Sinn für eine bestimmte Wirklichkeit des Guten verstellt und somit unser Sinn für die allgemeine Möglichkeit des Guten getrübt.

5. *Natur als moralisches Problem*

Aus der »ethischen« Moral des Naturschönen folgt die »moralische« unmittelbar. Wenn es so ist, daß die schöne Natur ein prominenter Schauplatz gelingenden individuellen Lebens ist, ist der Schutz freier Natur, in der dieses Schöne möglich ist, ein Gebot der sozialen und politischen Rücksicht gegenüber der Möglichkeit individueller Entfaltung. Wenn freie Natur eine nichtrelative Glücksbedingung menschlichen Daseins ist, gehört die Erhaltung dieser Bedingung zum Respekt vor dem Personsein des Menschen.

65 Proust (1967), 243.

Die bisherige individualethische Argumentation hat zu zeigen versucht, daß der ästhetische Umgang mit Natur eine unbedingte Form guten Lebens ist, an der sich – für eine philosophische Betrachtung – eine allgemeine Struktur gelingenden Lebens aufzeigen läßt. Diese Darlegung hat keine im engeren Sinn moralische, sondern ausschließlich prudentielle Gründe für ein bestimmtes – ein ästhetisches – Verhalten zur Natur formuliert; sie hat hervorgehoben, daß ein Sinn für das Naturschöne im reflektierten Eigeninteresse jedes Menschen liegt. Aus dieser Argumentation jedoch *folgen* einschlägige moralische Gründe: diejenigen Lebensmöglichkeiten zu respektieren, die für alle wertvoll sind (gleich in welchem Maß jeder an ihnen faktisch ein Interesse nimmt). Wenn also das Naturschöne ein Element der in diesem evaluativen Sinn universalen menschlichen Lebensform ist, ist die Schonung (und soweit möglich »Entfaltung«) freier Natur eine Norm der universalistischen Moral.

Das hat Bedeutung für die allgemeine Ethik des Umgangs mit der Natur. Nur die Ethik der ästhetischen Natur nämlich ist in der Lage, Natur nicht lediglich als Überlebensmöglichkeit, sondern als positive Lebensmöglichkeit des Menschen zu beschreiben. Schöne Natur ist nicht allein gut als Resource oder Bedingung, sondern als Wirklichkeit guten Lebens. Nur die Ästhetik der Natur kann den vollen Sinn eines nichtinstrumentellen Umgangs mit der Natur erläutern und auf diesem Weg die Pflicht der Erhaltung einer Natur begründen, die diesen Umgang erlaubt. Sowenig es eine Pflicht zum Gefallen am Naturschönen gibt, es gibt eine Pflicht zur Erhaltung der Möglichkeit dieses Gefallens. Das bedeutet jedoch nicht, daß die hier vorgeschlagene Ethik der ästhetischen Natur die Ethik der Natur insgesamt ersetzen oder fundieren könnte, wie es nicht bedeutet, daß allein die freie oder schöne Natur eine für den Menschen gute ist. Auch die moralische Berücksichtigung der Natur hat es mit einem Verhältnis von Verhältnissen zu tun.

So ist nicht alle Zerstörung oder Erhaltung von Natur eine Zerstörung oder Erhaltung ästhetisch relevanter Natur. Sie kann ebensosehr die *ökonomisch* relevante Natur betreffen, also ihre Eigenschaft als Resource des Wohlstands der Menschen. Die Erhaltung der Ergiebigkeit (und Regenerationsfähigkeit) der Natur liegt im langfristigen Eigeninteresse menschlicher Gesellschaften gleich welcher Art; das moralische Problem entsteht hier, wo dem langfristigen Interesse der Gemeinschaft (auch im Blick auf künftige Generationen) aus einem kurzfristigen Interesse einzelner oder der Gemeinschaft zuwider gehandelt wird (diese »Gemeinschaft« ist heute die Gesamtbevölkerung der Erde). Im Gesichtspunkt der Regenerationsfähigkeit überschneidet sich die ökonomische Relevanz der Natur mit der *ökologischen*, also ihrer physiologischen Zuträglichkeit für den menschlichen Organismus.[66] Auch deren Erhaltung oder Wiedergewinnung liegt im Eigeninteresse der Menschen – dem kurzfristigen wie langfristigen gleichermaßen; ein besonderes moralisches Problem ist hier dadurch gegeben, daß die Zerstörung verträglicher Umwelt nicht bloß eine materielle Verarmung, sondern die Verletzung des Grundrechts auf Unversehrtheit der Person zur Folge haben kann.[67] Der Gesichtspunkt der Regenerationsfähigkeit ist natürlich auch für die im *ästhetischen* Interesse gebotenen Erhaltung einer »freien« und somit potentiell schönen Natur relevant.[68] Das moralische Problem liegt hier nicht allein in der Zerstörung notwendiger *Bedingungen* eines für alle gedeihlichen Lebens, vielmehr in der Zerstörung einer universalen *Form* gedeihlichen Lebens selbst. Die Vernichtung oder Verhinderung des Naturschönen ist eine Liquidation der nichtinstrumentellen Beziehung zur lebensweltlichen Natur. Sie ist damit eine Zerstörung positiver Kontingenz, ästhetischer Differenz, realer Freiheit und erfüllter Zeit. Sie ist eine Beschneidung nichtrelativer Lebensmöglichkeiten und zugleich eine Beschneidung des Bewußtseins der Möglichkeit gelingenden Lebens. Sie ist Zerstörung eines ausgezeichneten und unersetzlichen Bereichs der menschlichen Welt.

Nicht alle Arten der »Zerstörung« bzw. »Erhaltung« naturhafter Prozesse aber betreffen die Qualität der problematischen Natur für den Menschen. »Schutz der Natur« kann auch Schutz nichtmenschlichen Lebens bedeuten – und zwar nicht um des Menschen, sondern um der Tiere willen. Trotzdem beruht die Erhaltung und Schonung tierischen Lebens nicht auf diesem altruisti-

66 Vgl. die Begriffsbestimmung im vierten Stück der Einleitung.

67 Vgl. Höffe (1981), 135-170.

68 Die Bedeutung ästhetischer Argumente für die Ethik der Natur betonen Birnbacher (1980b), 130ff.; Mittelstraß (1987), 56ff.; Wolf (1987), 165 u. 169.

schen Motiv allein. Für die Erhaltung der Artenvielfalt z. B. sprechen vor allem ökologische, ästhetische und theoretische Gründe, die sämtlich auf dem reflektierten Eigeninteresse des Menschen beruhen. Die Vielfalt der Arten ist ein wichtiges Element (und ein wichtiger Indikator) der Regenerationsfähigkeit der Natur und somit in vielen Fällen ihrer physiologischen Qualität für den Menschen.[69] Sie ist weiterhin ein entscheidender Bestandteil der unermüdlichen Variabilität der Natur, an der sich das ästhetische Interesse orientiert. Schließlich kommt die Erhaltung der Vielfalt tierischen Lebens einem starken theoretischen Interesse an dem möglichst umfassenden Studium der Natur entgegen. Der genuin moralische Aspekt der Behandlung der Tiere kommt erst dort ins Spiel, wo diese als leidensfähige Wesen wahrgenommen werden, denen – so wie dem Menschen – absichtliche oder vermeidbare Qual erspart werden soll. Hier gilt der Grundsatz der Vermeidung unnötigen Leidens. Diese Rücksicht auf einen Teil der Natur ist nicht aus der Rücksicht auf die Lebensmöglichkeit des Menschen zu verstehen, sie gilt der Lebensmöglichkeit der Tiere als ebenfalls leidensfähiger Wesen. Jedoch wird dieser Grundsatz schnell absurd, wenn er ausnahms- und unterschiedslos auf alle Tiere ausgedehnt wird. Eine *eindeutige* moralische Verpflichtung gegenüber Tieren kann nur dort bestehen, wo wir ihr Leiden als Modifikation dessen wahrnehmen können, was wir (umgangssprachlich) Leiden nennen; eine *besondere* moralische Verpflichtung besteht überdies dort, wo es sich um Tiere handelt, *mit* denen wir leben, denen wir – zu unserem Nutzen und Frommen – bestimmte Lebensbedingungen (gut oder schlecht) eingerichtet haben. Der Grundsatz der Leidensvermeidung ist kein Grundsatz einer umfassenden Anerkennung des Lebensinteresses von Tieren überhaupt; er verbietet nicht die Beeinträchtigung tierischer Existenz, da die Existenz des Menschen unvermeidlich eine solche Beeinträchtigung ist, wie umgekehrt die Existenz mancher Tiere für den Menschen. Die Gleichheit von Mensch und Tier in Hinsicht der Leidensfähigkeit zu respektieren, muß auch heißen, ihre Gemeinsamkeit als Naturwesen zu beachten, die in einer prinzipiell ungleichen Situation leben, die durch keine moralischen Grundsätze auszugleichen ist. Die kulturell wahrnehmbare Gleichheit (im Bezug auf das krea-

69 Ich folge Birnbacher (1980b), 132.

türliche Leiden) besteht zusammen mit der unüberwindbaren Differenz zwischen kulturellem und naturhaftem Leben. Die Sorge um Arten nichtmenschlichen Lebens beruht auf einer Vormacht des kulturellen gegenüber dem allein naturhaften Sein. Kulturelle Rücksicht auf außerkulturelles Leben beruht auf (und ist Zeichen) einer Privilegierung des menschlichen gegenüber dem tierischen Dasein.[70]

Von einem »Recht« der Tiere – bestimmter Tiere – auf artgerechte Haltung oder Entfaltung zu sprechen, ist daher eine abgeleitete Redeweise; sie verlängert einen für das zwischenmenschliche Verhältnis etablierten Sprachgebrauch auf das Verhältnis zu Tieren. Sie ist jedoch entbehrlich, um den moralischen Standpunkt gegenüber Tieren zum Ausdruck zu bringen. So richtig es ist, daß wir Pflichten gegenüber leidensfähigen Wesen haben, diese haben nicht uns gegenüber ein Recht. Sie haben ein Bedürfnis nach unbeeinträchtigtem Leben, das wir unter dem Aspekt der Leidensvermeidung anerkennen sollten, nicht aber irgendein Recht, das uns gegenüber eingeklagt oder in Anspruch genommen werden könnte.[71] Einseitiges Mitleid, nicht gegenseitiges Recht ist somit die Grundlage einer konsequenten Achtung der Tiere. Kant hatte zwar unrecht, als er in der »Tugendlehre« der »Metaphysik der Sitten« schrieb, es gebe keine Pflichten »gegenüber«, sondern allein »in Ansehung« der Natur (und das Mitgefühl für Tiere sei bloß eine Übung des Mitgefühls für den Menschen), er hatte jedoch recht mit der Annahme, daß es kein eigentliches Recht geben könne außerhalb des Spielraums aktiver und passiver »Verpflichtung«.[72] Es bedarf, mit anderen Worten, weder der bei Kant vorliegenden Konstruktion einer Pflicht des Individuums »gegenüber sich selbst« noch der Konstruktion eines »Rechts« der Natur (oder auch nur der leidensfähigen Naturwesen), um der moralischen Verantwortung des Menschen im Verhalten gegenüber der Natur gerecht zu werden. Abgesehen von dem Gebot des Respekts *gegenüber* den Tieren, sind alle anderen naturbezogenen Normen tatsächlich, wie Kant sagte, solche *in Ansehung* der Natur. Es sind dies aber keine Verpflichtungen des Menschen gegenüber sich selbst (zur Erhaltung seiner Moralfähigkeit), es sind Verpflichtun-

70 Diese Asymmetrie unterschätzt Wolf (1988).
71 Eine eingehende Diskussion bietet Feinberg (1980).
72 Kant (1968c), 577ff. (= Tugendlehre, § 16f.).

gen gegenüber der naturgebundenen Lebensmöglichkeit der anderen Menschen. Die ökonomische, ökologische und ästhetische Erhaltung der Natur liegt im reflektierten Eigeninteresse aller Menschen; sie gilt allgemeinen Bedingungen eines gedeihlichen, gesunden, gelingenden Lebens. Die Berücksichtigung der Allgemeinheit dieses Interesses und die Erhaltung der Bedingungen, die es befriedigen, ist eine Norm moralisch richtigen Handelns. Sie ist Teil der Anerkennung des Rechts auf Autonomie jedes Menschen. Sein Recht auf Selbstentfaltung ist unter anderem ein Recht auf freie Natur. Nicht die Natur hat ein Recht gegenüber dem Menschen, der Mensch hat ein Recht auf Natur – gegenüber dem Menschen.

Schlußwort: Grenzen der Naturbetrachtung

1. Es muß nicht Natur sein

Mit ihrer ethischen Lektüre ist die Ästhetik der Natur zu Ende; nicht die »Ästhetik der Natur«, das Buch dieses Titels – nicht ganz. Um den ästhetischen Teil ohne Einseitigkeit zu beenden, mußte ein Kapitel der Ethik aufgeschlagen werden, das seinerseits noch zu einseitig ist, um das letzte Wort zu behalten. Alles wäre verloren, wenn es schiene, als sei ein Leben mit schöner Natur der Inbegriff des guten Lebens. Gezeigt hat sich, daß die Gegenwart des Naturschönen ein hervorragendes Dasein des Guten und ein hervorragendes Beispiel für die Form guten Lebens ist. Gezeigt hat sich aber auch, daß die ästhetische Einheit der Natur ein durchaus unvollständiges Beispiel – und einen durchaus unvollständigen Begriff – der zerbrechlichen Einheit eines gelingenden Lebens gibt. Wie wichtig das ethische Paradigma ästhetischer Natur tatsächlich ist, wissen wir also erst, wenn wir genauer nach dem Status unserer Erkundungen fragen. Erst dann läßt sich absehen, in welchem Sinn das Ende der Ästhetik der Natur ein Anfang der Ethik des guten Lebens ist. Dieser Prüfung sollen die abschließenden Bemerkungen gelten. Sie versuchen, über die Grenzen zu schauen, die der philosophischen Betrachtung der ästhetischen Naturbetrachtung auferlegt sind. Eine Ästhetik der Natur darf ruhig mit einem Ausblick auf Landschaften enden, die von ihrem Standpunkt aus nicht überschaut werden können.

Diesen Standpunkt hat das VI. Kapitel folgendermaßen bestimmt: Die Wahrnehmung des Naturschönen ist eine exemplarische existentielle Erfahrung einer im Zustand der »zweiten Korrespondenz« »lebendig artikulierten Welt«, die eine Gegenwart »erfüllter Freiheit« ist.[1] Diese Welt ist nicht deine oder meine Welt, es ist eine Welt; eine Welt, die nicht nur jedem zugänglich ist, eine Welt, in der die Möglichkeit guten Lebens wirklich geworden ist, eine Möglichkeit, die wiederum nicht deine oder meine, sondern eine ausgezeichnete Lebensmöglichkeit aller Menschen ist. Deswegen

1 Vgl. oben S. 295 u. 340.

ist die ästhetische Erfahrung der Natur immer auch eine ethische Erfahrung, und zwar in einem starken Sinn, der nicht auf regionale Kulturen und partikulare Lebensweisen eingeschränkt ist. Wäre dies einleuchtend, so wären es auch die drei Thesen, die ich zu Anfang des VI. Kapitels aufgestellt habe: i. Das Naturschöne ist nicht irgendein Gutes, sondern ethisch Gutes, d. h. eine allgemeine Situation gelingenden Lebens. ii. Das Naturschöne ist nicht irgendein ethisch Gutes, sondern eine für die Form solchen Gelingens überhaupt paradigmatische Situation. iii. Im günstigen Verhältnis der ästhetischen Stellungen zur Welt ist eine Form der schlechthin günstigen Stellung zur Welt gegeben. Gelingendes Dasein ist nur als Teilhabe-an, Abstand-zu und Aussicht-auf subjektive wie intersubjektive Konzeptionen und Konventionen der innerweltlichen Orientierung möglich.

Aus der Kommentierung dieser Thesen im VI. Kapitel folgt bereits, daß es weder Natur noch ästhetische Natur sein muß, an der die Verfassung gelingenden Lebens erfahren und erklärt werden kann. Es muß nicht Natur sein, an der die Verfassung irrelativer Lebensmöglichkeiten zur Darstellung kommt. Es gibt andere als naturbezogene Weisen, ein gutes Leben zu führen. Das bedeutet, daß nicht jede *irrelative* Lebensmöglichkeit zugleich eine *notwendige* (oder gar hinreichende) Bedingung gelingenden Lebens ist. Deswegen habe ich das Naturschöne als eine »ausgezeichnete« Lebensmöglichkeit beschrieben, die außerdem »unersetzlich« ist, weil kein anderer Modus des Schönen die Eigenart des Naturschönen annehmen kann. Naturschönes ist eine mögliche und in ihrer Eigenart unersetzbare Komponente gelingenden Lebens sowie ein mögliches und in seiner Eigenart unaustauschbares Modell seiner philosophischen Explikation, jedoch weder die einzige Realität noch das einzige Modell, vielmehr lediglich *ein* Modell und *eine* Realität jener allgemeinen Struktur, die im Ausgang von der ästhetischen Naturerfahrung hervorgehoben wurde. Diese unter den Stichworten Teilnahme - Abstand - Aussicht beschriebene Struktur hingegen, so legt unsere zwischen Nietzsche und Kierkegaard vermittelnde Betrachtung nahe, erfüllt die Bedingung einer notwendigen und hinreichenden Bestimmung der Form gelingenden individuellen Lebens.

Das ethische Beispiel des Naturschönen war das einer Situation, an der sich ein allgemeiner, differenzierter und übergreifender Begriff des Guten gewinnen ließ. Die Beschreibung der Form gelingenden Daseins war allgemein, weil sie einer Lebensweise galt, die für alle vorteilhaft wäre; sie war differenziert, weil sie einen Zusammenhang irreduzibler, interdependenter und inkommensurabler Grundstellungen zur Lebenswirklichkeit betraf; sie war übergreifend, weil sie nicht allein der situativen, sondern darüber hinaus der biographischen und mundanen Einheit gelingenden Lebens galt. Darüber hinaus wurde am Naturschönen ein schlechthin unausweichliches Lebensverhältnis thematisch – ein Verhältnis des Menschen zu einer kulturell ausdifferenzierten äußeren Natur. Zwar ist ein ästhetisches Naturverhältnis – mit Ausnahme des korresponsiven[2] – selbst nicht unausweichlich; wo es jedoch zustande kommt, ist es anschauliches Bewußtsein der ambivalenten Beziehung zu einer unvermeidlich problematischen Natur. Es scheint, daß ein starkes Modell gelingenden Lebens den Kriterien der Allgemeinheit, Differenziertheit und Totalität nur gerecht werden kann, wenn es zugleich einem Erfordernis anthropologischer Trivialität zu entsprechen vermag: Beispiel zu sein für den gelingenden Umgang mit einer unumgänglichen Situation.

Das Modell des Naturschönen ist unzureichend, obwohl es alle diese Kriterien erfüllt. Es mag »umgreifend« sein, umfassend ist es nicht. Ein Leben ohne ästhetische Dimension mag um vieles ärmer sein, als es sein könnte, ein allein ästhetisches Leben könnte nur armselig sein. Ihm fehlte nicht allein die vagabundierende Imagination, ihm fehlte die reflexive Distanz der begrifflichen Kontemplation, vor allem fehlte ihm die kommunikative Teilnahme an einem kommunalen Leben. Dem Gewicht gelingender sozialer Beziehungen für ein gelingendes Leben gibt die ästhetische Explikation keinen ausreichenden Raum. Die naturästhetische »Struktur der Interaktion« unterschiedlicher Stellungen zur gelebten Welt überdeckt die Relevanz der Struktur personaler Interaktion in dieser. In dieser Unzulänglichkeit aber liegt auch eine Stärke der ethischen Ausdeutung des Naturschönen. Ein Korrektiv individueller und kollektiver Ideale des Lebens ist das Naturschöne ja gerade darum, weil es eine transsoziale Gegenwart erfüllter Zeit darstellt, in der zugleich Bedingungen der Möglichkeit sozialer Freiheit bekannt werden können. Deswegen ist die naturschöne Wirklichkeit der Freiheit eine so auffällige Variante individueller Freiheit.

2 Vgl. oben S. 116f.

Einseitig war aber auch das andere Modell, dem wir im vorigen Kapitel begegnet sind – das Beispiel gelingender Kommunikation. Wenn man »kommunikatives Handeln« ungefähr in den Bahnen der Habermasschen Theorie faßt, reicht eine philosophische Analyse der Kommunikation weit über die Explikation eines gelingenden »kommunalen Lebens« hinaus. Sie ist normative Theorie der modernen Lebenswelt, verstanden als Untersuchung der Möglichkeit freier Vergesellschaftung. Die Explikation kommunalen Lebens bleibt gleichwohl ihr Zentrum; ein sozialer Begriff guten Lebens ist das Fundament einer ethischen Theorie der Kommunikation. Gelingendes Leben heißt demnach zumindest, in der Reichweite kommunikativer Verhältnisse leben, d. h. in sozialen Verhältnissen, die in Kontexten kommunikativer Regulierung stehen sowie in interpersonalen Beziehungen, die auf selbstzweckhaftem kommunikativen Handeln beruhen; wenn unsere Einschätzung in Kap. VI.3.c. richtig war, muß es ferner heißen, an einem kommunalen Leben teilzuhaben, das für kontemplative und imaginative Distanzierungen aufgeschlossen ist.[3] So verstanden, könnte das Modell kommunikativen Handelns die Kriterien einer philosophischen Explikation gelingender Lebensführung erfüllen. In kommunikativen Verhältnissen zu leben ist nicht nur unausweichlich, in gelingenden Verständigungsverhältnissen zu leben ist auch von allgemeinem Wert. Ein reicher Begriff der Verständigung ist außerdem hinreichend differenziert, um die Produktivität existentieller (und sozialer) Widerspruchserfahrung kenntlich zu machen; das Miteinander der Dimensionen »kommunikativer Rationalität« läßt sich wiederum als eine Einheit irreduzibler, interdependenter und manchmal inkommensurabler Größen begreifen.[4] Schließlich können Situationen interaktiver Praxis, die nicht in der Wahrnehmung personaler oder phänomenaler Korrespon-

3 Wie die Kunst steht die Wissenschaft in diesem Schema auf mehreren Seiten zugleich; sie ist in den meisten Formen ihrer heutigen Institutionalisierung ganz wesentlich eine Form kommunikativen Handelns mit eigenem kommunalem Milieu – und doch für den einzelnen häufig weiterhin ein Bereich kontemplativer Absenz.

4 J. Habermas, Die Einheit der Vernunft in der Vielheit ihrer Stimmen, in: ders. (1989), 153-186.

denz aufgehen, sondern für kontemplativen und imaginativen Abstand offen sind, auch als Beispiel der gebrochenen Totalität gelingender Lebensführung bzw. Welterschließung aufgefaßt werden.

An diesem Punkt wird die Grenze auch des ethischen Kommunikationsparadigmas sichtbar. Es gibt einen zu schwachen, nämlich allein indirekten Begriff der nichtsozialen Dimensionen gelingender Existenz. Kommunikative Verhältnisse können – und, wenn es günstige sein sollen, müssen – für diese Dimensionen zwar offen sein, aber diese sind nicht selbst als kommunikative Handlungsformen zu bestimmen. Der primäre Charakter von Kontemplation und Imagination, gerade soweit es sich um selbstzweckhafte Vollzüge handelt, ist der eines nichtkommunikativen Tätigseins, das in das kommunikative auf verschiedene Weise eingehen und einwirken, nicht aber in ihm aufgehen kann. Wo das Paradigma des Naturschönen die soziale Dimension des Guten unterbelichtet ließ, verleiht das der gelingenden Kommunikation seinen solitären Dimensionen zu wenig Gewicht. Die Schwäche des einen Modells ist die Stärke des anderen. Betont das eine die phänomenale Interaktion auf Kosten der personalen, betont das andere die personale Interaktion auf Kosten der phänomenalen. Gelingendes Leben aber ist beider Gelingen.

Unter »phänomenaler Interaktion« verstehe ich Zustände einer wechselnden Artikuliertheit der Wirklichkeit, die irreduzible Weisen ihrer Gegebenheit sind. Die naturschöne Interaktion ästhetischer Attraktionen war hierfür ein Beispiel. Was hier »interagiert«, sind an Einstellungen zur Welt gebundene Erscheinungsweisen der Welt. So ist die Interaktion zwischen den Formen der Partizipation und der Distanz gegenüber dem kommunalen Leben selbst keine Interaktion zwischen Subjekten, es ist eine Interaktion zwischen Formen des Gegebenseins lebensweltlicher Wirklichkeit, erzeugt durch wechselnde subjektive Einstellungen zu dieser. Kontemplation und Imagination sind hier variierte Zugänge zu jener Gegebenheit der Welt, die der intersubjektive Grundspielraum individuellen und sozialen Handelns ist. Diese Variierbarkeit – diese Freiheit – ist nicht kongruent mit derjenigen, die für den Verlauf gelingender personaler Interaktionen kennzeichnend ist. Zwar ist personale Interaktion ohne phänomenale keineswegs blind und phänomenale ohne personale keineswegs leer – beide

können sehr gut ohne einander vorkommen und gelingen; trotzdem wird personale Interaktion ohne phänomenale auf Dauer blind und phänomenale ohne personale auf Dauer leer – weil kommunikative Freiheit eine Voraussetzung der existentiellen und existentielle eine Voraussetzung der kommunikativen ist. Weil beide dieser »Interaktionen« stets auch, aber nie allein in der Hand des einzelnen liegen – die personale hängt von mir und den anderen ab, die phänomenale von mir, teilweise von den anderen sowie vom Zustand der äußeren Wirklichkeit, beide sind abhängig vom Charakter gegebener Handlungssituationen (ob sie einen Freiraum zur mundanen Variation gewähren oder nicht) – muß das gute Leben als ein »gelingendes« verstanden werden, sagen wir: als das in einer gelingend sich artikulierenden Welt.
Obwohl die Modelle der Kommunikation und des Naturschönen diesen (sehr spekulativ skizzierten) Zustand der Wirklichkeit jeweils einseitig beleuchten, stehen sie nicht einfach in einem Verhältnis der Ergänzung zueinander. Sie kommen ineinander vor. Sie müssen »ineinander vorkommen«, wenn es sich tatsächlich um »übergreifende« Modelle handeln soll. Das kommunikative Verhältnis hat Platz im Modell des Naturschönen über die Funktion ästhetischer Urteile, mit denen der Wert auch des kontemplativen und imaginativen Bewußtseins innerhalb der Sphäre des »Gemeinsinns« zur Geltung gebracht werden kann. Durch dasselbe Gelenk hat das entfaltete ästhetische Verhältnis seinerseits einen Platz im Modell interpersonaler Kommunikation: als Verweis auf Einstellungen einer sprengenden und bereichernden Transzendierung des kommunalen Lebens. Trotzdem ist die Relation der beiden Modelle nicht symmetrisch. Dem ästhetischen Verhältnis *zur* Natur steht ein vorwiegend nichtästhetisches Verhältnis *der* Kommunikation gegenüber, das nur in zweiter Linie eines zu seinen eigenen Mitteln und Möglichkeiten, also auch »zur« Kommunikation ist. In erster Linie ist es eines zu anderen Subjekten, die einander durch Kommunikation als Subjekte anerkennen und erkennen. Dieses Verhältnis ist selbst unumgänglich und nicht nur, wie das der ästhetischen Einstellung zur Natur, eine fakultative Beziehung zu einer unumgänglichen Bedingung menschlicher Existenz. Das Naturschöne ist Beispiel eines gelingenden Umgangs mit einer unumgänglichen Situation, nicht aber eines gelingenden *unumgänglichen* Umgangs mit ihr; gelingende Kommunikation dagegen ist

eine Form des gelingenden unumgänglichen Umgangs mit – zumindest einigen – anderen. Die asymmetrische Dringlichkeit dieser beiden Verhältnisse läßt nochmals sichtbar werden, daß dasjenige der Kommunikation in ethischer Bedeutung grundlegender ist als dasjenige des Naturschönen. Denn – um es zu wiederholen – in kommunikativen Verhältnissen zu leben, ist nicht nur unumgänglich, in *günstigen* kommunikativen Verhältnissen zu leben, ist überdies eine *notwendige* Bedingung gelingenden Lebens. Diese harte Notwendigkeit kommt der Gegenwart des Naturschönen nicht zu; notwendig ist ein Sinn für das Sein schön/erhabener Natur nicht für jede, wohl aber für jede reiche Ausprägung gelungenen Lebens. Deshalb war die Untersuchung zur »Moral des Naturschönen« eine Seitenstrecke in die eudämonistische Ethik; ihr Anfang hätte kein Anfang bei der Natur sein müssen. Jedoch wird auf Seitenwegen manches sichtbar, was auf Hauptstraßen dem Blick entzogen bleibt, in unserem Fall: daß das Paradigma der Kommunikation zwar keine Seitenstrecke, aber auch nicht der Königsweg einer weit gefaßten Ethik ist.

3. Ein abstrakter Begriff guten Lebens

Vielleicht gibt es einen Königsweg gar nicht. Es muß ihn ja nicht geben. Sollte es ihn geben, dürfte er – auf der Suche nach einer nicht allein ästhetischen Theorie der »zweiten Korrespondenz« – über einen mit Benjamin und Heidegger erweiterten Begriff der Sprache führen, der es erlauben würde, ein ethisches Modell gelingender Weltartikulation zu entwickeln.[5] Wie dem auch sei, es ist an

5 Dieser exzessive Begriff von »Sprache« (als eines Interferenzgeschehens bedeutungshafter und *nicht* bedeutungshafter Artikulationsmodi) müßte auch die »Sprachen« der Kunst umfassen – die jedoch, anders als eine ehrwürdige Tradition idealistischer Ästhetik es will, für sich kein Modell gelungenen Lebens abgeben können. Das ist ein weiterer Unterschied zwischen ästhetischer Natur und ästhetischer Kunst. Die Objekte der Kunst sind Werke, die manchmal auch (Situationen der) Wirklichkeit sind, die Situation des Naturschönen ist Wirklichkeit, die manchmal auch Werkcharakter hat. Als Modelle gelingender Praxis können aber nur Situationen – wie z. B. das Naturschöne – stehen, in denen eine allgemeine Struktur gedeihlichen Daseins zur Wirklichkeit kommt. Eine solche Wirklichkeit ist die Kunst gerade nicht. Das Kunstwerk ist ein durch (»interferentiell«) gebrochene oder (»integra-

der Zeit, den Status einer ethischen Betrachtung zu klären, die Aussagen über eine allgemeine Struktur guten menschlichen Lebens trifft. Daß das Modell des Naturschönen, das uns zu solchen Aussagen geführt hat, selbst ein durchaus eingeschränktes ist, tut dabei wenig zur Sache – wollen wir doch wissen, wohin dieses Modell geführt hat, indem es über seine Grenzen hinausgeführt hat.

Es hat zu einer Beschreibung der »Form guten Lebens« geführt. Deren Begriff wurde nicht deduziert oder postuliert, er wurde ausgehend von materialen Bestimmungen mit den Mitteln begrifflicher Variation und exemplarischer Verallgemeinerung entwikkelt. Das Verfahren war eines der sukzessiven Abstraktion. Die Erkundung ästhetischer Erfahrungsmöglichkeiten (und ihrer Einheit) führte auf irrelative Dimensionen ethischer Orientierung (und ihrer Einheit) und hiermit auf eine Bestimmung der Form guten Lebens. Mit diesem individualethischen Begriff des Guten hat es eine besondere Bewandtnis. Nach der Feststellung in Kap. VI.4.a. ist er insoweit *formal*, als er nicht bestimmte Ziele individuellen Strebens auszeichnet, sondern allein eine bestimmte Art solchen Erstrebens, keine bestimmte Lebenskonzeption, sondern allein eine bestimmte Form des Habens und Entwickelns solcher Konzeptionen. Die Auszeichnung dieser Lebensform aber ist nicht *rein* formal, etwa im Sinn einer strikten Neutralität gegenüber individuellen Lebenskonzeptionen aller Art bzw. gegenüber allen Arten der informellen oder institutionellen Regelung sozialer Praxis. Es handelt sich um eine durchaus »substantielle« Bestimmung, freilich auf sehr allgemeinem Niveau. Die Form guten Lebens ist nicht etwas, wovon wir immer schon wissen, wonach wir unumgänglich – von Natur aus – streben, sie beruht auf geschichtlicher und lebensgeschichtlicher Erfahrung, sie ist eine in der Praxis des Lebens und der Kunst und der Philosophie geleistete Entdekkung einer *ergriffenen* Möglichkeit des Lebens, die allein dadurch,

tiv«) geschlossene Imagination geschaffenes Experiment mit den Stellungen zur Welt – dieses Experiment in Wirklichkeit zu überführen wäre sein Tod als Experiment und somit als Kunst. – Mit der im vorigen Abschnitt getroffenen Unterscheidung ließe sich Kunst auch als Veröffentlichung – als ein Ins-Werk-Setzen – »phänomenaler Interaktion« begreifen: ließe sich begreifen, daß ihre Werke gerade dadurch, daß sie nicht kommunikativ verfaßt sind, ausgezeichnete Objekte einer Kommunikation über Zustände des Inderweltseins sind.

daß sie einmal ergriffen wurde, gegeben ist, die allein dadurch, daß sie, einmal ergriffen, erkannt und anerkannt wird, eine – die begriffliche – Form ihrer Auslegung und Entfaltung findet. Die Bestimmung der Form guten Lebens ist eine *abstrakte* Bestimmung. Sie ist eine Bestimmung des Werts paradigmatischer Existenzsituationen in ihrem Stellenwert für ein gelingendes Leben.

Daß es sich bei der erläuterten Struktur gelingenden Lebens um keine rein formale, sondern um eine durchaus substantielle, inhaltliche Bestimmung handelt, wird aus dem Vergleich mit anderen Ethiken unmittelbar deutlich. Der hier umrissene Begriff guten Lebens hat weder ein resignatives noch asketisches noch ein hedonistisches noch ein elitäres (nur dem Weisen oder den »starken Naturen« erreichbares), er hat ein eudämonistisches Ideal formuliert. Dieses Ideal steht nicht *über* den anderen, versucht nicht aufzudecken, was diese immer schon meinen, nur eben verfehlen, es steht durchaus *neben*, d. h. in evaluativer Konkurrenz mit ihnen.[6] Mit anderen Worten, der Eudämonismus eines interdependenten Miteinanders verschiedener vollzugsorientierter Tätigkeiten resultiert aus einer letztlich komparativen Begründung; er versucht zu zeigen, daß ein Leben unter diesen Bedingungen besser ist – daß es eher gelingen und daß es »reicher« gelingen kann – als eines, das reduzierteren Idealen verpflichtet ist. Dieses Bessere ergibt sich nicht aus einer objektiven Teleologie des Seins oder des Lebens, vielmehr aus der evaluativ erfahrenen Gegenwart von Lebenssituationen, denen die philosophische Ethik eine ihrerseits werthafte Explikation verleiht. Das Telos dieses Guten ist kein objektives, sondern allein ein intersubjektives Telos: etwas, das von allen als lohnend erfahren werden kann, etwas, das den Versuch lohnt, es gegenüber allen als lohnend zu erweisen, etwas, das im Sinn eines »overlapping consensus«[7] von allen anerkannt werden könnte, gleich welcher Konzeption des Lebens sie sich verschrieben haben – ohne jede externe Garantie, ohne einen

6 Spaemann (1989), 28, plädiert ebenfalls für eine »eudämonistische« Lesart; jedoch schreibt er dem Begriff »gelingenden Lebens« einen »streng formalen« Charakter zu, wogegen ich meine, daß ein prägnantes Verständnis dieses Begriffs nicht »nur eine bestimmte Weise aus(drückt), über ein Leben als Ganzes positiv zu denken, es als Ganzes irgendwie ›richtig‹ zu finden«, vielmehr eine bestimmte – fragile, verfehlbare – Form des Lebensvollzugs selbst.

7 Rawls (1987).

anderen Rückhalt als die vergleichenden Gründe dieses Versuchs und dieser Erwartung.

Das Telos einer in Teilnahme, Abstand und Aussicht gegenüber dem kommunalen Leben geführten Existenz ist keine bloß regulative Idee, die eine Qualität des Lebens vorzeichnen würde, von der wir wissen, das wir ihrer gleichwohl niemals teilhaftig werden können. Das Telos dieses Guten ist ein präsentisches Telos: ein Gelingen des Lebens, das hier und heute erreicht, aber darum, weil es wirklich erreicht, auch wirklich verfehlt werden kann. Der »Präsentismus« einer eudämonistischen Ethik besagt nicht, die gegenwärtige Welt sei eine Welt guten Lebens, er besagt, daß wir keine Kenntnis von der Möglichkeit gelingenden Lebens haben außer durch ethische Erfahrung. Es wäre vollkommen sinnlos, eine Idee guten Lebens aufzustellen, mit dem Zusatz, freilich könne bis heute niemand wissen, was es heiße, dieses wunderbare Leben zu leben. Es gehört zur genauen Bedeutung eines Begriffs vom guten Leben, daß er sich auf etwas Bekanntes bezieht, auf etwas, von dem versucht werden kann zu zeigen, daß es – und in welchem Sinn es – gut ist. Hierin ist Aristoteles gegen Platon im Recht. In einer »lebendig artikulierten Welt« zu leben (oder zu wünschen, in ihr zu leben), kann nur heißen, in einer Welt zu leben (zu wünschen), deren Artikuliertheit *unserer* Wahrnehmung zugänglich ist, die *unsere* Kriterien verwirklichter Freiheit erfüllt, deren Zeit eine mögliche Zeit *unseres* Wohlergehens ist.[8]

Die Idee guten Lebens formuliert daher auch keine Utopie. Eine Explikation der Form guten menschlichen Lebens handelt nicht davon, wie das Leben in einer lichtvollen Vergangenheit war oder in einer lichtvollen Zukunft sein wird, sie handelt von der Möglichkeit gelingenden Lebens hier und jetzt, wie immer wenig lichtvoll dieses Hier-und-Jetzt sei. Nicht dem guten Leben, allein dem Gedanken einer allgemeinen *Zugänglichkeit* solchen Lebens kann sinnvollerweise ein utopischer (oder regulativer) Gehalt zugesprochen werden. Jedoch wäre das kein utopischer (oder bloß regulativer) Aspekt der Idee guten Lebens selbst, sondern ein utopischer (oder regulativer) Kern moralischen Respekts und politischer Gerechtigkeit. Es ist das utopische (oder besser: regulative) Telos eines moralischen und politischen Universalismus, daß alle die

8 Ähnlich Williams (1985), 171.

Möglichkeit haben, das vollkommen nicht-utopische Ziel eines gelingenden Lebens zu verfolgen. Adornos Diktum, es gebe kein richtiges Leben im falschen, mag somit eine treffende moralische Pointe haben, im Blick auf die Möglichkeiten guten Lebens ist es verfehlt. Nur weil es Formen guten und richtigen Lebens »im falschen« gibt, können wir wissen, wie sehr es ein falsches ist.

Das Gute ist keine Utopie – zu diesem Satz gehört der andere: Das Gute ist nicht zeitlos. Der Begriff guten Lebens, auf den die profane Explikation des Naturschönen geführt hat, ist ein unverkennbar moderner Begriff (des Schönen wie) des Guten. Ihm ist das Signum entzweiter Verhältnisse eingeschrieben, die nach Hegel das positive Kennzeichen der modernen Freiheit sind. Meine Aussagen über die Form guten Lebens waren daher von Anfang an mit einem Zeitindex versehen, der sie als Aussagen heutiger Bedingungen des Glücks und Gelingens bestimmt. Das kann nicht anders sein, wenn ethische Theorie sich als evaluative Explikation historischer Lebensmöglichkeiten des Menschen zu verstehen hat. Es ist nicht zu sehen, wie sie sich anders verstehen kann. Wenn die Lebensbedingungen des Menschen historische sind, sind es auch die Lebensmöglichkeiten, die sie – mittelbar und/oder unmittelbar – erfreulich oder unerfreulich finden. Das mögliche Gute ist nicht einfach mit dem Menschen da, es wird vom Menschen gefunden – in der dreifachen Bedeutung des Entdeckens, des Erfindens und des Ergreifens. Daher ist jede Explikation der Struktur gelingenden Lebens eine Explikation nicht allein eines je geschichtlichen Verständnisses, sondern darüber hinaus einer je geschichtlichen Struktur dieses Gelingens. Daher tragen alle Aussagen über allgemeine Bedingungen gelingenden Lebens einen historischen Index, auch dort, wo dieser mit anthropologischer Emphase geleugnet wird.[9] Wenn das Gute das ist, was wir als Gutes auch erfahren können, kann seine Erläuterung nicht unabhängig sein von der Zeit, in der es Erfahrung seines Daseins und Ausbleibens wurde.

Aber bedeutet dies nicht, daß die von mir als »nichtrelativ« ausgezeichnete ethische Erfahrung eben doch relativ ist? Daß die Form des Lebens, die in ihr positiv oder negativ gegenwärtig wird, eben

9 Den Anspruch einer zeitlosen Explikation erheben z. B. Spaemann (1989) und Rentsch (1990).

doch nicht »überhaupt« vorteilhaft ist, sondern nur für eine bestimmte historische Zeit und für bestimmte Individuen, Kulturen, Gesellschaften in dieser Zeit? Dieser Schluß wäre übereilt. Was historisch relativ ist, ist noch lange nicht logisch relativ. Vielmehr klärt die Aufdeckung des zeitspezifischen Charakters von Aussagen zum guten Leben gerade den Sinn ihrer irrelativen Allgemeinheit auf. Die Ethik des guten Lebens ist kein Feld ewiger Wahrheiten, was den Inhalt ihrer Aussagen betrifft und trotzdem ein Feld möglicher Wahrheit, was den Anspruch betrifft, eine akzeptierbare Bestimmung historisch möglicher Lebensqualität zu geben. Sie versucht für ihre Zeit zusammenzufassen, was die für die absehbare Gegenwart beste Form menschlichen Lebens ist. In ihrer Zeit, für die absehbare Gegenwart kann sie ihre Aussagen ohne Einschränkung vertreten – sie kann gar nicht anders, wenn sie überhaupt etwas vertreten will. Die Zeitgebundenheit ihrer Aussagen ist keine Einschränkung dessen, was sie zu sagen beansprucht, sie ist lediglich das Zeichen einer Grenze dessen, was mit allgemeinen ethischen Sätzen – zur Natur, zum Menschen, zur »Natur« des Menschen – überhaupt gesagt werden kann.[10]

4. Das Gute und das Richtige

Das »Gute«, von dem bis jetzt die Rede war, ist das, was gut im Blick auf die je individuelle Lebensführung ist. Sich an ihm zu orientieren, ist eine Sache der Klugheit, seine Beachtung empfiehlt sich aus dem je eigenen Interesse an einem zufriedenstellenden Leben. Dieses Gute ist aber nicht einfach »das« Gute, von dem eine entwickelte Moralphilosophie handelt. Sie handelt gleichermaßen von dem, was gut im Blick auf die Lebensmöglichkeit der anderen ist. Sich an diesem Guten zu orientieren, ist eine Sache der sozialen Rücksicht, seine Beachtung ist geboten aus der Anerkennung des gleichberechtigten Lebensinteresses der anderen. Der Einfachheit halber habe ich diesem Guten im VI. Kapitel den Titel des »Richtigen« gegeben. Es wäre recht unbefriedigend, würden wir am Ende

10 Was ich S. 300 einen »Universalismus der Lebensführung« genannt habe, kann also durchaus ohne den metaphysischen Universalismus vertreten werden, den Rorty vorschnell mit jenem identifiziert: Rorty (1989), 57, 85 u. 79, vgl. dagegen 102.

der Gretchenfrage ausweichen, wie sich die beiden Dimensionen und Begriffe des Guten zueinander verhalten. Die Pointe aller Ethik ist schließlich ein inklusiver Begriff des Guten, der das Verhältnis individualethischer und sozialethischer Normen bestimmt. Der Gang von der Ästhetik in die Ethik ist daher erst abgeschlossen, wenn die Linien des Zusammenhangs zwischen dem »Guten« und dem »Richtigen« gezogen werden können.

Dieser Zusammenhang kann sehr unterschiedlich dargestellt werden.[11] Die beiden klassischen Positionen sind die einer grundsätzlichen Identität oder einer grundsätzlichen Differenz der beiden Aspekte. Die antike »Ethik des Guten« vertritt eine These der prinzipiellen Identität, die moderne »Ethik des Richtigen« vertritt eine These der unauflösbaren Differenz des individuell Guten und des sozial Richtigen.[12] Für jene umfaßt die richtig verstandene Orientierung am eigenen Wohl die Rücksicht auf das Wohl der anderen; für diese ist die Rücksicht auf das Wohl der anderen eine – möglicherweise einschneidende – Beschränkung des eigenen Interesses; für jene legt der Begriff des Glücks den Spielraum des sozial Richtigen und Gerechten, für diese legt der Begriff des Richtigen und Gerechten den Spielraum des moralisch zulässigen Glücksstrebens fest. Entweder, so scheint es, ist der Begriff des persönlichen Wohls oder aber derjenige des interpersonalen Respekts der Grundbegriff einer »inklusiven« Ethik. Diese Alternative ist jedoch vermeidbar. Man kann die beiden klassischen Positionen auch so verstehen, daß sie im Grunde eine Interdependenz der Kategorien des »Guten« und des »Richtigen« aufdecken, freilich ohne ihr immer einen angemessenen Ausdruck zu geben. Eine solche Interdependenzannahme jedoch kann wiederum entweder als Position der Identität oder als Position der Differenz formuliert werden. Der umfassende Begriff des Guten wäre dann entweder aus einer ursprünglichen Kongruenz oder aus einer unhintergehbaren Konkurrenz individual- und sozialethischer Normen zu verstehen. Diese Alternative halte ich für eine echte Alternative. Unsere bisherigen Überlegungen zeichnen eine eindeutige Ent-

11 Vgl. oben Kap. VI.2.a.

12 Eine nicht-klassische »Ethik des Guten« kann auch ohne Identitätsthese vertreten werden – das Beispiel Nietzsches. Die klassische »Ethik des Richtigen« dagegen enthält die Zusatzannahme einer wenigstens denkbaren Konvergenz – das Beispiel Kants.

scheidung vor: für die ethische Differenz, gegen die ethische Identität. Ein umfassender Begriff des Guten, so meine ich, muß nicht bloß ein differentieller Begriff sein, er muß es in dem starken Sinn sein, der es erlaubt, die Differenz – und gelegentliche Diskrepanz – zwischen eigeninteressierten und moralischen Orientierungen selbst als positives Merkmal sittlicher Lebensverhältnisse zu verstehen. Auch das gute-und-richtige Leben ist eine Einheit ohne Ganzes.

Meine Option für eine »Ethik der Differenz« der interdependenten Größen des »Guten« und »Richtigen« freilich könnte paradox erscheinen. Denn muß nicht, wer glaubt, einen universalen Begriff gelingenden menschlichen Lebens zu haben, erstens eine »Ethik des Guten« vertreten und zweitens eine Ethik, deren Telos die Identität des »Guten« und des »Richtigen« ist? Muß er nicht sagen, daß in der unvoreingenommenen Erkenntnis des eudämonistisch Guten schon die moralische Anerkennung und in der reflektierten Berücksichtigung des eigenen Interesses schon die Rücksicht auf das Glücksstreben der anderen liege? Nun, er muß nicht; er darf gar nicht. Die vorgeschlagene Lösung entspringt einem verkehrten Bild der Moral.

Auch die allgemeinste Erklärung dessen nämlich, was es heißt, ein gutes Leben zu leben, kann den Gesichtspunkt der moralischen Verpflichtung gegenüber allen anderen nicht integrieren. Gewiß, sie kann im engeren Sinn moralische Gesichtspunkte integrieren – sie muß es sogar, wenn es stimmt, daß kommunale Solidarität und ihre kommunikative Aktualisierung eine Grundbedingung gelingenden Lebens ist. Jedoch ist diese Integration zu schwach, um ein universalistisches Moralverständnis zu entfalten. Zwar gibt es kein gutes Leben ohne die moralische Anerkennung einiger und durch einige, aber sehr wohl ohne die (unmittelbare oder politisch vermittelte) Anerkennung aller. Der entscheidende Schritt von einer universalen Moral der Lebensführung zu einer universalistischen Moral der Anerkennung liegt daher erst in einer starken *Verallgemeinerung* des Respekts vor der Lebensmöglichkeit der anderen. Dieser Schritt ist durch keinen noch so allgemeinen Begriff des Guten zu überspringen. Denn daraus, daß etwas – ein Leben in positiver Freiheit – für jede und jeden gut ist, folgt nicht selbst schon, daß es jeder und jedem auch einzuräumen sei. Das folgt erst *innerhalb* der Einstellung einer universalistischen Moral. Nur für die, die diese Einstellung haben, ist die Tatsache, daß ein solches Leben für alle vorteilhaft ist, gleichbedeutend mit dem praktischen Grund, allen die Möglichkeit solchen Lebens zu gewähren – allen ein *Recht* auf es zuzusprechen. Die Allgemeinheit des Interesses an einem guten Leben als Grund für die allgemeine Respektierung dieses Interesses zu nehmen, das *ist* die Moral universalen Respekts. Sie ist daher nicht selbst durch den Rekurs auf diese Allgemeinheit zu begründen. Freilich: sowenig ihr Standpunkt aus einem allgemeinen Begriff des Guten abgeleitet werden kann – wer ihn hat, kann ihn im Rückgriff auf eine allgemeine Idee des individuell Guten vorzüglich bestimmen und erläutern. Das ist alles, was »Begründung« hier heißen kann. Der Gedanke einer universalen Form guten Lebens erläutert die Idee der universalen Anerkennung einer gleichberechtigten Lebensmöglichkeit der Menschen, die keine absolut begründete, sondern ihrerseits eine historisch errungene Einstellung ist.[13] Ihr Grund ist die auf ihrem Boden gewonnene und in der Konfrontation mit partikularen Moralen erhärtete Überzeugung, daß es keinen vernünftigen Grund der *Einschränkung* allgemeiner Glücksmöglichkeiten gibt.

Die Konsequenz für das Verhältnis des »Guten« zum »Richtigen« lautet: Obwohl das, *was* moralisch geboten ist, im Namen einer allgemeinen Vorstellung vom Guten geboten ist, *daß* es allgemein geboten ist, ergibt sich aus der Annahme eines menschlichen Rechts auf einen freien Zugang zu einem freien kommunalen Leben. Moralische Rücksicht ist allgemeine Berücksichtigung elementarer Bedingungen des Wohlergehens der anderen. Eine Theorie der Moral kann im Bezug auf das eudämonistisch Gute nicht abstinent sein, da die Erhaltung und Eröffnung und Begrenzung von Dimensionen des menschlichen Wohlergehens eben das ist, worum es dem moralischen Verhalten geht. In rechtsphilosophischem Zusammenhang hat John Rawls den entscheidenden Zusammenhang bündig formuliert: »Justice draws the limits, the good shows the point.«[14] Jeder Begriff des Richtigen, so Rawls, steht unausweichlich im Zusammenhang mit Vorstellungen darüber, was das allgemein zu schützende Gute ist. Die *Respektierung* dieses allgemeinen Guten – das Richtige – jedoch ist Kriterium der

13 In Übereinstimmung mit Zimmermann (1985), § 20.

14 Rawls (1988), 252; zur selben Frage s. Honneth (1986) u. Taylor (1986).

individuellen Verfolgung (und der individuellen Konzeptionen) des Guten. Die Priorität des Richtigen vor dem Guten, die hierin nach Rawls trotz ihrer »Komplementarität«[15] zum Ausdruck kommt, erweist sich bei genauerem Hinsehen als Schein. Er entsteht daraus, daß die Idee des »Richtigen« und der Gerechtigkeit an keinen *bestimmten* allgemeinen Begriff des Guten unablösbar gebunden ist. Das Prinzip der moralischen Rücksicht enthält vielmehr einen *leeren* Begriff der Lebensform, die allen zuzugestehen ist. »Autonomie«, »Person«, »Würde des Menschen« usw. – das sind Begriffe, die einen genauen praktischen Sinn erst zusammen mit ihrerseits verallgemeinerungsfähigen Deutungen darüber gewinnen, was dies in der historischen – oder auch einer konkreten – Situation bedeutet. Die abstrakte Explikation guten Lebens ist eine solche Deutung; sie ist zugleich eine kritische Explikation des weitgehend impliziten Verständnisses, das die moralische Praxis ihren hochformalen Leitwerten immer schon zuteil werden läßt. Selbst die beste – abstrakte oder auch konkrete – Deutung dieser Art aber kann den leeren Ausdruck des Guten in der Formulierung des moralischen Standpunkts nicht auf Dauer füllen, nicht ein für alle Mal besetzen; denn das Prinzip der moralischen Rücksicht, so angewiesen seine Beachtung auf solche Deutungen ist, ist ein korrektives Prinzip auch gegenüber diesen Deutungen selbst. Die Idee des individuell Guten ist immer auch eine *Interpretation* der Idee des Richtigen, die ihrerseits immer auch eine *Anweisung* zur Gewinnung eines angemessenen allgemeinen Begriffs (und wichtiger: eines angemessenen intuitiven Verständnisses) des individuell Guten ist – also dessen, was im Namen der Moral unbedingt zu schützen und zu respektieren ist. Im Namen universalen Respekts ist unsere Vorstellung vom Guten kritisierbar; im Namen der Ermöglichung guten Lebens aber gilt der universale Respekt. Die Balance dieser Bestimmungen nach der einen Seite verschieben und damit die Spannung zwischen den Grundkategorien und Grundorientierungen ethischen Lebens lösen zu wollen, wäre eine Trivialisierung zugleich der Schwierigkeit und der Möglichkeit individuell und sozial guten Lebens.

Damit ist die Position der ethischen »Interdependenz« und »Differenz« umrissen. Die beiden Grundbegriffe der Ethik – das indi-

15 Rawls (1988), 253 u. 273f.; vgl. ders. (1979), 607ff.

viduell »Gute« und das sozial »Richtige« – sind nicht allein irreduzibel, nicht allein hat keiner Priorität vor dem andern, trotz ihrer unumgänglichen Liaison stehen sie in einem unaufhebbaren Kontrast zueinander. Eine philosophische Ethik muß sich im übrigen nicht damit begnügen, dieses Verhältnis zu bestimmen, sie wird immer auch eine im Namen des Richtigen formulierte Kritik am Verständnis des Guten und eine im Namen des Guten formulierte Kritik am Verständnis des Richtigen sein dürfen – wenn es denn so ist, daß ihre Grundgrößen keine strikt zeitlosen Größen, sondern Begriffe der reflexiven und rekonstruktiven Verständigung über historische Lebensbedingungen sind.

Diese theoretische Irreduzibilität und Dissonanz der beiden Aspekte der Moral ist nur ein Ausdruck der praktischen Spannung, in der das ethische Leben seit der antiken Aufklärung steht. Dieser Punkt ist bereits S. 329f. zur Sprache gekommen, wo es hieß, daß es konstitutive Spannungen zwischen dem Ästhetischen und dem Moralischen gerade auch »innerhalb des Ethischen« gebe. Diese Beobachtung läßt sich jetzt verallgemeinern. Ein sinnvolles Ideal guten Lebens wird den Konflikt zwischen dem für mich Guten und dem mit Rücksicht auf die anderen Richtigen nicht aus der Welt räumen wollen: es wird ihn für notwendig erklären. Es wird nicht nur die moralische Limitierung der individuellen Freiheit, es wird auch die eudämonistische Transformierung der moralischen Normen zum Prinzip erheben. Denn dieser Konflikt – um es zu wiederholen – ist ein gutes Stück des umfassenden ethischen Lebens selbst. Es von solchen Konflikten – aus moralischen Motiven – bereinigen zu wollen, wäre der Anfang einer Bereinigung des Guten vom Guten. Der Konflikt zwischen dem individuell und dem sozial Guten gehört der Orientierung am Guten-und-Richtigen zu. Nicht selten hat der Sinn für das eudämonistisch Gute einen Sinn für ein moralisch Richtiges geöffnet, das bis dahin unbekannt war. So oft der Sinn für das Glück den moralischen blind gemacht hat, so oft hat er ihn auch sehend gemacht. Was bei Hegel »Sittlichkeit« heißt, steht weder auf der Seite des Guten noch auf der des Richtigen, es ist das soziale und existentielle Verhältnis ihrer gelungenen Verbindung in Kontexten ihres zugelassenen, von Fall zu Fall bewältigten Konflikts. Das in umfassender Bedeutung Gute liegt nicht nur jenseits einer Priorität des »Guten« oder des »Richtigen«, es liegt auch diesseits ihrer

Vereinigung: in der Bewahrung und Bewältigung ihrer Differenz.[16]

Das Verhältnis zur Natur ist erneut ein Beispiel. Die Anerkennung der freien Natur als einer exemplarischen Lebensmöglichkeit hat Bedeutung nicht nur für das moderne Verständnis guten Lebens, sie bewirkt auch eine Korrektur der allgemeinen Normen moralischen Verhaltens. Das Naturschöne ist nicht nur ein Korrektiv individueller und kollektiver Lebensweisen, die Rücksicht auf freie Natur wird unter den heutigen Bedingungen zu einem Teil der Rücksicht auf die Freiheit der Menschen. Das Verhältnis zur Natur ist damit auch ein Beispiel für die Zeitgebundenheit der ethischen Deutungen, unter denen das Prinzip der moralischen Rücksicht allgemeine Wirksamkeit erhalten kann. Als Aufgabe praktischer Philosophie – und vor allem: der einfachsten ethischen Reflexionen im alltäglichen Leben – erweist es sich hier, Möglichkeiten der Konvergenz zwischen Eigeninteresse und moralischem Interesse zu finden und zu befördern. Daß diese Konvergenz kein sinnvolles Regulativ ethischer Orientierung ist, weil die beiden Weisen der *Beurteilung* nicht prinzipiell kongruieren können, bedeutet ja keineswegs, daß solche Konvergenz im Handeln nicht wünschenswert wäre.[17] In der Reichweite solcher Konvergenz zu leben, ist ein wesentlicher Bestandteil eines guten Lebens. Wo sie gegeben ist, fällt die Erhaltung meiner eigenen Lebensmöglichkeiten (wie oft in Verhältnissen der Freundschaft und der Familie) mit der der anderen zusammen: das, was moralisch geboten ist, empfiehlt sich zugleich aus dem Interesse an der Erhaltung der eigenen Sphäre des Lebens. Dieser besondere Fall guten-und-richtigen Lebens – dieser besondere Fall moralischer Motivation – ist auch in einem ästhetischen Verhältnis zur Natur gegeben, in dem das Dasein freier Natur als zentrale Qualität des eigenen Lebens erfahren wird. Das wohlverstandene Eigeninteresse enthält hier zugleich

16 Eine ausführliche Fassung dieses Arguments müßte zeigen, daß zum einen die Orientierung am eigenen Wohl die moralische Rücksicht, zum andern die moralische Rücksicht die Orientierung am eigenen Wohl aus nicht-zufälligen, internen Gründen bereichern kann, gerade dort, wo Konflikte zwischen ihnen entstehen.

17 Es ist ein Mangel vieler Moraltheorien, die häufig willkommene Konvergenz präferentieller und moralischer Orientierungen *im Handeln* nicht klar genug von der weder erreichbaren noch wünschbaren Konvergenz der verbundenen *Arten der Beurteilung* zu unterscheiden.

eine Motivation zur Wahrung der allgemeinen Möglichkeit naturbewußten Lebens. Daß es das reflektierte Eigeninteresse der Menschen ist, das die ästhetische Hinwendung zur Natur nahelegt und diesen besonderen »Respekt vor der Natur« gebietet, bedeutet andererseits nicht, daß dies ein Interesse bloß am eigenen persönlichen und kulturellen Lebensbereich wäre. Ist doch die schön/erhabene Natur stets ein Bezirk des – wie Adorno sagt – »Heraustretens« aus der eigenen, angeeigneten, der bekannten, der begreiflichen Sphäre. Wenn irgendwo, so liegt hier jener unmerkliche Übergang von einem ästhetischen zu einem moralischen Interesse, den Kant in der Wahrnehmung des Naturschönen glaubte ausmachen zu können. Gilt doch das ästhetische Interesse an der Natur einem Leben unter den Menschen und in der Natur, das sich nicht allein in der eigenen Art zu leben gefällt.

5. Ein Blick nach draußen

Von einer graugrünen Eiskruste umrandet, atmet der See seine unterirdische Wärme in das schwindende Licht des Tages. So weit ich mich von der Natur entfernt habe, ein einziger Blick bringt mich in ihre Nähe zurück. So ist es mit der Natur – wir müssen uns von ihr entfernt haben, um ihr ästhetisch nahe zu sein. So ist es mit der Ästhetik der Natur – wir mußten ihre Perspektive brechen, um ihre Perspektive durchhalten zu können. So ist es mit den Dimensionen eines guten Lebens – wir müssen aus ihnen heraustreten können, um in ihnen aufgehen zu können. Der Umweg ist das Ziel. Das ästhetische Verhältnis zur Natur ist ein Umweg der Kultur zu einem freien Verhältnis zu sich selbst.

Daher war unsere Hermeneutik des ästhetischen Interesses an der Natur zugleich Teil einer Explikation des Sinns einer freien Kultur. Sie war Hermeneutik einer modernen Wirklichkeit des Menschen, die sich ihm als Geschehen vielfacher – sinnfremder, sinnhafter, bildhafter – Artikuliertheit bietet, ohne selbst ein artikulierendes Geschehen zu sein. Nur eine »profane« und »anthropozentrische« Auffassung, so läßt sich rückblickend sagen, ist geeignet, die ästhetische Attraktion der Natur für den Menschen begreiflich zu machen, ohne das Geschehen der Natur insgeheim nach dem Bild menschlichen Handelns zu denken; nur eine vom Menschen und seinen Interessen her argumentierende Behandlung ist in der Lage, das »Andere«, die Fremdheit, das Nicht-Menschliche der Natur in seiner Ambivalenz für das menschliche Leben bestehen zu lassen. Zur Anerkennung des ästhetischen Werts »freier« Natur braucht es also nicht das Programm einer »Befreiung« der Natur (»als Mittel der Befreiung des Menschen«), das Marcuse dem Emanzipationsideal der Aufklärung zur Seite gestellt hat.[18] Die »Anerkennung« der Natur »als Subjekt« ist die falsche Anerkennung der Natur. Die volle ästhetische Wahrnehmung der Natur ist die eines Bereichs, der weder Subjekt noch subjekthaft und deswegen für die sprachlich – als Subjekt – lebenden Naturwesen unvergleichlich bedeutsam ist. Die Ästhetik der Natur braucht keine Metaphysik, sowenig wie die Ethik des guten Lebens, zu der sie gehört.

18 H. Marcuse, Konterrevolution und Revolte, Frankfurt: Suhrkamp 1972, 72 ff.

Ackrill, J. L. (1980), Aristotle on eudaimonia, in: A. Rorty (Hg.), Essays on Aristotle's ethics, Berkeley: Univ. of California Press, 15-33.

Adorno, Th. W. (1961), Valérys Abweichungen, in: ders., Noten zur Literatur II, Frankfurt: Suhrkamp, 42-94.

Adorno, Th. W. (1967), Funktionalismus heute, in: ders., Ohne Leitbild. Parva Aesthetica, Frankfurt: Suhrkamp, 104-127.

Adorno, Th. W. (1973), Ästhetische Theorie, Frankfurt/M.: Suhrkamp.

Angehrn, E. (1985), Der Begriff des Glücks und die Frage der Ethik, in: Philosophisches Jahrbuch, Jg. 92, 35-52.

Aristoteles (1972), Nikomachische Ethik, übers. v. E. Rolfes, hg. v. G. Bien, Hamburg: Meiner.

Aristoteles (1982), Metaphysik, gr. u. dt., übers. v. H. Bonitz, hg. v. H. Seidl, 2 Bde., Hamburg: Meiner, 2. Aufl.

Aristoteles (1987), Physik. Vorlesungen über Natur, gr. u. dt., hg. u. übers. v. G. Zekl, 2 Bde., Hamburg: Meiner.

Baudelaire, Ch. (1925), Curiosités Esthétiques, in: ders., Œuvres Complètes, hg. v. F. F. Gautier, Paris: Nouvelle Revue Francaise, Bd. V.

Baudelaire, Ch. (o. J.), Werke, hg. u. übers. v. M. Bruns, Bd. IV: Zur Ästhetik der Malerei und der bildenden Kunst, Minden: Bruns.

Baudelaire, Ch. (1975), Les Fleurs du Mal / Die Blumen des Bösen, in: ders., Werke / Briefe, hg. v. F. Kemp u. C. Pichois, München: Heimeran, Bd. III.

Benjamin, W. (1974a), Das Kunstwerk im Zeitalter seiner technischen Reproduzierbarkeit, in: ders., Gesammelte Schriften (GS), hg. v. R. Tiedemann u. H. Schweppenhäuser, Bd. I.2, Frankfurt/M.: Suhrkamp, 431-508.

Benjamin, W. (1974b), Über einige Motive bei Baudelaire, in: GS I.2, 605-653.

Bernhard, Th. (1972), Frost, Frankfurt/M.: Suhrkamp.

Birnbacher, D. (1980a), (Hg.), Ökologie und Ethik, Stuttgart: Reclam.

Birnbacher, D. (1980b), Sind wir für die Natur verantwortlich?, in: ders. (1980a), 103-139.

Bloch, E. (1959), Das Prinzip Hoffnung, 3 Bde., Frankfurt/M.: Suhrkamp.

Blumenberg, H. (1957), »Nachahmung der Natur«. Zur Vorgeschichte der Idee des schöpferischen Menschen, in: Studium Generale, Jg. 10, 266-283.

Blumenberg, H. (1964), Sokrates und das ›objet ambigu‹ – Paul Valérys Auseinandersetzung mit der Tradition der Ontologie des ästhetischen Gegenstandes, in: F. Wiedemann (Hg.), Epimelia, FS für H. Kuhn, München: Pustet 1964, 285-322.

Blumenberg, H. (1971), Wirklichkeitsbegriff und Wirkungspotential des Mythos, in: Terror und Spiel. Probleme der Mythenrezeption, Poetik und Hermeneutik IV, München: Fink, 11-66.
Blumenberg, H. (1979), Arbeit am Mythos, Frankfurt/M.: Suhrkamp.
Blumenberg, H. (1981), Die Lesbarkeit der Welt, Frankfurt/M.: Suhrkamp.
Boehm, G. (1986), Das neue Bild der Natur. Nach dem Ende der Landschaftsmalerei, in: Smuda (1986a), 87-110.
Böhme, G. (1984a), zus. m. E. Schramm (Hg.), Soziale Naturwissenschaft. Wege zu einer Erweiterung der Ökologie, Frankfurt/M.: Fischer.
Böhme, G. (1984b), Die Reproduktion von Natur als gesellschaftliche Aufgabe, in: ders. (1984a), 93-107.
Böhme, G. (1984c), Die Frage nach einem neuen Naturverständnis, in: ders. (1984a), 123-139.
Böhme, G. (1985), Anthropologie in pragmatischer Absicht. Darmstädter Vorlesungen, Frankfurt/M.: Suhrkamp.
Böhme, G. (1987), Bedingungen gegenwärtiger Naturphilosophie, in: Schwemmer (1987), 123-133.
Böhme, G. (1989), Für eine ökologische Naturästhetik, Frankfurt/M.: Suhrkamp.
Böhme, H. (1988), Natur und Subjekt, Frankfurt/M.: Suhrkamp.
Bohrer, K. H. (1981), Plötzlichkeit. Zum Augenblick des ästhetischen Scheins, Frankfurt/M.: Suhrkamp.
Bohrer, K. H. (1988), Nach der Natur, in: ders., Nach der Natur. Über Politik und Ästhetik, München: Hanser, 209-229.
Bourdieu, P. (1984), Die feinen Unterschiede. Kritik der gesellschaftlichen Urteilskraft, Frankfurt/M.: Suhrkamp, 3. Aufl.
Brecht, B. (1968), Geschichten vom Herrn Keuner, in: ders., Gesammelte Werke Bd. 12, Frankfurt/M.: Suhrkamp.
Brunkhorst, H. (1989), Adorno, Heidegger und die Postmoderne, in: Forum für Philosophie Bad Homburg (Hg.), Heidegger: Innen- und Außenansichten, Frankfurt/M.: Suhrkamp, 313-338.
Bubner, R. (1989), Ästhetische Erfahrung, Frankfurt/M.: Suhrkamp.
Bubner, R. / Gladigow, B. / Haug, W. (1990), (Hg.), Die Trennung von Natur und Geist. Zur Auflösung der Einheit der Wissenschaften in der Neuzeit, München: Fink.
Burke, E. (1980), Philosophische Untersuchungen über den Ursprung unserer Ideen vom Erhabenen und Schönen, übers. v. F. Bassenge, hg. v. W. Strube, Hamburg: Meiner.
Butlar, A. v. (1980), Der Landschaftsgarten, München: Heyne.
Campbell, B. (1987), Ökologie des Menschen. Unsere Stellung in der Natur von der Vorzeit bis heute, Frankfurt: Ullstein.

Carus, C. G. (1955), Neun Briefe über die Landschaftsmalerei, Dresden: Jess.

Carus, C. G. (1986), Zwölf Briefe über das Erdleben, Stuttgart: Freies Geistesleben.

Clark, K. (1962), Landschaft wird Kunst, Köln: Phaidon.

Danto, A. C. (1984), Die Verklärung des Gewöhnlichen. Eine Philosophie der Kunst, übers. v. M. Looser, Frankfurt/M.: Suhrkamp 1984.

Dworkin, R. (1984), Bürgerrechte ernstgenommen, übers. v. U. Wolf, Frankfurt/M.: Suhrkamp.

Eder, K. (1988), Die Vergesellschaftung der Natur. Studien zur sozialen Evolution der praktischen Vernunft, Frankfurt/M.: Suhrkamp.

Feinberg, J. (1980), Die Rechte der Tiere und zukünftiger Generationen, in: Birnbacher (1980), 140-179.

Flach, W. (1986), Landschaft. Die Fundamente der Landschaftsvorstellung, in: Smuda (1986), 11-28.

Flaubert, G. (1977), Briefe, übers. u. hg. v. H. Scheffel, Zürich: Diogenes.

Foucault, M. (1986 a), Der Gebrauch der Lüste. Sexualität und Wahrheit 2, übers. v. U. Raulff u. W. Seitter, Frankfurt/M.: Suhrkamp.

Foucault, M. (1986b), Die Sorge um sich. Sexualität und Wahrheit 3, übers. v. U. Raulff u. W. Seitter, Frankfurt/M.: Suhrkamp.

Früchtl, J. (1989), Natur als Projektion und Adornos Modell von Wahrheit, in: Philosophisches Jahrbuch, Jg. 96, 371-381.

Gebauer, G. (1983), Auf der Suche nach der verlorenen Natur. Der Gedanke der Wiederherstellung der körperlichen Natur, in: Großklaus / Oldemayer (1983), 101-120.

Goethe, J. W. v. (1966), Naturwissenschaftliche Schriften I u. II, in: Werke, hg. v. E. Trunz (Hamburger Ausgabe), Bde. 13 u. 14, 5. bzw. 3. Aufl.

Gombrich, E. H. (1985), Die Kunsttheorie der Renaissance und die Entstehung der Landschaftsmalerei, in: ders., Die Kunst der Renaissance I, Norm und Form, Stuttgart: Klett-Cotta, 140-157.

Goodman, N. (1984), Weisen der Welterzeugung, übers. v. M. Looser, Frankfurt: Suhrkamp.

Goodman, N. (1985), How buildings mean, in: Critical Inquiry, Jg. 11, 641-653.

Groh, D. / Sieferle, R. P. (1981), Naturerfahrung, Bürgerliche Gesellschaft, Gesellschaftstheorie, in: Merkur, Jg. 35, 663-675.

Groh, R. / Groh, D. (1989), Von den schrecklichen und erhabenen Bergen. Zur Entstehung ästhetischer Naturerfahrung, in: H.-D. Weber (Hg.), Wandel des modernen Naturbegriffs, Konstanz: Universitätsverlag, 53-96.

Großklaus, G. / Oldemayer, E. (1983), (Hg.), Natur als Gegenwelt. Beiträge zur Kulturgeschichte der Natur, Karlsruhe: von Loeper.

Großklaus, G. (1983), Der Naturtraum des Kulturbürgers, in: Großklaus / Oldemayer (1983), 169-196.
Guyer, P. (1987), Nature, art and autonomy: a copernican revolution in Kant's aesthetics, in: K. Cramer et al. (Hg.), Theorie der Subjektivität, Frankfurt/M.: Suhrkamp, 299-343.
Habermas, J. (1970a), Technik und Wissenschaft als ›Ideologie‹, in ders., dass., Frankfurt/M.: Suhrkamp, 4. Aufl., 48-103.
Habermas, J. (1970b), Technischer Fortschritt und soziale Lebenswelt, in: ders., Technik und Wissenschaft als ›Ideologie‹, Frankfurt/M.: Suhrkamp, 4. Aufl., 104-117.
Habermas, J. (1981), Theorie des kommunikativen Handelns, Frankfurt/M.: Suhrkamp, 2 Bde.
Habermas, J. (1984), Replik auf Einwände, in: ders., Vorstudien und Ergänzungen zur Theorie des kommunikativen Handelns, Frankfurt/M.: Suhrkamp 475-570.
Habermas, J. (1988), Nachmetaphysisches Denken, Frankfurt/M.: Suhrkamp.
Handke, P. (1987), Die Abwesenheit, Frankfurt/M.: Suhrkamp.
Hard, G. (1983), Zu Begriff und Geschichte der »Natur« in der Geographie des 19. und 20. Jahrhunderts, in: Großklaus / Oldemeyer (1983), 139-167.
Hard, G. (1985), Städtische Rasen, hermeneutisch betrachtet. Ein Kapitel aus der Geschichte der Verleugnung der Stadt durch die Städter, in: Klagenfurter geographische Schriften, H. 6, 29-52.
Hegel, G. W. F. (1970), Vorlesungen über die Ästhetik I-III, in: ders., Werke in zwanzig Bänden, hg. v. E. Moldenhauer u. K. M. Michel, Frankfurt/M.: Suhrkamp, Bde. 13-15.
Heidegger, M. (1954), Wissenschaft und Besinnung, in: ders., Vorträge und Aufsätze, Pfullingen: Neske, 45-70.
Heidegger, M. (1979), Sein und Zeit, Tübingen: Niemeyer, 15. Aufl.
Heidegger, M. (1980), Holzwege, Frankfurt/M.: Klostermann, 6. Aufl.
Heine, H. (1969), Sämtliche Schriften, Bd. 2, hg. v. G. Häntzschel, München: Hanser 1969.
Hirschfeld, Ch. C. L. (1973), Theorie der Gartenkunst, 5 Bde. in 2 Bdn. (Nachdr. der Ausg. Leipzig 1782-1785), Hildesheim-New York: Olms.
Höffe, O. (1981), Sittlich-politische Diskurse. Philosophische Grundlagen – Politische Ethik – Biomedizinische Ethik, Frankfurt/M.: Suhrkamp.
Hofmann, W. (1974), (Hg.), Caspar David Friedrich, München: Prestel.
Hofmann, W. (1976), Turner und die Landschaft seiner Zeit, in: ders. (Hg.), William Turner und die Landschaft seiner Zeit. München: Prestel, 29-53

Holländer, H. (1982), Weltentwürfe neuzeitlicher Landschaftsmalerei, in: Zimmermann (1982a), 183-224.

Honneth, A. (1986), Diskursethik und implizites Gerechtigkeitskonzept, in: W. Kuhlmann (Hg.), Moralität und Sittlichkeit. Das Problem Hegels und die Diskursethik, Frankfurt/M.: Suhrkamp, 183-193.

Humboldt, A. v. (o. J.), Kosmos. Entwurf einer physischen Weltbeschreibung, 4 Bde. in 2 Bdn., Stuttgart: Cotta.

Imdahl, M. (1969), »Is it a flag or is it a painting?« Über mögliche Konsequenzen der konkreten Kunst, Köln: Wallraf-Richartz-Jahrbuch XXXI, 205-232.

Imdahl, M. (1980), Giotto. Arenafresken. Ikonographie, Ikonologie, Ikonik, München: Fink.

Iser, W. (1976). Der Akt des Lesens. Theorie ästhetischer Wirkung, München: Fink.

Jauß, H. R. (1977), Ästhetische Erfahrung und literarische Hermeneutik, Bd. I, München: Fink.

Jauß, H. R. (1989), Studien zum Epochenwandel der ästhetischen Moderne, Frankfurt/M.: Suhrkamp.

Jonas, H. (1973), Der Adel des Sehens, in: ders., Organismus und Freiheit. Ansätze zu einer philosophischen Biologie, Göttingen: Vandenhoek, 198-225.

Jonas, H. (1984), Das Prinzip Verantwortung. Versuch einer Ethik für die technische Zivilisation, Frankfurt/M.: Suhrkamp.

Jonke, G. (1977), Die Schule der Geläufigkeit, Frankfurt/M.: Suhrkamp.

Jonke, G. (1979), Der ferne Klang, Salzburg-Wien: Residenz.

Judd, D. (1987), Complete Writings 1975-1986, Eindhoven: Stedelijk van Abbemuseum.

Kambartel, F. (1989), Philosophie der humanen Welt, Frankfurt/M.: Suhrkamp.

Kanitscheider, B. (1984), (Hg.), Moderne Naturphilosophie, Würzburg: Königshausen u. Neumann.

Kant, I. (1968a), Kritik der praktischen Vernunft, in: ders., Werke in zwölf Bänden (= Werke), hg. v. W. Weischedel, Frankfurt/M.: Suhrkamp, Bd. VII, 123-302.

Kant, I. (1968b), Kritik der Urteilskraft, in: ders., Werke Bd. IX u. X, 235-620.

Kant, I. (1968c), Die Metaphysik der Sitten, in: ders., Werke Bd. VIII, 303-634.

Kant, I. (1968d), Grundlegung zur Metaphysik der Sitten, in: ders., Werke Bd. VII, 7-102.

Keppler, A. (1987), Der Verlauf von Klatschgesprächen, in: Zeitschrift für Soziologie, Jg. 16, H. 4, S. 288-302.

Keppler, A. (1988), Beispiele in Gesprächen. Zu Form und Funktion

exemplarischer Geschichten, in: Zeitschrift für Volkskunde, Jg. 84, I. Halbjahresband, S. 39-57.
Kierkegaard, S. (1988), Entweder – Oder, übers. v. H. Fauteck, 2 Bde., München: DTV.
Kleist, H. v. (1970), Sämtliche Werke und Briefe, hg. v. H. Sembdner, 2 Bde., München: Hanser, 5. Aufl.
Koppe, F. (1983), Grundbegriffe der Ästhetik, Frankfurt/M.: Suhrkamp.
Krämer, H. (1983), Antike und moderne Ethik?, in: Zeitschrift für Theologie und Kirche, Jg. 80, 184-203.
Krämer, H. (1986), Moralisches Sollen, Autonomie und gutes Leben. Zur neueren Ethik-Diskussion, in: Perspektiven der Philosophie, Jg. 12, 295-322.
Kraus, R. (1977), Passages in modern skulpture, New York: Viking.
Kulenkampff, J. (1983), Gibt es ein ontologisches Problem des Kunstwerks?, in: D. Henrich (Hg.), Kant oder Hegel, Stuttgart 1983, 572-590.
Kutschera, F. v. (1988), Ästhetik, Berlin-New York: de Gruyter.
Lenk, H. (1983), Der Macher der Natur? Über operativistische Fehldeutungen von Naturbegriffen der Neuzeit, in: Großklaus/Oldemeyer (1983), 59-86.
Leser, H. (1982), Der ökologische Natur- und Landschaftsbegriff. Überlegungen zu seiner Bedeutung für Nutzung, Planung und Entwicklung des Lebensraums, in: Zimmermann (1982), 74-117.
Lobsien, E. (1981), Landschaft in Texten. Zu Geschichte und Phänomenologie der literarischen Beschreibung, Stuttgart: Metzler.
Pseudo-Longinos (1983), Vom Erhabenen, hg. u. übers. v. R. Brandt, Darmstadt: Wissenschaftliche Buchgesellschaft.
Lowry, M. (1984), Unter dem Vulkan, übers. v. S. Rademacher u. K. Graf, Reinbek: Rowohlt.
Lüdeking, K. (1988), Analytische Philosophie der Kunst, Frankfurt/M.: Athenäum.
Lützeler, H. (1950), Vom Wesen der Landschaftsmalerei, in: Studium Generale, Jg. 3, 210-232.
Luxemburg, R. (1984), Gesammelte Briefe, Bd. 5, hg. v. Institut f. Marxismus-Leninismus beim ZK der SED, Berlin: Dietz.
Lyotard, J. F. (1984), Das Erhabene und die Avantgarde, in: Merkur, Jg. 38, 151-164.
MacIntyre, A. (1985), After virtue. A study in moral theory, London: Duckworth, 2. Aufl.
Mackie, J. L. (1983), Ethik. Auf der Suche nach dem Richtigen und Falschen, übers. v. R. Ginters, Stuttgart: Reclam.
Marcuse, H. (1973), Konterrevolution und Revolte, Frankfurt/M.: Suhrkamp.

Marquard, O. (1981), Lob des Polytheismus. Über Monomythie und Polymythie, in: ders., Abschied vom Prinzipiellen. Philosophische Studien, Stuttgart: Reclam, 91-116.

Marquard O. (1987a), Apologie des Zufälligen. Philosophische Studien, Stuttgart: Reclam.

Marquard, O. (1987b), Transzendentaler Idealismus, Romantische Naturphilosophie, Psychoanalyse, Köln: Dinter.

Marx, K. (1974), Ökonomisch-philosophische Manuskripte, in: ders. / F. Engels, Werke. Ergänzungsband, Erster Teil, Berlin: Dietz 1974, 465-588.

Menke-Eggers, C. (1988), Die Souveränität der Kunst. Ästhetische Erfahrung nach Adorno und Derrida, Frankfurt/M.: Athenäum.

Merleau-Ponty, M. (1966), Phänomenologie der Wahrnehmung, übers. v. R. Boehm, Berlin: de Gruyter.

Merleau-Ponty, M. (1986), Das Sichtbare und das Unsichtbare, hg. v. C. Lefort, übers. v. R. Giuliani u. B. Waldenfels, München: Fink.

Meyer-Abich, K. M. (1986), Wege zum Frieden mit der Natur. Praktische Naturphilosophie für die Umweltpolitik, München: DTV.

Mittelstraß, J. (1981), Das Wirken der Natur. Materialien zur Geschichte des Naturbegriffs, in: F. Rapp (Hg.), Naturverständnis und Naturbeherrschung. Philosophische Entwicklung und gegenwärtiger Kontext, München: Fink, 38-69.

Mittelstraß, J. (1982a), Technik und Vernunft. Orientierungsprobleme in der Industriegesellschaft, in: ders., Wissenschaft als Lebensform, Frankfurt/M.: Suhrkamp, 37-64.

Mittelstraß, J. (1982b), Aneignung und Verlust der Natur, in: ders., Wissenschaft als Lebensform, Frankfurt/M.: Suhrkamp, 65-84.

Mittelstraß, J. (1987), Leben mit der Natur. Über die Geschichte der Natur in der Geschichte der Philosophie und über die Verantwortung des Menschen gegenüber der Natur, in: Schwemmer (1987), 37-62.

Moscovici, S. (1982), Versuch über die menschliche Geschichte der Natur, übers. v. M. Bischoff, Frankfurt/M.: Suhrkamp.

Nagel, Th. (1984), Über das Leben, die Seele und den Tod, übers. v. K.-E. Prankel u. R. Stoecker, Königstein: Hein.

Nagel, Th. (1986), The view from nowhere, Oxford: OUP.

Nietzsche, F. (1980a), Menschliches, Allzumenschliches, in: ders., Sämtliche Werke. Kritische Studienausgabe in fünfzehn Bänden (= KSA), hg. v. G. Colli u. M. Montinari, München-Berlin-New York: DTV/de Gruyter, Bd. II.

Nietzsche, F. (1980b), Die fröhliche Wissenschaft, in: KSA III, 343-652.

Nietzsche, F. (1980c), Also sprach Zarathustra. Ein Buch für Alle und Keinen, KSA IV.

Nietzsche, F. (1980d), Jenseits von Gut und Böse, in: KSA V, 9-243.

Nietzsche, F. (1980e), Götzen-Dämmerung oder wie man mit dem Hammer philosophiert, in: KSA VI, 55-161.
Nussbaum, M. (1986), The fragility of goodness. Luck and ethics in Greek tragedy and philosophy, London: CUP.
Oettermann, S. (1980), Das Panorama. Die Geschichte eines Massenmediums, Frankfurt/M.: Syndikat.
Oldemeyer, E. (1983), Entwurf einer Typologie des menschlichen Verhältnisses zur Natur, in: Großklaus/Oldemeyer (1983), 15-42.
Pascal, B. (1972), Über die Religion und über einige andere Gegenstände (Pensées), hg. u. übers. v. E. Wasmuth, Heidelberg: Schneider, 7. Aufl.
Passmore, J. (1974), Man's responsibility for nature. Ecological problems and western traditions, London: Duckworth.
Pessoa, F. (1986), Alberto Caeiro: Dichtungen / Ricardo Reis: Oden, port. u. dt., übers. v. G. R. Lind, Zürich: Ammann.
Pessoa, F. (1987), Alvaro de Campos, Poesias – Dichtungen, port. u. dt., übers. v. G. R. Lind, Zürich: Ammann.
Piepmeier, R. (1980), Das Ende der ästhetischen Kategorie ›Landschaft‹, in: Westfälische Forschungen, Jg. 30, 8-46.
Platon (1971), Politeia / Der Staat, gr. u. dt., übers. v. F. Schleiermacher, bearb. v. D. Kurz, in: ders., Werke in acht Bänden, hg. v. G. Eigler, Bd. V, Darmstadt: Wiss. Buchges.
Platon (1983), Phaidros / Parmenides / Briefe, gr. u. dt., übers. v. F. Schleiermacher, bearb. v. D. Kurz, in: ders., Werke in acht Bänden, hg. v. G. Eigler, Bd. V, Darmstadt: Wiss. Buchges.
Pochat, G. (1973), Figur und Landschaft. Eine historische Interpretation der Landschaftsmalerei von der Antike bis zur Renaissance, Berlin-New York: de Gruyter.
Ponge, F. (1964), Die literarische Praxis, Olten-Freiburg: Walter.
Ponge, F. (1973), Im Namen der Dinge, frz. u. dt., übers. v. G. Henninger, Frankfurt/M.: Suhrkamp.
Ponge, F. (1982), Das Notizbuch vom Kiefernwald / La Mounine, übers. v. P. Handke, Frankfurt/M.: Suhrkamp.
Ponge, F. (1986), Einführung in den Kieselstein und andere Texte, frz. u. dt., übers. v. G. Henninger u. K. Spann, Frankfurt/M.: Fischer.
Pothast, U. (1982), Die eigentlich metaphysische Tätigkeit. Über Schopenhauers Ästhetik und ihre Anwendung durch Samuel Beckett, Frankfurt/M.: Suhrkamp.
Pries, Ch. (1989), (Hg.), Das Erhabene. Zwischen Grenzerfahrung und Größenwahn, Weinheim: VCH.
Proust, M. (1967), Auf der Suche nach der verlorenen Zeit, übers. v. E. Rechel-Mertens, 3 Bde., Frankfurt/M.: Suhrkamp.
Rausch, H. (1982), Theoria. Von ihrer sakralen zur philosophischen Bedeutung, München: Fink.

Rawls, J. (1979), Eine Theorie der Gerechtigkeit, übers. v. H. Vetter, Frankfurt/M.: Suhrkamp.
Rawls, J. (1987), The idea of an overlapping consensus, in: Oxford Journal of Legal Studies, Jg. 7, 1-25.
Rawls, J. (1988), The priority of right and ideas of the good, in: Philosophy and Public Affairs, Jg. 17, 251-276.
Rentsch, Th. (1987), Der Augenblick des Schönen. Visio beatifica und Geschichte der ästhetischen Idee, in: ders. / H. Bachmaier (Hg.), Poetische Autonomie? Zur Wechselwirkung von Dichtung und Philosophie in der Epoche Goethes und Hölderlins, Stuttgart: Klett-Cotta, 329-353.
Rentsch, Th. (1990), Die Konstitution der Moralität. Transzendentale Anthropologie und praktische Philosophie, Frankfurt/M.: Suhrkamp.
Rilke, R. M. (1910), Worpswede, Bielefeld und Leipzig: Velhagen & Klasing, 3. Aufl.
Rilke, R. M. (1974), Duineser Elegien / Die Sonette an Orhpeus, Frankfurt/M.: Insel.
Rilke, R. M. (1975), Neue Gedichte / Der Neuen Gedichte anderer Teil, Frankfurt/M.: Insel.
Ritter, J. (1974), Landschaft. Zur Funktion des Ästhetischen in der modernen Gesellschaft, in: ders., Subjektivität, Frankfurt/M.: Suhrkamp, 141-163 u. 172-190.
Ritter, J. (1977), Die Lehre vom Ursprung und Sinn der Theorie bei Aristoteles, in: ders., Metaphysik und Politik. Studien zu Aristoteles und Hegel, Frankfurt/M.: Suhrkamp, 9-33.
Rorty, R. (1989), Kontingenz, Ironie und Solidarität, übers. v. C. Krüger, Frankfurt/M.: Suhrkamp.
Rousseau, J.-J. (1971), Schriften zur Kulturkritik, übers. u. hg. v. K. Wiegand, Hamburg: Meiner.
Rousseau, J.-J. (1988), Julie oder Die Neue Héloise, übers. v. J. G. Gellius, München: DTV.
Sartre, J.-P. (1971), Das Imaginäre. Phänomenologische Psychologie der Einbildungskraft, dt. v. H. Schöneberg, Reinbek: Rowohlt.
Sartre, J.-P. (1962), Das Sein und das Nichts. Versuch einer phänomenologischen Ontologie, übers. v. J. Streller, Reinbek: Rowohlt.
Schäfer, L. (1982), Wandlungen des Naturbegriffs, in: Zimmermann (1982), 11-44.
Schäfer, L. (1987), Selbstbestimmung und Naturverhältnis des Menschen, in: Schwemmer (1987), 15-35.
Schiller, F. (1966), Über das Erhabene, in: ders., Werke, Bd. IV, Frankfurt/M.: Insel (1966), 119-134.
Schmidt, A. (1959), Rosen & Poree, Karlsruhe: Stahlberg.
Schnädelbach, H. (1989), Die Aktualität der »Dialektik der Aufklärung«, in: H. Kunneman / H. de Vries (Hg.), Die Aktualität der ›Dialektik der

Aufklärung‹. Zwischen Moderne und Postmoderne, Frankfurt/M.: Campus, 15-35.
Schopenhauer, A. (1977), Die Welt als Wille und Vorstellung. Erster und zweiter Band, in: ders., Werke in zehn Bänden (Züricher Ausgabe), Zürich: Diogenes, Bde. I-IV.
Schwemmer, O. (1987), (Hg.), Über Natur. Philosophische Beiträge zum Naturverständnis, Frankfurt/M.: Klostermann (1987).
Seel, M. (1985), Die Kunst der Entzweiung. Zum Begriff der ästhetischen Rationalität, Frankfurt/M.: Suhrkamp.
Seel, M. (1989a), Plädoyer für die zweite Moderne, in: H. Kunneman / H. de Vries (Hg.), Die Aktualität der ›Dialektik der Aufklärung‹. Zwischen Moderne und Postmoderne, Frankfurt/M.: Campus, 36-66.
Seel, M. (1989b), Heidegger und die Ethik des Spiels, in: Forum für Philosophie Bad Homburg (Hg.), Heidegger: Innen- und Außenansichten, Frankfurt/M.: Suhrkamp, 244-272.
Seel, M. (1989c), Gerechtigkeit gegenüber dem Heterogenen?, Zu einem neuen Sammelband über das Erhabene, in: Merkur, Jg. 43, 916-922.
Seel, M. (1990), Kants Ethik der ästhetischen Natur, in: Bubner/Gladigow/Haug (1990), 181-208.
Seel, M. (1991a), Die Wiederkehr der Ethik des guten Lebens, in: Merkur Jg. 45, 42-49.
Seel, M. (1991b), Kunst, Wahrheit, Welterschließung, erscheint in: F. Koppe, (Hg.), Perspektiven der Kunstphilosophie, Frankfurt/M.: Suhrkamp.
Seel, M. (1991c), Artikulationsformen ethischer Erfahrung, erscheint in: R. Kötter / H. J. Schneider (Hg.), Enteignen uns die Wissenschaften? Zum Verhältnis zwischen Empirie und Erfahrung, Frankfurt/M.: Suhrkamp.
Simmel, G. (1957), Philosophie der Landschaft, in: ders., Brücke und Tür, hg. v. M. Landmann, Stuttgart: Koehler, 141-152.
Smuda, M. (1986a), (Hg.), Landschaft, Frankfurt/M.: Suhrkamp.
Smuda, M. (1986b), Natur als ästhetischer Gegenstand und als Gegenstand der Ästhetik. Zur Konstitution von Landschaft, in: Smuda (1986a), 44-69.
Sommer, M. (1987), Evidenz im Augenblick. Eine Phänomenologie der reinen Empfindung, Frankfurt/M.: Suhrkamp.
Spaemann, R. (1973), Art. Natur, in: Handbuch philosophischer Grundbegriffe, hg. v. H. Krings et al., Bd. II, München: Kösel, 956-969.
Spaemann, R. (1978), Philosophie als Lehre vom glücklichen Leben, in: G. Bien (Hg.), Die Frage nach dem Glück, Stuttgart-Bad Cannstatt: Frommann-Holzboog, 1-19.
Spaemann, R. (1980), Technische Eingriffe in die Natur als Problem der politischen Ethik, in: Birnbacher (1980a), 180-206.

Spaemann, R. / Löw, R. (1981), Die Frage Wozu? Geschichte und Wiederentdeckung des teleologischen Denkens, München-Zürich: Piper.
Spaemann, R. (1987), Das Natürliche und das Vernünftige, in: Schwemmer (1987), 149-164.
Spaemann, R. (1989), Glück und Wohlwollen. Versuch über Ethik, Stuttgart: Klett-Cotta.
Spies, W. (1979), (Hg.), Max Ernst. Retrospektive 1979, München: Prestel.
Steingräber, E. (1985), Zweitausend Jahre europäische Landschaftsmalerei, München: Hirmer.
Stierle, K. (1986), Die Entdeckung der Stadt. Paris und sein Diskurs, in: F. Knilli u. M. Nierlich (Hg.), Medium Metropole. Berlin, Paris, New York, Heidelberg: Winter, 81-93.
Stierle, K. H. (1984), Geschmack und Interesse. Zwei Grundbegriffe des Klassizismus, in: H. Beck et al. (Hg.), Ideal und Wirklichkeit der bildenden Kunst im späten 18. Jahrhundert, Berlin: Mann, 75-85.
Stifter, A. (1968), Studien, hg. v. J. Jahn, 2 Bde., Leipzig: Insel.
Ströker, E. (1965), Philosophische Untersuchungen zum Raum, Frankfurt/M.: Klostermann.
Taylor, Ch. (1985), What is Human Agency?, in: ders., Agency and Human Language. Philosophical Papers 1, Cambridge: CUP, 15-44.
Taylor, Ch. (1986), Die Motive einer Verfahrensethik, in: W. Kuhlmann (Hg.), Moralität und Sittlichkeit. Das Problem Hegels und die Diskursethik, Frankfurt/M.: Suhrkamp, 101-135.
Theunissen, M. (1982), Selbstverwirklichung und Allgemeinheit. Zur Kritik des gegenwärtigen Bewußtseins, Berlin-New York: de Gruyter.
Tormey, A. (1971), The concept of expression. A study in philosophical psychology and aesthetics, Princeton: University Press.
Tugendhat, E. (1984), Antike und moderne Ethik, in: ders., Probleme der Ethik, Stuttgart: Reclam, 33-56.
Tugendhat, E. (1989), Zum Begriff und zur Begündung von Moral, in: C. Bellut/U. Müller-Schöll (Hg.), Mensch und Modene, Würzburg: Königshausen u. Neumann.
Valéry, P. (1971), Windstriche, Frankfurt/M.: Suhrkamp.
Valéry, P. (1973), Eupalinos oder der Architekt, übers. v. R. M. Rilke, Frankfurt/M.: Suhrkamp.
Valéry, P. (1975), Zur Theorie der Dichtkunst, Frankfurt/M.: Suhrkamp.
Vischer, F. Th. (1922), Kritik meiner Ästhetik, in: ders., Kritische Gänge, München: Meyer & Jessen, Bd. IV, 222-419.
Vischer, F. Th. (1922f.), Ästhetik oder Wissenschaft des Schönen, München: Meyer & Jessen, 6 Bde.
Waldenfels, B. (1986), Gänge durch die Landschaft, in: Smuda (1986a), 29-43.
Warning, R. (1990), Kulturkritik im Namen einer sentimentalen Natur (Jean-Jaques Rousseau), in: Bubner/Gladigow/Haug (1990), 79-91.

Weber, H.-D. (1989), Die Verzeitlichung der Natur im 18. Jahrhundert, in: ders. (Hg.), Wandel des modernen Naturbegriffs, Konstanz: Universitätsverlag, 97-132.
Wedewer, R. (1986), Landschaft als vermittelte Theorie, in: Smuda (1986a), 111-134.
Weizsäcker, C. F. v. (1979), Die Geschichte der Natur, Göttingen: Vandenhoek, 8. Aufl.
Wellmer, A. (1985), Zur Dialektik von Moderne und Postmoderne. Vernunftkritik nach Adorno, Frankfurt/M.: Suhrkamp.
Wellmer, A. (1986), Ethik und Dialog. Elemente des moralischen Urteils bei Kant und in der Diskursethik, Frankfurt/M.: Suhrkamp.
Wellmer, A. (1988 a), Metaphysik im Augenblick ihres Sturzes, in: D. Henrich / R. P. Horstmann (Hg.), Metaphysik nach Kant?, Stuttgart: Klett-Cotta, 767-782.
Wellmer, A. (1988 b), Architecture and territory, Ms., Konstanz.
Wilde, O. (1982), Der Verfall der Lüge, in: ders., Sämtliche Werke, hg. v. N. Kohl, Bd. VII, übers. v. Ch. Hoeppner u. I. v. Weidenbaum, Frankfurt/M.: Insel, 9-44.
Williams, B. (1985), Ethics and the limits of philosophy, London: Fontana.
Williams, W. C. (1983), Endlos und unzerstörbar. Gedichte, amerik. u. dt., übers. v. Ch. Koller, G. C. Schwebell u. H. M. Enzensberger, hg. v. R. Th. Hlawatsch u. H. G. Heiderhoff, Waldbrunn: Heiderhoff.
Wittgenstein, L. (1971), Tractatus logico-philosophicus, Frankfurt/M.: Suhrkamp, 8. Aufl.
Wittgenstein, L. (1977), Vermischte Bemerkungen, Frankfurt/M.: Suhrkamp.
Wohlfahrt, G. (1982), Der Augenblick. Zeit und ästhetische Erfahrung bei Kant, Hegel und Heidegger mit einem Exkurs zu Proust, Freiburg-München: Alber.
Wolf, U. (1984), Das Problem des moralischen Sollens, Berlin-New York: de Gruyter.
Wolf, U. (1987), Brauchen wir eine ökologische Ethik?, in: Probleme des Klassenkampfs, Jg. 17, H. 4, 148-173.
Wolf, U. (1988), Haben wir moralische Verpflichtungen gegen Tiere?, in: Zeitschrift für philosophische Forschung, Jg. 42, 222-246.
Woźniakowski, J. (1987), Die Wildnis. Zur Deutungsgeschichte des Berges in der europäischen Neuzeit, übers. v. Th. Mechtenberg, Frankfurt/M.: Suhrkamp.
Zaugg, R. (1982), Die List der Unschuld. Das Wahrnehmen einer Skulptur, Eindhoven: Stedelijk van Abbemuseum.
Zelle, C. (1987), Angenehmes Grauen. Literaturhistorische Beiträge zur Ästhetik des Schrecklichen im achtzehnten Jahrhundert, Hamburg: Meiner.

Zimmermann, J. (1982a), (Hg.), Das Naturbild des Menschen, München: Fink.
Zimmermann, J. (1982b), Zur Geschichte des ästhetischen Naturbegriffs, in: ders. (1982a), 118-154.
Zimmermann, R. (1985), Utopie – Rationalität – Politik. Zu Kritik, Rekonstruktion und Systematik einer emanzipatorischen Gesellschaftstheorie bei Marx und Habermas, Freiburg: Alber.
zur Lippe, R. (1987), Sinnenbewußtsein. Grundlegung einer anthropologischen Ästhetik, Reinbek: Rowohlt.

Suhrkamp Verlag GmbH
Torstraße 44, 10119 Berlin
info@suhrkamp.de
www.suhrkamp.de